Markus Hundt

Sprachliche Aggression bei Martin Luther

Lingua Historica Germanica

Studien und Quellen zur Geschichte
der deutschen Sprache und Literatur

Herausgegeben von
Stephan Müller, Claudia Wich-Reif und Arne Ziegler

Band 27

GGSG Gesellschaft für germanistische Sprachgeschichte e.V.

Markus Hundt

Sprachliche Aggression bei Martin Luther

Argumentationsformen und -funktionen am Beispiel der Streitschrift „Wider das Papsttum zu Rom vom Teufel gestiftet“ (1545)

DE GRUYTER

ISBN 978-3-11-075327-1
e-ISBN (PDF) 978-3-11-075357-8
e-ISBN (EPUB) 978-3-11-075360-8
ISSN 2363-7951

Library of Congress Control Number: 2021946548

Bibliografische Information der Deutschen Nationalbibliothek
Die Deutsche Nationalbibliothek verzeichnet diese Publikation in der Deutschen Nationalbibliografie; detaillierte bibliografische Daten sind im Internet über http://dnb.dnb.de abrufbar.

Druck und Bindung: CPI books GmbH, Leck

www.degruyter.com

Vorwort

Ausgangspunkt für diese Studie waren verschiedentliche Hinweise in der Forschungsliteratur, dass Martin Luther ein Meister der polemischen Sprache, also der sprachlich aggressiven Form der argumentativen Auseinandersetzung gewesen sei, die man heute zuweilen – aber doch nicht ganz deckungsgleich – unter dem Etikett der sog. hate speech wiederfindet. Diese Feststellung wurde jedoch nur selten durch detailliertere Studien untermauert, die genauer untersucht hätten, wie dies sprachlich umgesetzt wurde, welche Argumentationsformen und -funktionen damit verbunden waren. Schon ein erster Blick in die Streitschrift von 1545 zeigte, dass das Spektrum sprachlicher Aggression bei Luther sehr vielfältig war, d. h. dass wir hier mit vielen verschiedenen Argumentationsformen (im weiteren Sinne der „neuen Rhetorik“) rechnen können. Der ursprüngliche Plan eines kürzeren Aufsatzes zum Thema wurde daher schnell zu Gunsten der jetzt vorliegenden etwas längeren Studie aufgegeben. Sie soll als praktische Analyse eines Textes verstanden werden, die vermutlich nicht alle Aspekte der sprachlichen Mittel erfasst, die aber – so hoffe ich – die wesentlichen Argumentationsformen und -funktionen im Detail vorstellt. Sie ist an alle gerichtet, die sich für praktische Argumentationsanalysen interessieren und natürlich an alle, die sich mit der Frühen Neuzeit und insbesondere mit den Werken Martin Luthers beschäftigen.

Wie jede Studie so ist auch diese ohne die Ergebnisse der bisherigen Forschung und ohne den regen Austausch mit den Kolleginnen und Kollegen und mit den Studierenden denkbar. Ihnen allen sei an dieser Stelle herzlich gedankt! Sehr dankbar bin ich dafür, dass diese Studie in der Reihe Lingua Historica Germanica erscheinen kann. Für die sehr hilfreichen und weiterführenden Kommentare und Ergänzungen danke ich den Herausgebern der Reihe und hier insbesondere Arne Ziegler. Die Entstehung dieses Buches wurde durch zahlreiche Diskussionen und Kommentare nach der Lektüre von einzelnen Teilen des Werkes maßgeblich unterstützt. Herzlichst danke ich Verena Sauer und Toke Hoffmeister für den Austausch zu Fragen der Argumentationsanalyse und für die immer hilfreichen Kommentare zum Text. Den Redaktionsprozess haben Luna Peters, Dinah Rohmann und Ulrike Zander jederzeit sehr kompetent und umsichtig begleitet. Dafür möchte ich ihnen sehr herzlich danken. Die verbliebenen Irrtümer und Mängel gehen natürlich allein auf das Konto des Autors.

Markus Hundt

https://doi.org/10.1515/9783110753578-202

Inhalt

Abbildungen

https://doi.org/10.1515/9783110753578-204

Tabellen

https://doi.org/10.1515/9783110753578-205

1 Erkenntnisinteresse

Die Sprache und die Texte des Reformators Martin Luther können aus sprachhistorischer Sicht insgesamt als gut erforscht gelten. Unterschiedlichste Aspekte wurden in der linguistischen Forschung bislang thematisiert, so vor allem die Frage, ob und inwieweit Luther als Schöpfer der neuhochdeutschen Standardsprache oder bloß als Katalysator auf dem Weg dorthin gelten kann, welchen Einfluss seine Bibelübersetzung auf den weiteren Verlauf der deutschen Sprachgeschichte hatte, ob und inwieweit sich die Grammatikographie nach Luther bis ins 18. Jahrhundert an seinen Texten orientiert hat, wie sich die Bibeldrucke im Laufe der Zeit verändert haben und viele andere Fragen mehr.[1]

Weit weniger betrachtet wurden die rhetorischen Qualitäten der lutherschen Schriften und ebenso in den Hintergrund getreten ist der immer wieder konstatierte aber eben weniger empirisch erforschte Grobianismus bei Luther.[2] Unstrittig scheint in der Forschung zu sein, dass das zeittypische Beschimpfen, Beleidigen und Verfluchen des jeweiligen argumentativen Gegners von Luther geradezu meisterhaft beherrscht und exzessiv angewendet wurde. Zschoch (2010: 277) beschreibt das in seiner Übersicht über die Streitschriften[3] Luthers wie folgt:

> Luther füllte die Rolle des Streittheologen, indem er sich der Stilmittel der literarischen Polemik bediente. Dazu gehörte der Einsatz gezielter Grobheiten und Verunglimpfungen, wie er in der zeitgenössischen Streitliteratur an der Tagesordnung war. Luther hob sich dabei durch den Erfindungsreichtum seiner polemischen Sprache und die Bewußtheit ihres Einsatzes von der Norm ab.

Einen Eindruck von den rhetorischen Qualitäten Luthers kann man in den exemplarischen Studien v. a. bei Stolt (2000), Schwitalla (1986) (2010) und im Referenzwerk zur sprachlichen Aggression im Frühneuhochdeutschen von Lobenstein-Reichmann (2013) finden. Obwohl sich die Forschung also einig ist, dass Luther in Sachen Polemik, Grobianismus und sprachlicher Aggression auch für den Kontext der Frühen Neuzeit[4] eine besondere

1 Für einen aktuellen Überblick zur Forschungslage aus Sicht der germanistischen Linguistik vgl. N. R. Wolf (2017), Habermann (2018), Macha (2014), Besch (1999) (2000) (2014), H. Wolf (1980) (1996), Hundt (2017) mit weiterer Literatur. Vgl. daneben die wegweisenden Studien von Beutel (2006), Lobenstein-Reichmann (1998) und das Grundlagenwerk zur Lutherforschung Beutel (2010).

2 Beispielhaft seien die Studien von Stolt zur Rhetorik bei Luther genannt: Stolt (1974) (1989/1996) (2000). Zum Grobianismus selbst, d. h. zur polemischen, aggressiven, abwertenden Sprache Luthers gibt es insgesamt noch vergleichsweise wenige Studien, z. B. Lobenstein-Reichmann (2013) oder Schwitalla (1986) (2010), daneben Brecht (1981), Edwards (1983), Oberman (1988).

3 Zur umfänglichen Streitschriftenpraxis im 16. Jahrhundert, zu den konstitutiven Merkmalen von Streitschriften und zu Detailanalysen einzelner Kontrahenten in dieser Zeit vgl. die umfassende Studie von Bremer (2005).

4 Vgl. dazu die grundlegende Studie von Bremer (2005) zur Religionspolemik im 16. Jahrhundert, daneben Braungart (1992), Diekmannshenke (1994), van Dülmen (1999), Lindorfer (2009), Nivontova (2014), Paintner (2010), Richardsen-Friedrich (2003), Sablotny (2019), Schwerhoff (2009), Stenzel (1986), Wolf (2019).

https://doi.org/10.1515/9783110753578-001

Rolle spielt, fehlen bislang m. W. Detailstudien zur genauen Technik dieser Polemik, zu den Formen und Funktionen der polemischen, grobianischen, aggressiv-abwertenden Argumentation bei Luther.

Deshalb soll in der vorliegenden Studie ein Beitrag dazu geleistet werden, diese Forschungslücke zu schließen. Es soll dabei nicht darum gehen, die rhetorischen Fähigkeiten und die rhetorische Geschultheit Luthers erneut zu beweisen. Dies hat Stolt eindrucksvoll getan und damit die Legende widerlegt, Luther habe Rhetorik und rhetorische Stilmittel abgelehnt.[5] Vielmehr soll es darum gehen, anhand einer detaillierten Argumentationsanalyse eines paradigmatischen Textes zu zeigen, mit welchen Argumentationsformen und -funktionen Luther in einem als „Streitschrift" konzipierten Text vorgeht. Dabei sollen dann – ganz im Sinne der „neuen Rhetorik" (s. Kap. 2) – eben nicht allein die bloßen Argumente (und ggf. die Widerlegung der Gegenargumente) dargestellt werden, sondern es soll ein möglichst umfassender Blick auf die sprachlichen Mittel geworfen werden, die der Argumentation insgesamt und damit der Adressierung der verschiedenen Zielgruppen dieses Textes gedient haben. Damit reiht sich die Studie in eine Richtung der Argumentationsanalyse ein, die in der Nachfolge der Arbeiten von Perelman & Olbrechts-Tyteca, Toulmin, Kienpointner u. a. zu sehen ist. Zugleich soll mit der Analyse eine Basis dafür geschaffen werden, eine weiter reichende Analyse der Argumentationsstrategien in Luthers Streitschriften von den frühen Texten bis zu seinem Tod zu ermöglichen. Die vorliegende Studie versteht sich somit als Pilotstudie. Wenn die Ermittlung der relevanten Argumentationsformen und -funktionen tragfähig ist, kann auf dieser Basis ein Modell dafür entwickelt werden, wie sich die Argumentationsstrategien vom frühen zum späten Luther ggf. verändert haben.

5 Vgl. zu dieser lang währenden Fehlannahme in der Forschung Besch (2014: 53). Zu ihrer Widerlegung vgl. bereits Stolt (1974), die anhand einer Lutherpredigt (*daß man Kinder zur Schulen halten solle*) detailliert nachweist, dass und inwiefern Luthers Text durch und durch rhetorisch strukturiert ist: „Die obigen Ausführungen haben beleuchtet, wie Luther bei aller volkstümlichen Schlichtheit seiner Sprache der Rhetorik verpflichtet ist. Bemerkenswert ist daran nicht, wie volkstümlich der gelehrte Luther sich ausdrückt, sondern: wie gelehrt und rhetorisch ein volkstümlicher Text aufgebaut wurde; ja, daß es gerade ein ungelehrtes Publikum war, welches der damaligen Ansicht nach die Mittel der Rhetorik zum *delectare* und *movere* besonders benötigte. Bis in die Einzelheit hinein haben wir den Einsatz von Dialektik und Rhetorik verfolgen können und festgestellt, wie maßgeblich die Zugehörigkeit des Textes zur deliberativen Gattung ist [...]." (Stolt 1974: 77). In den späteren Arbeiten kann sie diese Legende ebenfalls überzeugend widerlegen, vgl. Stolt (1989/1996) (2000).

2 Forschungslage und Forschungshypothesen

Die analytische Sprachphilosophie hat zweifellos das 20. Jahrhundert maßgeblich geprägt. Dabei wurde der Blick in erster Linie auf formallogisch gültige Schlussverfahren in Argumentationen gelegt. Zentrale Schlussverfahren sind dabei der modus ponens, der modus tollens, die Widerspruchsfreiheit in der Argumentation (Satz vom ausgeschlossenen Dritten/tertium non datur) und andere Verfahren, bei denen es in erster Linie darum geht, die formallogische Gültigkeit des Schließens von akzeptierten Prämissen auf die jeweiligen Konklusionen zu untersuchen. Dieser Blick auf Argumentationen ist zweifellos unerlässlich, da er es ermöglicht, logisch gültige Schlüsse klar zu unterscheiden von Fehlschlüssen bzw. Trugschlüssen (fallacies[1]) in ihren verschiedenen Formen. Er hat zudem einen festen Platz im Curriculum der Philosophie.[2] Mittlerweile hat sich dieser Blick jedoch erweitert: Zu den formallogisch gültigen Schlüssen in Argumentationen treten nun die plausiblen, korrekten, vertretbaren Schlüsse hinzu, deren Basis nicht mehr die formale Logik allein ist, sondern für die eine „informelle Logik“[3], eine „Alltagslogik“[4] relevant zu sein scheint. Diese Argumentationsformen sind für die realen Argumentationen höchst relevant und können nicht länger ignoriert werden.

Diese Wende in der Argumentationsanalyse beginnt mit den einflussreichen Werken von Perelman & Olbrechts-Tyteca und Toulmin; sie wurde dann seit den 70er Jahren des 20. Jahrhunderts in vielfältiger Weise fortgeführt, z. B. im deutschsprachigen Raum von Manfred Kienpointner.[5] Sie heben darauf ab, erstens, dass die Diskreditierung der rhetorischen Stilmittel als bloßer Schmuck der Rede ihrer tatsächlichen Funktion in Argumentationen nicht gerecht wird und zweitens, dass die Erfassung der Wirksamkeit von Argumentationen bei einer Reduktion auf die formallogisch gültigen Schlussverfahren wichtige Aspekte der tatsächlichen Argumentation ausblendet. In den Worten von Thomas Niehr:

> Der in der argumentationsanalytischen Tradition seit Toulmin verwendete Begriff (*argumentieren*) hat hingegen eine weitere Bedeutung. Hier wird gerade darauf abgehoben, dass eine streng syllogistische, deduktive Argumentation, die eher zur Überprüfung vorliegender Schlüsse als zum Erkenntnisgewinn

1 Vgl. zu Fehlschlüssen bzw. Trugschlüssen Hamblin (1970), van Eemeren, Garssen & Meuffels (2009), Walton (1995), Gula (2002), Tindale (2007) oder verschiedene Arbeiten von Walton, der sich in vielfältiger Weise mit der Frage beschäftigt, wann bestimmte Argumentationsformen trugschlüssig sind und wann nicht, z. B. zum Ad-Hominem-Argument Walton (2009), zum Ad-Autoritatem-Argument Walton (1997a), zum Ad-Misericordiam-Argument Walton (1997b), zum Ad-Populum-Argument Walton (1999). Zur möglichen Unterscheidung zwischen Fehl- und Trugschlüssen (gezielter Einsatz von Fehlschlüssen) vgl. Hannken-Iljies (2018: 49).

2 Vgl. exemplarisch das Standardwerk von Quine (2005) zur Logik oder die Einführung in die Sprachphilosophie von Newen & Schrenk (2008), die die analytische Sprachphilosophie seit Frege fokussiert.

3 Vgl. z. B. Walton (2008), Groarke (2017).

4 Vgl. Kienpointner (1992).

5 Perelman & Olbrechts-Tyteca (1958) (1971) (2004), Toulmin (1958) (1975) (1996) (2003), Kienpointner (1983) (1992) (1996) (2017).

https://doi.org/10.1515/9783110753578-002

> beitragen kann, nicht als Maßstab für reale Alltagsargumentationen taugt. Konstitutiv für eine Argumentation ist demnach weniger ihre Form als ein inhaltliches Kriterium: der Anspruch des Argumentierenden, etwas Strittiges bzw. für strittig Gehaltenes zu untermauern, zu stützen.
>
> (Niehr 2017: 167)

In die neueren Standardwerke zur Argumentationsanalyse ist diese Erkenntnis eingegangen; sie versuchen allesamt – mehr oder weniger ausführlich – die vormals eher ignorierten rhetorischen Stilmittel im Rahmen der Argumentationsanalyse zu berücksichtigen.[6]

Diese Skizze der Neuausrichtung der Argumentationstheorie ist selbstredend lückenhaft und ungenügend. Es kann an dieser Stelle auch nicht ansatzweise nachvollzogen werden, wie und in welchen verschiedenen Ausprägungen sich die Argumentationstheorie seit den 70er Jahren weiterentwickelt hat.[7] Wichtig im Kontext der vorliegenden Studie ist lediglich, dass die Erweiterung des Spektrums in der Argumentationsanalyse gerade für den Bereich relevant ist, der bislang im Rahmen der linguistischen Diskursanalyse behandelt wurde.[8]

Das Grundanliegen jeglicher Argumentation besteht in der Absicht, die jeweiligen Adressaten von der eigenen Position zu überzeugen (im besten Fall) oder zumindest zur eigenen Position zu überreden, und die eigene Position zu rechtfertigen. Um diese Ziele zu erreichen, werden viele verschiedene Techniken eingesetzt, die sowohl formallogisch gültige als auch lediglich plausible alltagslogische Schlüsse umfassen. Diese Vielfalt an Techniken kann in einem übergeordneten Sinn in zwei Verfahren zusammengefasst werden. Zum einen geht es in Argumentationen darum, Übereinstimmungen aufzuzeigen oder argumentativ herzustellen, die vorher nicht in dieser Weise erkennbar waren. Dabei soll scheinbar Unvereinbares als gleich oder ähnlich ausgewiesen, Konzepte miteinander in Verbindung gebracht werden, die auf den ersten Blick als nicht verbindbar erscheinen mögen, und mit bestimmten Argumentationsmustern Ähnlichkeiten und Übereinstimmungen bei einzelnen Teilen der strittigen Fragen, des umstrittenen Konzepts etc. hergestellt werden. Auf der anderen Seite geht es in Argumentationen aber auch darum, Unterschiede aufzuzeigen, die nicht auf den ersten Blick als solche ins Auge fallen. Gerade in der Abgrenzung von gegnerischen Positionen ist dieses Verfahren relevant. Dabei werden

6 Vgl. z. B. Bayer (2007), Hannken-Illjes (2018), Kopperschmidt (1989) (2014), Naess (1975), Öhlschläger (1979), Tetens (2004).

7 Vgl. dazu z. B. van Eemeren et al. (2014), Kopperschmidt (2014), Hannken-Illjes (2018).

8 Im Rahmen der mittlerweile als etabliert und anerkannt geltenden DIMEAN-Analyse (Spitzmüller & Warnke (2011) nimmt die Analyse der Argumentationsmuster einen bestimmten Platz im DIMEAN-Schema ein. Auf der intratextuellen Analyse-Ebene spielen diejenigen sprachlichen Mittel eine Rolle, die auch in der Argumentationstheorie neuerer Prägung relevant sind (Argumentationsformen jeglicher Ausprägung). In den beiden Untergruppen der intratextuellen Analyse – der wortorientierten und v. a. der propositionenorientierten Analyse – kommen diejenigen sprachlichen Mittel der Diskursgestaltung zum Tragen, die für die Argumentationsanalyse relevant sind. Bei der vorliegenden Studie handelt es sich allerdings nicht um eine klassische Diskursanalyse, weshalb das DIMEAN-Modell hier nur eine untergeordnete Rolle spielen kann.

z. B. Inkonsistenzen in der gegnerischen Argumentation aufgedeckt, Unstimmigkeiten in Begriffsdefinitionen erörtert und die häufig polarisierende Abgrenzung der eigenen von der gegnerischen Argumentation erläutert. Perelman & Olbrechts-Tyteca nennen diese beiden Verfahren „association“ und „dissociation“:

> The schemes we shall try to examine – which can also be considered as *loci* of argumentation because only agreement on their validity can justify their application to particular cases – are charaterized by processes of association and dissociation.
> By processes of association we understand schemes which bring separate elements together and allow us to establish a unity among them, which aims either at organizing them or at evaluating them, positively or negatively, by means of one another. By processes of *dissociation*, we mean techniques of separation which have the purpose of dissociating, separating, disuniting elements which are regarded as forming a whole or at least a unified group within some system of thought: dissociation modifies such a system by modifying certain concepts which make up its essential parts.
> (Perelman & Olbrechts-Tyteca 1971: 190)

Erwartungsgemäß sind in der hier behandelten Streitschrift Luthers diejenigen Argumentationsmuster, die dem Zweck der Dissoziation dienen, häufiger, geht es doch primär darum, den Gegner zu diskreditieren und seine argumentative Position zu widerlegen. Aber auch Argumentationsmuster zur Assoziation sind zu erkennen, v. a. in den Teilen der Schrift, in denen die eigene Position erläutert wird, z. B. in Form von Interpretationen relevanter Bibelstellen (Mt. 16,18ff. ‚Du bist mein Fels‘; Joh. 21,15f. ‚Weide meine Schafe‘).

Das zweite wichtige Konzept, das aus der Arbeit von Perelman & Olbrechts-Tyteca für die vorliegende Arbeit relevant ist, ist das „Publikum“ (audience[9], „Auditorium“[10]). In jeder Argumentation geht es ja darum, das jeweilige Publikum, die jeweilige Adressatengruppe durch die eigene Argumentation zu beeinflussen, am besten zu überzeugen. Dazu muss die Argumentation an das entsprechende Publikum angepasst werden. Perelman & Olbrechts-Tyteca richten in ihrer Analyse einen sehr genauen Blick darauf, welche Konsequenzen für die Argumentation die Ausrichtung auf unterschiedliche Adressatengruppen (audiences) hat. Dabei werden einerseits partikuläre (spezifische, einzelne Adressatengruppen betreffende) Auditorien vom universellen Publikum unterschieden. Ohne an dieser Stelle auf die berechtigte Kritik an der Auditoriums-Konzeption eingehen zu können,[11] kann für die vorliegende Untersuchung folgendes festgehalten werden: In der Streitschrift von 1545 lassen sich ohne Zweifel verschiedene Adressatengruppen ausmachen, die man im Sinne von Perelman & Olbrechts-Tyteca auch als Auditorien bezeichnen könnte. Diese Adressatengruppen werden jeweils mit unterschiedlichen argumentativen Techniken bedacht (wobei selbstredend auch einige Überschneidungen zu erkennen sind). Es handelt sich insgesamt um drei Auditorien:

---

9 Vgl. Perelman & Olbrechts-Tyteca (1971: §3, 4, 5 und 7).

10 Alexy (1983: 199).

11 Zur Kritik an der Auditoriums-Konzeption von Olbrechts-Tyteca vgl. Hannken-Illjes (2018: Kap. 4.2.2.1) und Alexy (1983: 197–218).

1) Die primäre Adressatengruppe ist ein partikuläres Publikum. Es geht in der Streitschrift darum, die eigene Klientel in ihrer schon vorhandenen Haltung zu bestärken, also die Protestanten, die längst von der lutherschen Position überzeugt sind und die längst eine klar ablehnende Haltung gegenüber dem Katholizismus und dem Papsttum haben.
2) Die zweiten Adressatengruppe ist ebenfalls ein partikuläres Publikum. Das sind die Gegner Luthers, genauer der Papst und alle, die dem Papsttum verbunden sind. Bei der Adressierung dieser Gruppe geht es nicht darum, sie zu überzeugen, sondern primär darum, sie zu diskreditieren, zu beschimpfen sowie zu beleidigen und sie als Gegner, die sich in jeglicher Hinsicht im Unrecht befinden, herauszustellen.
3) Die dritte Adressatengruppe ist ein universelles Publikum, also alle diejenigen, die sich ggf. auch außerhalb einer eigenen Positionierung (Katholizismus vs. Protestantismus) mit den im Text behandelten Streitfragen auseinandersetzen. Diese Gruppe gilt es nach Möglichkeit von der eigenen Position in Bezug auf die Streitfragen (Kompetenzen für die Einberufung eines Konzils, Legitimation der katholischen Kirche und des Papstes, Herkunft/Begründung/Machtlegitimation des weltlichen Kaiserreiches) zu überzeugen.

Somit können für die drei Adressatengruppen unterschiedliche Ziele festgehalten werden: Bestärken, Diskreditieren, Überzeugen. Wie die Analyse der verwendeten Argumentationsformen und der damit verbundenen Argumentationsfunktionen (Abschnitte 5 und 6) noch zeigen wird, werden diese Adressierungen im Text in unterschiedlicher Frequenz vorgenommen. Im Vordergrund steht klar die Abwertung des Gegners (Diskreditieren).

3 Methodik – Argumentationsanalyse auf der Basis der neuen Rhetorik

In der linguistischen Forschung ist die Diskursanalyse eine mittlerweile fest etablierte Methode. Es stellt sich somit die Frage, was die vorliegende Analyse von einer Diskursanalyse unterscheidet. In drei Punkten unterscheidet sich die vorliegende Argumentationsanalyse von einer Diskursanalyse z. B. nach dem bekannten DIMEAN-Modell.[1]

1) Die klassische Diskursanalyse fokussiert Inhalte, z. B. Konzepte wie SICHERHEIT (Schmidt 2018), UNTERNEHMENSIDENTITÄT (Burel 2015) oder KRISE (Kuck 2018). Dabei greifen sie in der Regel auf das DIMEAN-Modell von Spitzmüller & Warnke (2011) zurück. In diesem Modell sind wie in einem Baukasten viele Aspekte der diskurslinguistischen Behandlung von Texten enthalten. Unter anderem auch auf der intratextuellen Ebene (mit den Subebenen der propositionenorientierten und der wortorientierten Analyse) „rhetorische Tropen und Figuren" sowie „Sprechakte". Im DIMEAN-Modell kommt die Argumentationsanalyse am Rande bereits vor, sie ist jedoch für die Rekonstruktion von Diskursen im Sinne von thematischen Einheiten nicht zentral, sondern eben allenfalls ein Teilaspekt.
2) Da z. B. bei den Streitschriften von Luther die jeweiligen Diskurspositionen reichlich klar sind (Protestanten vs. Katholiken, Luther vs. Papst etc.) bzw. auch schon von theologischer bzw. historischer Seite bearbeitet worden sind, erscheint es mir lohnender, sich mit den Argumentationsformen und -funktionen selbst zu befassen. Damit wird zwar ein Teilbereich des DIMEAN-Modells aufgegriffen, aber es werden eben nicht die Inhalte (die bekannt sind), sondern die Techniken der Vermittlung dieser Inhalte, also die Techniken der Argumentation selbst fokussiert. Es soll somit weniger die Konstitution diskursrelevanter Konzepte untersucht, sondern die Frage erörtert werden, wie bestimmte Adressatengruppen überzeugt bzw. überredet werden können durch bestimmte Argumentationsformen und -funktionen.
3) Da der Bereich der Alltagslogik, der Alltagsargumentation, der Argumentationstheorie insgesamt in den letzten Jahren wieder in der Forschung verstärkt Berücksichtigung gefunden hat, wäre zu vermuten, dass die Ausrichtung der Analysen auf diesen Bereich nicht nur die Diskurslinguistik insgesamt erweitern und ergänzen könnte, sondern dass das in der Forschung bislang eher in Form von allgemeinen Hinweisen thematisierte Feld des Grobianismus und der sprachlichen Polemik in der Frühen Neuzeit detaillierter untersucht werden kann.

Mit diesem Fokus auf Argumentationsformen und -funktionen am Beispiel einer zentralen Streitschrift Luthers kann dann die Grundlage dafür gelegt werden, Veränderungen im zeitlichen Verlauf zu rekonstruieren. Die Streitschriften Luthers (vgl. Zschoch 2010) rei-

1 Vgl. zum Mehrebenenmodell der Diskursanalyse (DIMEAN) Spitzmüller & Warnke (2011).

https://doi.org/10.1515/9783110753578-003

chen von den 1520er Jahren bis kurz vor seinem Tod. Mit dem Blick auf formale und funktionale Aspekte kann so gegebenenfalls eine Entwicklung in der sprachlichen Polemik und Aggression bei Luther nachgezeichnet werden. Damit wäre dann die eher kursorische Aussage Zschochs, dass Luther in Sachen Grobianismus/Polemik ein außergewöhnlicher Vertreter gewesen sei (s. das obige Zitat), auch durch konkrete Textanalysen und durch eine gegebenenfalls zu erkennende Entwicklung in Luthers Texten zu untermauern bzw. ggf. zu relativieren.

Die argumentationstheoretischen Grundlagen können an dieser Stelle nicht in extenso dargestellt werden. Es sei auf die Studien von Perelman & Olbrechts-Tyteca, Toulmin und Kienpointner verwiesen. Entscheidend sind folgende Punkte: In der Argumentationsanalyse gab es seit der Mitte des 20. Jahrhunderts eine allmähliche, aber dann doch durchgreifende Wende. Wurden vordem i. d. R. fast ausschließlich Modelle der formalen Logik für die Argumentationsanalyse angewendet, änderte sich dies allmählich mit der Rezeption des Werks von Chaim Perelman und Lucie Olbrechts-Tyteca (Perelman & Olbrechts-Tyteca 1958, 1971, 2004):

> Etwa ab der Mitte des 20. Jahrhunderts wurde die Topiktradition entscheidend wiederbelebt, und zwar vor allem durch die fundamentale Abhandlung zur „Neuen Rhetorik" von Chaim Perelman und Lucie Olbrechts-Tyteca (erstmals 1958 veröffentlicht [...]).
>
> (Kienpointner 2017: 199)

Während in der von der analytischen Sprachphilosophie dominierten Argumentationsanalyse auf der Basis der formalen Logik die logisch gültigen Schlüsse im Vordergrund standen, wurde jetzt der Blick auf Alltagsargumentationen erweitert, in denen es eben nicht allein um logisch gültige (deduktive) Syllogismen geht, sondern um aus pragmatischer Sicht korrekte oder um alltagslogisch plausible Schlüsse.

Ein logisch gültiger Schluss ist z. B. der bekannte Syllogismus:
Prämisse 1: *Alle Menschen sind sterblich.*
Prämisse 2: *Sokrates ist ein Mensch.*
Konklusio: *Sokrates ist sterblich.*

So wahr dieser Schluss auf der einen Seite ist, so wenig informativ ist er auf der anderen Seite. Denn: Der Schluss/die Konklusion steckt schon in der Semantik, in der Definition von „Mensch", so dass mit solchen logisch gültigen, deduktiven Schlüssen eben i. d. R. kein neues Wissen erzeugt werden kann.

Oder der Modus ponens[2]:
Wenn p, dann q.
p, ergo q
Wenn es regnet, dann ist die Straße nass.
Es regnet, also ist die Straße nass.

2 Genauer ist der Terminus: modus ponendo ponens.

Oder der Modus tollens[3]:

Wenn p, dann q.
¬ q, ergo ¬ p
Wenn es regnet, dann ist die Straße nass.
Die Straße ist nicht nass, also regnet es nicht.

Gleiches gilt für konjunktive und disjunktive Syllogismen (auch modus tollendo ponens und modus ponendo tollens). Ein konjunktiver Syllogismus hat die Form:

1) ¬ (A ∧ B)
2) Es gilt A.
3) Ergo: Es gilt auch ¬ B.

Beispiel:

1) *Es kann nicht sein, dass Paula 5 Jahre alt (A) und Mutter eines Kindes ist (B).*
2) *Paula ist 5 Jahre alt (A).*
3) *Ergo ist Paula nicht Mutter eines Kindes (¬ B).*

Beim disjunktiven Syllogismus wird aus einer Oder-Relation auf die Geltung einer Proposition geschlossen, er hat die Form:

1) A ∨B
2) ¬ A
3) Ergo: B

Beispiel:

1) *Entweder Paula ist verheiratet (A) oder Paula ist unverehelicht (B).*
2) *Paula ist nicht verheiratet.*
3) *Ergo: Paula ist unverehelicht.*

Auch bei den letzten beiden Beispielen wird deutlich, dass diese Art von Schlüssen zwar formallogisch korrekt, aber wenig hilfreich bei der Gewinnung neuer Erkenntnisse über die Welt sind, denn: Die Tatsache des „Nicht-Mutter-Sein-Könnens" liegt schon im Weltwissen über die Möglichkeiten Fünfjähriger begründet; und beim disjunktiven Syllogismus steckt das jeweilige semantische Gegenteil schon im Begriff selbst, d. h. bei einer Umformulierung wird schnell deutlich, dass es sich eigentlich um eine triviale Gegenüberstellung handelt: Paula ist entweder verheiratet oder eben nicht. Anders formuliert: Wenn ich weiß, dass Paula 5 Jahre alt ist, ergibt sich aus dem Weltwissen, dass sie nicht Kindesmutter sein kann. Der Syllogismus fasst dies nur noch in eine logisch gültige Form. Oder: Wenn ich die Semantik der Wörter *verheiratet/unvermählt/unverehelicht* etc. kenne und weiß, ob die Eigenschaft auf Paula zutrifft, fasst der Syllogismus nur das bereits Be-

3 Genauer ist der Terminus: modus tollendo tollens.

kannte noch in eine logisch gültige Form. Auffällig wird dies dann, wenn man in den Beispielen andere Begriffe verwendet, die alltagssprachlich keineswegs so klar dichotomisch sind: Entweder ist es Tag oder Nacht. Hier kann der disjunktive Syllogismus nur dann greifen, wenn man keine Übergangsbereiche zwischen Tag und Nacht akzeptiert, was alltagssemantisch völlig unplausibel ist. Gleiches gilt für das in der Literatur immer wieder bemühte Beispiel mit der Straße und dem Nass-Sein: Der konjunktive Syllogismus (Es kann nicht zugleich regnen und die Straße trocken sein.) ist nur in einer dekontextualisierten Laborsituation gültig. Selbstredend lassen sich Kontexte vorstellen, in denen beides zugleich gilt (z. B. bei einer überdachten, einer mit Folie abgedeckten Straße etc.).

Das Bedürfnis, eben nicht allein logisch gültige, sondern auch informative Schlüsse zu ziehen, hat Konsequenzen. Dieses Bedürfnis, basierend auf Weltwissen und (über)generalisierten Erfahrungen, führt oftmals dazu, dass wir den Pfad der logisch gültigen Schlüsse verlassen und auch Schlussformen im Alltag verwenden, die von der formalen Logik nicht abgedeckt sind, die also keine logisch gültigen, sondern allenfalls plausible Schlüsse sind.

Dies gilt z. B. für den Pseudo-Modus ponens (Behauptung des Konsequens):

Wenn p, dann q.
q, ergo p
Wenn es regnet, ist die Straße nass.
Die Straße ist nass, also hat es geregnet.

Gleiches gilt für den Pseudo-Modus tollens (Negation des Antezedens):

Wenn p, dann q
$\neg$ p, ergo $\neg$ q
Wenn es regnet, ist die Straße nass.
Es regnet nicht, ergo ist die Straße nicht nass.

Entscheidend für den Schritt von der formalen Logik zur Alltagslogik ist die Tatsache, dass bei plausiblen alltagslogischen Schlüssen die Prämissen und die Konklusion, die Antezedentien und das Konsequens auch in einer inhaltlichen Beziehung zueinander stehen müssen. Dies ist in der formalen Logik nicht erforderlich, da es hier nur um die Bedingungsrelationen selbst geht. Ein Beispiel aus Bayer (2007) mag dies verdeutlichen:

Wenn dies ein Baum ist, ist es ein Reptil.[4]
Wenn p, dann q, anders formuliert: - (p und $\neg$ q)
Dies ist ein Baum.
Also ist dies ein Reptil.

Formallogisch ist dieser Schluss gültig, weil es dabei nur um die logischen Beziehungen der Prämissen zueinander und nicht um deren inhaltliche Verbindungen geht. Dass das

4 Beispiel aus Bayer (2007: 102).

eine (Baum-Sein) mit dem anderen (Reptil-Sein) inhaltlich nichts miteinander zu tun hat, ist dabei irrelevant.

Perelman & Olbrechts-Tyteca beziehen nun die gesamte Tradition der Rhetorik in die Argumentationsanalyse mit ein. Damit wird der Blick darauf erweitert, wie wir im Alltag in konkreten Argumentationen versuchen, das Gegenüber von dem zu überzeugen, was wir für richtig halten. Dazu gehören dann nicht nur induktive Schlüsse (von einzelnen Erfahrungen ausgehend generalisieren), sondern eben auch die vielfältigen rhetorischen Figuren (Metapher, Metonymie, Wiederholung, Litotes, Pleonasmus etc.), rhetorische Argumentationstechniken und -strategien (Argumentum ad hominem, ad personam, Vergleichsargumente, Analogieargumente etc.). Zudem werden in realen Argumentationen i. d. R. einzelne Prämissen (oder auch bestimmte Konklusionen) nicht expliziert, sondern dem Erschließen durch den Leser/Hörer überlassen. Diese Art der enthymematischen Argumentation ist typisch auch für die Alltagsargumentation und – wie sich noch zeigen wird – für die hier untersuchte Streitschrift.

Ein weiterer Meilenstein in der Entwicklung der Argumentationsanalyse von Alltagssprache ist dann die Arbeit von Stephen Edelston Toulmin. Sein Werk „the uses of argument" erschien erstmals 1958. Er geht davon aus, dass wir im Alltag (und nicht nur da) i. d. R. nicht in Form von Syllogismen argumentieren, d. h. nicht in der Form, dass wir zwei oder noch mehr Prämissen formulieren, von denen wir dann eine Schlussfolgerung ableiten. Vielmehr setzt er ein einfacheres Modell an, bei dem es zunächst nur darum geht, von einem gegebenen Faktum (Datum, grounds) auf etwas anderes zu schließen (Konklusion, claim):[5]

5 Zur ausführlichen Herleitung dieses Schemas unter Einbezug konkreter Beispiele vgl. Toulmin (2003: 87–134).

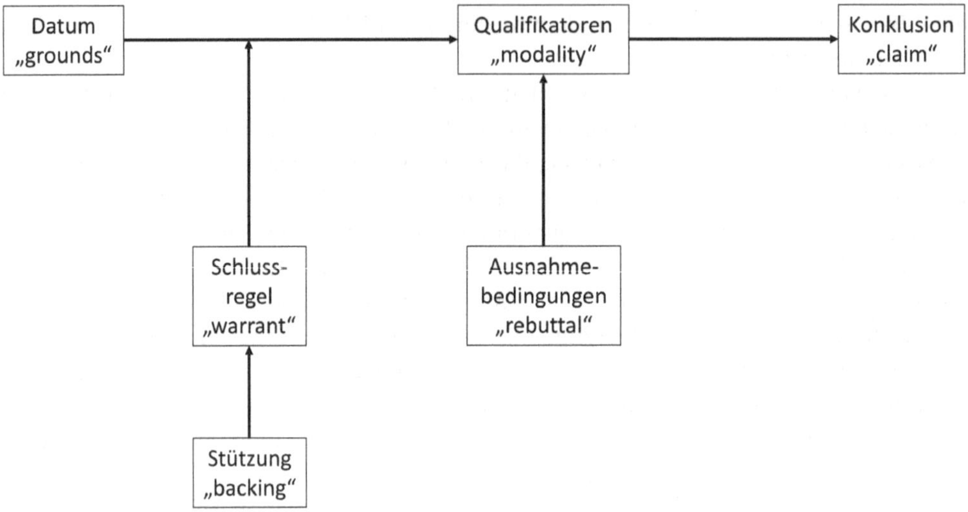

Abb. 1: Toulmin-Schema (in Anlehnung an Kienpointner 1992: 24).

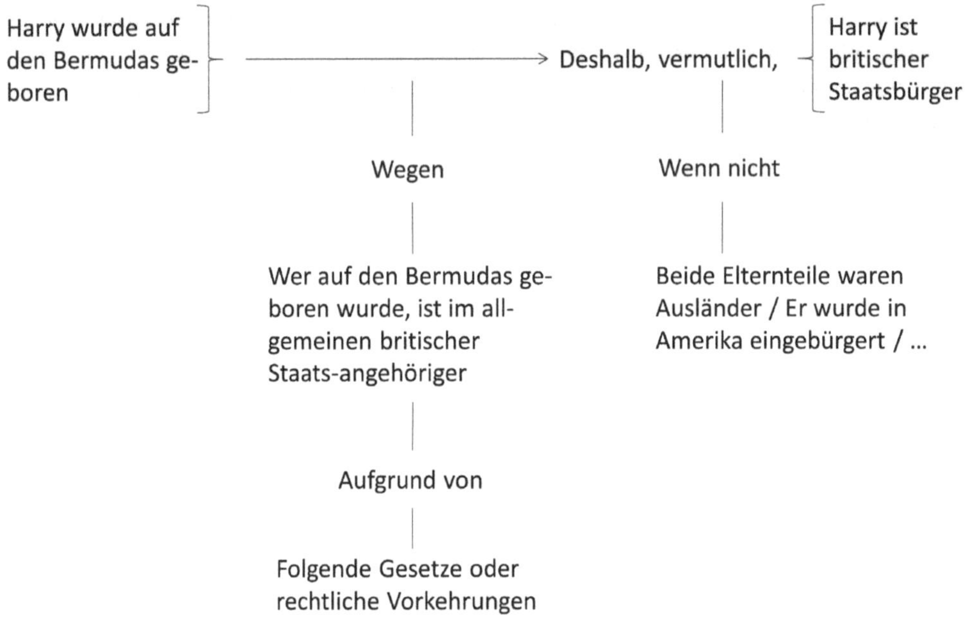

Abb. 2: Toulmin-Schema mit Beispiel (nach Toulmin 1996: 96).

Entscheidend ist dabei Folgendes: Statt mehrerer Prämissen wird hier immer eine Schlussregel (warrant) angenommen, mit deren Hilfe von Daten (fact, ground) ausgehend auf eine

Konklusion geschlossen werden kann. Es geht also nicht mehr um mehrere Prämissen, sondern eher um den konkreten Schlussprozess selbst. Angereichert ist das Modell mit verschiedenen Faktoren: a) backing: die Unterstützung für die Schlussregel, also weitere Aussagen, die die Schlussregel plausibilisieren), b) Modalisierer (oben „probably"), d. h. es wird ermöglicht, die Geltung der Konklusion (abhängig von warrant und facts) einzuschränken, c) rebuttal: Hier werden Ausnahmebedingungen für die Konklusion formuliert.

Der dritte wichtige Schritt bei der Entwicklung der Analyse von Alltagsargumentationen ist das Werk von Manfred Kienpointner (v. a. Kienpointner 1983, 1992, 1996). Er entwickelt ein Modell mit ca. 60 verschiedenen Schemata der Alltagsargumentation, die sich alle auch auf das (erweiterte und rekursiv anwendbare) Toulmin-Schema beziehen lassen.

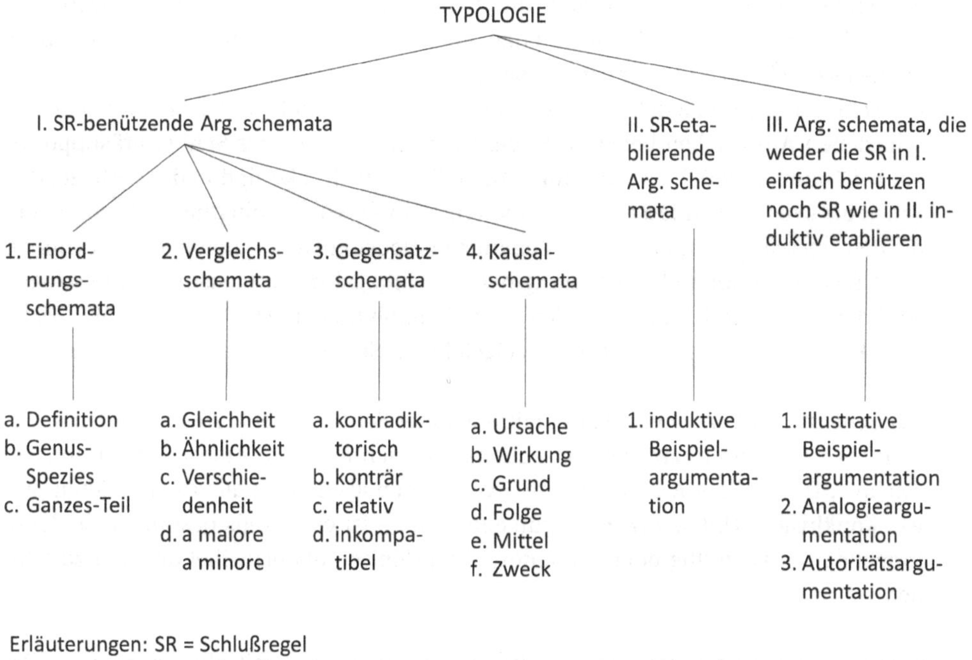

Abb. 3: Argumentationsschemata nach Kienpointner (1992: 246).

Dabei lassen sich drei Haupttypen unterscheiden (mit weiteren Spezifikationen):

I) Schlussregelnutzende Schemata (das sind die bekannten Verfahren aus der formalen Logik)

II) Schlussregeletablierende Schemata

III) Weder schlussregelnutzende noch etablierende Schemata: Diese stellen plausible Schlussmechanismen dar, die jedoch nicht formallogisch gültig sind.

Der Blick auf die verschiedenen Theoriemodelle macht zugleich deutlich, dass die Terminologie in der Argumentationsanalyse je nach Autor unterschiedlich sein kann. Deswegen möchte ich folgende operationale Definitionen der Streitschriftanalyse voranstellen:

1) Die Basis für die Analysen ist das Modell von Toulmin, in dem Datum, Schlussregel und Konklusion die zentralen Begriffe sind. Dieses Modell ist für die Analyse von Alltagsargumentationen bewährt; es wurde zudem in der Argumentationsforschung weithin rezipiert und produktiv aufgegriffen, so etwa von Kienpointner, der für die vorliegende Analyse von alltagslogischen und formallogischen Argumenten zentral ist.
2) Das Datum als Ausgangspunkt für Schlussprozesse wird in argumentationstheoretischen Modellen auch als Argument, als Prämisse, als „ground“, als Antezedens oder als Faktum geführt. In der vorliegenden Schrift sind daher diese Ausdrücke synonym verwendet. Es geht jeweils darum, die Aussage/Behauptung/den deskriptiven oder normativen Satz zu bezeichnen, von dem ausgehend eine Argumentation startet bzw. auf den sie sich implizit oder explizit bezieht.
3) Die Schlussregel im Modell von Kienpointner wird ebenfalls in der Literatur mit verschiedenen Ausdrücken belegt, z. B. bei Öhlschläger (1979) als Schlusspräsupposition, bei Toulmin (2003) als „warrant“. Auch diese Ausdrücke sind in der vorliegenden Arbeit als synonym zu fassen. Es geht jeweils darum, eine Bedingung zu formulieren, die den Übergang vom Datum zur Konklusion plausibilisiert – unabhängig davon, ob diese Bedingung formallogisch gültig oder nur alltagslogisch plausibel ist. Deswegen wird der Ausdruck Schlussregel, den auch Kienpointner (1992) verwendet, hier präferiert. Er fokussiert den Aspekt des regelgeleiteten Schlusses vom Datum auf die Konklusion.
4) Der Schluss, der von einem Datum mithilfe einer Schlussregel gezogen werden kann, wird als Konklusion bzw. als Konsequenz, die sich aus dem Antezedens ergibt, bezeichnet. Das Ziel der Argumentation – verstanden als Gesamt aus Datum, Schlussregel, Konklusion, Unterstützungsargumenten etc. – ist es, jeweils bestimmte Schlüsse formallogisch als gültig oder zumindest alltagslogisch als plausibel ableiten zu können.

Viele Argumentationen treten nicht in dieser expliziten Form mit allen genannten Bestandteilen auf. Sie sind vielmehr implizit in dem Sinne, dass z. B. die Schlussregel nicht expliziert wird, dass relevante Prämissen implizit bleiben (enthymematische Argumentation) oder dass sogar die Konklusion vom Leser erschlossen werden muss. Diese impliziten Argumentationen sind aber gleichwohl relevant, wenn es um die Frage geht, wie ein Auditorium (im Sinne von Perelman & Olbrechts-Tyteca) dazu gebracht werden kann, überzeugt bzw. zumindest überredet zu werden, den vorgetragenen Argumenten zu folgen. Sie werden z. B. in den Verschränkungen von Argumentationsformen immer wieder deutlich, etwa, wenn explizite Argumentationen z. B. auf der Basis des Modus ponens oder Modus tollens mit anderen Argumentationsformen verbunden werden, die implizit sind, z. B. mit Beschimpfungen, Wortspielen, Alliterationen, Metaphern etc.

4 Der Inhalt und die Streitfragen

Wenn es darum gehen soll, Luthers polemischen Argumentationsstil zu analysieren, muss im ersten Schritt festgelegt werden, welche Luthertexte diese Argumentationstechnik am besten verkörpern. Zweifellos sind dies die sogenannten Streitschriften. Diese werden von Hellmut Zschoch (2011) im Luther-Handbuch jeweils kurz besprochen. Insgesamt handelt es sich um ca. 39 Schriften. Zeitlich reichen sie von ca. 1519 bis kurz vor Luthers Tod. Die letzte Streitschrift ist *Wider das Papsttum zu Rom vom Teufel gestiftet* von 1545.[1]

Mit seiner Polemik und seinem Grobianismus war Luther zeittypisch, wenn auch in extremer Form, wie Zschoch (s. o.) feststellte. Luther war sich der ihm zugeschriebenen Rolle des Polemikers und grobianischen Streiters durchaus bewusst. Er nahm diese Zuschreibung durchaus bewusst und mit Stolz an, so in einer Äußerung von 1531:

> Das sol mein rhum und ehre sein, wils auch so haben, das man von mir hinfurt sagen solle, wie jch vol böser wort, scheltens und fluchens uber die Papisten sey. Ich hab lenger denn zehen jar mich offt gedemütigt und die aller besten wort gegeben, damit jch sie je lenger je erger gemacht habe und die baurn nur sich vom flehen deste mehr geblehet haben. Nu aber, weil sie verstockt, schlecht kein gut, sondern eitel böses zu thun beschlossen haben, das keine hoffnung da ist, wil ich auch hin furt mich mit den bösewichten zu fluchen und zu schelten bis jnn meine gruben, und sollen kein gut wort mehr von mir hören. Ich wil jn mit meinem donnern und blitzen also zum grabe leuten.
>
> (WA 30,3; 470)

Äußerungen wie diese weisen darauf hin, dass es gegebenenfalls eine Veränderung in den Streitschriften in Sachen Polemik und Grobianismus zwischen 1518 und 1545 gegeben haben könnte. Natürlich sind solche Behauptungen Luthers, er habe es lange genug im Guten versucht und werde es jetzt (nach 10 Jahren, also 1531) auf die grobe Art versuchen, auch als rhetorisches Stilmittel zu verstehen: eine Art Gerechtigkeits-/Gleichbehandlungsargument. Deswegen müsste erst noch geprüft werden, ob sich die Argumentationsformen und ggf. auch die damit verbundenen Argumentationsfunktionen bzw. deren Gewichtung in den Texten zwischen 1518 und 1545 verändert haben. Des Weiteren stellt sich die Frage: Korrelieren diese Veränderungen mit einer Veränderung in der Haltung Luthers zu Glaubensfragen selbst (zunehmende Dogmatisierung und Versteinerung der eigenen Position gegenüber jeglichen Kritikern und Abweichlern)?

Anlass, Gliederung und Inhalt: Der Anlass für die Streitschrift von 1545 war das Tadelsbreve von Papst Paul III. gegen den Kaiser Karl V., in dem er dem Kaiser eine zu protestantenkonziliante Politik, wie sie für den Papst aus dem Reichstagsabschied von Speyer (1544) ersichtlich war, vorwarf.[2] Von der Grundidee her sollte der Text drei Teile haben. Darauf deutet nicht nur die Gliederung hin, die Luther dem Text selbst gibt, sondern auch seine innertextlichen Hinweise auf diese drei Punkte. Es soll erstens um die Institution des

---

1 Vgl. zu den Streitschriften Luthers Zschoch (2010).

2 Vgl. Zschoch (2010: 289).

https://doi.org/10.1515/9783110753578-004

Papsttums gehen (*Das Erste*: [Die Institution des Papsttums] *das der Bapst nicht sey der Oberst und das heubt der Christenheit*[3]), zweitens um die Frage, wer über den Papst urteilen dürfe (*Das ander stück: OBs war sey, das den Bapstesel niemand urteilen noch richten koenne [...]*[4]), und drittens um die Frage, ob das Römische Reich letztlich vom Papst legitimiert und begründet worden sei (*Das dritte stück: OB der Bapst das Roemische Reich von den Griechen hab auff uns Deudschen gewand.*[5]). Allerdings wird dem Leser diese Dreiteilung nicht auf Anhieb klar, da Luther vor dem ersten Teil eine ausgiebige Passage einfügt, in der er sich mit der Frage der Einberufung eines Konzils durch den Papst beschäftigt.[6] In diesem Teil kritisiert er die vom Papst vorgegebenen Rahmenbedingungen für die Einberufung eines Konzils (Wer darf überhaupt teilnehmen? Wo kann es stattfinden? Wer hat Entscheidungsbefugnisse? o. Ä.). Von Anfang an ist die Schrift von einem sprachlich höchst aggressiven Furor geprägt, der es plausibel erscheinen lässt, dass diese Schrift in einem Zug, ohne größere textstrukturelle Überarbeitungen verfasst worden ist. Der ganze Ärger, den Luther über das päpstliche Vorgehen und über die päpstlichen Machtansprüche empfand, kommt darin zum Ausdruck, dass er – sozusagen – ohne Punkt und Komma in Rage polemisiert und argumentiert. Unterstützt wird dieser Eindruck noch dadurch, dass Luther nicht allein den langen Vorspann zur Frage der Einberufung des Konzils an den Beginn setzt, sondern auch dadurch, dass die eigentlichen Hauptteile von sehr unterschiedlicher Länge und argumentativer Ausführlichkeit sind. So wird der erste Teil (*Das Erste*), in dem es um die Institution des Papsttums insgesamt geht, sehr ausführlich abgehandelt (WA 54: 228–285). Hier greift Luther in einer langen Interpretation von Mt. 16,18f. (‚Du bist mein Fels') und in einer etwas knapperen Analyse von Joh. 21,15f. (‚Weide meine Schafe') die Legitimität des Papsttums insgesamt an. Der zweite Teil ist dagegen schon wesentlich kürzer. Die Frage, wer über den Papst überhaupt urteilen dürfe, wird nur noch auf zehn Seiten (WA 54: 285–295) behandelt. Noch kürzer ist dann der dritte Teil, in dem die Frage der vermeintlichen Legitimierung des Römischen Reichs durch den Papst behandelt wird. Dafür stehen nur noch vier Seiten zur Verfügung (WA 54: 295–299). Auch die Argumentationsstruktur spricht für einen Schreibprozess in einem Durchgang. Argumente – Beschimpfungen ohnehin – werden z. T. in unregelmäßiger Folge wiederholt, einzelne Interpretationen von Bibelstellen (v. a. Mt. 16,18f. und Joh. 21,15f.) ebenfalls. Dies lässt sich zum einen sicherlich auch als Argumentationsstrategie deuten (Argumentum ad nauseam), könnte aber andererseits auch ein Indiz für die rasche, nicht aufwändig nachträglich überarbeitete Fassung des Textes sein. Man gewinnt als Leser den Eindruck, dass Luther vom Vorspann über den ersten Teil, dann im zweiten und dritten Teil, die sprachliche Aggressivität und die Wut schon bis zu einem gewissen Grad ausagiert hat. Der Aggressi-

3 WA 54: 228.
4 WA 54: 285.
5 WA 54: 295.
6 WA 54: 206–228.

onsstau wird im Laufe des Textes abgebaut, die kathartische Wirkung der verbalen Raserei kommt mehr und mehr zum Tragen.[7]

Tab. 1: Gliederung der Streitschrift von 1545.

Gliederung des Textes	
WA 54: 206–228	Vorspann: Argumentation zu den Kompetenzen des Papstes bei der Einberufung eines Konzils
WA 54: 228–285	*Das Erste* → Die Institution des Papsttums *das der Bapst nicht sey der Oberst und das heubt der Christenheit*
WA 54: 285–295	*Das ander stück* → *OBs war sey, das den Bapstesel niemand urteilen noch richten koenne [...]*
WA 54: 295–299	*Das dritte stück* → *OB der Bapst das Roemische Reich von den Griechen hab auff uns Deudschen gewand.*

Würde man die inhaltliche Argumentation Luthers auf die basalen Argumente und Konklusionen reduzieren, ließe sich der Text auf eine bis zwei Seiten beschränken:

1) Vorspann: Der Papst hat nicht das Recht, die Rahmenbedingungen eines Konzils zu bestimmen (Konklusio), weil (Datum) er dazu nicht befugt ist (mit weiteren stützenden Argumenten).
2) Erster Teil: Das Papsttum als Institution ist weder biblisch noch historisch legitimiert (Konklusion), weil (Data) sich dies nicht aus der Bibel ableiten lässt und weil die Geschichte des frühen Christentums dem ebenfalls widerspricht.
3) Zweiter Teil: Jeder Christ hat das Recht über den Papst zu urteilen (Konklusion), weil (Data) a) der Papst letztlich mit dem Teufel identisch ist, b) menschliche Vernunft dies ebenfalls gebietet, c) jeder „Esel“ den Papst richten kann, d) die päpstliche Position nicht bibelkonform ist, und e) selbst die eigenen Juristen des Papstes ihn widerlegen.
4) Dritter Teil: Der weltliche Herrschaftsanspruch samt dem Anspruch, das Kaiserreich auf das Papsttum zurückzuführen, ist nicht gerechtfertigt (Konklusion), weil dies den historischen Tatsachen widerspricht.

Selbst wenn man konzediert, dass die nüchterne Darlegung der jeweiligen Stützungsthesen für die vier Argumentationen umfangreicher ist, würde dies doch nicht zu einer Schrift von insgesamt 204 Seiten Umfang (in der Originalausgabe von 1545, bzw. von 94 nach der Weimarer Ausgabe (WA), nach der hier zitiert wird) führen. Die (rhetorische) Frage stellt sich also, weshalb hat Luther sich für diese Ausführlichkeit entschieden?

7 Vgl. zu den Funktionen von Beschimpfungen z. B. Lobenstein-Reichmann (2013: 16–22), Sauer (2001: 250) und Schumann (1990: 262). Zur Dominanz des Skatologischen bei Beschimpfungen, die auch bei Luther klar zu erkennen ist, vgl. Nübling & Vogel (2004).

Um sein Ziel zu erreichen, die Adressaten (in der Terminologie von Perelman & Olbrechts-Tyteca das „Publikum") zu überzeugen, wählt Luther die ausführliche Form. Als „Publikum" im Sinne von Perelman & Olbrechts-Tyteca dürfte hier in erster Linie an die eigene Klientel zu denken sein, also an diejenigen Parteigänger, die ohnehin bereits von der Position Luthers überzeugt waren (spezifisches/partikuläres Publikum). Als zweite Adressatengruppe kommen die Gegner in Betracht (spezifisches/partikuläres Publikum der Katholiken). Als dritte Adressatengruppen wäre das universelle Publikum zu nennen, also alle am damaligen Diskurs um Luther und um das Papsttum Beteiligten. Die erste Gruppe galt es zu bestärken (eigene protestantische Klientel), die zweite Gruppe galt es zu diskreditieren (Katholiken), die dritte Gruppe galt es ggf. – so dies bei dem grobianischen, aggressiven Stil überhaupt denkbar ist – zu überzeugen bzw. zu überreden.

Um diese Ziele mit Blick auf die Mehrfachadressierung des Textes zu erreichen, wählt Luther ein reichhaltiges Arsenal an Argumentationsmustern und -strategien, die die vier genannten Grundargumente erläutern, erweitern und ausschmücken.

5 Argumentationsmuster – formal

Wenn man die vielen verschiedenen Verfahren betrachtet, mit denen Luther im Text seine Argumentation an den Leser bzw. an die verschiedenen Auditorien bringen möchte, d. h. mit denen er letztlich überzeugen möchte, dann kann man (mindestens) 62 verschiedene Formen unterscheiden. Möglicherweise lassen sich noch weitere Formen und Unterformen finden, die in der hier vorliegenden Analyse übersehen worden sind; die nun vorzustellende und zu erläuternde Liste an Argumentationsformen ist somit zum einen vorläufig und zum anderen insofern angreifbar, als sich Überschneidungen bzw. zuweilen auch Abgrenzungsprobleme zwischen den einzelnen Formen ergeben. Diese werden am gegebenen Ort separat besprochen. Dies kann man kurz an einem Beispiel zeigen: Ein gängiges alltagslogisches Schlussverfahren ist die Verstärkung der eigenen Position durch Kontrastieren mit dem vermeintlich oder tatsächlich Falschen. Je stärker der aufgewiesene Kontrast ist, umso eher leuchtet die positiv dargestellte eigene Position ein. Ein Beispiel für dieses Kontrastierungsverfahren ist der folgende Beleg in Kontext der Auslegung der Bibelstelle Mt. 16,18, in der es um die Frage geht, wie es zu deuten ist, dass Christus zu Petrus gesagt hat „Du bist Petrus, und auf diesen Felsen will ich bauen meine Gemeinde [..]“. Zur Verdeutlichung der kontextuellen Einbettung der Stelle (im Zitat von mir hervorgehoben) sei ein etwas größerer Textausschnitt gegeben:

> HJe hoerestu, das Christus Wort: “Auff diesen Fels wil ich meine Kirchen bawen” sol nicht heissen, das die gantze Christenheit an Jhesum Christum gleuben sol, sondern sol so viel heissen: Allein die Roemische Kirche hat Christus gestifftet. Die andern alle, das ist, die gantzen Christenheit, hat nicht Christus, sondern die Roemische Kirche gestifftet. Der liebe HErr Christus weis nicht mehr denn von einer Kirchen in der gantzen welt, die er auff sich, den Fels, durch den Glauben bawet, Aber der Bapst macht zweierley Kirchen: Die Roemische, die sol alleine von Christo auff den Fels gestifftet sein, Die andern Kirchen hat (villeicht der Teufel, oder das wirs nicht viel besser machen nicht Christus, sondern sie, die Roemische Kirche, gestifftet. Jtem, die Schluessel sollen nicht die Suenden binden und loesen, wie der HERR sagt, Sondern macht und recht geben dem Bapst uber alle jrdische Koenigreich und Himelreich. Jch mus auff hoeren, ich mag nicht mehr in den lesterlichen, Hellischen Teufels dreck und stanck suddeln, Ein ander lese auch. **Wer Gott wil hoeren reden, der lese die heilige Schrifft. Wer den Teufel wil hoeren reden, der lese des Bapsts Drecket und Bullen.** O weh, weh, weh dem, der dahin kompt, das er Bapst oder Cardinal wird, Dem were besser, das er nie geborn were! Judas hat den HErrn verraten und umbbracht, Aber der Bapst verret und verderbt die Christliche Kirchen, welche der HErr lieber und thewrer, weder sich selbs oder sein Blut, geachtet. Denn er sich selbs fuer sie geopffert hat. Weh dir, Bapst!“
>
> (WA 54: 263)

Luther widerlegt (an dieser und weiteren Stellen) ausführlich den Machtanspruch, den der Papst aus dieser Bibelstelle ableitet. Die eigene Position sieht Luther als legitimiert durch die rechte Bibellektüre und Bibelinterpretation, die Gottes Wort gerecht wird: Ergo ist die andere Interpretation, die des Papstes nicht bibelgerecht und – da der Papst sich selbst als Stellvertreter Gottes auf Erden versteht – somit vom Teufel. Daraus leitet sich dann wiede-

https://doi.org/10.1515/9783110753578-005

rum ab: Wer der lutherschen Position folgt, folgt Gottes Wort, wer der Papstposition folgt, folgt dem Teufel. Zum einen ist dieser Beleg ein Beispiel für die Argumentationsform „Interpretation einer Bibelstelle im eigenen Sinne“ (Autoritätsargument, vgl. 5.2.4) mit der Argumentationsfunktion des „Polarisierens“; zum anderen ist in diesem Beleg aber auch ein (typisches) abwertendes Wortspiel enthalten, das Luther in diesem Text häufiger[1] nutzt: Aus den *Dekreten* werden die *Drecketen*. Mit diesem Sprachspiel wird der Urheber der Dekrete, der Papst zusätzlich beschimpft, weist doch die Ausdrucksseite des veränderten Wortes schon mit hinreichender Deutlichkeit darauf hin, was von den Inhalten päpstlicher *Dekrete* zu halten ist: Sie enthalten eben nur oder sind eben nur *Dreck*.

So zeigt bereits dieser Beleg die enge Verwobenheit verschiedener Argumentationsformen im Text. Diese Überschneidungen und die damit verbundenen Abgrenzungsprobleme der Typen untereinander sind jedoch m. E. unproblematisch, zeigen sie doch eher, dass die rhetorische Verdichtung dazu beiträgt, die argumentative Schlagkraft zu erhöhen.

Um die Vielfalt der Argumentationsmuster handhabbar und überschaubar zu machen, wurde eine Klassifikation erstellt, die acht Hauptmuster enthält. Diese Hauptmuster sind an der Frage orientiert „Woher bezieht das jeweilige Argument seine Plausibilität/Gültigkeit/ Überzeugungskraft?“. Auch wenn diese Klassifikation nicht trennscharf ist – und dies auch nicht sein kann, da einzelne Argumente mehrere Bezugsquellen der Plausibilität haben können – so bietet sie doch einen ersten Überblick über die immense Vielfalt der von Luther eingesetzten Argumentationsformen. Diese Formen sind zu einem großen Teil aus der klassischen Rhetorik bestens bekannt. Birgit Stolt hat bereits in ihren Studien[2] gezeigt, dass die Texte von Luther hochgradig rhetorisch durchgestaltet sind. Im Folgenden werde ich somit einerseits die These von Stolt am Text von 1545 bestätigen (rhetorische Durchformung der Luthertexte) und andererseits erläutern, wie diese rhetorische Durchgestaltung als Mittel der Argumentation von Luther verwendet wird.

Folgende acht Hauptmuster sind im Text erkennbar:

1) Gültigkeit/Plausibilität aus der formalen Logik und aus der Alltagslogik

Modus ponens, Modus tollens, Tertium-non-datur-Argument, Argumentum a minore ad maius (A-fortiori-Argument), Argumentum ad absurdum, fiktives Argument, Vernunftargument, Argumentum ex concesso, Gleichbehandlungsargument/Gerechtigkeitsargument, pragmatisches Argument/ex consequentia

1 Insgesamt 15 Mal mit den Formen *drecket(en)* bzw. *drecketal(n)* für *decret, decretal.*

2 Vgl. umfänglich Stolt (1974) (1989/1996) (2000).

2) Gültigkeit/Plausibilität mit Bezug auf Autoritäten (im weiten Sinn)

Ad-autoritatem-Argumente: generelle Schriftadäquatheit, Bibelstellenverweis, Bibelgeschichten/Bibelstelle im Text als Parallele/Vergleich auf Bibelbasis, Bibelstelleninterpretation, Verweis auf eigene Kompetenz, Verweis auf andere Autoritäten, Verweis auf die höchste Autorität (Gott), Beweisformel, intratextueller Verweis (Beweisbehauptung 1 und 2), Erfahrung/eigenes Erleben

3) Gültigkeit/Plausibilität mit Bezug auf den Adressaten

Drohargument (Ad-baculum-Argument), Ad-hominem-Argumente (skatologische Schimpfwörter, sexuelle Schimpfwörter, sexistische Schimpfwörter, religiöse Schimpfwörter, allgemeine Schimpfwörter, unterstellte Argumente, dem Gegner bewusstes Fehlverhalten unterstellen), direkte Leseransprache

4) Gültigkeit/Plausibilität aus Vergleichen/Analogien

Konkreter Vergleich (gleicher Sachverhaltsbereich), gegenwartsbezogener Vergleich, historischer Vergleich (Kirchengeschichte), fiktiver Vergleich, allgemeiner Vergleich (anderer Sachverhaltsbereich)

5) Gültigkeit/Plausibilität mit Bezug auf (unstrittige) Sachverhalte

Argument aus der Realgeschichte (Faktenargument), Beispiel/Illustration (gleicher Sachverhaltsbereich)

6) Gültigkeit/Plausibilität aus der Sprache

Begriffsinterpretation, Metapher, rhetorische Frage, Wortspiel, Wortbildung, Wortersatz, doppelte Negation/Litotes, Alliteration, Diminutiv, Pleonasmus, Epizeuxis (unmittelbare Wortwiederholung), negative Attribute, Sprichwort/Phraseologismus, Hyperbolik/Übertreibung, Ironie, Expressiver Ausruf, Sprachwechsel

7) Gültigkeit/Plausibilität durch Verweis auf andere Argumente

Captatio benevolentiae/Devotionsformel, Praeteritio/Paralipse, Antizipation/Prokatalepsis

8) Gültigkeit/Plausibilität aus Reihungen, Agglomerationen

Einfache Attribut-/Prädikationsreihung, Attribut-/Prädikationsreihung mit Klimax, Argumentreihung, Argumentwiederholung (Ad-nauseam-Argument)

Die Zuordnung der insgesamt 62 Argumentationsformen zu den jetzt acht Gruppen erfolgte tentativ nach folgenden Kriterien: Die erste Gruppe an Argumentationsformen wird durch den Rekurs auf alltagslogische und formallogische Argumente gebildet, die aus der Rhetorik bekannt sind. Die zweite Gruppe fokussiert die für die vorliegende Schrift höchst relevanten Autoritätsargumente verschiedenster Ausprägung. Diese Argumentformen hätten auch zur ersten Gruppe zugerechnet werden können, da Autoritätsargumente selbstverständlich auch Teil alltagslogischer Argumentationen sind. Die dritte Gruppe wird durch die Argumente gebildet, die sich auf bestimmte Adressaten ausrichtet (die verschiedenen „Auditorien“ nach Perelman & Olbrechts-Tyteca). Die vierte Gruppe greift eine Argumentform, die ansonsten auch in der ersten Gruppe hätte einsortiert werden können, gesondert heraus: die Analogien und Vergleiche. Dies deshalb, weil sie in der vorliegenden Streitschrift eine besonders große Rolle spielen. Die fünfte Gruppe hebt sich dadurch von den anderen ab, dass hier unstrittige Sachverhalte als Ausgangspunkt für die eigene Argumentation gewählt wurden. Die sechste Gruppe greift alle diejenigen Argumentationsformen gesondert auf, die ihre Plausibilität durch den Rekurs auf sprachliche Mittel erhalten. Die siebte Gruppe fokussiert Argumentationsformen, die ihre Plausibilität durch den Rekurs auf andere Argumente erhalten. Die achte und letzte Gruppe versammelt Reihungen von Argumenten.

Aus der Gruppierung wird deutlich, dass es auch möglich gewesen wäre, nur eine einzige Gruppe anzusetzen, da sich letztlich alle Argumentationsformen im weiten Spektrum alltags- und formallogischer Argumentationen befinden. Dies hätte allerdings den Nachteil der geringeren Anschaulichkeit. Insofern ist die Klassifikation in acht Gruppen vorläufig und nicht in allen Punkten trennscharf. Sie soll für den Leser lediglich eine erste Vorsortierung anbieten, die es ermöglicht, die Vielzahl an Argumentationsformen mit Blick auf die jeweils zugrundeliegenden zentralen Punkte (Autorität, Adressat, Sprache etc.) handhabbar zu machen. Somit darf die Klassifikation nicht als Modell der Argumentationsformen verstanden werden, sondern lediglich als heuristisches Mittel, das den Blick auf die in den jeweiligen Argumentationsformen relevanten argumentativen Ankerpunkte lenken soll.

Vorweggeschickt sei an dieser Stelle auch eine Bemerkung zur Frage, ob und inwiefern Luther oder auch andere Argumentierende die jeweiligen Argumentationsformen bewusst eingesetzt haben bzw. in Argumentationen bewusst einsetzen, d. h. mit dem Bewusstsein, dass es sich hier um eine bestimmte Argumentationsform (wie den Modus ponens, ein Autoritätsargument, ein Argumentum ex concesso etc.) handelt. Diese Frage kann nicht letztgültig beantwortet werden. Einerseits ist es wahrscheinlich, dass sich Luther, der auf ein intensives Studium der Rhetorik zurückblicken konnte, bei einzelnen Formen durchaus dessen bewusst war, dass es sich hier um diese oder jene Argumentationsform handelte. Andererseits ist aber auch davon auszugehen, dass bei der konkreten Ausformulierung von Argumenten nicht in jedem Fall vom Argumentierenden die analytische Reflexion aufgebracht wurde, die eben vorgebrachten Argumente zugleich bestimmten Argumentationsformen zuzuordnen oder die Wahl der Argumente davon abhängig zu machen, welchen Argumentationsformen sie zuzuordnen sind. Insofern muss die Frage offenbleiben, ob und inwiefern Luther seine Argumentation selbst mit Blick auf die zugrundeliegenden Argumentationsformen reflektiert bzw. bewusst eingesetzt hat. Es bleibt die Tatsache, dass die jeweiligen Argumentationsformen im Text vorhanden sind, ihre Überzeugungs- oder auch nur Überredungskraft aus dem jeweiligen Rekurs auf bestimmte Data und Schlussregeln erhalten und bestimmten Argumentationsfunktionen dienen.

5.1 Gültigkeit/Plausibilität aus der formalen Logik und aus der Alltagslogik

In der ersten Kategorie sind diejenigen Argumentationsmuster versammelt, die auf formallogischen oder alltagslogischen Schlussverfahren basieren. Während für formallogische Schlüsse (zumindest für die Verbindung zwischen Data und Konklusio) das Kriterium der Gültigkeit relevant ist, gilt für alltagslogische Schlüsse, dass sie gültig sein können, dies aber nicht müssen. Häufiger genügen sie nur dem Kriterium der Plausibilität, d. h. sie sind für die Rezipienten nachvollziehbar, überzeugend, auch wenn sie nicht formallogisch gültig sind. Weiter oben wurde dies z. B. für den Pseudo-Modus ponens gezeigt. Als salvatorische Vorbemerkung sei noch hinzugefügt: Selbstverständlich gelten alltagslogische Schlussverfahren letztlich auch für alle anderen sieben Hauptmuster der Argumentationsformen. Bei diesen sind die (alltags)logischen Schlussprozesse allerdings i. d. R. nicht direkt an der sprachlichen Oberfläche erkennbar, d. h. sie müssen aus dem jeweiligen Kontext, dem für die Leser einfach rekonstruierbaren Hintergrundwissen (z. B. die jeweiligen Glaubenspositionen, die grundlegenden Differenzen zwischen den konfessionellen Lagern etc.) rekonstruiert werden. Ihre Überzeugungskraft beziehen sie damit primär aus anderen Quellen. Deswegen werden sie in eigene Klassen geordnet. Veranschaulichen lässt sich dies wiederum an einem Beispiel: Die Hauptmetapher des Textes ist der *Esel* (s. u.).

> Auch Karolus Magnus zu Rom, zu Franckfort und in Franckreich, und sein son Ludwig zu Ah, und ander mehr Keiser Concilia gehalten haben. Lieber, solten solche feine Bisschove und Keiser darumb haben unrecht gethan und verdampt sein, das der **fartz Esel** zu Rom (was kan er sonst mehr?) aus seinem eigen tollen kopff setzt und aus seinem garstigen bauch fartzet, Es gebuer dem Keiser nicht, an zu setzen ein Concilium, noch personen dazu zu ordenen, oder nennen. O wie ist dem groben **esel** so wol! Er ringet nach einem, der jm einen stecken auff den sack leget, das jm die lenden sich beugen muesten!
>
> (WA 54: 222; Herv. M. H.)

In dieser Textstelle geht es um die Frage, wer das Recht hat, ein Konzil einzuberufen und letztlich auch darum, wer das Recht hat, die Rahmenbedingungen des Konzils (Teilnehmer, Themen etc.) zu bestimmen. Luther argumentiert dafür, dass der Papst im Unrecht sei, wenn er davon ausgeht, dass dieses Recht nur ihm allein zustünde. Die Argumentationslogik geht wie folgt: ‚In früheren Zeiten wurden Konzilien von weltlichen Herrschern einberufen‘ (Datum), ‚Auch jetzt steht dieses Recht dem Kaiser zu‘ (Konklusio). Schlussregel zu dieser Konklusio: ‚Wenn es früheren weltlichen Herrschern zustand, Konzilien einzuberufen und die Rahmenbedingungen zu bestimmen, dann gilt dies auch für heutige Herrscher.' Der Papst vertritt eine andere Argumentationslinie: ‚Nur der Papst hat das Recht, ein Konzil einzuberufen und dessen Rahmenbedingungen festlegen' (Datum), ‚Weltliche Herrscher dürfen weder ein Konzil einberufen noch die Rahmenbedingungen dafür festlegen' (Konklusio). Schlussregel: ‚Wenn eine Person ein ausschließliches Bestimmungsrecht hat, haben andere Personen dieses logischerweise nicht.'

Um diese Argumentationslinie zu widerlegen, nutzt Luther nun nicht nur den vorher angeführten Schluss mit dem Verweis auf die Realgeschichte, sondern eben auch die Eselmetapher, im vorliegenden Beispiel noch einmal skatologisch verstärkt als *fartz Esel zu Rom*. Implizit steckt in dieser Metaphernverwendung aber der Schluss von den kognitiven Fähigkeiten des Argumentierenden (Papst) auf die Konklusionen, die der Argumentierende zieht: Das Schlussverfahren sieht wie folgt aus: ‚Der Papst hat die (metaphorischen) Eigenschaften eines Esels, d. h. er ist dumm und störrisch' (Datum aus der Metapher), ‚die Aussagen/Behauptungen des Papstes sind falsch' (Konklusion), ‚Wer dumm ist, macht dumme, also falsche Aussagen' (Schlussregel).

Dieser alltagslogische Schluss (der formallogisch so natürlich nicht gültig ist, weil nicht sichergestellt sein kann, dass ein dummer Mensch immer und überall nur fehlerhafte Schlüsse zieht bzw. falsche Aussagen macht) ist plausibel, er wird jedoch nicht expliziert, sondern er ist gewissermaßen in der verwendeten Metapher verkapselt. Wer die Eselmetapher versteht, wird keinerlei Probleme haben, auch die mit der Metapher indirekt verbundenen Schlüsse (s. o.) zu ziehen.

5.1.1 pseu ponens (wenn p, dann q. Es gilt p, ergo q)

Einer der Kernpunkte in Luthers Streitschrift ist die Frage der Legitimität des Papsttums, genauer die Frage, ob einerseits Christus selbst mit der Bibelstelle Mt. 16,18 das Papsttum gegründet habe und andererseits, ob das Papsttum durch eine weltliche Macht begründet worden sei. Beides verneint Luther. Im nachfolgenden Beispiel nutzt er dazu den Modus ponens, um klarzustellen, dass keine weltliche Macht das Papsttum begründet haben kann.

> ERstlich, a sufficiente divisione Und unten anzufahen, ists nicht von der weltlichen Oberkeit gestifftet, Und wenn sie es gleich gethan hette, so were es doch vom Teufel. Ursach ist diese: Denn weltliche Oberkeit hat solchs nicht macht, in dem Reich Gottes zu thun.
>
> (WA 54: 234)

Die Argumentation geht von der Konklusion aus (*nicht von der weltlichen Oberkeit gestifftet*) und liefert das Datum (*Denn weltliche Oberkeit hat solchs nicht macht, in dem Reich Gottes zu thun.*) nach. Die Schlussregel bleibt implizit: ‚Wenn x nicht die Macht hat das Papsttum zu begründen, kann es von x nicht kommen'). Flankiert und unterstützt wird das Argument noch durch ein weiteres fiktives Argument im Konjunktiv: Selbst wenn eine weltliche Macht das Papsttum hätte stiften wollen (was nicht der Fall ist), wäre dies nicht zulässig, sondern vom Teufel inspiriert. Die rekonstruierte Form des Arguments ist somit: Wenn p (keine weltliche Macht hat das Recht das Papsttum zu stiften), dann q (das Papsttum ist nicht durch eine weltliche Macht legitimiert) und es gilt q, ergo gilt auch p. Dass p gilt, wird von Luther im Kontext der Stelle noch weiter mit historischen Daten begründet, z. B. mit dem Verweis auf den Kaiser Phocas (602–610 n. Chr. Kaiser des oströmischen Reiches). Dieser habe zwar aus politischen Gründen eine positive Haltung gegenüber dem Bischof von Rom eingenommen, jedoch keineswegs die Etablierung des Papsttums mit der entsprechenden Machtfülle im Sinn gehabt.

5.1.2 Modus tollens (wenn p, dann q ... Gelte ¬ q, ergo ¬ p)

Beim Modus tollens wird die Geltung der Konklusion daraus abgeleitet, dass im Bedingungsgefüge zwischen p und q (wenn p, dann q) q im vorliegenden Fall nicht gilt. Ein Beispiel für dieses Verfahren möge genügen. Luther spricht im Zusammenhang mit der Interpretation der Bibelstelle Joh. 21,15 (‚Weide meine Schafe') dem Papst eine wesentliche Eigenschaft ab, die jedoch für die Qualifikation als Papst unabdingbar ist. Der Schluss sieht wie folgt aus: Wenn jemand Papst ist / sein will / den Anspruch zu Recht erhebt (p), dann muss er Christus lieben (q). Nun liebt aber der Papst Christus nicht (¬ q), ergo kann er nicht Papst sein/kann er nicht mit Recht den Anspruch auf die Position des Papstes erheben. Er kann somit auch nicht die Schafe Christi weiden. Dem kritisierten Papst fehlt somit in den Augen Luthers eine für einen Papst notwendige Eigenschaft (die Liebe zu Christus). Ist diese nicht gegeben, ist somit auch die Eignung zum Papst nicht gegeben.

> Hie ists klar, das, wer die Schafe Christi weiden sol, der muesse Christum lieb haben, oder ob er weiden koendte, und thets nicht aus liebe, so gehet jn doch dieser Spruch nicht an, der die liebe und lust zu Christo foddert. Hie helfft und nu helffet alle Teufel aus der Helle ewrem Bapst, dieser Spruch wil jm das hertz abstossen, darauff er so hoch pochet, und sich gruendet. Denn wo er Christum nicht liebet, so ist er nicht Bapst, wie sie selbs muessen sagen, weil sie diesen Spruch fuer sich fueren, So lange er nu nicht beweiset, das er Christum lieb habe, kan er nicht weiden noch Bapst sein, und ist alle welt frey, nichts vom Bapstum zu halten noch zu wissen.
>
> (WA 54: 279)

Wenn p (x ist Papst) dann q (x liebt Christus), es gilt aber ¬ q und somit auch ¬ p. Bezogen auf das Toulmin-Schema wird hier als Datum gesetzt: ‚der Papst liebt Christus nicht'. Solange dieses Datum vom Papst selbst nicht widerlegt werden kann, gilt auch der Schluss auf die Konklusion *kan er nicht weiden noch Bapst sein*. Die Schlussregel ist hier implizit, aber evident: Wenn eine definitorische Eigenschaft nicht vorhanden ist, kann der Begriff, für den diese definitorische Eigenschaft relevant ist, nicht erfüllt sein. Dieser einfache Schluss wird an der Textstelle wiederum untermauert und ergänzt durch weitere Argumente: Luther verweist auf die Bibel selbst (Autoritätsargument), die seiner Meinung und Interpretation nach selbst vom Papst anerkannt werden müsse bzw. gegen den sich selbst der Papst argumentativ nicht mehr wenden könne. Deswegen bringe diese Stelle den päpstlichen Anspruch zu Fall, drastisch ausgedrückt mit einem Verweis auf den Teufel, den nicht-metaphorischen Bündnispartner des Papstes: *Hie hellft und nu helffet alle Teufel aus der Helle ewrem Bapst, dieser spruch wil jm das herzt abstossen, daruf er so hoch pochet, und sich gruendet.*[3]

5.1.3 Tertium-non-datur-Argument (Entweder-oder-Argument)

In der formalen Logik gehört der Satz vom ausgeschlossenen Dritten bei zwei kontradiktorischen Aussagen zum Kernbestand der formalen Argumentation. Es gilt entweder p, oder das Gegenteil von p, also $\neg$ p: tertium non datur. Dieses formale Muster nutzt auch Luther in seinem Text an verschiedenen Stellen. Man kann natürlich trefflich darüber streiten, ob sich die von ihm gegenübergestellten Propositionen tatsächlich in einem kontradiktorischen Gegensatzverhältnis befinden. Dies ist allerdings weniger relevant, da es mehr darauf ankommt, dass Luther zwei Aussagen in dieser Weise als kontradiktorisch darstellt, um so auch die jeweiligen Adressaten zu steuern.

Bei der Frage der Legitimation des Papsttums argumentiert Luther immer wieder mit Rückgriffen auf Bibelstellen, die er in seinem Sinne auslegt. Damit wird seine Position durch Christus selbst legitimiert. Alles, was davon abweicht, steht dann in kontradiktorischem Gegensatz nicht nur zur eigenen Position, sondern auch zur Bibel und damit zu Christus selbst.

> Hie mus entweder Christus ein Luegener sein, der sein Wort nicht gehalten habe, oder der Bapst mus ein verzweivelter, Gottslesterlicher Boesewicht sein, der unserm HErrn solche luegen aufflegt [...].
> (WA 54: 262)

Das Grundmuster ist: Entweder hat Christus (also die Bibel) recht (p) oder der Papst und damit nicht die Bibel ($\neg$ p). Dieses Grundmuster ist natürlich eine rhetorische Gegenüberstellung, da keiner von Luthers Zeitgenossen ernsthaft in Zweifel stellen würde, dass Christus bzw. die Bibel recht haben. Insofern ist schon inhaltlich klar, dass der Papst bei dieser Gegenüberstellung nicht recht haben kann. Verstärkt wird diese Argumentation im vorliegenden Beispiel noch durch abwertende Attribute, die dem Papst beigelegt werden (*verzweivelter, Gottslesterlicher Boesewicht*) und durch das nur scheinbar für Christus denkbare negative Attribut (*Luegener*). Bezogen auf das Toulmin-Schema lässt sich diese Argumentationsform wie folgt darstellen: Das Datum ist die Gegenüberstellung (p oder $\neg$ p), die Konklusion ergibt sich aus dem Inhalt der gegenübergestellten Propositionen (ergo p), die Schlussregel ist die Tertium-non-datur-Regel.

---

3 WA 54: 279.

5.1.4 Argumentum a minore ad maius (A-fortiori-Argument)

Bei dieser Argumentform handelt es sich um einen Schluss vom Kleineren aufs Größere, d. h. wenn schon der als geringer eingestufte Sachverhalt nicht gilt, kann der als umfangreicher, größer oder schwieriger eingestufte Sachverhalt erst recht nicht gelten. Auch den umgekehrten Fall gibt es, wenn vom Größeren auf das Kleinere geschlossen wird (a majore ad minus). In beiden Fällen geht es um eine Begriffshierarchie.[4] Aus dem Zutreffen bzw. Nichtzutreffen eines Begriffes in einer bestimmten Situation wird auf das Nichtzutreffen bzw. Zutreffen des entsprechenden unter- bzw. übergeordneten Begriffes in der Hierarchie geschlossen. Als Beispiele für diese Argumentformen können folgende dienen:

1) A minore ad majus: Wenn der ungelernte Franz den Wasserhahn reparieren kann, dann kann es der ausgebildete Sanitärfachmann erst recht.
2) A majore ad minus: Wenn die Wissenschaftler, die sich schon viele Jahre lang mit dem Problem beschäftigt haben, keine Lösung finden konnten, dann kann es ein Laie auf diesem Gebiet erst recht nicht.

In der Lutherstreitschrift finden sich an verschiedenen Stellen solche Argumentformen. Manchmal sind dabei Teile des Arguments implizit und müssen erschlossen werden. Sie überschneiden sich in einzelnen Fällen auch mit dem Argumentum ad absurdum. In anderen Fällen ist die Argumentation direkt, d. h. alle Teile der Argumentation werden auch im Text gegeben.

Drei Beispiele für A-fortiori-Argumente sollen genügen: Im ersten Beispiel geht es um die begriffliche Hierarchie „Lutheranhänger/vermeintliche Ketzer – Gott".

> Und ob die Ketzer dem Keiser wolten fuerhalten: Solchen Artickel hette Gott der Vater durch seinen lieben Son selbs eingesetzt, und aller welt befolhen, man solle den Son hoeren, [Lk. 3, 22] Luce iij: 'Hunc audite', Und der heilige Geist hette es hernach also erhalten in der gantzen Christenheit, bis in 1400 jaren, da der Bapst solchs verbot, und noch der mehrer teil der Christenheit, so unter dem Bapst nicht ist, solchen Artickel hellt, und halten wird bis an der welt ende, Solchs alles unangesehen und ungeacht, sol der Keiser alle Ketzer, so solchs mit Gott dem Vater, Son, heiligem Geist und der Christenheit in aller welt halten, verbrennen, toedten oder veriagen, auch die in Jndien, Persien, vnd in gantzem Orient. Aus der ursachen: Gott der Vater, Son, heiliger Geist sampt seiner heiligen Kirchen sind Ketzer und unchristen, Allein der Bapst und seine Roemische Bubenschule sind Christen.
>
> (WA 54: 213)

Die päpstliche Gegenseite verlangt, dass die Ketzer (Lutheranhänger) verbrannt, getötet, verjagt werden, weil sie dem päpstlichen Machtanspruch mit Verweis auf die Bibel widerstehen. Wenn man nun, gewissermaßen als nachgeordnete Gläubige – das ist das Argument – ein Ketzer ist, wenn man dem göttlichen Wort folgt (a minore), dann müssen auch diejenigen Ketzer sein, die dieses Wort geschaffen haben (ad majus) also *Gott der Vater, Son, heiliger Geist sampt seiner heiligen Kirchen*. Man kann das so explizieren: ‚Wenn wir

4 Vgl. Perelman & Olbrechts-Tyteca (1971: 343).

(die Lutherseite) Ketzer sind, dann ist es Gott erst recht, da er genau das sagt, was wir sagen (weil wir seinem Wort folgen)‘. Die Konsequenz aus diesem indirekten A-fortiori-Argument ist ganz offenkundig absurd, so dass das Gegenteil gilt: Wer dem Wort Gottes (Bibelautorität) folgt – und nicht dem Wort/Gebot des Papstes – ist auf der richtigen Seite und kann somit kein Ketzer sein.

Im zweiten Beispiel wird die begriffliche Hierarchie der „Verrückten“ vorgestellt. Was für ‚einfache‘ Verrückte gilt, sollte erst recht für noch Verrücktere gelten.

> DJe Keiserlichen rechten sagen viel de Furiosis, von unsinnigen, tollen Leuten, wie man sie halten sol. Wie viel grosser not were hie, das man Bapst und Cardinal, und den gantzen Roemischen Stuel in stoecke, keten, kerker legte, die nicht gemeiner weise rasend worden sind, sondern so tieff grewlich toben, das sie jtzt Menner, jtzt Weiber sein wollen, und des keine gewisse zeit wissen, wenn sie die laun ankomen wird. Gleichwol sollen wir Christen gleuben, das solche rasende und wuetende Roemische Hermaphroditen den heiligen Geist haben und der Christenheit oeberste Heubter, Meister und Lerer sein moegen.
>
> (WA 54: 228)

Auf der Skala des Verrücktseins sind *Bapst und Cardinal, und de[r] gantze[] Roemische[] Stuel* viel weiter oben in der Hierarchie anzusetzen. Wenn es schon für Verrückte kaiserliche Vorschriften gibt, wie man sie einsperren soll, dann wäre es umso notwendiger, solche Vorschriften auch für die noch viel verrückteren Päpste umzusetzen.

Beim dritten Beispiel geht es um die Skala des Verstands bei Menschen. Für gewöhnlich würde man annehmen, dass Menschen mit fortschreitendem Alter auf dieser Skala vorankommen, d. h. an Verstand hinzugewinnen. Wenn also ein Gegenstand schon von kleinen Kindern verstanden werden kann, müsste er das von älteren Personen erst recht. Wenn schon Kinder die Glaubensartikel/den Katechismus verstehen, dann müssten das Papst/Kardinäle/Römischer Hof/Bubenschule (als Erwachsene) erst recht verstehen. Da dieses A-fortiori-Argument faktisch jedoch nicht gilt, obwohl es zu erwarten wäre, ist daraus zu schließen, dass die bezeichneten Erwachsenen eben doch nicht auf der Skala des Verstandes vorangeschritten sind, d. h. sie sind noch unverständiger/dümmer/verstockter als selbst kleine vier- bis fünfjährige Kinder.

> Jch weis, das unser Kinder oder Catechumeni, das ist, die den Catechismum koennen, gelerter sind, denn Bapst, Cardinal und gantzer Roemischer Hoff, sampt all jrem anhang. Denn dafuer darffestu nicht sorgen, das der Bapstesel mit seiner roemischen Bubenschule ein einig Gebot unter den zehen verstehet, Auch nicht eine Bitte im Vater unser, noch einen Artickel im Glauben, oder wie Tauffe und Sacrament zu verstehen und zu brauchen sey, wie ein Christ leben sol, was gute werck sind, Gott gebe, das er die zehen Gebot (wil des verstands gerne schweigen) koenne nach einander zelen, wie unser Kinder von vier, fuenff jaren koennen.
>
> (WA 54: 271)

5.1.5 Argumentum ad absurdum

Eine sehr wirksame Argumentform, die in kontroversen Argumentationen seit jeher verwendet wurde, ist das Argumentum ad absurdum. Hierbei werden dem Gegner Aussagen zugeschrieben oder tatsächlich vom Gegner gemachte Aussagen argumentativ auf ihre Folgen hin so untersucht, dass das Ergebnis zu absurden Konsequenzen führen muss. Insofern ist diese Argumentform auch mit den verschiedenen Typen des Argumentum ex concesso verwandt. Auch dort wird von gegnerischen Standpunkten ausgegangen – man konzediert dem Gegner etwas, das Konzedierte wird dann jedoch als Grundlage für nicht tragbare/widersprüchliche/absurde Konsequenzen genommen. Beim Argumentum ad absurdum ist – will man eine Abgrenzung zwischen beiden Formen vornehmen – a) primär der Fokus auf der vollständigen Absurdität der Konsequenzen und damit der Fokus auf einer generellen Diskreditierung der gesamten Argumentation des Gegners und b) hat sie nicht die Voraussetzung einer Konzession gegnerischer Positionen (allenfalls in hypothetischer Weise). Von den zahlreichen Beispielen in der Streitschrift mögen hier nur wenige genügen:

Beim ersten Beispiel handelt es sich um ein kombiniertes Argument, das zum einen die Argumentform der Ironie benutzt, zum anderen die Argumentform des Vergleichs. Beide zusammen ergeben eine absurde Konsequenz, d. h. es liegt ein Argumentum ad absurdum vor. Es geht um die Auslegung einer Reihe von Bibelstellen (Mt. 16,18 und Joh. 21,15f).[5] Ziel der Argumentation Luthers ist es, der Gegenseite nachzuweisen, dass es ebenso absurd ist, auf diese Bibelstellen den päpstlichen Machtanspruch zu gründen, wie es absurd wäre, diesen Machtanspruch aus Ovid- oder Vergilversen abzuleiten. Er führt dieses Argumentum ad absurdum ein mit ironischen Deutungen von einigen Bibelstellen (Mt. 28,19; Mk. 16,16; Röm. 1,17; Joh. 1,14). Bereits hier ist die Absurdität der ironischen Bibelstellenauslegung für den Leser deutlich nachvollziehbar.

> Also ist nu Roemisch hie die meinung: Gehet hin (das ist, du Peter gehe allein hin) in alle Welt (das ist, gen Rom) und prediget (das ist, setze einen Bapst, der Gott und Herr sey) aller Creatur (das ist, der macht habe uber Bisschoff, Keiser und Koenige, uber Himelreich und Erdreich, c. Omnes), Wer da gleubt (das ist, wer dem Bapst gehorsam ist) und getaufft wird (dem Bapst die fuesse kuesset), der wird selig (bleibt unverdampt), Wer nicht gleubt (nicht gehorsam ist), wird verdampt (ist ein Ketzer). DEnn aus dem Spruch Matth. xvj. hastu nu gnug gehoert, Wo Christus unser HErr vom Wort und Glauben redet, das solchs muesse von der gewalt, geitz, abgoetterey und grewel des Bapsts zuverstehen

---

5 Vorrangig geht es um die richtige Interpretation von Mt. 16,18 (‚Du bist Petrus, und auf diesen Felsen will ich bauen meine Gemeinde, und die Pforten der Hölle sollen sie nicht überwältigen.') und Joh. 21,15f. (‚Weide meine Lämmer!'); daneben auch Mt. 28,19 (‚Darum gehet hin und lehret alle Völker und taufet sie im Namen des Vaters und des Sohnes und des heiligen Geistes.'), Mk. 16,16 (‚Wer da glaubet und getauft wird, der wird selig werden; wer aber nicht glaubt, der wird verdammt werden.'), Röm. 1,17 (‚Der Gerechte wird seines Glaubens leben.') und Joh. 1,14 (‚Und das Wort ward Fleisch und wohnte unter uns, und wir sahen seine Herrlichkeit, eine Herrlichkeit als des eingeborenen Sohnes vom Vater, voller Gnade und Wahrheit.'). Übersetzungen jeweils nach der Lutherbibel von 1912.

sein. Dis ist die Regel und griff die Schrifft aus zulegen, Daher der Roemische Stuel sich nicht unbillich Magistram Fidei rhuemet, das ist, ders besser wisse und mache weder Christus selbs und der heilig Geist, die seine arme Fibulisten sind. Darumb, wo die Schrifft vom Glauben oder Wort Gottes redet, das ist alles zuverstehen von des Bapst gewalt und unserm gefengnis, Als Ꝛom. j: [Röm. 1, 17] "Der gerechte lebet seines glaubens", das ist, der Bapst ist Herr uber alles, [Joh. 1, 14] Joha. j: "Das Wort ist Fleisch worden" (das ist, der Bapst ist Herr uber alles) "und hat unter uns gewonet" (das ist, wir sind seine gefangen, mit leib, Seele, gut und ehre, dazu die gantze Welt).

(WA 54: 274)

Dies wird nun im unmittelbaren Anschluss noch gesteigert durch (noch) absurdere Übersetzungen von Virgil- und Ovidversen:

Denn so dieser Spruch [Mt. 16,19] Matth. xvj: "Auff diesen Fels wil ich meine Kirchen bawen" nichts anders thut, denn das er den Bapst zum Gott und Herrn macht, uber Himel und Erden, So kan sich kein Buchstabe in der Schrifft erweren, er mus auch dasselbe thun, Ja auch Virgilius nicht, da er sagt: 'Tityre, tu Patulæ recubans sub tegmine fagi', das ist: Du Bapst sitzest zu Rom, 'Sylvestrem tenui meditaris arundine musam', das ist: bist Herr uber die gantzen Christenheit. Und Ovidius: 'Hanc tua Penelope lento tibi mittit, Ulysses', das ist: Bapst ist Herr und Gott uber Himel und Erden, 'Nil mihi rescribas, attamen ipse veni', das ist: Wer dem Bapst nicht ist unterthan, mit leib und Seel, gut und ehre, der ist verloren. Duenckt dich solchs lecherlich sein? Warumb lachestu nicht viel mehr des groben, grossen Esels Cle. iij. c. Significasti, der diesen spruch Christi: "Weide meine Schafe", auff seine gewalt zeucht, der sich eben so fein dahin reimet, als alle Vers in Virgilio und Ovidio?

(WA 54: 274)

Das Virgilzitat stammt aus der ersten Ekloge,[6] das Ovid-Zitat stammt aus den Epistulae Heroidum (Heroides/Heldinnenbriefe), hier der erste (fiktive) Brief.[7] Beide Zitate haben selbstredend gar nichts mit den von Luther vermeintlichen Übersetzungen zu tun. Sie sollen lediglich die Beliebigkeit der päpstlichen Bibelauslegungen an drastischen Beispielen vor Augen führen. Das Argument selbst verfährt wie folgt:

1) (fragliches) Datum: Wenn die päpstliche Bibelauslegung stimmen sollte,
2) (absurde) Konsequenz 1 – dann gilt *So kan sich kein Buchstabe in der Schrifft erweren, er mus auch dasselbe thun*
3) (absurde) Konsequenz 2 – Der aus der Schrift abgeleitete Herrschaftsanspruch des Papstes kann so auch von jedem beliebigen anderen Text hergeleitet werden (*Ja auch Virgilius [kann sich] nicht [erwehren, M. H.]*)

6 *Tityre, tu Patulæ recubans sub tegmine fagi silvestrem tenui musam meditaris avena*; (Tityrus, unter dem Dach der gebreiteten Buche gelagert; Sinnst du, ein ländliches Lied zarthalmigem Rohr zu entlocken. [...]; Übersetzung nach E. u. G. Gottwein, https://www.gottwein.de/Lat/verg/ecl01.php; Stand: 19.02.2020). An dieser Stelle des dialogischen Hirtengedichts spricht Meliboeus Tityrus an.

7 Hier spricht als Heldin Penelope, die einen fiktiven Brief an ihren abwesenden, sich auf Irrfahrten befindlichen Ehemann Odysseus schreibt: *Haec tua Penelope lento tibi mittit, Vlixe. nil mihi rescribas tu tamen; ipse ueni.* (Dies schickt deine Penelope dir, langsamer Ulysses. Schreibe zurück mir Nichts, komme du selber jedoch. Übersetzung nach H. Lindemann, http://www.deutsche-liebeslyrik.de/liebespaare_literatur/odysseus_und_penelope.htm#g2; Stand: 19.02.2020).

Schlussregel: Wenn eine Prämisse/ein Datum zu offenkundig absurden Konsequenzen führt, muss die Prämisse falsch sein.

Das Argument ist formal wie ein Modus ponens gebaut (wenn p, dann q; es gelte p, ergo q); allerdings ist die Konsequenz derart absurd, dass damit auch die Prämisse hinfällig wird. Genaugenommen ist das Argumentum ad absurdum natürlich schon mit der absurden Konsequenz 1 erfüllt, dies zeigen die vor den Vergil-/Ovidzitaten gebrachten Bibelstellenauslegungen. Die Vergil- und Ovidzitate führen nur noch einmal und deutlicher vor Augen, wie absurd die päpstliche Bibelauslegung sein soll. Der darin enthaltene Vergleich (die Bibelauslegung ist so abwegig wie eine dementsprechende Auslegung weltlicher Texte) wird zur Unterstützung der Argumentation als zweites Argument nachgeschoben.

Auch das zweite Beispiel für ein argumentum ad absurdum ist wie ein Modus ponens aufgebaut. Hier geht es um die Frage, wer zu Recht als Ketzer gelten kann und muss.

> HJeraus [aus den vom Papst aufgestellten Zulassungskriterien zu einem Konzil, M. H.] folget, das Gott, sonderlich der heilige Geist, der doch gerhuemet wird, das durch jn die Concilia versamlet werden, und alles durch jn drinnen gehandelt und beschlossen wird, ins Concilium zu Trent nicht komen kan, noch in kein Bepstlich Concilium, und mus wol heraussen bleiben, Ursach: die heilige Jungfraw, Sanct Paula Tertius, schreibt dem Keiser Karolo: Es sollen die Ketzer nicht raum noch stat in seinem Heiligen, Freien, Christlichen Concilio haben. Nu ist jtzt angezeigt, das Gott der heilige Geist ein grewlicher Ertzketzer sey, mit Gott dem Vater und Son, darumb das er zu wider der Bepstlichen und Roemischen heiligkeit hat in seiner Kirchen gestifftet und eingesetzt, auch noch heutiges tages in aller welt hellt und leret sein gantz heiliges Sacrament beider gestalt, und verdampt die jenigen, so solches nach der weise nicht halten noch brauchen. Welchs alles zu gegen und wider ist dem hellischen Stuel zu Rom, der solchs manichfeltiglich durch seine Bullen als ketzerey verdampt hat, denn, wie seine Schutzschreiber sagen, ist er auch uber die heilige Schrifft und uber Gottes wort ein gewaltiger Herr und richter worden, der da endern mag, was Gott ordent und gebeut.
>
> (WA 54: 214)

Das Argument geht folgendermaßen vor: Aus den Äußerungen des Papstes geht für Luther hervor, dass *Gott der heilige Geist ein grewlicher Ertzketzer sey*. Dies ist eine Schlussfolgerung (für Luther) aus der vorangegangenen Argumentation, die sich mit der Frage befasste, wer an einem Konzil teilnehmen dürfe und wer nicht. Unstrittig ist, dass dies Ketzern verboten sein soll. Die Frage ist jetzt: Wer ist ein Ketzer? Luther argumentiert aus seiner Sicht, dass nicht die eigene Seite oder gar Gott zur Gruppe der Ketzer gezählt werden kann, sondern die Papstpartei selbst, weil sie eben nicht die Kirche Gottes gestiftet habe. Würde man – und hier beginnt das Absurdum-Argument – der päpstlichen Argumentation folgen, hieße das: Gott (der z. B. das *heilige[] Sacrament beider gestalt* vorschreibt und alle, die dies verneinen (Papst) verdammt) muss ein Ketzer sein. Dann gilt wiederum: Wenn Gott/Heiliger Geist/Christus Ketzer sind (p), dann dürfen sie nicht zum Konzil zugelassen werden (q). Eine ganz offenkundig absurde Konsequenz. Diese absurde Konsequenz verdeutlicht einmal mehr, dass der Papst sich nicht nur nicht gemäß der Heiligen Schrift verhält, sondern, dass er auch *uber die heilige Schrifft und uber Gottes wort ein gewaltiger Herr und richter worden, der da endern mag, was Gott ordent und gebeut.*

Das dritte Beispiel für ein Argumentum ad absurdum greift in die Papstgeschichte zurück. Es geht um die Frage, ob der Papst sich zu Recht für das Oberhaupt der Christenheit hält; Luther argumentiert in diesem Teil der Streitschrift (WA 54: 228–285 *Das Erste*) dagegen und plädiert dafür, dass allein Jesus Christus das Oberhaupt der Christenheit sein könne. Dies haben nach Meinung Luthers auch zahlreiche Päpste und Konzilien in der ferneren Vergangenheit so gesehen, so dass sich dadurch ein Widerspruch zur Haltung der gegenwärtigen Päpste ergebe. Luther schreibt zunächst in seiner Argumentation den gegenwärtigen Päpsten ein Wissen darüber zu, dass sie sich falsch verhalten bzw. dass sie in vollem Bewusstsein anders agieren als ihre fernen Vorgänger (*Sie wustens wol und wissens noch [...]*).

> AH was sol ich mehr sagen? Sie wustens wol und wissens noch jtzt wol, das die gantze Christenheit in der welt kein Heubt uber sich hat, on allein den heiland Jhesum Christum Gottes Son, welchen S. Paulus das Heubt nennet seines Corpers, welchs ist die gantze Christenheit Ephe. 4 und mehr oerten. Sie wissen noch heutiges tages wol, das in gantz Orient, wo Christen sind, nicht unter dem Bapst sind. Sie wissen wol, das sie kein Gottes wort fuer sich, sondern alles wider sich haben. Noch sind sie so frevelthuerstige, unverschampte, verstockte koepffe, das sie wider solch starcke zeugnis und vermanung jrs gewissens, aller welt, gantzer Schrifft, das leidige, lesterliche, [Seite 244] abgoettische Bapstum, mutwilliglich, wissentlich haben angericht, und halten noch jmer fort drueber.
>
> (WA 54: 244f.)

Nun folgt das Absurdum-Argument: Wenn die jetzigen Päpste zu Recht einen Führungsanspruch über die Kirche auf der Basis von Bibelstellen erheben, dann lagen alle anderen Exegeten (frühere Päpste, Kirchenväter wie Augustinus oder Cyprianus, Christen) falsch. Wer jedoch anderer Ansicht als die jetzigen Päpste ist, ist ein Ketzer. Ergo – und dies ist die absurde Konsequenz – sind auch die genannten Kirchenväter und frühere Päpste Ketzer. Dies wäre ein Schluss, den zu ziehen dann eigentlich auch die päpstliche Seite selbst genötigt wäre, wenn sie sich an die eigenen Argumentationsvoraussetzungen hielte.

> Und verdamnen zu gleich, als Ketzer, alle jre vorfaren fur Bonifacio, auch die gantzen Christenheit, so uber 600 iaren fur dem Bapst gewest, sampt allen heiligen Vetern und Concilien, auch alle Christen, so diese 1500 jaren sind gewest, und noch sind in den morgen Lendern. Denn wo das Bapstum ein Artickel des Glaubens ist, und so ein hoher, noetiger Artickel, wie der Bapst in allen Decretalen bruellet und aus Matt. xvj gruenden wil, So ists gewis, das S. Augustinus und Cyprianus, ja alle Apostel mit der gantzen Christenheit in aller welt uber 1500 jar muessen Ketzer und ewig verdampt sein, auch Christus selbs, sampt jnen, der sie durch seinen heiligen Geist solche ketzerey geleret hat, Und niemand selig noch heilig worden ist, on die Bepstliche Christen allein. Solch urteil stehet einem Bapst wol an, Und solt nicht Bapst sein, wo er nicht solch urteil sprechen thuerste.
>
> (WA 54: 244)

Die absurde Konsequenz, 1500 Jahre Kirchengeschichte als Ketzergeschichte zu verstehen, die weder die Katholiken noch die Protestanten akzeptieren würden, basiert auf einem einfachen Modus tollens. Wenn die jetzigen Päpste Recht haben (p), dann hatten alle vorherigen Päpste/Kirchenväter/Christen unrecht und waren Ketzer (q). Es gilt aber ohne

Zweifel: ¬ q, ergo gilt auch ¬ p. Zum Argumentum ad absurdum wird der Gedankengang durch die ganz offenkundig unzutreffende Konsequenz.

Das vierte Beispiel für ein Argumentum ad absurdum ist wiederum aus der Diskussion um den Herrschaftsanspruch des Papstes (WA 54: 228–285 *Das Erste*) entnommen. Der Herrschaftsanspruch des Papstes (die Prämisse bzw. das zu hinterfragende Datum) wird anhand von zahlreichen Konsequenzen ad absurdum geführt. In diesem Beispiel ist die Absurdum-Argumentation sowohl mit fiktiven Konsequenzen (s. die Konjunktive im Zitat) als auch mit einer Argumentreihung, als auch mit der Technik des Den-Gegner-Sprechenlassen, als auch mit Skatologischem verbunden. Je mehr absurde Konsequenzen ins Feld geführt werden, umso plausibler wird für den Rezipienten die Geltung der lutherschen Argumentation und damit die Ablehnung der hinterfragten Prämisse. Zunächst lässt Luther vermeintlich den Gegner sprechen, der die Todsünden nach seiner Manier definiert.

> WEr Milch isst am Freitage, Sonnabent, an der Apostel Abend, oder meiner Heiligen, die ich gemacht habe, das ist eine Tod suende und ewig verdamnis, doch das ich solchs zu halten nicht schueldig sey. WEr Butter, Kese, oder Eyer isst an den selbigen tagen, das ist eine Todsuende, und die Helle. WEr aber fleisch esse an solchen tagen, der ist weit unter der Hellen verdampt, ausgenomen mich und meine Cardinalen, die sind solchem Binden [Seite 267] nicht unterworffen, Ursach: wer zu binden macht hat, wird on zweivel nicht sich selbs, sondern andere binden. WEr nicht fastet und feiret den Heiligen, so ich habe erschaffen, das ist eine Todsuend und verdamlicher ungehorsam, Ursach: Jch hab macht zu binden und zu loesen, ja villeicht auch.
>
> (WA 54: 266f.)

Aus der unumschränkten „Macht zu binden und zu lösen“ werden letztlich beliebige und damit absurde Konsequenzen abgeleitet. Waren die bisherigen Beispiele (Milch, Butter, Käse, Eier, Fleisch) noch aus dem Fastengebot herleitbar, auch wenn Luther hier dem Gegner Inkonsequenz unterstellt (Geltung nicht für den Papst und die Kardinäle), so sind die weiteren Konsequenzen offenkundig absurd und – in diesem Falle – auch als fiktive Argumente verpackt. Dem *vielleicht auch* folgt unmittelbar:

> WEr nicht meinen fortz anbetet, das ist eine Todsuende, und die Helle, Denn er hellt nicht, das ich macht habe, alles zu binden und zu gebieten. WEr nicht meine fuesse kuesset, und wo ichs so binden wuerde, mich im hindern lecken wolte, das were eine Todsuende, und tieffe Helle, denn Christus hat mir die Schluessel und macht alles und alles zubinden gegeben. WElcher Koenig, Keiser oder Fuerst mir nicht ubergibt sein Koenigreich und Herrschafft, das ist eine Todsuende und ewig verdamnis. Denn ich hab solchs macht zu binden und zu gebieten. WElcher Bisschoff mir nicht das Pallium abkeufft, der suendigt toedlich, und ist verdampt, Ursach: ich habe macht zu binden, und solchs zu gebieten. WEr solchen kauff (das ist ja kein raub) heisset Simoney, der suendigt toedlich und verdamlich. Denn ich bins, der da binden und loesen sol. WEr da klagt uber beschwerung der Annaten, Bapst monden, und der gleichen viel, suendigt toedlich. Denn ich habe macht solchs zu binden. das meinet er Dis. xix: Jn memoriam, das man alles tragen und leiden muesse, was der Roemissche Stuel auffleget, wens gleich untreglich ist.
>
> (WA 54: 267)

Wenn der unumschränkte Herrschaftsanspruch des Papstes gilt (Macht zu binden und zu lösen) (p), dann setzt der Pabst zu Recht fest, was als Todsünde gilt (q). Mit folgenden fiktiven Beispielen für denkbare Todsünden, die daraus folgen können, wird dies veranschaulicht und so letztlich ad absurdum geführt: *fortz anbetet, fuesse kuesset, im hindern lecken* (skatologisch), Übergeben von Königreichen und Herrschaften, die Käuflichkeit von Ämtern und Würden kritisieren, Klagen über Abgaben an den Papst. Die Verschiedenartigkeit der absurden Konsequenzen (Argumentreihung) erklärt einen Teil der Schlagkraft des gesamten Arguments. Unterstützt wird diese Schlagkraft aber auch durch die Tatsache, dass Luther hier (vermeintlich) den Papst selbst sprechen lässt, der durch sein wiederholtes Beharren auf seinem Machtanspruch (*ich bins, der da binden und loesen soll*) in Verbindung mit den Konsequenzen noch stärker veranschaulicht, wie absurd diese denkbaren Schlussfolgerungen sind. Klar ist auch dem Leser, dass der Papst wohl nicht so sprechen würde; daher plausibilisiert Luther am Ende des Zitats die Möglichkeit einer solchen Denk-/Redeweise dadurch, dass er sie als Auslegung einer Passage eines päpstlichen Dekrets verstehen kann.[8]

Man sieht somit in diesem letzten Beispiel sehr deutlich, dass und v. a. wie Absurdum-Argumente von Luther verwendet wurden: Sie sind i. d. R. eingebettet in andere argumentative Strukturen (modus ponens, modus tollens, Argumentreihungen, skatologische Beschimpfungen, den Gegner sprechen lassen, Vergleiche etc.). Die verschiedenen Argumentformen wirken zusammen (a) und die Zuordnung zum Argumentum ad absurdum ist – wenn auch diskutierbar – dadurch begründet, dass sie den Hauptstrang der Argumentation bildet (b). Mit diesen kombinierten Argumenten können dann auch verschiedene Argumentationsfunktionen (vgl. Kap. 6) verbunden sein. Von der Struktur her ist das Argumentum ad absurdum funktional am ehesten bei der Funktion „den Gegner rational widerlegen" anzusiedeln, insofern sind dem Absurdum-Argument schon funktionale Aspekte eingeschrieben. Allerdings – dies sehen wir an den Kombinationen in den jeweiligen Argumenten – kann damit zugleich die Funktion „den Gegner diskreditieren" oder das „Intensivieren von Argumenten" erreicht werden.

5.1.6 Fiktives Argument

Fiktive Argumente erweitern das Spektrum möglicher Argumentationsformen sehr stark. Sie basieren auf einer Erweiterung der Realität um mögliche Welten, in denen sich die Argumentierenden bewegen können; Sachverhalte, Schlussregeln und Konsequenzen können neu – gemäß den Bedingungen dieser möglichen Welten – aufgestellt, geprüft, verworfen oder bestätigt werden. Kienpointner (2011: 507) weist darauf hin, dass fiktive Argumente nicht einfach eine evtl. auch verzichtbare Zusatzmöglichkeit sind, sondern dass wir auf sie ebenso wenig verzichten können wie wir in der Alltagsargumentation

8 Der Kommentar der Weimarer Ausgabe verweist auf: Decr. pars 1, dist. 19, c. 3: „... *ut, licet vix ferendum ab illa sancta sede imponatur iugum, tamen feramus et pia devotione toleremus* ...", in der das auferlegte Tragen und Leiden thematisiert wird.

überhaupt auf den Entwurf möglicher Welten, auf die gedankliche Loslösung vom rein Faktischen/Gegebenen verzichten können. Fiktive Argumente sind damit ein Teil und ein Ergebnis der allgemeinen menschlichen kognitiven Fähigkeiten, insbesondere der Fähigkeit, sich etwas vorstellen zu können, was nicht Reflex der unmittelbar wahrgenommenen Realität ist.[9]

Meist haben fiktive Argumente die konditionale Form von Wenn-dann-Relationen und gehören somit zum Typus des Modus ponens bzw. Modus tollens (Kienpointner 2011: 507). Auch Luther verwendet in der Streitschrift an vielen Stellen fiktive Argumente, bei denen das Datum/die Prämisse fiktiv ist, und die Konklusion z. T. fiktiv, z. T. auf reale Gegebenheiten bezogen ist. Die folgenden fünf Beispiele sollen dies verdeutlichen:

Im ersten Beispiel greift Luther weit in die Kirchengeschichte zurück. Er führt den Kaiser Phocas[10] an, der für ihn derjenige ist, der als Mörder seines Vorgängers (Kaiser Maurikios) das Papsttum allererst gestiftet habe (WA 54: 218). Diese aus Luthers Perspektive durchgängig negative Figur wird jetzt zum Ausgangspunkt eines fiktiven Arguments, denn selbst der Kaisermörder Phocas würde das Vorgehen der jetzigen Päpste nicht billigen:

> UNd wenn man den Keiser Phocas zu der zeit hette gefragt, obs seine meinung were, das ein solcher wust solt zu Rom durch sein befelh gestifft werden, der alle Bischove, stifft, Kloester, Kirchen unter sich wuerffe, risse und fresse alles, was da were, stifftet newe lere und glauben, verstoeret Christum und Christlichen glauben, richtet unzelich abgoetterey an, betroege alle welt umb leib und seele, und schindet jnen unzelich geld und gut abe, mit grosser triegerey, darnach trete die Keiser mit fuessen, verbannet, erschluege, verfolget sie, raubet jr Land und Stedte, spottet jr dazu als seiner Narren und lachet in die faust, Verzerets darnach und verprangets mit seinen Huren und Hermaphroditen, Meinstu, das Phocas, wie boese er were, hie zu ja sagen wuerde?
>
> (WA 54: 234)

Die Grundstruktur des fiktiven Arguments ist wiederum einfach: Wenn man Kaiser Phocas fragen würde (p), dann würde er die beschriebenen heutigen Zustände tadeln bzw. als nicht legitim einschätzen (*Meinstu, das Phocas, wie boese were, hie zu ja sagen würde?*). Die Schlagkraft der Argumentation wird durch drei weitere Faktoren erhöht.

Erstens werden zahlreiche Beispiele für die Missstände gegeben, die Phocas keineswegs billigen würde. Diese Missstände werden wiederum drastisch geschildert (*wurffe, risse und fresse, verstoeret, betroege, schindet, grosser triegerey, trete die Keiser mit fuessen, verbannet, erschluege, verfolge sie, raube jr Land und Stedte, spottet jr, verprangets mit*

9 Kienpointner (2011: 535) weist auf diese Verbindung zur menschlichen Kognition hin: „Die Fähigkeit, fiktive Argumente zu gebrauchen, wäre vor diesem Hintergrund als Teil der generellen menschlichen Fähigkeit zu sehen, über die Common Sense-Realität hinausgehende Annahmen zu treffen, also als Teil der menschlichen Kreativität im Allgemeinen, die durch das Schaffen neuer Möglichkeiten den Bereich des kognitiv Erfassbaren stets zu erweitern weiß."

10 Phocas war von 602 bis 610 n. Chr. Kaiser des Oströmischen Reiches. Er verfolgte aus machtpolitischen Gründen eine papstfreundliche Politik in Italien.

seinen Huren und Hermaphroditen). Zweitens wird der Leser an der entscheidenden Stelle direkt angesprochen (*Meinstu*) und so zu einer unmittelbaren Schlussfolgerung aufgefordert. Drittens wird diese Schlussfolgerung nicht offengelassen, sondern in Form einer rhetorischen Frage faktisch beantwortet. Selbst ein Mensch wie Phocas (*wie boese er were*) müsste zu dem Schluss kommen, dass das Handeln der Päpste falsch ist.

Im zweiten Beispiel geht es um das Verständnis der Glaubensinhalte (zehn Gebote, Vaterunser, Sakramente). Unmittelbar vor dem nachfolgenden Zitat behauptet Luther, dass man aus den päpstlichen Schriften (Bullen, Dekrete o. Ä.) keinen Aufschluss über den rechten Glauben erhalten könne.[11] Nun entwirft Luther eine mögliche Welt, in der der Papst doch verstünde, wie die Glaubensinhalte richtig zu deuten wären, z. B. das erste Gebot:

> DEnn rechen du, wenn er solte verstehen das erste gebot: Du solt nicht andere Goetter haben, und, was da wider, Suende heissen, So muest er alle seine Drecket, Drecketal und Bullen verbrennen, und sich selbs mit, sampt alle Cardinalen.
>
> (WA 54: 271)

Die Struktur des fiktiven Arguments selbst ist wiederum einfach: Wenn der Papst das erste Gebot richtig verstünde (p), dann müsste er seine Fehleinschätzung und sein Fehlverhalten vollständig ändern (q). Es gilt aber natürlich $\neg$ p, ergo auch $\neg$ q. Verstärkt wird diese einfache Struktur wiederum durch vier Faktoren. Erstens werden die Konsequenzen drastisch ausgemalt. Der Papst *muest [...] alle seine Drecket, Drecketal und Bullen verbrennen, und sich selbs mit, sampt allen Cardinalen* (WA 54: 271). Zweitens werden durch ein im Text immer wieder verwendetes Wortspiel – *Drecket* statt *Dekret* – die Inhalte der Dekrete qua Wortspiel zusätzlich diskreditiert. Drittens wird wiederum der Leser direkt angesprochen und so zu einer Schlussfolgerung aufgefordert (*DEnn rechen du [...]*). Der argumentative Gesamtzusammenhang wird für den Leser nachdrücklich plausibilisiert durch diese Konkretisierungen.

Im dritten Beispiel ist das fiktive Argument in einen (nichterfüllbaren) und komplex dargelegten Wunsch gekleidet.

> AH, wenn Keiser und Koenige auch ein mal wolten Christen sein, und dem HErrn Christo einen dienst thun, wie sie wol schueldig weren, und mit dem Bapst verschaffen, das er mueste ein Bischoff der Roemischen Kirchen sein, wie die gewest sind, so vor dem Bapstum, nicht Bepste, sondern rechte Bisschove gewest sind, wie droben genennet, und jn dahin halten, das er dem Spruch: Weide meine Schafe, Jtem: bawe meine Kirche auff den Fels, mueste gnugthun, nemlich, Weiden und Bawen, weil er so fast solchs begert und rhuemet, darauff auch gewarten der Hellen Pforten stuermen, oder des guertels und fuerens, da er nicht hin wolte. Und damit er zum anfang nicht zu hoch beschweret wuerde, were es gnug, das er seine oeberste Pfarkirche zu Rom, S. Johann Lateran, fuer sich neme, daselbs zu weiden anfienge, oder doch fuer sich einen hirten da hielte, und versuchte, was da were, Christi schafe weiden, und des guertels gewarten. Was gilts? Er wuerde nicht eine stunde, auch nicht eine

11 *Nicht ein wort kanstu aus allen diesen Buechern, sampt jren Scribenten finden, das dich leren moechte, das erste Gebot zuverstehen, oder eine bitte im Vater unser zu beten.* (WA 54: 271).

seele weiden wollen, der jtzt alle Welt weiden wil, und verflucht alle, die sich nicht wollen lassen weiden, so doch die welt schreiet und ruefft nach solchen Hirten, die da weiden koennen, Und der HErr Christus selbs klagt, es mangele [Mt. 9, 38] jm an solchen Hirten: "Gros ist die erndte (spricht er), Aber wenig sind der Erbeiter, Bittet den HErrn der erndte, das er Erbeiter sende in seine Erndte.

(WA 54: 281)

Die Grundstruktur dieses komplexen Arguments ist wiederum einfach: Wenn die Herrscher (Kaiser, Könige) ihrer Pflicht nachkämen, den Papst in seine Schranken zu verweisen (*das er mueste ein Bischoff der Roemischen Kirchen sein*) (p), dann müsste der Papst tatsächlich *Weiden und Bawen* bzw. als Bischof von Rom tätig werden (q).

Auf dieses Argument folgt dann eine weitere Konklusion, die sich aus der Nichterfüllbarkeit von q ergibt. Der Papst *wuerde nicht eine stunde, auch nicht eine seele weiden.* Die im fiktiven Argument vorgestellte mögliche Welt stellt den Zustand dar, der nach Luthers Meinung der einzig vertretbare wäre. Allerdings wird schon durch die Fiktivität des Arguments selbst gezeigt, dass dieser Zustand eben nicht erreicht und auch bei der derzeitigen Haltung der Päpste nicht erreichbar ist. Dieses einfache Argument wird – wie in den anderen Fällen auch – noch verstärkt durch eine Reihe weiterer Faktoren.

1) Die emotionale Beteiligung des Autors wird durch einen Ausruf markiert (*AH*). Er zeigt an, dass die nun folgenden Ausführungen das Gewünschte aber nicht Umsetzbare sind.
2) Die fiktiven Konsequenzen (q) werden durch eine Reihe von Beispielen veranschaulicht: Wäre der Papst nur Bischof von Rom und würde „weiden und bauen" (wie er sich dessen auch fälschlicherweise rühmt), dann würde er (oder sein Stellvertreter in der Laterankirche) *Christi schafe weiden* und auf weitere Widrigkeiten gefasst sein (*Hellen pforten stuermen*).
3) Nach dem Hinweis darauf, dass der Papst *nicht eine Stunde* dieses fiktive Szenario umsetzen könnte, werden weitere Diskreditierungen vorgetragen. Der Papst will *auch nicht eine seele weiden*, er *verflucht alle, die sich nicht wollen lassen weiden.* Dies alles, obwohl doch ein klar artikulierter Bedarf vorliegt, nämlich:
4) *die welt schreiet und ruefft nach solchen Hirten* und Gott selbst beklagt diesen Mangel in Mt. 9,37f.[12]

Im vierten Beispiel wird das Muster des fiktiven Arguments wiederum abgewandelt. Hier handelt es sich zunächst um ein einfaches Gedankenspiel: Wenn ich (Luther) Kaiser wäre (p), dann würde ich die Gegenseite mit Gewalt strafen (q).

WOlan, wenn ich Keiser were, wuest ich wol, was ich thun wolt: Die lesterlichen Buben alle sampt, Bapst, Cardinal, und alles Bepstlich Gesind, zu samen koppeln und guerten, nicht weiter, denn drey meile wegs von Rom, gen Ostia fueren (Denn ungeguertet und ungefuert wuerden sie nicht gehen, dahin sie nicht wolten), daselbst ist ein Wesserlin, das heisst Latinisch Mare tyrrhenum, ein koestlich

12 Mt. 9,37f.: ‚Da sprach er zu seinen Jüngern: Die Ernte ist groß, aber wenige sind der Arbeiter. Darum bittet den HERRN der Ernte, daß er Arbeiter in seine Ernte sende.' (Übersetzung nach der Lutherbibel 1912).

> Heilbad wider alle seuche, schaden, gebrechen Bepstlicher heiligkeit, aller Cardinel und seines gantzen Stuels, daselbs wolt ich sie seuberlich einsetzen und baden. Und ob sie sich wolten fuerchten fuer dem wasser, wie gemeiniglich die besessene und wansinnige Leute das Wasser schewen, wolt ich jnen zur sicherheit mit geben den Fels, darauff sie und jre Kirche gebawet ist, Auch die Schluessel, damit sie alles binden und loesen koennen, was im Himel und Erden ist, auff das sie dem Wasser zu gebieten hetten, was sie wolten. Dazu solten sie auch den Hirten stab und keule haben, damit sie das wasser moechten ins angesicht schlahen, das jm maul und nasen bluttet. Zu letzt solten sie auch die weide mit sich haben zum labetrunck und lusttrunck im bade, alle Decret, Decretal, Sexti, Clementin, Extravagant, Bullen, Ablas, Butter-, Kese-, Milchs- brieve an den hals gehenckt, damit sie allenthalben sicher weren. Was gilts? wenn sie eine halbe stunde in dem selben Heilbade hetten gebadt, Es solte alle jre seuche, schaden und gebrechen ablassen und auffhoeren, da wolte ich buerge fuer sein und meinen HErrn Christum zu pfande setzen.
>
> (WA 54: 283)

Die besondere Schlagkraft des Arguments wird hier durch folgende Faktoren hergestellt.

1) Die Gewaltphantasien werden drastisch dargestellt und mit Beispielen belegt. Das vorgesehene Heilbad soll im Tyrrhenischen Meer[13] erfolgen. Ist schon an dieser Stelle zu vermuten, dass es um das Ertränken der Gegner gehen dürfte, wird dies durch den Hinweis auf den mitgegebenen Fels erhärtet. Hirtenstab und Keule können dann von Papst und Kardinälen zum Schlagen des Wassers genutzt werden (hier verwendet Luther ein etwas problematisches Bild, wenn dem metaphorisch anthropomorphisierten Wasser *maul und nasen* bluten soll). Die *weide* (wiederum ein fragwürdiges Bild) soll den Delinquenten als *labetrunck* dienen, ihre eigenen Schriften sollen ihnen dann um den Hals gehängt werden, *damit sie allenthalben sicher weren*, also damit sie letztlich ertrinken. Diese Art Kur würde dann in kurzer Zeit *seuche, schaden und gebrechen* vertreiben, durch den Tod.
2) Der Gegner wird – gewissermaßen en passant – durch einen Vergleich abgewertet, da das vorgesehene gewaltsame Heilbad bzw. Wasser generell vom Gegner gefürchtet wird, *wie gemeiniglich die besessene und wansinnige Leute das Wasser schewen.*
3) Die verschiedenen Begriffe bzw. Objekte, die in der vorangehenden Glaubensdebatte eine Rolle gespielt haben (Fels, Schlüssel, Hirtenstab, Weide, Dekrete, Bullen, Ablassbriefe etc.) werden im fiktiven Argument zu einfachen Werkzeugen der Gewalt umfunktioniert, so dass sie allein dadurch „profaniert“ und entwertet sind.

Im letzten Beispiel verwendet Luther einen zu seiner Zeit unstrittig als negativ und bedrohlich empfundenen Gegner (den „Türken“, d. h. die kriegerische Auseinandersetzung zwischen Reich und Osmanen in der ersten Hälfte des 16. Jahrhunderts[14]) als Bezugspunkt

---

13 Teil des Mittelmeers zwischen Italien und Korsika, Sardinien, Sizilien.

14 Vgl. dazu z. B. Kaufmann (2016: 648), der zu Luthers Türkenschriften schreibt: „Die *Türkenpublizistik* stand in engem Zusammenhang mit den Erfahrungen militärischer Bedrohung durch einen übermächtigen Feind. Konjunkturwellen einer forcierten Text- bzw. Druckproduktion zur Türkenfrage traten im Umkreis der Belagerung Wiens (September/Oktober 1529), der Eroberung Budas und Pests sowie der osmanischen Annexion Mittelungarns (1541) auf.“ Luther befasste sich mit den gegnerischen Türken, dem Islam und den

für ein fiktives Argument. Die vom „Türken" ausgehende Gefahr ist für die zeitgenössischen Leser unstrittig. Luther schreibt nun einen Teil der negativen Wirkungen des „Türken" dem Papst als teuflischem Verwandten zu.

> Mir ists gewis, das, wo der Bapst nicht were, Der Tuercke (welchs Teufel des Bapsts Teufel, Vetter, Schwager und Schwester ist) hette solchen grossen gewalt nicht bekomen.
>
> (WA 54: 290)

Wenn es den Papst nicht gäbe (p), dann hätte der „Türke" auch nicht solche bedrohliche Macht erhalten (q). Dieses fiktive Argument ist im Text eingebettet in die Darlegung Luthers, dass der Papst kein Christ, sondern vielmehr ein Heide sei, der keinen Herrschaftsanspruch über die Christenheit haben könne. Das Argument weist gerade über die Entwicklung einer möglichen Welt (ohne Papst) der gegnerischen Seite Verantwortung und Schuld für weltpolitische Bedrohungen zu.

Gerade mit Blick auf Gewaltphantasien, Beschimpfungen und Beleidigungen des Gegners ist nachvollziehbar, weshalb fiktive Argumente von Luther in der Streitschrift sehr häufig genutzt werden. Das Ausweichen auf mögliche Welten erweitert den Radius dessen, was man sich für den Gegner vorstellen und wünschen kann und wofür man ihn verantwortlich machen kann.

5.1.7 Vernunftargument

Der Appell an die Vernunft ist in der Streitschrift von 1545 vergleichsweise selten zu finden. Viel häufiger ist z. B. die Berufung auf entsprechende Bibelstellen zur Begründung der eigenen Position. Beiden Verfahren gemeinsam ist dabei, dass es sich letztlich um Autoritätsargumente handelt. Das Argumentum ad autoritatem wird i. d. R. mit dem Bezug auf bestimmte Experten des jeweiligen Gebiets verbunden, im Zentrum stehen dann personale Autoritäten. Aber auch die Berufung auf andere Autoritäten ist möglich. Wenn die eigentliche Begründung einer Behauptung dadurch ersetzt wird, dass unspezifisch auf Institutionen, Referenztexte oder „die Vernunft" verwiesen wird, liegt strukturell ebenfalls ein Autoritätsargument vor. Insofern haben wir es hier wiederum mit einem Beispiel für eine Argumentationsform zu tun, bei der Überlappungen zu anderen Argumentformen (Argumentum ad autoritatem) bestehen. Der Grund, das Vernunftargument dennoch eigens aufzuführen, liegt darin, dass in den wenigen Beispielen im Text nicht allein und unspezifisch auf die Vernunft als Begründung verwiesen wird, sondern dass hier – wenigstens ansatzweise – auch ausgeführt wird, inwiefern sich eine Behauptung mit Vernunftgründen stützen lässt.

Juden bereits seit 1520 (Schilling 2016: 551). Zur Rolle des „Türken" bei Luther, der sich mit ihnen weniger in realpolitischer Hinsicht befasste, sondern sie vielmehr als „Teil seiner Bußtheologie" (Schilling 2016: 555) verstand, vgl. Schilling 2016: 552–556.

Ein Beispiel soll dies veranschaulichen: Es geht hier um die Frage, wer den Papst und seine Aussagen beurteilen darf und wer nicht, d. h. – weitergefasst – um die Frage, auf welcher Basis man sich überhaupt ein Urteil über einen Gegenstand erlauben dürfe. Den Papst dürfe (1. Schritt) nur beurteilen, wer a) getauft, b) vernünftig sei und c) *alle Creatur Gottes*.

> das den Bapst freilich niemand macht hat zu richten noch zu verdamnen auff Erden, on allein alles was getaufft ist, oder noch eine menschliche vernunfft hat, und alle Creatur Gottes.
>
> (WA 54: 285)

Hier wird noch unspezifisch auf die menschliche Vernunft verwiesen (als Fähigkeit, Sachverhalte rational beurteilen zu können). Dann geht es im zweiten Schritt darum, zu klären, ob der Papst selbst überhaupt in der Lage ist, das zu beurteilen, was er in Dekreten etc. verfügt.

> ZUm andern, Sagt alle Menschliche vernunfft, das, wer ein ding nicht verstehet noch kan, der koenne nicht dasselbe richten, noch etwas nach dem selben urteilen, loben oder schelten, verdamnen oder preisen. Denn es mus erkand und verstanden sein, was man urteilen sol. Nu ist droben beweiset und ist die oeffentliche warheit, das der Bapst, Cardinal und gantzer Roemischer hoff und Rotten nichts anders sind, denn ein stall vol grosser, grober, toelpischer, [Seite 286] schendlicher Esel, die nichts koennen in der heiligen Schrifft, Nichts wissen, was Gott, was Christus, was Kirche, Was Bischoff, Was Gottes Wort, was Geist, Was Tauffe, was Sacrament, was Schluessel, was gute werck sind: des sind da fuerhanden starcke zeugen gnug jre Buecher, Decret, Decretal, Sext, Clementin, Extravaganten, Bullen und unzeliche Buecher.
>
> (WA 54: 285f.)

Hier wird auf die menschliche Vernunft spezifischer zurückgegriffen, da expliziert wird, was die menschliche Vernunft konkret gebietet: *wer ein ding nicht verstehet noch kan, der koenne nicht dasselbe richten [...]*. Zusätzlich führt dann Luther in einer Argumentreihung noch aus, inwiefern die päpstliche Seite den Ansprüchen der menschlichen Vernunft nicht gerecht wird (*Esel, nichts koennen in der heiligen Schrifft, Nichts wissen, was Gott, was Christus* etc. sind.). Bemerkenswert ist diese Argumentform deshalb, weil sie nicht – wie sonst sehr häufig im Text – mit Bibelstellenauslegungen unterlegt ist, sondern letztlich nur auf das allgemeine Denk- und Urteilsvermögen aufgrund von rationalen Kriterien abhebt.

5.1.8 Argumentum ex concesso

Das Argumentum ex concesso lässt sich am einfachsten durch ein Bild verdeutlichen. Einer der beiden beteiligten Akteure geht auf den anderen einen Schritt zu, das ist sozusagen das Zugeständnis, die Konzession. Diese Konzession bezieht sich in beiden Fällen auf eine Prämisse, auf ein zugestandenes Datum. Von diesem Datum aus wird eine für die eigene Position vorteilhafte Konklusion gezogen.

Im ersten Fall wird ein Zugeständnis des Gegners aufgegriffen. Es handelt sich um eine Aussage, bei der der Gegner der eigenen Position offenkundig entgegenkommt. Wenn x (Datum) vom Gegner schon zugestanden werden muss, dann muss auch y (Konklusion) gelten.

Im zweiten Fall sind die Verhältnisse umgekehrt, hier handelt es sich um eigene, meist fiktive Zugeständnisse. Dann wird vorgeblich oder tatsächlich ein Schritt auf den Gegner zugegangen, ein Zugeständnis gemacht, aus dem dann jedoch etwas für die eigene Position Vorteilhaftes abgeleitet wird. Im ersten Schritt gesteht man (scheinbar oder tatsächlich, im Konjunktiv oder im Indikativ) zu, dass eine Aussage des Gegners richtig sein könnte oder richtig ist. Entscheidend ist dann aber die Ableitung aus dieser Aussage. Wenn man die zugestandene Prämisse (als Datum) verwendet, kommt man beim Argumentum ex concesso immer zu einer Konklusion, die entweder nicht im Sinne des Gegners sein kann (damit würde man dem Gegner Selbstwidersprüchlichkeit nachweisen) oder die Konklusion stellt etwas fest, was man selbst behauptet, oder die gegnerische Konklusion verfehlt den eigentlichen Punkt der Argumentation. Sie zeigt damit, dass die scheinbar konzedierte Prämisse bereits hinfällig war. In jedem Fall erringt man so einen argumentativen Sieg über den Gegner. In Luthers Streitschrift finden sich verschiedene Formen des Argumentum ex concesso. Diese Formen sind verknüpft mit anderen Argumentformen.

Zunächst ein Beispiel für den zweiten Fall, dem Argument aus dem eigenen Zugeständnis heraus: Hier führt Luther vor, dass selbst bei einer dem Gegner konzedierten Prämisse die Konklusion nicht überzeugend sein kann. Es geht um die Schlüsselgewalt Petri, d. h. um den alleinigen Führungsanspruch der römischen Kirche durch den Papst. Luther formuliert bereits die konzedierte Prämisse im Konjunktiv und markiert so schon im Vorfeld, dass es sich zugleich auch um ein fiktives Argument handelt.

> Wir Theologen aber weiter hiezu sagen: Wenn sie [Schlüssel, M. H.] gleich S. Peter verheissen, dazu auch gegeben weren, das dennoch damit nicht beweiset were, das allein die Roemische Kirche solche Schluessel haben kuendte, weil S. Peter mehr Kirchen hette gestifftet, denn die Roemische Kirche (hat er sie anderst gestifft, welchs ungewis und unbeweiset bleibt ewiglich), welchen eben so wol die schluessel von S. Peter, jrem Apostel, als der Roemische Kirchen musten gegeben sein. Der Bapst aber, nach dem kein Bischoff mehr zu Rom gewest, solche schluessel, ehe sie S. Peter gegeben, gestolen und geraubt, sich der selben unterwunden, damit gebaret, als weren sie sein allein und eigen, so er doch ein frembd Thier und Beerwolff in die Kirchen sich gedrungen hat, und von Christo, wie gehoert, verdampt ist.
>
> (WA 54: 291)

Aus Luthers Sicht wurden Petrus die Schlüssel des Himmels lediglich verheißen[15], nicht aber zugleich gegeben. Insofern ist das *dazu auch gegeben were* eine scheinbare Konzession. Aus dieser Konzession lässt sich aber seines Erachtens nicht ableiten, dass nur eine

---

15 Wiederum mit Bezug auf Mt. 16,16 in der Lutherübersetzung von 1912: „Und ich will dir des Himmelsreichs Schlüssel geben: alles, was du auf Erden binden wirst, soll auch im Himmel gebunden sein, und alles, was du auf Erden lösen wirst, soll auch im Himmel los sein.“

und zwar die jetzige römische Kirche von Petrus begründet worden sei. Genauso denkbar ist, dass Petrus auch andere Kirchen gestiftet habe, was letztlich aber nicht beweisbar sei. Luther spinnt den Faden der Konklusion dann weiter, indem er annimmt, Petrus habe die Schlüssel doch nicht erhalten und der Papst habe sie sich letztlich widerrechtlich angeeignet (*gestolen und geraubt*). So wird das gegnerische Argument, aus der Schlüsselübertragung ergebe sich zugleich der Alleinvertretungsanspruch, widerlegt, indem die Konklusion hinterfragt wird. Sie wird zu einem non-sequitur erklärt. Da es sich in diesem Beispiel um eine nur scheinbar zugestandene Prämisse handelt, kann man auch von einem scheinbaren/fiktiven Ex-concesso-Argument sprechen.

Die weiteren Belege verdeutlichen den Typus des Argumentum ex concesso, bei dem Zugeständnisse des Gegners an die eigene Position argumentativ genutzt werden.

Im zweiten Beispiel führt Luther eine Konzession vor, die selbst die Gegner den Protestanten machen. Wenn selbst der Gegner bestimmte Punkte der eigenen Argumentation zugesteht, dann sind die daraus abgeleiteten Konsequenzen umso überzeugender. Im Beispiel geht es um die Schriftadäquatheit der protestantischen Argumentation. Es geht hier um die Confessio Augustana, die beim Reichstag zu Augsburg 1530 vorgelegt wurde. In der Diskussion um diese Confessio konnte den Protestanten – so die Sicht Luthers – nicht nachgewiesen werden, dass sie im Widerspruch zur Bibel stünde (wohl aber im Widerspruch zu anderen Schriften – Kirchenväter, Konzilsbeschlüsse). Somit konzediert der Gegner die Schriftadäquatheit der protestantischen Position.

> ZUm dritten, da unser Confessio anno xxx zu Augspurg fuer dem Keiser und gantzem Reich verhoeret ward, fragten jenes teils Fuersten jre Theologen, ob man solchs mit der Schrifft verlegen kuendte. Antworten sie: Nein, mit der Schrifft koendte mans nicht verlegen, Sondern mit den Vetern und Concilien. Darauff etliche grossen lechelend sprachen: Unser Theologen verteidigen uns fein, Sagen, das jenes teil habe die Schrifft fuer sich, Wir aber fuer uns die Schrifft nicht haben. AUs solchem bekentnis und zeugnis unsers widderparts haben wir, das wir nicht Ketzer sein können, weil wir die Schrifft haben [...].
>
> (WA 54: 288)

Luther leitet nun aus dieser konzedierten Prämisse zwei Konklusionen ab. Zum einen – natürlich – dass die Papstseite nicht gemäß der heiligen Schrift (Autorität) argumentieren könne, da dies ja die protestantische Seite schon mache. Diese Konklusion wird im Zitat den *grossen*/*Fuersten* in den Mund gelegt, die von ihren eigenen (papsttreuen) Theologen eine Klärung des Status der Confessio Augustana haben wollten. Dadurch wird die Konklusion noch schlagkräftiger. Nicht die Protestanten, sondern gewissermaßen das in theologischen Streitfragen unvoreingenommene Publikum (im Sinne von Perelman & Olbrechts-Tyteca das universelle Publikum) kommt zu diesem Schluss. Zum anderen wird dann am Ende des Zitats die Konklusion gezogen, dass die verketzerten Protestanten gar keine Ketzer sein können, weil sie ja schriftgemäß handelten. Abgeschlossen wird dieses Argument dann noch durch einen Verweis auf die päpstlichen Theologen, die nach Luther den Papst deshalb als einen Lügner schelten müssen:

> UNd hie wird der Bapst auch von seinen Theologen geurteilet und gestrafft als ein Luegener, das er uns Ketzer schilt, da sie nein zu sagen, gleich wie er droben von seinen Juristen verurteilt und gestrafft wird als ein Luegener, das er die Schluessel nicht habe aus Matth. xvj, weil sie daselbs allein verheissen, und nicht gegeben sind. [...]
>
> (WA 54: 288)

Auch beim dritten Beispiel wird eine Konzession des Gegners genutzt. Jetzt werden die papsttreuen Historiker (z. B. Bartholomaeus Platina[16]) herangezogen, die bei der Frage *OB der Bapst das Roemische Reich von den Griechen hab auff uns Deudschen gewand.*[17] eingestehen müssen, dass die weltliche Herrschaft nicht vom Papst stammen könne. Damit ist Behauptung des Papstes *erlogen und gantz ein Bepstisch gewesch.*

> ABer des Bapsts Wort lauten, als hette er das Reich von den Griechen [Seite 297] genomen und den Deudschen zu gewand. das ist erlogen und gantz ein Bepstisch gewesch. Erstlich daher, das er nichts hat vom Griechischen Reich nemen und weg geben koennen, Sondern das Roemisch Reich gegen morgen ist zu Constantinopel blieben, Und hat sich der selbe Keiser zu Constantinopel jmer fuer und fuer Roemischer Keiser genennet und geschrieben, gleich wie unser Keiser sich Roemischer Keiser geschrieben hat, On das man jenen hat Constantinopelisch, Unsern den Deudschen Keiser geheissen, Darumb das jr keiner zu Rom den sitz hatte, Sondern jener zu Constantinopel, dieser in Deudschen landen gesessen ist, Aber es ist beides einerley Roemisch Reich gewesen, geteilet (wie gesagt), ein teil gegen morgen, das ander gegen Abend. Und haben sich beider seits des alles vertragen. Denn Carolus hatte seine Bottschafft bey dem zu Constantinopel, und widerumb jener seine Bottschafft bey Carolo zu Ache. Und solchen Vertrag hat erstlich mit Carolo auffgericht die Keiserin Jrene, nach jr Nicephorus und Michael. Und zu warzeichen ward im vertrag Venedig ausgenomen, das es fuer sich selbs solte eine Herrschafft, weder diesem noch jenem Keiser unterthan, sein. Solchs schreiben auch des Bapsts Historici selber, als Platyna etc.
>
> (WA 54: 296f.)

Im vierten Beispiel werden nun auch noch papsttreue Juristen herangezogen. Die eigenen Juristen widersprechen dem Papst in wesentlichen Punkten, sie konzedieren damit protestantische Positionen. Die päpstlichen Juristen lehnen die Berufung auf Mt. 16,19 ab, nicht aber die auf Joh. 21,15f. Damit widersprechen sie dem Papst, der seinen Anspruch aus beiden Stellen ableiten möchte. Damit konzedieren die Juristen einerseits eine Position der Protestanten (aus der Sicht Luthers), dass nämlich Mt. 16,19 nicht als Rechtfertigung für den Herrschaftsanspruch herangezogen werden kann. Andererseits wird in diesem Beispiel dem Gegner insgesamt auch Inkonsequenz und damit Widersprüchlichkeit nachgewiesen: Wenn schon die eigenen Juristen und der Papst selbst unterschiedlicher Meinung sind, muss ihre Position insgesamt argumentativ fragwürdig sein.

> Die glosa 50 c. Considerandum, und Abbas c. Significasti sagen, das dieser Spruch Matth. xvj nichts thue, das Bapstum [Joh. 21, 15f.] zu bestettigen, Sondern der Spruch Johan. ultimo: Pasce oves meas,

16 Bartholomaeus Platina war für Luther ein prototypischer papsttreuer Kirchenhistoriker, vgl. WA 54: 245, 2.

17 Letzter Teil der Streitschrift WA 54: 295–299.

> Weide meine Schafe. Also sind sie uneins, der Bapst und seine Juristen, worauff das Bapstum gegruendet sey. Der Bapst sagt, Es sey gegruendet Matt. xvj, Und schreiet solchs aus durch viel Decreten. Seine Juristen sagen: Nein, und luegen strafft hie untern ander der Knecht den Herrn, und der Herr den knecht. Hie menge sich der Teufel zwischen diesen hadder. Jndes wollen wir sie lassen haddern, und die weil den Bapst nicht fuer Bapst halten, bis sie der sachen eines werden. Zwar, Juristisch zu reden (wenn ich ein Jurist sein wolt), duenckt mich, die Juristen haben eine bessere sachen weder der Bapst, weil sie sich darauff gruenden, Christus habe Matth. xvj die Schluessel S. Petro nicht gegeben, sondern allein verheissen, darumb muesse der Bapst beweisen, wo sie jm gegeben seien.
> (WA 54: 241)

Im fünften Beispiel unterstellt Luther eine Konzession, aus der er dann weitreichende Konklusionen ableitet, die letztlich auf ein Vernunftargument abzielen. Im ersten Schritt behauptet er, dass die päpstlichen Juristen selbst bezeugen, dass das geistliche Recht nicht dem göttlichen Wort und Auftrag entspreche. Dies kann natürlich als eine unterstellte Konzession angesehen werden.

> SO zeugen die Juristen selbs, mit oeffentlichen Worten, das das geistlich Recht stincke nach eitel geitz, ehre und gewalt, Und ein Canonist sey ein Esel. Und ist beides war. Lieber, wo her haben sie solch urteil anders, denn aus der Menschlichen natuerlichen vernunfft?
> (WA 54: 286)

Wie kommen die Juristen zu dieser Einschätzung? Aufgrund von Vernunftargumenten, da sich juristische Sachverhalte nicht einfach theologisch ableiten und begründen lassen. Auch wenn gegen den Papst theologische Argumente (zusätzlich) sprechen, sind die juristischen schon ausreichend. Hier ist ein überraschendes Hierarchieargument enthalten: a majore (Juristen/Vernunft) ad minus (Theologen). Dies ist insofern etwas überraschend, weil in anderen Kontexten die theologische Fundierung der Argumentation, v. a. die Übereinstimmung der Bibel, oberste Priorität hat.

> Und richten damit den Bapst, das er sey ein ehrsuchtiger, stoltzer, unsetiger geitz hals, ein Bauchknecht und [Eph. 5, 5] Diener des Mammon, welchs S. Paulus nennet Goetzen dienst und abgoetterey. Wenn die Juristen den Bapst also urteilen, loben und preisen, Wo wollen wir Theologen wort nemen, das wir jn verdamnen und schelten? Heisst das nicht den Bapst recht gemalet? das er sey mit der that und lere vom Teuffel besessen und getrieben? Und findet sich, das er Magister fidei, Regula Ecclesiarum sey, das ist ein Lerer des Mammon, Geitz und eitel Abgoetterey, ein Doctor in der Buben schule. So, lieben Juristen, Lobet den Bapst nur wol und getrost, und machets so verdrieslich, das wir Theologen nicht raum haben koennen, jnen erger zu urteiln! Nu, das thut die vernunfft, die so urteilet.
> (WA 54: 286)

Entscheidend ist aber nicht das Hierarchieargument, sondern die aus der Konzession abgeleiteten Konklusionen, die Luther wiederum plastisch ausmalt. Aus der vernunftbasierten Beurteilung der Juristen ergibt sich für Luther, dass der Papst *vom Teuffel besessen, ein Lerer des Mammon, Geitz und eitel Abgoetterey, ein Doctor in der Buben schule* sei. Verstärkt wird diese Konklusion dann noch durch die ironische Aufforderung an die Juristen, den Papst weiterhin in dieser Weise zu loben. Denn: Durch diese Art Lob kritisieren sie den Papst noch stärker, als dies die Theologen könnten, und zwar auf der Basis rationaler Argumentation (*das thut die vernunfft, die so urteilet*).

5.1.9 Gleichbehandlungsargument/Gerechtigkeitsargument

Ein besonders starkes Argument auf der Basis der Alltagslogik ist das Gerechtigkeitsargument bzw. das Gleichbehandlungsargument. Perelman & Olbrechts-Tyteca (1971: 218) fassen es konzise zusammen: „The rule of justice requires giving identical treatment to beings or situations of the same kind." Entscheidend für die Plausibilität eines solchen Arguments ist, dass die in Beziehung gesetzten Sachverhalte, Personen, Situationen tatsächlich vergleichbar sind. Deshalb ist eine Voraussetzung für die Anwendbarkeit dieser Argumentform, dass „Gleiches Recht für alle" auch tatsächlich im Diskurs akzeptiert wird.

Das folgende Beispiel steht im Kontext der Frage, wer das Recht habe, die Teilnehmer eines Konzils zu bestimmen. Luther argumentiert, dass dieses Recht sehr wohl dem Kaiser zukomme und dass die Position des Papstes, nur er selbst habe das Recht hierzu, nicht haltbar sei.

> LJeber, warumb solt der Keiser nicht macht haben, zu nennen, doch zum wenigsten etliche, die im Concilio sein solten, so doch zu den vier hoehesten Concilien, Nicenum, Constantinopolitanum, Ephesinum, Chalcedoneum, nicht die Bepste (wie wol noch kein Bapst zu der zeit gewest) noch Bischove, Sondern allein die Keiser, als Constantinus, Theodosius, Junger Theodosius, Martianus haben die Bischove versamlet, beruffen und genennet zum Concilio, sind auch selbs mit drinnen gewest. 'Ja wir habens hernach also gesetzt in unsern Decretalen, das allein der Bapst solle Concilia beruffen und personen nennen.' Lieber, ists aber war? Wer hats euch befolhen, also zu setzen? 'Schweig, du Ketzer, was zu unserm mund aus gehet, das sol man halten!' Jch hoeres. Welchen mund meinstu? da die foertze aus faren? (das magstu selbs halten!) oder da der gute Korso einfleust? (da scheis ein hund ein!). 'Ey du schendlicher Luther, soltu mit dem Bapst so reden?' Ey pfui wider, jr lesterliche verzweivelten buben und groben Esel, solt jr denn auch mit einem Keiser und Reich also reden? Ja solt jr solche hohe vier Concilia mit den vier Christlichen, groessesten Keisern so lestern und schenden umb ewer fortze und drecketal willen? Wes lasst jr euch denn duencken, das jr besser seid, denn grosse, grobe, ungelerte Esel und Narren, die nicht wissen noch wissen woellen, was Concilia, Bisschoff, Kirchen, Keiser, ja was Gott und sein Wort sey? Du bist doch ein grober Esel, du Bapst Esel, und bleibst ein Esel!
>
> (WA 54: 221)

Das Grundmuster des Arguments, das hier in verschiedene andere Formen eingebettet ist (s. u.) ist einfach. Wenn gilt: Luther darf den Papst nicht so (respektlos) beurteilen (p), dann muss auch gelten: Der Papst/die Papstvertreter dürfen den Kaiser nicht so (respektlos) beurteilen (q). In beiden Fällen, die als vergleichbar behandelt werden, müssen gleiche Beurteilungsmaßstäbe nach dem Gleichbehandlungsgrundsatz gelten. D. h. selbst wenn man den Hierarchieunterschied zwischen Luther und Papst akzeptiert und daraus ableitet, dass der Rangniedere sich nicht zu einer derartigen Kritik aufschwingen dürfe, so gilt dies gleichermaßen für die Papstpartei, die im Vergleich zum Kaiser ebenso rangniedriger ist. Konkretisiert: Wenn die Kritik Luthers am Papst falsch ist (der auf das Recht besteht, die Konzilsteilnehmer selbst zu bestimmen), dann ist die Kritik der Papstpartei am Kaiser mindestens genauso falsch, da es – dies zeigt der Beginn des Zitats – bei den *vier hoehesten Concilien* die Kaiser waren, die die Teilnehmer bestimmten. Das Gerechtigkeitsargument ist somit zugleich ein A-fortiori-Argument (a minore ad majus): Was für Luther gilt, muss erst Recht für den Papst gelten.

Verstärkt wird dieses Gleichbehandlungsargument noch durch eine Reihe weiterer Argumentformen, die Luther rhetorisch geschickt mit ihm verbindet.

1) Das Argument steht im Kontext einer direkten Anrede an den Papst (mit zahlreichen Beschimpfungen: *liebs Bapst Eselchen, Hellischer Vater* (WA 54: 221). Das *LJeber* zu Beginn des Zitats ist damit als direkte Anrede an den Gegner zu verstehen. Damit wird ein Dialog fingiert, der die argumentative Auseinandersetzung konkretisiert und für den Leser anschaulich macht.[18]
2) In Form einer rhetorischen Frage, die Luther dann gleich selbst mit Argumenten aus der Kirchengeschichte beantwortet, wird der Leser auf die Seite der lutherschen Argumentation gezogen: *Warum solt der Keiser nicht macht haben.*
3) Luther lässt (vermeintlich) den Gegner selbst in einer Rechtfertigung zu Wort kommen: Diese Rechtfertigung wird dann sofort widerlegt (‚Ja wir habens hernach also gesetzt in unsern Decretalen [...]‘, Entgegnung: *Wer hats euch befolhen, also zu setzen?*).
4) Ein regelrechter Dialog zwischen Luther und der gegnerischen Seite wird nun inszeniert (z. B. *Schweig, du Ketzer* etc.). Diesen nutzt Luther dann zu einer ausgiebigen Beschimpfungssequenz.
5) Der Gegner wird durch skatologische Beschimpfungen herabgesetzt: *da die foertze aus faren?, da scheis ein hund ein!*
6) So vorbereitet (1.–5.) kommt nun das Gleichbehandlungsargument, das sofort aufgelöst wird, indem der Gegenseite vorgehalten wird, eben diese Gleichbehandlung zu ignorieren. Dies nutzt Luther zu weiteren Beschimpfungen: *jr lesterliche verzweivelten buben und groben Esel lestern und schenden umb ewer fortze und drecketal willen, Esel und Narren, grober Esel, du Bapst Esel* etc.

Man mag einwenden, dass diese umfängliche Einbettung des Gerechtigkeitsarguments in andere Argumentformen (und hier v. a. in Beschimpfungen) dazu führen kann, dass das Argument selbst kaum mehr in Erscheinung tritt. Dies ist zwar nicht von der Hand zu weisen, jedoch kann festgehalten werden, dass der Ausgangspunkt in dieser Sequenz und damit auch das Fundament für die Berechtigung der anderen Argumente, v. a. der Beschimpfungen das Gerechtigkeitsargument (verbunden mit dem A-fortiori-Argument) selbst ist.

---

18 Zur konstitutiven Rolle von Dialogizität in Streitschriften bzw. in religiösen Kontroversen der Frühen Neuzeit vgl. Gloning (1999), Bremer (2005: 15), Apeltauer (1977).

5.1.10 Argumentum ad consequentiam (pragmatisches Argument)

Beim pragmatischen Argument, das eng verwandt ist mit dem Argumentum ad consequentiam, wird die Wahrheit einer Aussage, die Akzeptabilität eines Datums bzw. einer Prämisse nach den sich daraus ergebenden Konsequenzen, nach den als positiv oder negativ bewerteten Konklusionen beurteilt. Wird die Konklusion positiv beurteilt, dann wird die Prämisse als wahr beurteilt und umgekehrt. Das Argumentum ad consequentiam kann daher aus meiner Sicht als Oberbegriff gefasst werden, bei dem das pragmatische Argument, das eher auf die Nützlichkeit/Schädlichkeit der Konsequenzen zielt, als Teilmenge betrachtet wird. Luther nutzt an verschiedenen Stellen pragmatische Argumente, weil sie ihm die Möglichkeit bieten, auszuführen, zu welch negativen Konsequenzen die Denkweise des Gegners führen muss.

Das erste Beispiel für diese Argumentationsform ist in sich komplex, da es zugleich verschränkt ist mit einer fiktiven und ironischen Argumentation. Es geht im Kontext um die Auswirkungen der gegnerischen Argumentation auf Luther stellvertretend für alle, die auf der protestantischen Seite sind. Im Zusammenhang mit der schon mehrfach erwähnten umstrittenen Deutung der Stelle Mt. 16,18 (‚Du bist mein Fels‘) tritt Luther argumentativ zunächst etwas zurück, indem er sich als Rezipient der päpstlichen Argumentation ausgibt, der mit den Folgen dieser konkreten Argumentation zu kämpfen hätte.

> Wol mir, das ich heute mich hart hab eingenestelt, Es kam mich schon der schaffshust [Seite 240] an fur grossem schrecken von solchem hohen verstand des Bapsts, und moecht leicht geschehen sein, wo ich nicht hosen angehabt, ich hette es gemacht, das die Leute nicht gerne riechen, So bange und angst ward mir fuer solcher Bepstlicher, hoher weisheit.
>
> (WA 54: 239f.)

Das Argument funktioniert wie folgt:

1) Die päpstliche Weisheit, d. h. die Auslegungen des Papstes zur besagten Bibelstelle, verursachen bei Luther, der ihr nicht zustimmen kann, Furcht, Schrecken und körperliche Beschwerden.
2) Diese negative Konsequenz wirkt auf die Bewertung der Prämisse zurück. Sie wird dadurch selbst als negativ charakterisiert, d. h. die päpstliche Weisheit wird in Frage gestellt.

Klar ist aus dem Kontext, dass die geschilderten Konsequenzen nur in ironischer Weise angegeben werden: Schafshusten[19], Durchfall, Angst haben Luther selbstredend nicht

19 „Schafhusten“ ist z. B. im Grimm‘schen Wörterbuch belegt: „schafhusten, m.trockener husten, wie ihn die schafe haben: ein dürrer husten sive schafhusten. [...] ein trockener, doch leichter husten.“ DWB Bd. 14, Sp. 2039f. Das DWB verweist auch auf die Stelle in der Streitschrift. Im Wikipedia-Eintrag zu „Pseudokrupp“ wird der Schafhusten als Symptom der Krankheit erwähnt: „Die Entzündung ist durch einen charakteristischen bellenden Husten („Schafhusten“), Heiserkeit und bei schweren Verläufen auch Atemnot geprägt.“ (https://de.wikipedia.org/wiki/Pseudokrupp; Stand: 30.08.2019).

ergriffen. Insofern liegt hier auch ein fiktives Argument vor, da sowohl die ‚päpstliche Weisheit' als auch die geschilderten, denkbaren Folgen fiktiv sind. Markiert ist dies durch den Eingang des Zitats: *wol mir, das ich heute ich hart hab eingenestelt [...]*. Die passende Kleidung verhindert Schlimmeres. Auch hier lässt sich Luther nicht die Gelegenheit entgehen, die fiktiven negativen Konsequenzen skatologisch auszuschmücken: *ich hette es gemacht, das die Leute nicht gerne riechen*.

Im zweiten Beispiel wird das Argument des ersten Beispiels aufgegriffen und auf den Leser angewendet. Er soll sich die negativen Konsequenzen vor Augen führen, damit er die diskutierte Prämisse, d. h. die päpstliche Auslegung der Bibel, ablehnt.

> oder moechtest auch, wie ich, den schaffshusten kriegen, und wo dir die hosen nicht hart anligen, soltestu auch wol eine unlust anrichten, die man mit Trotzischen und Wacholdern mueste veriagen, Und der heiligst Vater dir solche stinckende Suende nimermehr vergeben moecht, auch nicht in todtes noeten.
>
> (WA 54: 241)

Im dritten Beispiel wird erläutert, warum sich der Papst gegen jegliche Mitbestimmung anderer bei der Konzilsfrage wehrt. Er fürchtet die negativen Konsequenzen und lehnt daher die Prämisse ab.

> Sie [Papstseite, M. H.] sorgen, es moechte das Exempel des Costnitzer Concilij wider sie gebraucht werden, vnd moechte villeicht Paulus Tertius zu Trident als ein Bapst einreiten, Aber widerumb als ein armer tropf aus reiten, [...]
>
> (WA 54: 201)

Wenn ich (als Papst) ein freies Konzil zulasse (p), dann wäre eine mögliche Folge (q): *als ein armer tropf ausreiten* (mit Verweis auf einen ähnlichen Fall beim Konstanzer Konzil von 1415[20]). Weil diese Folge schlecht wäre, ist somit auch die Prämisse abzulehnen.

Im vierten Beispiel werden negative Konsequenzen der Unterwerfung der weltlichen Obrigkeit unter die päpstliche geschildert. Diese Folgen bestanden darin, dass der Papst die weltlichen Herrscher *verfolget mit Schwert und Ban, Land und Stedte geraubet, etliche gekoepffet [...]* hat:

> Auch so fern, das sie fuer jm gekniet, seine fuesse haben kuessen muessen, ja hat sie mit fuessen getretten auff jren hals, hat sie verfolget mit Schwert und Ban, Land und Stedte geraubet, etliche gekoepffet, Son wider Vater gehetzt, ein Koenig wider den andern verbittert, [...].
>
> (WA 54: 234)

Schon die Drastik dieser negativen Folgen macht deutlich, dass deswegen die Prämisse hinfällig sein muss.

---

20 Das Konzil von Konstanz (1414–1418) hatte die Absetzung gleich dreier Päpste zur Folge (Beendigung des abendländischen Schismas mit verschiedenen Gegenpäpsten von 1378–1417).

In den folgenden Beispielen wird mit Gegensätzen argumentiert. Diese polarisierende Argumentation ist in einer Streitschrift erwartbar und kommt daher häufig vor. Durch die Polarisierung wird deutlich gemacht, dass es nur eine Wahrheit geben könne, in diesem Falle die Luthers. Verbunden damit ist auch die Gruppenkonstitution: Wir (die Protestanten) gegen die (Papstseite). Mehrfach wird dieses Wir-gegen-die manifestiert in der Schriftadäquatheit. Wer nicht die Schrift auf seiner Seite hat, muss des Teufels sein.

> [...] das man solche sachen Christlich nach der heiligen Schrifft, nicht Bepstlich moecht verrichten [...]
>
> (WA 54: 213)

> Wer Gott wil hoeren reden, der lese die heilige Schrifft. Wer den Teufel wil hoeren reden, der lese des Bapsts Drecket und Bullen.
>
> (WA 54: 263)

> Er hat den Teufel fuer sich, So haben wir Gottes Wort fuer uns.
>
> (WA 54: 273)

Zum Argumentum ad consequentiam kann man diese Beispiele deshalb rechnen, weil in ihnen die negativen bzw. positiven Konsequenzen expliziert werden, denen die Prämissen der jeweiligen Gruppenzugehörigkeit zugrunde liegen: Wenn man der Papstgruppe zugehörig ist, dann hat dies die beschriebenen negativen Folgen (‚auf den Teufel hören', ‚den Teufel für sich haben'). Wenn man der Protestantengruppe zugehörig ist, dann hat dies die beschriebenen positiven Folgen (‚Sachen christlich, nach der heiligen Schrift verrichten', ‚Gott hören', ‚Gottes Wort auf seiner Seite haben').

Besonders deutlich expliziert wird diese Gegensatzrelation samt den positiven und negativen Konsequenzen im abschließenden Beispiel:

> Uns ist gnug, das wir wissen, der Bapstesel sey von Gott selbs, von allen Engeln, von allen Christen, von aller vernunfft, von allen Creaturn, Von jren eigen gewissen, Auch von allen Teufeln verdampt, das wir von jm und seiner abgoetterey und Gottslesterung frey mit froelichem gewissen wider jnen leren und beten, jn anspeien thueren, jn meiden und fliehen, wie den Teufel selbs, und aus unserm hertzen absetzen, und in grund der Hellen sencken, Auch seine verfluchte lere, da er schreiet: "Wer dem Roemischen Stuel nicht gehorsam ist, kan nicht selig werden" koennen umbkeren und das widerspiel setzen und sagen: Wer dem Bapst gehorsam ist, der kan nicht selig werden, Wer aber wil selig sein, das der meide, fliehe und verdamme den Bapst, wie den Teufel selbs, sampt seinen wercken und wesen, wie uns unser heilige Tauffe leret und ermanet.
>
> (WA 54: 287)

Die Gegenseite ist verdammt, Luther und seine Gruppe sind auf Gottes Seite. Auch wenn der Papst ein Argumentum ad consequentiam anbringt, derart: *Wer dem Roemischen Stuel nicht gehorsam ist, kan nicht selig werden*, dann kann die Lutherseite das genauso gut *umbkeren und das widerspiel setzen.*

5.2 Gültigkeit/Plausibilität mit Bezug auf Autoritäten (im weiten Sinn)

Das Argumentum ad autoritatem ist in Alltagsargumentationen (und nicht nur dort) eine sehr weit verbreitete Argumentationsform. Dabei wird nicht verglichen, nicht rational begründet, nicht aus den Konsequenzen heraus auf die Wahrheit von Prämissen geschlossen, obwohl auch diese Argumentformen mit in das Argumentum ad autoritatem hineinspielen können. Der wesentliche Punkt bei dieser Argumentform ist der Bezug auf eine Instanz, für die eine Beurteilungskompetenz zum strittigen Sachverhalt postuliert wird. Die Wahrheit der Konklusion wird daraus abgeleitet, dass sie von einer Autoritätsinstanz bereits für wahr gehalten wird. Weiteres ist im ersten Schritt nicht notwendig. Dies bedeutet nicht, dass alle Autoritätsargumente falsch (oder richtig) sein müssen, es besagt nur, dass der Begründungsweg abgekürzt bzw. ganz ausgelassen wird. Der Verweis auf die Autorität konstituiert die jeweilige Schlussregel für ein Ad-autoritatem-Argument: Wenn die Autorität x dieses Datum behauptet und für wahr hält, dann ist es wahr. Bei einer Argumentation wie der folgenden kann dies verdeutlicht werden: ‚Alle Experten sind sich einig, dass der Klimawandel existiert und eine Bedrohung für die Menschheit darstellt' (Datum). Ergo: Der Klimawandel existiert und stellt eine Bedrohung für die Menschheit dar.' (Konklusion). Schlussregel: Wenn Experten/Autoritäten/Wissenschaftler Sachverhalte (und deren Folgen) für wahr halten, dann sind sie qua dieser Autorität wahr. Dieses Argument lässt sich natürlich auflösen bzw. durch Stützungsargumente belegen, z. B. mit dem Verweis auf tausende wissenschaftliche Untersuchungen. Die Schlagkraft erhält das Argument aber im ersten Schritt bereits durch den Verweis auf ‚die Experten' oder ‚die Wissenschaftler'. Viele Autoritätsargumente halten dieser Prüfung natürlich nicht Stand, nämlich dann, wenn nur vermeintliche Autoritäten ins Feld geführt werden. Die Beispiele hierfür sind so ubiquitär und täglich zu beobachten, dass sich eine Veranschaulichung an dieser Stelle erübrigt. Wichtig ist dabei nur, dass die jeweiligen Konklusionen aus den Prämissen (dem Datum) gelten, weil eine berühmte Person, eine bekannte Institution oder eine bekannte Gruppierung sie für wahr halten. Eine genauere Prüfung, ob Prämissen und Konklusionen tatsächlich haltbar sind (bei rationaler Prüfung der Fakten, der Bedingungsfaktoren resp. Ursachen), bleibt aus. Nun ist es keineswegs so, dass wir im Alltag auf das Argumentum ad autoritatem schlichtweg verzichten könnten oder auch nur sollten. Die Komplexität der Lebenswelt macht es faktisch unmöglich, für alle Sachverhalte, zu denen wir uns – nolens volens – eine Meinung bilden müssen, eine auch nur annähernd vollständige Prüfung durchzuführen. Wir sind in vielen Fällen darauf angewiesen, uns auf das Urteil der Autoritäten verlassen zu können. Wenn bei der Autoinspektion der Werkstattmeister (als Autorität) behauptet, dies und jenes müsse repariert oder ausgetauscht werden, werden wir dies i. d. R. aufgrund seiner ihm zugeschriebenen Kompetenz akzeptieren. Denkbar ist, dass wir uns eine zweite Meinung einholen, aber auch hier gilt: Eine zweite Autorität wird befragt. In beiden Fällen können wir nur die Plausibilität der Behauptungen insofern prüfen, als wir die vorgebrachten Begründungen nachvollziehen können. Wenn wir nicht gerade selbst Autoexperten sind, können wir nicht mit Sicherheit sagen, ob die Behauptungen (oder die vorgebrachten Begründungen) den Tatsachen vollumfänglich entsprechen. Wir vertrauen auf die Kompetenz der Autorität. Dass dieses Vorgehen komplexitätsreduzierend (im luhmannschen Sinne) ist, dass uns dieses Vorgehen in vielen Fällen überhaupt erst handlungs- und entscheidungsfähig macht, darf jedoch nicht darüber hinwegtäuschen, dass dieses Vorgehen auch riskant ist. Nicht nur, dass sich auch Experten täuschen können, sondern v. a. die Tatsache, dass wir häufig Personen Kompetenzen zuschreiben, die sie gar nicht haben, macht das Argumentum ad autoritatem in manchen Fällen problematisch. Im besten Falle werden wir bei den vorgebrachten Prämissen (Datum) und Konklusionen Stützargumente (also rationale Begründungen) einfordern, um uns so vergewissern zu können, dass die Konklusionen gelten und dass die jeweilige Autorität auch als solche gelten kann. Für viele Alltagssituationen ist dies jedoch schon aus Zeit- und Verarbeitungsgründen (kognitiver Aufwand) nicht möglich.

Das Argumentum ad autoritatem wird häufig so verstanden, dass sich der Argumentierende auf eine konkrete Person bezieht, die als Autorität ins Feld geführt wird. Dies ist jedoch eine verkürzte Auffassung des Arguments. Als Autoritäten können nicht nur Personen, sondern auch Institutionen, Gruppen, bestimmte Texte, einzelne mehr oder weniger konkret fassbare Konzepte (‚die Geschichte', ‚die Erfahrung lehrt, dass', ‚der gesunde Menschenverstand', ‚im Allgemeinen wird so verfahren, dass', ‚jeder weiß, dass') oder der Argumentierende selbst (‚weil ich das sage') fungieren. Entscheidend ist dabei nur, dass der Begründungsprozess durch den schlichten Verweis auf eine Autorität (in diesem weiten Sinn) abgeschlossen wird: q gilt, weil q von der Autorität behauptet wird.

In der Streitschrift von 1545 wird das Argumentum ad autoritatem in den verschiedensten Ausprägungen genutzt. Je nach Abgrenzung sind mindestens zehn verschiedene Subtypen auszumachen. Diese unterscheiden sich darin, auf welche Autoritäten Bezug genommen wird und in welcher Weise die Autoritäten argumentativ instrumentalisiert werden. So ist der Verweis auf die Bibel – erwartbar – der Kernpunkt der Autoritätsverweise bei Luther. Allerdings zeigen sich hier verschiedene Subtypen (1.–4.) je nachdem, wie diese Autorität eingesetzt wird. Die weiteren Subtypen beziehen sich auf Personen (5.–6.), auf Gott als höchste denkbare Autorität überhaupt (7.) oder in unspezifischer Weise auf Konzepte wie die „Wahrheit" (8.), „den bereits erfolgten Beweis" (9.) oder allgemeine „Erfahrungen" (10.).

1) In unspezifischer Weise wird die generelle Schriftadäquatheit der eigenen Position hervorgehoben. Dies ist ein nicht näher ausgeführter Verweis auf die Autorität der Bibel.
2) An vielen Stellen im Text wird auf einzelne Bibelstellen verwiesen mit Fundstellenangaben. So wird im Text en passant die Bibel durch Kurzverweise, ohne diese detaillierter auszuführen, als Autorität genutzt.
3) Narrative Passagen oder einzelne Figuren der Bibel werden als Autoritäten herangezogen, die dann als Vergleichsbasis zum abgewerteten Gegner genutzt werden.
4) An verschiedenen Stellen, besonders bei den beiden zentralen Stellen Mt. 16,18 (‚Du bist mein Fels') und Joh. 21,15f. (‚Weide meine Schafe'), werden Bibelstellen ausführlich zitiert, kommentiert und interpretiert. Dies geschieht, um die eigene Position zu stützen und die des Gegners zu schwächen bzw. zu widerlegen. Deshalb gehören zu

diesem Typus auch die Verfahren, bei denen Luther dem Gegner bestimmte Bibelauslegungen unterstellt oder bei denen der Gegner bestimmte Bibelstellen vermeintlich oder tatsächlich ignoriert. Bei diesen Auslegungs- und Interpretationsverfahren tritt zwar das Autoritätsargument als solches etwas in den Hintergrund, weil ja durch die Bibelstelleninterpretation die entsprechenden Stützargumente geliefert werden; allerdings liegt auch hier ein Autoritätsargument vor, da die Bibelstellen selbst durch ihre Herkunft als Autoritäten gekennzeichnet sind.

5) Luther als Doktor der Theologie verweist auf sich selbst als Kompetenz in Sachen Bibelauslegung und setzt sich somit als Autorität.
6) Verschiedene Personen und Gruppen (Kaiser, Fürsten, Stände, feine Leute) werden als Autoritäten zur Stützung der eigenen Argumentation angeführt.
7) Die Krönung in dieser Reihe ist dann schließlich der Verweis auf die höchste denkbare Autorität überhaupt: auf Gott selbst.
8) Mit Beweisbehauptungen/-formeln wird auf die Wahrheit der eigenen Position verwiesen (z. B. *gewislich ists wahr* WA 54: 292). Hier wird das Konzept der „Wahrheit" (die schlicht behauptet wird) zur Autorität.
9) An einigen Stellen verwendet Luther die Technik des intratextuellen Verweises, um das Autoritätsargument umzusetzen. Er behauptet, dass bestimmte Punkte bereits andernorts im Text bewiesen worden seien (auch wenn diese Textstellen selbstredend vom argumentativen Gegner nicht akzeptiert worden sein dürften). Dies stellt eine weitere Form der Beweisbehauptung dar.
10) Schließlich wird die eigene Erfahrung Luthers als Autorität instrumentalisiert. Das eigene Erleben (v. a. bei seiner Romreise 1510) soll genügend Evidenz für die im Text vorgebrachten Argumente liefern.

Nachfolgend sollen zu jedem dieser Subtypen Beispiele gegeben werden, die die Funktionsweise des Autoritätsarguments und ggf. auch die Verschränkung mit anderen Argumentformen verdeutlichen. Den Beginn machen die zahlreichen und verschiedenen Bibelverweise als Autoritätsargumente.

5.2.1 Generelle Schriftadäquatheit

Bei dieser Argumentform verweist Luther unspezifisch darauf, dass die eigene Position der heiligen Schrift entspreche, die der Gegner folglich nicht. Zugleich wertet Luther damit auch Autoritäten ab, die vom Gegner immer wieder ins Feld geführt werden: Kirchenväter, Konzilien etc. Die Autorität der heiligen Schrift, die auch vom Gegner kaum bestritten werden dürfte, steht höher als andere Autoritäten. Deswegen ist der generalisierende Verweis auf die Schriftadäquatheit der eigenen Position als Autoritätsargument an dieser Stelle schlagend.

> ZUm dritten, da unser Confessio anno xxx [1530, M. H.] zu Augspurg fuer dem Keiser und gantzem Reich verhoeret ward, fragten jenes teils Fuersten jre Theologen, ob man solchs mit der Schrifft verlegen kuendte. Antworten sie: Nein, mit der Schrifft koendte mans nicht verlegen, Sondern mit den Vetern und Concilien. Darauff etliche grossen lechelend sprachen: Unser Theologen verteidigen uns fein, Sagen, das jenes teil habe die Schrifft fuer sich, Wir aber fuer uns die Schrifft nicht haben.
>
> (WA 54: 288)

Verschränkt ist die Argumentation hier mit einem Argumentum ex concesso (s. o. 5.1.8). Das Autoritätsargument (Schriftadäquatheit) ist hier die Voraussetzung dafür, dass das Konzessions-Argument überhaupt funktionieren kann. Die Gegner konzedieren die Schriftadäquatheit bzw. können nicht zeigen, wie man die luthersche Position mit der Bibel widerlegen kann. Damit akzeptieren sie auch die Autorität der Bibel als solche und auch ihre Vorrangigkeit vor anderen Autoritäten.

Das zweite Beispiel stammt aus dem Kontext der Auseinandersetzung mit dem Herrschaftsanspruch des Papstes und der Frage nach der Legitimität des Papsttums überhaupt. Luther nutzt die Bibel hier als Autorität, auf die er sich in Abgrenzung zum Gegner berufen kann. Wir (die eigene Seite) handeln und denken gemäß der Schrift, somit handeln und denken alle anderen (Papstseite) im Widerspruch zur Bibel. Das Wort Gottes als Autorität ist der Bezugspunkt:

> Mir ist gnug, das ich sicher fuer mich bin, und wisse jn zu urteilen nach dem Wort Gottes, das wider jn ist, und ich mit gutem gewissen jnen fuer einen Fartzesel und Gottes feind halten mag.
>
> (WA 54: 273)

Abgeleitet aus diesem Autoritätsverweis ist dann die Beschimpfung des Gegners, was wiederum ein verstärkendes Argument darstellt. Der Gegner hat eben nicht allein unrecht, sondern er ist ein *Fartzesel* und *Gottes feind*.

5.2.2 Bibelstellenverweis

Neben Polemik bzw. sprachlicher Aggression in den unterschiedlichsten Formen ist im Text die Argumentationsform des Autoritätsverweises durch Bibelstellen die dominante Form überhaupt. In insgesamt 222 Verweisen (davon 171 direkte Bibelverweise mit den entsprechenden Bibelstellenangaben und 51 indirekte Bibelstellenverweise, die jedoch für den Leser leicht erkennbar und rekonstruierbar waren[21]) untermauert Luther seine eigene Argumentation. Der Verweis auf Bibelstellen ist nicht allein ein Verweis auf eine für alle Zeitgenossen unhinterfragbare Wahrheit, sondern – darauf weist Lobenstein-Reichmann (2013: 223) zu Recht hin – ein Verweis auf die göttliche Legitimation der eigenen Argumentation.

21 Zu den zitierten Bibelstellen vgl. den Anhang.

Die kommunikative Beweiskraft eines Bibelzitats in frnhd. Zeit ist nicht zu unterschätzen. Es gilt nicht nur als historisch wahr, sondern auch von Gott besonders legitimiert.

Damit rücken die Aussagen, die aus den Bibelstellen gewonnen werden können, in eine besondere argumentative Funktion. An vielen Stellen verweist Luther auch sonst auf historisch verbürgte oder zumindest als historische Wahrheiten akzeptierte Ereignisse. Sie haben über den Status als historische Ereignisse eine besondere Überzeugungskraft. Geradezu potenziert wird ein Datum dann dadurch, dass es – als Wort Gottes – noch die göttliche Legitimation zusätzlich erhält. Insofern sind Bibelstellenverweise bzw. der Einbezug von biblischen Geschichten (s. u.), die Interpretation von Bibelstellen und die dem Gegner nachgewiesenen bzw. unterstellten Fehldeutungen von Bibelstellen im Text in der Tat wohl die schlagkräftigsten Argumente überhaupt.

Zwei Beispiele für diesen Typus des Bibelstellenverweises (entweder in Form einer Stellenangabe oder in Form eines nicht weiter ausgeführten/interpretierten Zitats) mögen hier genügen:

> Darumb ist ein jglich kind in der Tauffe nicht allein ein richter uber den Bapst, sondern auch uber seinen Gott, den Teufel, gesetzt, Dazu jm geboten, das es solle und muesse den Bapst, Teufel und alle sein wesen richten, verdammen, meiden, [Ps. 91, 13] fliehen und mit fuessen tretten, Wie Psal. ix sagt: "Auff dem Lewen und Ottern wirstu gehen und tretten auff den jungen Lewen und Trachen", [1. Kor. 6, 2f.][22] Und j. Corinth. vj: "Wisset jr nicht, das die Heiligen die Welt richten werden? So nu die Welt soll von euch gerichtet werden, seid jr denn nicht gnug, geringer sachen zu richten? Wisset jr nicht, das wir uber die Engel richten werden?" etc. [Eph. 2, 6] Ephe. ij: "Gott hat uns sampt Christo aufferweckt, und sampt jm ins Himlische wesen gesetzt." Jch hoffe, in dem Himelischen wesen koenne man richten Teufel, Bapst, Welt, Suende, Tod und Helle.
>
> (WA 54: 285)

In diesem Beispiel verweist Luther im Text auf die jeweilige Bibelstelle als Fundstelle (z. B. *j. Corinth. vj*) und er gibt zugleich das entsprechende Zitat dazu an. Hier haben wir es also mit einem direkten Bibelverweis zu tun. Gleich dreimal hintereinander wird auf die Autorität verwiesen und damit das Argument selbst (‚ein rechter Christ kann und darf über den Papst urteilen') unterstützt. Hier liegt somit auch eine Verschränkung mit einer Argumentreihung vor.

Im nächsten Beispiel wird der Bibelverweis indirekt vollzogen, die Bibelstelle wird sinngemäß wiedergegeben, die Fundstelle jedoch nicht. Dies dürfte jedoch für den zeitgenössischen Leser wenig Probleme bereitet haben, d. h. der Autoritätsverweis dürfte in gleicher Weise funktioniert haben.

> Also hat der Bapst auch sein Bapstum in des Teufels namen mit allerley luegen und Gottslesterung angefangen und bis auff die Hellische grundsuppe aller laster und schande bracht, [Lk. 6, 44; Sir. 27,

22 Die Angaben in eckigen Klammern verweisen jeweils auf die Marginalnoten in der Weimarer Ausgabe. Diese Marginalnoten sind im Originaltext nicht vorhanden.

7] die wir jtzt zu Rom sehen oeffentlich am tage, das auch an den fruechten wol zur kennen ist, was fuer ein baum sey, und wer den selben gepflantzt hat.

(WA 54: 235)

Die Weimarer Ausgabe verweist hier auf zwei Bibelstellen: Lk. 6,44: „Ein jeglicher Baum wird an seiner eigenen Frucht erkannt. Denn man liest nicht Feigen von den Dornen, auch liest man nicht Trauben von den Hecken."[23] und Jesus Sirach 27,7: „An den Früchten merkt man, wie des Baumes gewartet ist; also merkt man an der Rede, wie das Herz geschickt ist."[24]

Wie an dieser indirekt zitierten Stelle kann auch bei den anderen indirekt zitierten Stellen davon ausgegangen werden, dass die Leser der Streitschrift die Bibelherkunft mit Sicherheit klar erkannt haben dürften, handelt es sich doch um Aussagen, die so bekannt sind, dass sich ein separater Fundstellenhinweis erübrigt. D. h. auch wenn die Leser die konkrete Bibelstelle nicht hätten nennen können, dass es sich um einen Bibelverweis handelt, war ihnen sicherlich bewusst.

Wenn Luther in diesem Beispiel nun die „Früchte" des Bibelzitats mit den *luegen*, der *Gottslesterung*, mit *laster und schande* der Papstseite identifiziert, wird die Gegenseite nicht allein durch einen Vergleich (‚So wie bei den Bäumen die guten von den schlechten anhand der Früchte unterschieden werden können, so kann auch in geistlichen Fragen, die richtige von der falschen Seite anhand der Ergebnisse beurteilt werden.') abgewertet und ins Unrecht gesetzt, sondern durch die Autorität, die dem Bibelverweis selbst innewohnt. Der Vergleich ist nicht irgendein Vergleich, sondern er ist legitimiert durch die Bibel. Und damit sind es die Konklusionen ebenfalls.

5.2.3 Bibelgeschichte/Bibelstelle im Text als Parallele/Vergleich auf Bibelbasis

Eine verschränkte Form des Bibelarguments liegt in den Fällen vor, bei denen nicht nur auf eine bestimmte Bibelstelle direkt oder indirekt verwiesen – und damit das Autoritätsargument aktiviert wird, sondern bei denen auch zugleich eine Parallelisierung zwischen der in der Bibel erzählten Geschichte und der für die Argumentation relevanten Sachverhalte hergestellt wird. Der Unterschied zu den vorgenannten Formen (direktes und indirektes Bibelzitat) liegt darin, dass der Vergleich expliziert wird. Insofern verbindet diese Argumentform ein Autoritätsargument mit einem Vergleichsargument, wie es weiter unten (s. Kap. 5.4 Gültigkeit/Plausibilität aus Vergleichen/Analogien) noch vorgestellt werden wird. Das Muster verläuft folgendermaßen: Der (mit Bibel-Autorität ausgestattete und daher noch wirkmächtigere) Sachverhalt X ist dem Sachverhalt Y (aus der relevanten Auseinandersetzung mit dem Papst) gleich/ähnlich: Ergo: Was gleich/ähnlich in den Voraus-

23 Übersetzung nach der Lutherbibel von 1912.
24 Übersetzung nach der Lutherbibel (inkl. Apokryphen) von 1912.

setzungen/Prämissen ist, ist auch in den Konsequenzen gleich/ähnlich. Die folgenden Beispiele sollen dies veranschaulichen.

Im ersten Beispiel geht es um die von Luther monierte Uneinsichtigkeit des Papstes, der sich nicht um das (vernünftige, begründete) Urteil anderer kümmert:

> "JA, was fragt der Bapst nach solchem urteil, weil jn niemand thar straffen noch absetzen?" Wolan, ich wolt nicht, das er darnach fragt. Er [4. Mose 22, 28ff.] ist nicht werd, das er darnach fragen solt. Balaam fragt auch nicht darnach, das er von seinem Esel, und darnach vom Engel gestrafft ward. Die Sodomiten [1. Mose 19, 7ff.] fragten auch nicht darnach, das sie von Loth gestrafft wurden.
>
> (WA 54: 287)

Gleich zwei Bibelvergleichsgeschichten werden herangezogen, um den Papst zu charakterisieren. Einmal die bekannte Geschichte von Bileam[25] (Balaam) und seinem Esel, der ein Sinnbild der Uneinsichtigkeit ist. Und zum anderen die Geschichte der Sodomiten, die von Loth die Herausgabe zweier „Fremder", d. h. der von Gott gesandten Engel, einforderten, um sie zu töten, womit sie ebenfalls maximale Uneinsichtigkeit und Gottesferne zeigten.[26] Auf die fragwürdige Reaktion Loths in Bezug auf die Bereitschaft zur Herausgabe seiner Töchter (1. Mose 19,8) geht Luther hier nicht ein. Es geht nur um die Verstocktheit der Sodomiten, die mit der des Papstes gleichgesetzt wird.

Im zweiten Beispiel wird eine Stelle in Spr. 30,20 als Vergleich herangezogen.[27]

> Also das auch zu unser zeit Clemens vij. Anno 1525 fuer Pavia Franckreich huelffe schicket wider unsern Keiser Karolo, und da es jnen misriet, wisschete er das maul, wie die Hure [Spr. 30, 20] Prover. xxx und sprach, Er hette es dem Keiser zu gut gethan.
>
> (WA 54: 232)

---

25 Der Prophet Bileam wollte im Auftrag des Moabiterkönigs Balak die Israeliten verfluchen, obwohl dies Gottes Willen widersprach. Deswegen stellte sich ihm und seinem Esel ein Engel in den Weg. Die Szene schildert das Beharren Bileams auf seinem Willen. 4. Mose 22,27–29: „Und da die Eselin den Engel des HERRN sah, fiel sie auf ihre Knie unter Bileam. Da ergrimmte der Zorn Bileams, und er schlug die Eselin mit dem Stabe. Da tat der HERR der Eselin den Mund auf, und sie sprach zu Bileam: Was habe ich dir getan, daß du mich geschlagen hast nun dreimal? Bileam sprach zur Eselin: Daß du mich höhnest! ach, daß ich jetzt ein Schwert in der Hand hätte, ich wollte dich erwürgen!" (Übersetzung nach der Luther-Bibel von 1912).

26 1. Mose 19,4–8: „Aber ehe sie sich legten, kamen die Leute der Stadt Sodom und umgaben das ganze Haus, jung und alt, das ganze Volk aus allen Enden, und forderten Lot und sprachen zu ihm: Wo sind die Männer, die zu dir gekommen sind diese Nacht? Führe sie heraus zu uns, daß wir sie erkennen. Lot ging heraus zu ihnen vor die Tür und schloß die Tür hinter sich zu und sprach: Ach, liebe Brüder, tut nicht so übel! Siehe, ich habe zwei Töchter, die haben noch keinen Mann erkannt, die will ich herausgeben unter euch, und tut mit ihnen, was euch gefällt; allein diesen Männern tut nichts, denn darum sind sie unter den Schatten meines Daches eingegangen." (Übersetzung nach der Luther-Bibel von 1912).

27 „Also ist auch der Weg der Ehebrecherin; die verschlingt und wischt ihr Maul und spricht: Ich habe kein Böses getan." (Übersetzung nach der Luther-Bibel von 1912).

Hier wird der Vergleich noch dadurch verstärkt, dass es nicht nur um das schändliche Sich-heraus-Reden geht, sondern dass der Papst zugleich mit einer *Hure* gleichgesetzt wird.

Im dritten Beispiel wird der Papst als falscher Lehrer, Verführer und Mörder argumentativ dargestellt. Es geht zunächst wieder um die Frage nach der Legitimation des Papsttums, das nach Luther *vom Teufel* komme:

> Wo kompt das Bapstum her? Jch sage noch wie vor: Es kompt [Seite 238] vom Teufel, weil es nicht von der Kirchen, die Christus durch seinen heiligen Geist regiert, noch weltlicher oeberkeit kompt.
>
> (WA 54: 237f.)

Untermauert wird diese Position durch eine Reihe von Bibelstellen, die das Verhältnis zwischen falscher, von Menschen gemachter Lehre und richtiger, von Gott inspirierter Lehre adressieren. Gleich sechs Bibelstellen werden in Folge genannt und adaptiert: Mt. 16,16; 1. Petr. 4,11; Tit. 1,13f.; Mt. 15,9; Lk. 3,22; Joh. 10,27.5.

> Solchs wil ich also mechtiglich [Mt. 16, 18] beweisen, das auch die Hellen pforten nichts dawider sollen vermuegen. [1. Petri 4, 11] S. Petrus j. Petri .iiij: "So jemand redet, das ers rede als Gottes Wort, So jemand ein Ampt fueret, das ers thu als aus dem vermoegen, das Gott darreicht, auff das Gott in allen dingen gepreiset werde durch Jhesum Christ" etc. Also auch S. Paulus an viel oerten verbeut Menschen lere seer [Tit. 1, 13f.] hart, sonderlich Tit. j: "Straffe sie scharff, auff das sie gesund seien im Glauben, und nicht achten auff Menschen gebot, welche abwenden von der [Mt. 15, 9] warheit." Und der HERR selbs Matthei xv: "Vergeblich dienen sie mir mit Menschen geboten." Hie ists verboten gewaltiglich, das man in der Kirchen nicht solle Menschenlere predigen noch hoeren, als die nicht Gottes ehre und preis wircket, Sondern vom glauben abfueret und Menschen ehre sucht. Denn Gott wil alleine in seiner Kirchen reden, wircken und regirn, auff das er allein gepreiset werde, wie wirs, Gott lob, dahin gebracht haben in unsern Kirchen, und mit Gottes huelffe in den schwang und gang komen ist, das fast jederman weis, wie man sich als fuer dem Teufel selbs hueten solle fuer Menschen lere, Und allein unsern HERRN und Heiland hoeren, wie der [Lk. 3, 22] Vater von jm zu uns sagt am Jordan: "Dis ist mein Lieber Son, an dem [Joh. 10, 27.5] ich wolgefallen habe, Den solt jr hoeren.
>
> (WA 54: 238)

Diese mehrfache Parallelisierung der Bibelgeschichten mit der aktuellen Situation wird nun abschließend noch einmal weiter expliziert mit einem Wort von Gott selbst (‚Meine Schafe hören meine Stimme'). Die richtige Stimme wird von den Schafen/Christen durchaus gehört, die fremde/falsche Stimme wird geflohen. Mit einem abschließenden Verweis (Joh. 10,8) wird der Schlusspunkt derart in der Interpretation gesetzt, dass die falschen Lehrer, vulgo die Papstpartei, *Diebe und Moerder* sind.

> Und er selbs Johannis x: "Meine Schafe hoeren meine Stimme, Aber der frembden Stimme hoeren sie nicht, Sondern fliehen davon, denn sie kennen der Frembden Stimme nicht." Dis liebliche, lustige Bilde, das der HERR hie setzet von den Schafen, magstu selbs sehen, wenn du wilt, unter den Schafen. Wenn ein Frembder jnen ruefft, pfeifft oder locket: Hermen, Hermen, so leuffts und fleuhet, Und je mehr du lockest, je mehr esleuffet, als were ein Wolff da, denn es kennet die frembde Stimme nicht, Wo aber der Hirte ein wenig sich hoeren lesst, da leuffts alles zu, denn sie kennen seine Stimme. Also sollen ja thun alle rechte Christen, die hoeren keine Stimme denn jres Hirten Christi, wie er daselbs

auch sagt, [Joh. 10, 8] Johan. x: “Alle, die fuer mir komen sind, sind Diebe und Moerder gewesen. Aber die Schafe haben jnen nicht gehorchet.

(WA 54: 237f.)

Im vierten Beispiel wird der Papst mit Judas gleichgesetzt. Wie dieser hat auch jener Christus verraten; allerdings wiegt der Verrat des Papstes noch schwerer:

Judas hat den HErrn verraten und umbbracht, Aber der Bapst verret und verderbt die Christliche Kirchen, welche der HErr lieber und thewrer, weder sich selbs oder sein Blut, geachtet. Denn er sich selbs fuer sie geopffert hat.

(WA 54: 263)

Im fünften Beispiel wird die Versuchung Christi durch den Teufel auf den Papst angewendet, der dieser Versuchung nicht nur nicht widersteht, sondern willig auf sie eingeht:

Denn alle Reiche in diesen dreyen Lendern sind des Bapsts, wie das Cap. Omnes, und seine Heuchler (ich hette schier gesagt: wie des Teufels foertze[28]) rhuemen, das er der gantzen Welt Herr sey. Diese [Mt. 4, 8ff.] Krone hielt der Teuffel unserm HERRN Christo fuer, Matthei iiij, da er jn auff den hohen Berg fueret, und zeiget jm alle Reich der Welt und jre Herrligkeit, und sprach: Das alles wil ich dir geben, so du nider fellest und mich anbetest. Aber der HERR sprach zu jhm: Hebe dich weg von mir, Satan. Wie spricht aber der Bapst? Kom her, Satan, und hettestu noch mehr Welt denn diese, Jch wolt sie alle annemen, und dich nicht allein anbeten, Sondern auch im hindern lecken.

(WA 54: 263)

Im sechsten Beispiel wird die Geschichte Hiobs auf die Gegenwart und das Handeln des Papstes transferiert. Der Gott des Papstes, also der Teufel, quälte Hiob wie es jetzt der Papst mit dem Reich Christi tut:

Also hatte sein Gott [= der Gott des Papstes = Teufel, M. H.] auch zu schaffen, im Hause Hiob, da er jm alle seine Kinder, gesinde und vieh erschlug, und jn selbs auch plagte. Eben das selbe werck hat sein heiliges Kind, der Bapst, auch zu thun, in dem Reich Christi, der wollen wir zum Exempel etliche stuecke erzelen.

(WA 54: 265)

Wie aus den Beispielen[29] ersichtlich wird, sind die Explizierungen der Bibelvergleiche i. d. R. auf jeweils sehr bekannte Bibelgeschichten bezogen, bei denen die Frage nach der

28 Die in der Klammer aktivierte Praeteritio (*ich hette schier gesagt*) und die Skatologie (*des Teufels foertze*) kommen verstärkend zur Gesamtargumentation des Vergleichs hinzu. Vgl. zu diesen Argumentationsformen 5.7.2 und 5.3.2.1.

29 Ein weiteres Beispiel ist der Vergleich der bösartigen Söhne Elis (1. Sam. 12, 17, 22) mit dem Papsttum: Für Elis Söhne gilt, dass sie *den HERRN nicht kennen* (WA 54: 226), das *Priesterlich Ambt nicht achten* (ebd. S. 226) und *unverschampt Ehebruch trieben* (ebd. S. 226). Eli schreitet dagegen nicht ein; darin gleicht der Papst Eli; die Vergehen der Söhne fallen auf den Vater zurück, gleiches gilt für den Papst: *Horestus Bapst Paule, du hast erstlich keinen glauben, und achtest Gott nicht sampt deinen Soenen, Cardinelen und Roemischen hofe gesinde, Denn jr seid Epicurische Sew, des gleichen alle Bepste deine Vorfaren, Denn so man die*

richtigen Seite (gut vs. böse) nicht offen ist. So kann durch die Bibelautorität, durch die jeweils bekannten und anschaulichen Geschichten und ggf. (s. o. drittes Beispiel) durch regelrechte Batterien von herangezogenen Bibelstellen die eigene Argumentation verstärkt werden.

5.2.4 Bibelstelleninterpretation

In einem theologisch fundierten Diskurs, wie er auch für die strittigen Fragen in der vorliegenden Schrift gilt, ist schließlich die Auslegung zentraler Bibelstellen im eigenen Sinne zur Unterstützung der eigenen Argumentation sozusagen die Königsdisziplin. Von den vier Streitfragen, die im Text behandelt werden (1. Kompetenzen bei der Konzilseinberufung; 2. Institution des Papsttums; 3. Wer darf über den Papst urteilen?; 4. Gründet sich das weltliche Kaiserreich auf das Papsttum?), ist die Frage nach der Legitimation des Papsttums wohl die wichtigste im ganzen Text (behandelt unter *Das Erste* WA 54: 228–285). In dieser Passage sind es v. a. zwei Bibelstellen, die für Luthers Argumentation zentral sind:

> Mt. 16,18-19: Und ich sage dir auch: Du bist Petrus, und auf diesen Felsen will ich bauen meine Gemeinde, und die Pforten der Hölle sollen sie nicht überwältigen. Und ich will dir des Himmelsreichs Schlüssel geben: alles, was du auf Erden binden wirst, soll auch im Himmel gebunden sein, und alles, was du auf Erden lösen wirst, soll auch im Himmel los sein.[30]

und

> Joh. 21,15-17: Da sie nun das Mahl gehalten hatten, spricht Jesus zu Simon Petrus: Simon Jona, hast du mich lieber, denn mich diese haben? Er spricht zu ihm: Ja, HERR, du weißt, daß ich dich liebhabe. Spricht er zu ihm: Weide meine Lämmer! Spricht er wieder zum andernmal zu ihm: Simon Jona, hast du mich lieb? Er spricht zu ihm: Ja, HERR, du weißt, daß ich dich lieb habe. Spricht Jesus zu ihm: Weide meine Schafe! Spricht er zum drittenmal zu ihm: Simon Jona, hast du mich lieb? Petrus ward traurig, daß er zum drittenmal zu ihm sagte: Hast du mich lieb? und sprach zu ihm: HERR, du weißt alle Dinge, du weißt, daß ich dich liebhabe. Spricht Jesus zu ihm: Weide meine Schafe![31]

Bepstlichen Decretalen von forn an bis hinden aus lieset, so findet man nicht einen buchstaben, der da lere, was glaube sey, oder wie man Christlich gleuben sol, Kan auch kein glaube in ein Bepstlich oder Cardinalisch hertz fallen, das ist gewis. Zum andern, so weissestu mit alle deinem Roemischen Hofe und vorfaren nicht, was ein Priesterlich Ampt sey, wie man das Volck mit Gottes Wort und Gebot unterweisen oder Gott loben sol, Denn davon findet man nichts in allen Decretalen, das man eine Predigt thun kuende, Sondern es ist alles Menschen lere und eigen duenckel, welchs ist eitel abgoetterey. Zum dritten, So treibstu und deine Kinder schendliche unzucht, Denn die Cardinel und deines Hofes puseron und Hermaphroditen [Seite 227] fueren ein solch grewlich wesen, das Himel und erden dafuer beben und zittern. (WA 54: 226f.).

30 Übersetzung nach der Luther-Bibel von 1912.

31 Übersetzung nach der Luther-Bibel von 1912.

An dieser Stelle kann und soll keine theologische Deutung der lutherschen Bibelstellenauslegungen erfolgen. Auch geht es nicht darum, zu zeigen, ob die lutherschen Angriffe auf das Papsttum aus bibelexegetischer Perspektive berechtigt sind oder nicht. Vielmehr soll es darum gehen, anhand dieser beiden zentralen Stellen zu zeigen, wie sie von Luther argumentativ eingesetzt werden, d. h. in welcher Weise er seine Auslegung der (unterstellten oder tatsächlichen) Auslegung der Papstpartei entgegensetzt.

Mt. 16, 18: Um das Papsttum als eine von Gott installierte und legitimierte Institution angreifen zu können, muss Luther im ersten Schritt die zentralen Fundierungspunkte nennen. Dies sind die beiden oben genannten Stellen. Das Papsttum gründet sich darauf, dass es sich auf Petrus als den Felsen und als denjenigen, der von Christus die Schlüssel zum Himmelreich bekommen habe, beruft. Die Päpste sehen sich in der Nachfolge von Petrus. Dies macht Luther explizit, indem er nicht nur auf die entsprechende Bibelstelle verweist, sondern auch auf eine sich daraus ergebende Konklusion (aus Sicht der Papstpartei): Wenn Petrus als Fels und Schlüsselhalter mit dem Papst gleichgesetzt werden kann, dann ist *der Bapst zu Rom [] Herr uber die gantze Christenheit.*

> JA, sprichstu, Er wil warlich aus Gottes wort und aus Gott her komen, [Mt. 16, 18] Denn er fueret in vielen Decreten den spruch Matth. 16: „Du bist Petrus, Und auff diesen fels wil ich meine Kirchen bawen, Und wil dir die schluessel zum Himelreich geben" etc. Das sol so viel gesagt sein: der Bapst zu Rom ist Herr uber die gantze Christenheit.
>
> (WA 54: 239)

Luther greift nun nicht die Konklusion an, sondern die Prämisse selbst, d. h. es geht ihm darum, zu zeigen, dass weder die Deutung von Petrus als Fels (auf den die Kirche gebaut worden wäre), noch die Gleichsetzung der in der Bibelstelle erwähnten „Kirche" mit der jetzigen römischen Kirche, noch die Deutung des Schlüssels als weltliches und geistliches Machtinstrument aus der Bibel selbst ableitbar seien. Dazu unternimmt er eine sehr ausführliche Deutung der Stelle Mt. 16,18f., die hier nicht en detail vorgeführt werden soll. Eine Zusammenfassung der um- bzw. neu gedeuteten Elemente soll genügen: Erstens ist mit dem vielzitierten *Fels* nicht Petrus selbst, sondern Jesus Christus gemeint; Petrus ist der *Felser*, der Christus als Fels erkannt hat:

> Nu wil der HErr sagen: Du bist Petrus, das ist, ein Felser. Denn du hast den rechten Man erkennet und genennet, welcher der rechte Fels ist, wie jn die Schrifft nennet, Christus. Auff diesen Fels, das ist, auff mich, Christum, wil ich meine Gantze Christenheit bawen, [...].
>
> (WA 54: 248)

Das „Bauen" meint zudem nicht die Etablierung einer Institution wie der römischen Kirche, sondern ein geistliches, lebendiges Bauen (*das er uns geistlich bawet auff den Fels, seinen Son, und gleuben lernt an Christum*, WA 54: 249), inklusive einer Kritik an der Werkgerechtigkeit der römischen Kirche. Der Schlüssel und die damit verbundene Schlüsselgewalt sind ebenfalls nicht auf eine Institution wie die römische Kirche anwendbar, sondern soll nur auf den Glauben bezogen werden, als geistliche Gewalt und als geistliches Amt. Zentral dabei ist, dass diese Schlüsselgewalt nicht lediglich einem, Petrus und in dessen Nachfolge dem Papst, zukommt, sondern allen Aposteln.[32] Petrus wird umgedeutet als Stellvertreter für alle Jünger Christi (Apostel):

> das die Schluessel nicht allein S. Petro, viel weniger allein dem Bapst nach S. Petro gegeben sind. Denn wie wol der HErr allein mit Petro redet, So stehet doch Petrus da nicht fuer seine person allein, sondern an stat und person aller Juenger, mit denen Christus anfieng zu reden und zu fragen, Wie es alle lerer, ehe der Bapst vom Keiser Phoca gestifftet, verstanden, geleret und gehalten haben in der gantzen Christenheit, Und noch heutigs tags halten in Orient.
>
> (WA 54: 250)

Gestützt wird diese Auslegung noch durch den Verweis auf andere Autoritäten (*alle lerer*). Mit diesen verschiedenen Auslegungsschritten kommt Luther letztlich zu dem Schluss, dass sich der päpstliche Machtanspruch in keiner Weise auf Mt. 16,18f. berufen kann. Diese Stelle – in der neuen Auslegung Luthers – müsse gänzlich anders verstanden werden.

> Jch will meine Kirchen auff diesen fels bawen. Hie mus Bawen ein geistlich, lebendig gebew sein. Fels mus ein lebendiger, geistlicher Fels sein. Kirche mus ein geistliche, lebendige versamlung sein, [...]. Und Summa, dieser Text Matthei xvj redet vom Glauben, Das, wer da geleubet, der ist gebawet auff diesen fels, wie man spricht: Wer Gott trawet, hat wol gebawet. Das mercke wol (sage ich), das Christus Matthei xvj vom Glauben, und nicht von unsern wercken redet.
>
> (WA 54: 244)

Der Angriff auf die Legitimation des Papsttums wird zugleich mit zentralen Aspekten der lutherschen Glaubenslehre verknüpft, wie es z. B. das obige Zitat ausweist: Die sola-fide-Auffassung wird der Werkgerechtigkeit gegenübergestellt.

Unabhängig davon, ob man diese Bibelauslegungen für sinnvoll oder fragwürdig halten mag, sie zeigen ein typisches Muster, das auch bei anderen Argumentationen immer wieder eine zentrale Rolle spielt. Wenn es autoritative Texte gibt, auf die sich beide Kon-

---

32 1. Die Apostel (nicht allein Petrus) sind auf den Fels gebaut: *HJeraus ists klar gnug, das Christus hie mit dem Bawen seiner Kirchen auff den Fels oder auff sich selbs nichts anders nennet, denn den gemeinen Christlichen Glauben (wie droben gesagt ist, aus den Aposteln Petro und Paulo), das, wer da gleubet an Christo, der ist auff diesen Fels gebawet, und wird selig, auch wider alle Pforten der Hellen [...].* (WA 54: 249); 2. Diese ersten Apostel (und nicht allein Petrus) erhalten auch die Schlüssel zu lösen oder zu verdammen, d. h. einen geistlichen Auftrag: *Wer nu das Euangelium von den Aposteln oder Kirchen hoeret und nicht gleuben wil, dem sollen sie ein solch urteil sprechen, das er verdampt sein sol. Jtem, nach dem er gleubig worden ist, fellet, und nicht sich wider zum Glauben bekeren wil, Dem sollen sie auch ein solch urteil fellen, das seine Suende behalten, und er verdampt sein sol. Widerumb, wer das Euangelium hoeret und gleubet, oder von seinen Suenden sich keret wider zum Glauben, dem sollen sie solch urteil sprechen, Das jm seine Suende vergeben sind, und er solle selig werden. Und uber solchem urteil wil er im Himel halten, als hab ers selbs gesprochen. Sihe, das sind die Schluessel des Himelreichs, und das ist jr Ampt, Auff das man in der Kirchen ein ewige behaltung und vergebung der Suenden habe, Nicht allein zur zeit der Tauffe, oder ein mal im leben, sondern on unterlas, bis ans ende, behaltung fuer die unbusfertigen und ungleubigen, Vergebung fuer die Busfertigen und Gleubigen.* (WA 54: 249).

trahenten beziehen, kommt es darauf an, sie für die eigenen Positionen nutzbar zu machen, da damit die Autorität der jeweils heiligen Schrift für die eigene Position herangezogen werden kann. Um dies zu erreichen, werden solche Schriften interpretiert, gedeutet, Ausdrücke neu semantisiert, Konzepte umgedeutet, Begriffe besetzt (wie man im dies z. B. auch in politischen Diskursen beobachten kann). Es findet ein Kampf um Begriffe statt, der bestimmte agonale Zentren[33] (wie z. B. die Konzeptionen „Fels“ und „Weide meine Schafe“) hat. So soll entschieden werden, welche sprachlich konstituierten und argumentativ gesetzten Sachverhalte Geltung beanspruchen dürfen.

Mit ganz ähnlichen Umdeutungen und begrifflichen Setzungen agiert Luther in Bezug auf die zweite zentrale Bibelstelle: Joh. 21,15–15 ‚Weide meine Schafe‘ (WA 54: 273–281). Diese Verfahren sollen an sechs Beispielen zu Joh. 21,15–17 erläutert werden.

Zunächst geht es Luther darum, dass sich das Weiden der Schafe nicht auf Petrus allein, sondern auf alle Apostel bezieht (Umdeutung).

> Wenn ich nu hie fraget: Was haben denn die andern Apostel alle, sonderlich S. Paul geweidet? Da wird der grosse fortz des bapstesels villeicht sagen, das sie villeicht ratten, meuse und leuse, oder wens gut wird, sew geweidet haben, auff das allein der Bapstesel der schefer, und alle Apostel sewhirten bleiben.
>
> (WA 54: 273)

Drastisch veranschaulicht wird diese Deutung durch die ironische Gleichsetzung der Apostel mit *sewhirten* und mit einer weiteren Beschimpfung des Papstes (*der große fortz*). Dann wird im zweiten Schritt diese Ausweitung des Weideauftrags auf alle Apostel durch eine weitere Bibelstelle untermauert, Mk. 16,1:

> JA was ists aber, da Christus nicht zu S. Peter, sondern zu allen [Mk. 16, 1] Juengern sprach, Marci ultimo: Gehet hin in alle Welt, und Predigt das Euangelium aller Creatur? Da sind ja die Schafe Christi nicht allein S. Peter, ja nicht den Aposteln allein, Sondern auch den 72 Juengern befolhen.
>
> (WA 54: 273)

Im dritten Schritt wird die Übertragbarkeit des Weideauftrags von Petrus auf den Papst angegriffen. Selbst wenn Petrus allein die Schafe weiden sollte, gilt das nicht für den Papst: *So folget doch daraus nicht, das auch dem Bapst gleich S. Petro alle Schafe zu weiden befolhen sind [...].* (WA 54: 275) Im vierten Schritt wird auf eine zeitliche Inkonsistenz in der päpstlichen Argumentation verwiesen. Der zeitliche Ablauf könne nicht stimmen:

> Wir haben ja droben gehoert, das sie S. Peters seer ungewis sind, und die Kirche zu Rom erstlich weder von S. Peter noch S. Paul gepflantzt ist, Sondern von den geringsten Juengern, Aquila und andern, so zu Rom gewonet, [Apg. 2, 5] auch wol da geborn sind, wie sie in allen Landen woneten, Act. ij. Sie sagen alle sampt, S. Paulus sey bekeret dasselbe jar, darinnen Christus gelidden und aufferstanden ist, eodem anno Astronomico, non legali, nemlich Christus habe gelidden den xxv. tag Martij, und Paulus sey hernach bekeret xxv. Januarij, wie es im Calender stehet, da ist das jar noch nicht herumb. Das sey

33 Vgl. zur Definition und Beispielen Felder (2013: 21–25).

so oder nicht, so kans doch nicht weit davon sein, villeicht kaum ein jar. Hieraus folget, das die Roemische Kirche hab das Euangelium und Glauben gehabt xxvij jar, ehe S. Paul oder S. Peter gen Rom komen sind, und meine meinung wil gewis werden, das Aquila und andere mehr, Rom. xvj genennet, zu Jerusalem auff die grossen Fest gezogen, die Apostel daselbs gehoeret, und mit sich gen Rom das Wort heimgebracht haben.

(WA 54: 275)

Im fünften Schritt wird ein Gleichbehandlungsargument ins Feld geführt. Nicht nur eine – die römische – Kirche könne den Auftrag für sich in Anspruch nehmen, sondern alle von Petrus initiierten Kirchen (Bithynia, Asia, Ponto, Cappadocia) könnten mit gleichem Recht von sich sagen, dass sie die Schafe weiden:

Denn Christus kuendte auch nicht so unterschiedlich reden, Sonst hette es gelautet, als weren allein zu Rom Christen, und nirgend mehr, Und S. Peter nicht allein der Kirchen zu Rom Apostel ist, Sondern auch Cappadocie, Asie, Ponti, Bythinie etc.

(WA 54: 278)

Dies alles führt im sechsten Schritt zur Konklusion (die im Text schon mehrfach expliziert wurde):

Was hat der Bapst nu gewonnen an diesen zweien Spruechen? Erstlich das ewige Hellische fewr. Zum andern, ewige schande hie und dort, als der erfunden ist oeffentlich ein Felscher der Schrifft, ein Luegener, ein Gottes Lesterer, ein Schender aller Apostel und gantzer Christenheit, ein verlogener Boesewicht, und Tyrann uber Keiser und Koenige, und alle welt, ein Dieb, Schalck und Reuber, beide der Kirchen gueter und der weltlichen gueter.

(WA 54: 279)

Die Bibelauslegung mündet so in eine weitere Schimpfkanonade. Da die Papstpartei die Bibel falsch auslegt, ist der Papst selbst ein *Felscher*, *Luegener*, *Gottes Lesterer*, *Schender aller Apostel*, *Boesewicht*, *Tyrann*, *Dieb*, *Schalck* und *Reuber*.

Neben den eben genannten Zentralstellen werden in der Streitschrift noch eine ganze Reihe anderer Bibelstellen im Sinne der lutherschen Theologie gedeutet und so dem Gegner argumentativ entgegengehalten. Dem Gegner wird dabei immer eine falsche Bibelauslegung zugeschrieben.

Im folgenden Beispiel wird eine Bibelstelle nicht allein als Vergleich (s. o.) zu einer gegenwärtigen Situation herangezogen, sondern ganz konkret für die Gegenwart eingelöst. D. h. das, was im Bibeltext vorausgesagt wird, ist nach Luthers Ansicht nun faktisch eingetreten. Es geht um die falschen Propheten, vor denen bereits in Mt. 7,15[34] gewarnt wird:

Denn Christus hat uns gnug gewarnet, Matth. xxiiij, das viel wuerden komen [Mt. 7, 15] in seinem Namen und sagen: Jch bin Christus. Und Matth. vij: Huetet euch fuer den falschen Propheten, die in

34 Mt. 7,15: „Seht euch vor vor den falschen Propheten, die in Schafskleidern zu euch kommen, inwendig aber sind sie reißende Wölfe." (Übersetzung nach der Luther-Bibel von 1912).

> schaffs kleidern zu euch komen. Also hat auch der Bapst unter der larven und namen Christi und S. Petri die gantze welt eingetrieben und generret, wie er gewolt hat, Und durch den Teufel [Seite 233] grosse andacht und geistlicheit fuergegeben, bis ers dahin gebracht hat, das er mit gewalt in allen lastern unverschampt jtzt oeffentlich tobet und wuetet, das nu fort kein wehren da ist.
>
> (WA 54: 232)

Im Unterschied zum Vergleich mit Bezug auf einen Autoritätstext kann die faktische Einlösung bzw. Anwendung eines im Autoritätstext geschilderten Sachverhalts noch stärker wirken, wenn man die Prämisse (Gleichsetzung von Papst und falschem Propheten) akzeptiert. Eine Steigerung dieser Technik liegt im folgenden Beispiel vor, bei dem der Papst nicht nur mit falschen Propheten identifiziert wird, sondern gleich mit dem Antichrist, auf den in der Bibel an verschiedenen Stellen für die Zukunft verwiesen wird. Luther greift hier auf den zweiten Thessalonicher-Brief zurück:

> HJe magstu selbs lesen ij Thess ij und sehen, was S. Paulus meinet, da er sagt: Der Endechrist sitze im Tempel Gottes, das ist, in der Kirchen Christi, als sey er Christus und Gott selbs, wie seine Heuchler lestern, und sagen, Der Bapst sey nicht ein pur mensch, sondern aus Gott und Mensch ein vermischte person, gleich wie unser Christus allein ist. Und was ein Mensch der Suenden sey, hastu aus vorigen stuecken leicht zu vernemen, da er nicht allein fuer sich ein Suender ist, sondern mit Suenden, falschem Gottes dienst, Gotteslesterung, unglauben und luegen, die welt, sonderlich den Tempel Gottes, die Kirchen, vol, vol gemacht, Damit auch ein Kind ist des verderbens, das ist, sich selbs mit unzelichen Seelen zur Hellen und ewigem verdamnis gefuert hat.
>
> (WA 54: 269)

Argumentativ verstärkt wird diese Gleichsetzung durch die direkte Leseransprache (*HJe magstu selbs lesen [...]*), die den Anschein erwecken soll, der Leser solle und könne sich selbst ein Bild von dieser Gleichsetzung machen, d. h. nicht der Autor Luther beeinflusse den Leser, sondern dem Leser stünde es frei, selbst auf der Basis der Bibelautorität die entsprechenden Konklusionen zu ziehen.

Im folgenden Beispiel wird wiederum eine Bibelstelle nicht in der Form eines Vergleichs, sondern ganz konkret, „wortwörtlich", auf den Papst angewendet. Dieses Mal wird der Gegenseite allerdings eine fehlerhafte Deutung der Bibelstelle zugeschrieben, die dann auch – jeweils in Klammern – für den Leser explizit gemacht wird. Es geht um den Sendungsauftrag Jesu an seine Jünger: „Gehet hin in alle Welt".

> Hie mustu den Meister und Hirten aller Schafe hoeren und den Text recht verstehen. Denn es ligt an einem guten Ausleger, spricht man, wie du droben [Seite 274] gehoert hast, das Fels heisse der bapst, drauff bawen heisse jm gehorsam sein, Binden heisse Keiser, Koenige, und alle welt fangen. du must in des heiligsten Vaters Decreten nicht Lateinisch, Griechisch, Ebreisch, Sondern die newe Roemische sprache lernen und verstehen, wie auch droben Jungfraw Paula Tertius dem Keiser und dem Reich die Wort "Frey, Christlich, Deudsch" auff sein Roemisch auslegt. Also ist nu Roemisch hie die meinung: Gehet hin (das ist, du Peter gehe allein hin) in alle Welt (das ist, gen Rom) und prediget (das ist, setze einen Bapst, der Gott und Herr sey) aller Creatur (das ist, der macht habe uber Bisschoff, Keiser und Koenige, uber Himelreich und Erdreich, c. Omnes), Wer da gleubt (das ist, wer dem Bapst gehorsam ist) und getaufft wird (dem Bapst die fuesse kuesset), der wird selig (bleibt unverdampt), Wer nicht gleubt (nicht gehorsam ist), wird verdampt (ist ein Ketzer).
>
> (WA 54: 273f.)

Unterstützt wird die Argumentation auch hier wieder durch eine Reihe von Parallelargumentationen: a) durch den Verweis auf die Fehlauslegung von Mt. 16,18–19, b) durch die sexistische Abwertung des Papstes als *Jungfraw Paula Tertius* und c) durch die Fehldeutung der Ausdrücke *Frey, Christlich, Deudsch* im Rahmen der Konzilsfrage.

Schließlich kann auch das Ignorieren einer wichtigen Bibelstelle durch den Gegner als Argument genutzt werden. So führt Luther die Stelle Joh. 21,15[35] an, die seiner Meinung nach direkt auf den Papst anwendbar ist und von diesem wissentlich (*gar weislich schweigt*) ignoriert werde.

> Denn er redet mit S. Petro, und spricht: Simon Johannis, Hastu mich lieb (welchs Wort der Bapst Clemens als seine Gifft gar weislich schweigt), so weide meine Schafe. Hie ists klar, das, wer die Schafe Christi weiden sol, der muesse Christum lieb haben, oder ob er weiden koendte, und thets nicht aus liebe, so gehet jn doch dieser Spruch nicht an, der die liebe und lust zu Christo foddert. Hie helfft und nu helffet alle Teufel aus der Helle ewrem Bapst, dieser Spruch wil jm das hertz abstossen, darauff er so hoch pochet, und sich gruendet. Denn wo er Christum nicht liebet, so ist er nicht Bapst, wie sie selbs muessen sagen, weil sie diesen Spruch fuer sich fueren, So lange er nu nicht beweiset, das er Christum lieb habe, kan er nicht weiden noch Bapst sein, und ist alle welt frey, nichts vom Bapstum zu halten noch zu wissen. Denn er hat sich hie in diesem Spruch selbs durch sein eigen maul und urteil gefangen, verurteilt, verdampt, vom Bapstum gestoertzt, das er gar nichts ist.
>
> (WA 54: 279)

Basis dieses Schlusses ist wiederum ein Modus ponens: Wer Christus nicht liebt (p), der kann nicht Papst sein (q). Wenn p, dann q; es gilt p; ergo: q). Um die Geltung dieses Schlusses noch zu unterstreichen und plastisch zu veranschaulichen, weist er darauf hin, dass *alle Teufel aus der Helle* dem Papst hier nicht helfen können. Luther argumentiert somit, dass der Papst in der betreffenden Stelle nur einen Teil zitiert (‚Weide meine Schafe'), den relevanten Teil wissentlich ignoriert (*hast du mich lieber, denn mich diese haben?*)

---

35 Joh. 21,15: „Da sie nun das Mahl gehalten hatten, spricht Jesus zu Simon Petrus: Simon Jona, hast du mich lieber, denn mich diese haben? Er spricht zu ihm: Ja, HERR, du weißt, daß ich dich liebhabe. Spricht er zu ihm: Weide meine Lämmer!" (Übersetzung nach der Luther-Bibel von 1912).

und dadurch letztlich doch durch die Bibelstelle selbst verurteilt werde, die er unvollkommen heranzieht.

Diese Art der konkretisierenden, gegen den Papst gerichteten Bibelauslegungen findet sich in der Streitschrift an zahlreichen weiteren Stellen.

5.2.5 Verweis auf die eigene Kompetenz/Autorität

Die Bibel als Autoritätstext ist sicherlich der Hauptbezugspunkt in den Autoritätsargumenten. Daneben nutzt Luther aber auch weitere Autoritäten, um die jeweilige Argumentation zu schließen, d. h. um die Konklusionen aus den Prämissen zu stützen, ohne weitere Erläuterungen zu geben. An wenigen Stellen im Text führt er seine eigene Kompetenz als Doktor der Theologie ins Feld.

> "JA, sprichstu, Er fragt nichts nach deinem schreien und schreiben, er bleibt wol fuer dir, er ist zu mechtig!" Des bin ich wol zu frieden, Mir ist gnug, das ich sicher fuer mich bin, und wisse jn zu urteilen nach dem Wort Gottes, das wider jn ist, und ich mit gutem gewissen jnen fuer einen Fartzesel und Gottes feind halten mag. Mich kan er nicht fuer einen Esel halten, denn er weis, das ich von Gottes sonder gnaden gelerter bin in der Schrifft, weder er und alle seine Esel sind, Nicht allein ich, Sondern seer viel feiner leute mehr fast in allen landen. Er hat den Teufel fuer sich, So haben wir Gottes Wort fuer uns.
>
> (WA 54: 273)

An dieser Stelle folgt dann noch der Verweis auf weitere, nicht genauer benannte Autoritäten (*seer viel feiner Leute*). Die Frage, ob nun die Papstseite oder Luther recht in der Bibelauslegung haben, wird so über die Zuschreibung der Kompetenz (Luther) und das Absprechen der entsprechenden Kompetenz (*er und alle seine Esel*) gesteuert. Insofern handelt es sich hier zugleich um ein negatives Autoritätsargument – wenn man dies so nennen möchte. Die Argumentation des Gegners wird dadurch diskreditiert, dass ihm die entsprechende Beurteilungskompetenz abgesprochen wird.

Im zweiten Beispiel schreibt sich Luther nicht allein die entsprechende Kompetenz zu, sondern er weist auch auf die institutionell verbürgte Kompetenz hin: Er ist *ein beruffener lerer und Prediger.*

> Wer das nicht wil gleuben, der fare jmer hin mit seinem gott, dem Bapst, Jch als ein beruffener lerer und Prediger in der Kirchen Christi, und die warheit zu sagen schueldig bin, hab hie mit das meine gethan.
>
> (WA 54: 284)

Dieser Verweis auf die institutionell zugeschriebene theologische Kompetenz verstärkt das entsprechende Autoritätsargument zusätzlich. Gleiches gilt im dritten Beispiel, in dem nicht nur auf den akademischen Kontext verwiesen wird, sondern auch auf das Lob, das Luther für seine theologischen Kompetenzen erhalten hat (*ein gelerter guter Doctor gerhuemet*).

> So lebe ich Doctor Martinus noch neben andern mehr, der ich in des Bapsts schule und Esel stall erzogen und Doctor Theologie worden, Ja ein gelerter guter Doctor gerhuemet, auch also gewest bin, das ich trawen gar seer wol weis und warhafftiglich seer wol zeugen kan, wie tieff, hoch, breit, und lang jre kunst sey in der heiligen Schrifft, Nemlich, das sie seer feindselige Esel sind.
>
> (WA 54: 286)

In dieses Argument eingebunden ist auch ein weiteres Argument, das oben bereits als negatives Autoritätsargument (ähnlich dem Argumentum ad hominem) verwendet wurde. Die Tatsache, dass Luther die Theologie von den Gegnern, in der gegnerischen Institution allererst erlernt hat, zeigt – seiner Meinung nach – dass er nicht nur den Gegenstand sehr gut kennt, sondern eben auch die mangelhaften Kompetenzen des Gegners selbst. Dies wird von Luther ironisch angesprochen (*wie tieff, hoch, breit, und lang jre kunst sey*) und in einer allgemeinen Beschimpfung expliziert (*feindselige Esel*), so dass keine Gefahr für den Leser besteht, die Ironie nicht richtig zu verstehen.

5.2.6 Verweis auf andere Autoritäten

Nur an wenigen Stellen im Text nutzt Luther die Autorität anderer Personen und Gruppen. Auch hier ist deutlich, dass für das Autoritätsargument bei Luther der Bibel-Text als Autorität klar im Zentrum steht. Verwiesen wird auf die Autorität des Kaisers, auf Fürsten und Stände, sowie unspezifisch auf „feine Leute".

Im ersten Beispiel wird die Autorität des Kaisers einmal im Zusammenhang mit dem Reichstag zu Worms (1521) und zum anderen im Zusammenhang mit der Frage nach den Kompetenzen bei der Einberufung eines Konzils aktiviert.

> Es gehet nu in das vier und zwentzigst Jar, das zu Worms der erst Reichstag unter diesem Keiser Carolo gehalten ward, Daselbs ich auch persoenlich fuer dem Keiser und gantzen Reich stund. Jn demselben Reichstage ward [Seite 208] von allen Stenden des Reichs begert, das etliche grosse, unleidliche beschwerung (welche dazumal genennet, vnd hernach zu Nuernberg auf dem Reichstage dem Bapst Hadriano angezeigt, und in den Druck bracht wurden, der auch noch fur handen) vom Bapst und Geistlichen abgethan wuerden, oder sie wolten sie selbs abthun. Daneben ward begert, Keis. Mai. wolte bey dem Bapst erbeiten, umb ein gemein, frey, Christlich Concilium in Deudschen landen anzusetzen, und zu halten, oder ein National Concilium machen, welches der liebe Keiser bis her mit vleis gethan, aber bei den Bepsten nichts muegen erhalten, Daher diese 24 Jar im geschrey blieben sind diese drey wort: [10] Frey, Christlich Concilium, in Deudschen landen. Diese drey wort: Frey, Christlich, Deudsch, sind dem Bapst und Roemischem hofe nichts denn eitel gifft, tod, teuffel, und die helle [...].
>
> (WA 54: 207f.)

Die Autorität des Kaisers wird hier folgendermaßen genutzt.

1) Das Datum (‚Auf dem Reichstag zu Worms wurden Gravamina vorgetragen') führt zur Konklusion (‚diese Gravamina waren berechtigt'). Der Schluss wird gestützt durch die Begründungen: ‚die Gravamina wurden bereits von Autoritäten vorgetragen (*von allen Stenden des Reichs*), gedruckt und sie weisen in der Sache auf *unleidliche beschwerung* hin. Obwohl von der obersten weltlichen Autorität, dem Kaiser, in der Sache unter-

stützt und vertreten, ignorierte die päpstliche Gegenseite (*Babst Hadriano*) diese Gravamina und damit eben auch indirekt die Autorität des Kaisers.

2) Die Reichsstände erwirkten auch, dass der Kaiser den Papst auffordern sollte, ein Konzil einzuberufen. Dem kam *der liebe Keser bis her mit vleis* nach. Auch hier ignorierte wiederum die Gegenseite diese weltliche Autorität. Was von der Autorität mit Recht (aufgrund der im Kontext weiter ausgeführten historischen Gegebenheiten) gefordert wird (*gemein, frey, Christlich Concilium in Deudschen landen*), wird von der Gegenseite ignoriert. Dadurch setzt sie sich doppelt ins Unrecht: Es wird eine sinnvolle und berechtigte inhaltliche Forderung abgelehnt und es wird die kaiserliche Autorität ignoriert.

Mit diesen beiden Punkten wird das Autoritätsargument indirekt ins Feld geführt: Der *liebe Keiser* als Vertreter der richtigen Position ist in weltlichen Dingen die oberste Autorität. Durch seine Autorität wird das Eintreten für die Einberufung eines Konzils nicht nur inhaltlich begründet (*gemein, frey, Christlich*), sondern eben auch autoritativ. Dass die Gegenseite dies ablehnt, macht es nur noch schlimmer und offenbart deren eigentliche Haltung zu den berechtigten Forderungen: Für sie sind die positiv besetzten Kennzeichnungen des Konzils (*Frey, Christlich, Deudsch*) nur *eitel gifft, tod, teuffel, und die helle.*

Bereits im ersten Beispiel sind die Reichsstände als Autoritäten vorgekommen. Im folgenden Beispiel wird dies noch deutlicher, wenn es um die richtige Semantik von „christlich“ geht:

> ALso das woertlin „Christlich” meinen die Fuersten und Stende des Reichs einfeltiges, auffrichtiges gemuets ein Concilium, da man von Christlichen sachen und durch Christliche Leute nach der Schrifft handeln solt,
>
> (WA 54: 212)

Die Autorität der weltlichen Macht (Fürsten/Stände) unterstützt die Deutung von „christlich“ (im Zusammenhang mit der Konzilseinberufung), die Luther vertritt.

Im dritten Beispiel werden unspezifisch ‚feine Leute‘ als Autoritäten herangezogen. Die Autorität Luthers in Bezug auf seine Bibelkenntnis und -auslegung werde auch durch andere Autoritäten (*seer viel feiner Leute*) bestätigt.

> Mich kan er nicht fuer einen Esel halten, denn er weis, das ich von Gottes sonder gnaden gelerter bin in der Schrifft, weder er und alle seine Esel sind, Nicht allein ich, Sondern seer viel feiner leute mehr fast in allen landen.
>
> (WA 54: 273)

Insgesamt ist jedoch das Autoritätsargument mit Bezug auf weltliche Autoritäten im Text relativ marginal vertreten, an einzelnen Stellen (s. o.) zudem in eher indirekter Form. Viel eher fordert er die weltlichen Autoritäten dazu auf, konkrete Maßnahmen gegen die Papstpartei zu ergreifen.[36]

Dies mag zum einen an der gegnerischen Position Luthers in Glaubensfragen liegen[37] und zum andern daran, dass Luther in der Frage der Autoritätsbegründung eine klare Gradierung vor Augen hatte. Die oberste Autorität (s. u.) ist Gott, der sich alle – auch die weltlichen Herrscher – unterordnen müssen. Am Ende des Textes kommt diese Gradierung klar zum Ausdruck:

> HJe darffs keines Juristischen Process, noch des langen rechten, exception, appellation, alle sachen sind Notoria de facto et iure, offenberlich ist die that des Bapsts, offenberlich ist das Mandat unsers HErrn Jhesu Christi. Ah hie schweige still, Jurist, Theologen, Keiser, Koenige, Ja auch die Engel im Himel und alle Creatur, Es redet hie und richtet, der nicht frawen milch, sondern Jungfrawen milch gesogen hat, und am Creutz so arm gewest, [Mt. 8, 20] das er nicht hatte raum, sein Heubt zu legen, und doch daselbs das Paradis [Lk. 23, 43] und Himelreich schenckt dem Schecher, und in der Krippen von allen Engeln [Mt. 2, 11] im Himel angebetet ward, Ja, der selb HErr ists, der hie urteilt und spricht: Der Bapst sol ein Heide sein, weil er nicht hoeren wil, sondern rhuemet dazu als eine grosse Heiligkeit solchen seinen verstockten ungehorsam.
>
> (WA 54: 290)

Bei der Frage der Gewichtung von Autoritäten zeigt sich: *Juristen, Theologen, Keiser, Könige, Engel, alle Creatur* sind zweitrangig gegenüber der Autorität Gottes (Christi), wie sie in der Bibel bezeugt ist.

5.2.7 Verweis auf die höchste Autorität: Gott

Aus der Bibelautorität (Autoritätstext) abgeleitet ist der Bezug auf die höchste Autorität überhaupt, auf Gott. Die Widerlegung und Abwertung der Gegenseite ergibt sich so für Luther klar. Was durch die Bibel bewiesen werden kann, verweist auf Gott selbst, der mit seiner Autorität den Gegner verurteilt.

> Ja, der selb HErr ists, der hie urteilt und spricht: Der Bapst sol ein Heide sein, weil er nicht hoeren wil, sondern rhuemet dazu als eine grosse Heiligkeit solchen seinen verstockten ungehorsam.
>
> (WA 54: 290)

---

36 *WEnn wir nu solch urteil wissen, So thun wir warlich nicht fein, sonderlich Keiser und Koenige, Fuersten und Herrn (denn die Prediger und Bisschove der Kirchen werden sich wol recht hierin halten, das sie den Bapst fuer einen Teufel schmuecken, loben und zieren werden), das sie doch so gar schendlich jnen lassen im maul mehren, trumpeln und effen, So sie doch (wo sie Christen sein wolten) sich billich solten schueldig erkennen, den verfluchten Heiden zu Rom wie er verdienet hette zu handeln. Sie machen sich teilhafftig alle der Suenden, so der Heidnische Teufel zu Rom in der Kirchen geuebt hat […].* (WA 54: 290).

37 S. z. B. die Reichsacht, die im Nachgang zum Reichstag von Worms durch das Wormser Edikt (Mai 1521) durch Kaiser Karl V. über Luther verhängt wurde.

5.2.8 Beweisformel (Beweisbehauptung 1)

Eine alltagslogische Begründung für eine Konsequenz ist die einfache Behauptung der Geltung. Auch sie schließt, wie andere Autoritätsargumente, den Begründungsprozess ab. Weitere Begründungen werden nicht gegeben. Auch diese Argumentform wird von Luther sehr häufig genutzt.

> Diese drey wort: Frey, Christlich, Deudsch, sind dem Bapst und Roemischem hofe nichts denn eitel gifft, tod, teuffel, und die helle, Er kan sie nicht leiden, weder sehen noch hoeren, Da wird kein anders aus, das ist gewis,
>
> (WA 54: 208)

> Denn das ist gewiss, das der Bapst [...]
>
> (WA 54: 219)

> Kan auch kein glaube in ein Bepstlich oder Cardinalisch hertz fallen, das ist gewis.
>
> (WA 54: 226)

> Denn das ist gewis, wie gesagt, das zu S. Gregorius zeiten kein Bapst ist gewest [...].
>
> (WA 54: 229)

> Mir ists gewis, das, wo der Bapst nicht were [...].
>
> (WA 54: 290)

> Denn gewislich ists war, das des Bapst Schluessel sind scrilegium [...].
>
> (WA 54: 292)

> Und ist gewis erfunden, das nicht allein die Kirchen [...].
>
> (WA 54: 293)

5.2.9 Intratextueller Verweis (Beweisbehauptung 2)

Eine ähnliche Technik wie bei den Beweisformeln liegt bei den Beweisbehauptungen in Form von intratextuellen Verweisen vor. Dabei wird auf andere Stellen im Text verwiesen, an denen das, was als Konklusion vertreten werden soll, bereits bewiesen worden sei. Auch diese Argumentform nutzt Luther häufiger.

> Jst droben klar gnug beweiset, das solchs sey von der gantzen Christenheit geredt, und nicht von dem Roemischen Bepstlichen Stuel.
>
> (WA 54: 258)

> Denn, wie droben gehoert, so sind seine Decret eitel grosse heubtluegen, schreckliche Gottes lesterungen, und grewliche abgoettereien.
>
> (WA 54: 271)

> [...] so klerlich und gewaltiglich ausgefuert, das, Gott lob, kein gut Christlich gewissen anders gleuben kan, denn das der Bapst nicht sey noch sein kan das heubt der Christlichen Kirchen noch Stathalter Gottes oder Christi, sondern sey das heubt der verfluchten kirchen aller ergesten Buben auff erden [...]
>
> (WA 54: 284)

> Kuertzlich zu sagen, hastu droben im ersten stueck gehoert, was der Bapst fuer ein Teufels gespenst, Gottes [2. Thess. 2, 3] lesterer, und stiffter allerley abgoetterey, und mensch der suenden, und kind des verderbens sey,
>
> (WA 54: 285)

> Nu ist droben beweiset [...].
>
> (WA 54: 285)

5.2.10 Erfahrung/eigenes Erleben

Bei den Legitimationskriterien für die Wahrheit von Propositionen (und damit eben auch von Konklusionen innerhalb von Argumenten) spielen bekanntlich nicht allein rationale Begründungen oder der Verweis auf Autoritäten eine Rolle. Ebenso relevant in der Alltagskommunikation sind die Bezüge auf das Gefühl (Bauchgefühl)[38] und auf die eigene (oder fremde) unmittelbare Erfahrung.[39] Die Plausibilität der Konsequenz in einem Argument wird mit dem Verweis auf die eigene Erfahrung mit dem jeweiligen Gegenstand verstärkt. Erfahrungsbasierte Schlüsse können zutreffend sein, müssen dies jedoch keineswegs. Wenn einzelne Erfahrungen übergeneralisiert werden (Induktionsproblem), wenn aus den wahrgenommenen Erfahrungsdaten die falschen Schlüsse gezogen werden, wenn die Wahrnehmung selbst durch Vorannahmen und Generalisierungen gesteuert ist (Deduktionsproblem[40]), sind Fehlschlüsse möglich. Allerdings sind andererseits die Aussagen von Personen, die mit bestimmten Gegenständen reichhaltige Erfahrungen haben, auch häufig zutreffend, d. h. keineswegs alle erfahrungsbasierten Schlüsse sind fehlerhaft. Dann wird die ins Feld geführte Erfahrung selbst zur Autorität, auf die man sich in Argumentationen berufen kann. Genau dies macht auch Luther an wenigen Stellen im Text, wenn er auf seine persönlichen Erfahrungen mit der römischen Kirche verweist, die er im Zusammenhang mit seiner Reise nach Rom[41] gemacht hat. Diese Erfahrungen, die er im

---

38 Vgl. dazu und zu den damit verbundenen Wissenstypen/-systemen z. B. Kahneman (2011), der das intuitive, auf dem Bauchgefühl basierende Wissen als eigenständiges System zur Ermöglichung von Entscheidungen anhand von zahlreichen Experimenten belegt.

39 Vgl. zu den Legitimationskriterien für Wahrheit Fernandez-Armesto (1997: 6).

40 So z. B. bei durch Stereotype gesteuerte Wahrnehmungen.

41 Luther selbst nennt im Text die Jahreszahl 1510. Nach neueren Forschungen ist auch der Zeitraum von 1511/1512 plausibel: vgl. Leppin (2017: 57) und Kaufmann (2016: 137). Schilling (2016: 101) gibt 1510/1511 an. Brecht (1990: 105) geht ebenfalls von 1510/1511 aus. Luther reiste im Auftrag des Augustinerordens nach Rom, um in einer Streitfrage zwischen verschiedenen Ordensausrichtungen zu vermitteln. Die Erfahrungen Luthers bei der Romreise wurden von ihm jedoch erst im Nachhinein in der radikalen Form gedeutet, wie

Laufe der Jahre mit zunehmender Distanz von der römischen Kirche und mit zunehmender Radikalisierung auch entsprechend umdeutete[42], führt er an, um die Verkommenheit der gesamten Institution der römisch-katholischen Kirche zu untermauern.

> JCh mus hie eine Historien mit unter bringen, daraus man mercken mag, was von den heiligen Spitzbuben und Moerdern des Roemischen Stuels zu halten. Anno Domini (ist mir recht) 1510 war ich zu Rom, da hoeret ich diese geschicht sagen: [...].
>
> (WA 54: 219)

Es folgt die Geschichte des Amtmanns von Roncilion, der die Verderbtheit des Papstes und der gesamten Institution anklagte.

> Und ich selbs zu Rom [Seite 220] hoeret auff den gassen frey reden: Jst eine Helle, so stehet Rom drauff. Das ist: nach den Teufeln selbs ist kein erger Volck denn der Bapst mit den seinen.
>
> (WA 54: 219f.)

> Denn so hab ichs zu Rom selbs gehoert sagen:
>
> (WA 54: 224)

> Aber das kan ich froelich sagen, wie ich gesehen und gehoert hab zu Rom, das man zu Rom nicht weis, wo die Coerper S. Petri und Pauli liggen, oder ob sie da liggen? Solchs weis Bapst und Cardinal seer wol, das sie es nicht wissen.
>
> (WA 54: 255)

Die Erfahrung – eigenes Sehen, Hören, Erleben – wird zur Autorität, die die argumentativen Schlüsse plausibilisiert.

5.3 Gültigkeit/Plausibilität mit Bezug auf den Adressaten

Die nächste Gruppe von Argumenten bezieht ihre Schlagkraft daraus, dass in einer jeweils bestimmten Form auf einen Adressaten, also auf eines der Auditorien im Sinne von Perelman & Olbrechts-Tyteca, Bezug genommen wird. Diese Argumentformen funktionieren nicht über rationale Begründungsabfolgen im Sinne des Schließens von Prämissen auf Konklusionen, die zu beweisen wären. Es geht vielmehr darum, die jeweiligen Thesen, die ja in einer kontroversen Argumentation umstritten sind, dadurch zu stützen, dass den Adressaten bei Widerspruch entweder gedroht wird (Argumentum ad baculum) oder dass der Gegner als argumentierender Akteur im Diskurs abgewertet wird (Argumentum ad

sie in der Streitschrift von 1545 erkennbar ist. Vgl. dazu z. B. Leppin (2017: 59): „Wenn Luther später erklärt, es sei der göttliche Ratschluss gewesen, der ihn nach Rom gebracht habe, damit er den Sitz des Teufels sehe, so entspringt dies seiner späteren, erst sehr zögerlich vorgenommenen Identifizierung von Papst und Antichrist, nicht aber seiner zeitgenössischen Wahrnehmung."

42 Vgl. Leppin (2017: 59), Schilling (2016: 105f.), Kaufmann (2016: 138), Brecht (1990: 103–109), Brecht (1996), Roper (2016: 62f.).

hominem) oder dass der Leser/Adressat direkt angesprochen wird, um ihn so zur Positionierung (im eigenen Sinne) zu zwingen bzw. die eigene Position zumindest sehr stark nahe zu legen.

1) Die Drohung soll bewirken, dass die fragliche These/Konklusion vom Adressaten eher akzeptiert wird, unabhängig von ihrer inhaltlichen Stichhaltigkeit und Begründbarkeit. Ein fiktives Beispiel für ein Argumentum ad baculum ist das folgende: Bei einer Gehaltsverhandlung fordert der Mitarbeiter ein höheres Gehalt. Der Vorgesetzte reagiert darauf folgendermaßen: „Sie möchten eine Gehaltserhöhung. Haben Sie dabei auch an die Zukunft und die Sicherheit Ihres Arbeitsplatzes gedacht? Sie haben doch Familie und Verantwortung!" Mit dem Hinweis auf die Sicherheit des Arbeitsplatzes und die Verantwortung für die Familie droht der Vorgesetzte implizit, dass dem Mitarbeiter eine Entlassung droht, wenn er auf seinen Forderungen beharrt. In einer allgemeineren Form tauchen solche Drohargumente auch auf, wenn Meinungsverschiedenheiten mit unspezifischen Drohungen verbunden werden: „Du siehst das also nicht ein/Du bist also anderer Meinung/Du hältst meinen Standpunkt für falsch, dann wirst du schon sehen, was du davon hast." Drohargumente folgen der Logik „Wer nicht mit mir ist, ist gegen mich und muss daher mit den entsprechenden Folgen rechnen."
2) Beim Argumentum ad hominem geht es um die Abwertung des Gegners und nicht um eine inhaltliche Auseinandersetzung mit den Standpunkten des Gegners. Dem Gegner soll jegliche Kompetenz beim jeweiligen Thema abgesprochen werden. Dies geschieht auf vielfältige Weise (weshalb z. B. die Abgrenzung zwischen dem Argumentum ad hominem und dem Argumentum ad personam fließend ist). Der Gegner ist aufgrund seiner charakterlichen Eigenschaften, aufgrund seines bisherigen Verhaltens, aufgrund inkonsistenter Argumentation, aufgrund seiner Gruppenzugehörigkeit, aufgrund persönlicher Merkmale (körperlich, kognitiv, emotiv) oder aufgrund anderer Merkmale (Geschlecht, Religionszugehörigkeit, politische Einstellung, kulturelle Prägung etc.) letztlich nicht mehr berechtigt, als gleichwertiger Argumentationspartner zu agieren. Alles, was er im Diskurs vorbringt, ist durch ihn selbst als Person schon diskreditiert.
3) Die direkte Leser-/Adressatenansprache ist ein Mittel, um das jeweilige Auditorium stärker an die eigene Position zu binden. Durch die direkte Ansprache wird der Leser hineingezogen in die Argumentation und gewissermaßen gezwungen, ad hoc Stellung zu beziehen (oftmals auch mit rhetorischen Fragen verbunden).

5.3.1 Drohargument (Ad-baculum-Argument)

Drohargumente tauchen im Text in unterschiedlichen Formen auf. Zum einen wird unspezifisch dem Auditorium gedroht (universelles Publikum, eigenes Publikum, gegnerisches Publikum), dann wird an einigen Stellen den weltlichen Herrschern gedroht und schließlich – ausgiebig – der päpstlichen Gegenpartei in vielfältigen Formen (Verwünschungen, Verfluchungen, Gewaltandrohungen).

Im ersten Beispiel wird das universelle Publikum adressiert und mit verschiedenen Folgen bedroht für den Fall, dass es nicht der lutherschen Argumentation folgt, die hier zudem noch mit einem Autoritätsargument untermauert wird (*beruffener lerer und Prediger*).

> [nach 20-facher Diskreditierung der Papstpartei] Wer das nicht wil gleuben, der fare jmer hin mit seinem gott, dem Bapst, Jch als ein beruffener lerer und Prediger in der Kirchen Christi, und die warheit zu sagen schueldig bin, hab hie mit das meine gethan. Wer stincken wil, der stincke, Wer verlorn sein wil, der sey verlorn, Sein blut sey auff seinem kopff!
>
> (WA 54: 284)

Im zweiten Beispiel droht Luther den weltlichen Herrschern (*Keiser und Koenige, Fuersten und Herrn*) damit, dass sie *sich teilhafftig alle der Suenden* machen, die die Papstseite begeht. Diese Drohung gilt für den Fall, dass sie nicht gegen den Papst „handeln“. Verstärkt ist das Argument mit weiteren Beschimpfungen der Gegenseite (*Teufels drecks und stancks*).

> WEnn wir nu solch urteil wissen, So thun wir warlich nicht fein, sonderlich Keiser und Koenige, Fuersten und Herrn (denn die Prediger und Bisschove der Kirchen werden sich wol recht hierin halten, das sie den Bapst fuer einen Teufel schmuecken, loben und zieren werden), das sie doch so gar schendlich jnen lassen im maul mehren, trumpeln und effen, So sie doch (wo sie Christen sein wolten) sich billich solten schueldig erkennen, den verfluchten Heiden zu Rom wie er verdienet hette zu handeln. Sie machen sich teilhafftig alle der Suenden, so der Heidnische Teufel zu Rom in der Kirchen geuebt hat so viel hundert jar, und aller Buecher, Decretal, Sext, Clementin, Extravagant, Bullen, das ist, alles Teufels drecks und stancks, damit die Christenheit erstickt und erwuergt ist.
>
> (WA 54: 290)

In den weiteren Beispielen richtet sich die Drohung an den Gegner. Diese Drohargumente sind natürlich keine direkten Drohargumente, da diesem Gegner, der ja nicht dem eigenen Zugriff unterliegt, die Inhalte dieser Drohung nicht unmittelbar zugefügt werden können. Allerdings haben die in den Beispielen formulierten Drohungen durchaus eine wichtige argumentative Funktion. Sie wirken sowohl auf das primäre Auditorium (das eigene Lager) als auch auf das universelle Publikum. Wem gedroht werden muss – aus welchen Gründen auch immer –, der hat für diese Drohungen auch einen Grund gegeben. Dieser Grund besteht in der falschen Auffassung zu den in der Streitschrift behandelten inhaltlichen Fragen. Insofern trägt das Drohargument indirekt auch hier dazu bei, die argumentativen Funktionen des Diskreditierens (bezogen auf den Gegner), des Bestärkens (eigenes Lager) und des Überzeugens (universelles Publikum) zu unterstützen. Demgegenüber sind die in den folgenden Drohargumenten zum Ausdruck gebrachten Gewaltphantasien als Drohmittel gegenüber dem Gegner sicherlich sekundär: Durch sie wird die Gegenseite wohl kaum dazu gebracht werden, die Position, die durch die Drohung unterstützt werden soll, zu übernehmen.

Im dritten Beispiel nutzt Luther die Verfluchung des Gegners als Droharגument. Die Verfluchung hat eine Gewaltphantasie zum Inhalt: Er wünscht dem Gegner nicht nur, dass er mit *Blitz und Donner* erschlagen werden, sondern auch noch eine Reihe von Krankheiten.

> Es moecht jemand wol gern fluchen, das sie der Blitz und Donner erschluege, Hellisch fewr verbrente, Pestilentz, Frantzosen, S. Velten, S. Antoni, Aussatz, Carbunckel und alle Plage hetten, Aber das sind eitel fuchsschwentze, und Gott ist lengest zuvor komen und hat sie mit viel groesser plage gestrafft, [...].
>
> (WA 54: 227)

Im vierten Beispiel wird die Drohung mit einem biblischen Vergleich verbunden. Der Verrat des Papstes ist noch schlimmer als der Verrat des Judas; insofern sind auch die damit verbundenen Folgen noch gravierender. Sie werden an der Stelle jedoch nicht expliziert, sondern in wiederholten expressiven Ausrufen (Epizeuxis) angedeutet: *O weh, weh, weh, dem [...] Weh dir, Bapst!*

> O weh, weh, weh dem, der dahin kompt, das er Bapst oder Cardinal wird, Dem were besser, das er nie geborn were! Judas hat den HErrn verraten und umbbracht, Aber der Bapst verret und verderbt die Christliche Kirchen, welche der HErr lieber und thewrer, weder sich selbs oder sein Blut, geachtet. Denn er sich selbs fuer sie geopffert hat. Weh dir, Bapst!
>
> (WA 54: 263)

Im fünften Beispiel droht Luther – wiederum in Form einer Verwünschung – dem Papst mit der Strafe Gottes. Hier setzt er zudem die Argumentform der Praeteritio ein, bei der ein Argument scheinbar nicht vorgebracht wird – der Leser scheint darauf verzichten zu müssen – bei dem jedoch gerade durch die Verzichtserklärung das Argument selbst präsentiert wird: *Schenden thar ich nicht sagen [...].* Flankiert wird die Androhung der Gottesstrafe durch weitere Beschimpfungen (*unverschampts luegen maul, lester maul, Teufels maul*).

> Das dich [Seite 277] Gott straffe (Schenden thar ich nicht sagen, Denn du bist schon allzu hoch geschendet, weil du on auffhoeren Gott schendest, und seine Apostel, Kirche und Schrifft), Das dich Gott straffe, sage ich, du unverschampts luegen maul, lester maul, Teufels maul, [...].
>
> (WA 54: 276f.)

Im sechsten Beispiel wird wiederum eine Strafe herbeigewünscht. Diese Strafe wird gesteigert dadurch, dass alles, was an *zeitliche[n] straffe[n]* denkbar wäre, nicht ausreicht. D. h. die weltliche Gerichtsbarkeit, wie schwerwiegend die Bestrafungen hier auch sein könnten, vermögen die Vergehen des Papstes nicht angemessen zu richten. Nur eine viel stärkere Bestrafung, durch Gott selbst, könnte dies leisten.

> Sihe, Sihe, wie wallet mein blut und fleisch, wie gern wolt es das Bapstum gestrafft sehen, So doch mein geist wol weis, das keine zeitliche straffe hie zu gnug sey, [...].
>
> (WA 54: 292)[43]

Das siebte Beispiel ist mit einem Amtsabzeichen des Papstes, dem Pallium verbunden. Dieses Amtsabzeichen kritisiert Luther detailliert und kommt dann am Ende zu einer weiteren Gewaltphantasie, deren Ausführung Luther Gott anheimstellt.

> Moechte komen, der Bapst solt wol an dem selben faden erwurgen und ersticken. Dazu helffe mein lieber HErr Jhesus Christ unser aller Heiland, gelobet in ewigkeit, Amen.
>
> (WA 54: 293)

Aufrufe zu konkreten Handlungen gegen den Papst, Aufrufe zur Gewalt spielen auch in den folgenden Beispielen die zentrale Rolle. Der Papst solle *ins fewr* geworfen werden (Beispiel 8), das päpstliche Wappen solle bespuckt und mit Dreck beworfen werden (Beispiel 9), dem Papst und seiner ganzen Partei solle *die zunge hinden zum hals heraus* gerissen werden (Beispiel 10), der Pabst solle ausgepeitscht werden, so dass ihm *das Blut von arse floesse* (Beispiel 11), in die Stirn (und Krone) des Papstes sollten die Attribute, die den Papst richtig kennzeichnen, eingebrannt werden[44] (Beispiel 12).

> 8) „Dazu muegen wir sein Wapen, da er die Schluessel fueret, und seine Kron drauff, mit gutem gewissen auffs heimlich gemach fueren und zur unternotdurfft brauchen, darnach ins fewr werffen (besser wer es, den Bapst selbst)."
>
> (WA 54: 242)

> 9) Jn des sol ein Christen, wo er des Bapsts Wapen sihet, dran speien und dreck werffen, nicht anders, denn so man einen Abgott anspeien und mit dreck werffen sol, Gott zu ehren.
>
> (WA 54: 242)

> 10) [...] Gott gebe hie faulen Henden kein glueck, und erstlich neme man dem Bapst Rom, Romandiol, Urbin, Bononia, und alles was er hat, [...]." „Darnach solte man jm selbs, dem Bapst, Cardinal, und was seiner Abgoetterey und Bepstlicher heiligkeit gesindlin ist, nemen, und jnen (als Gottes lesterern) die zungen hinden zum hals heraus reissen, und an den galgen an nageln an der riege her, wie sie jr Siegel an den Bullen in der riege her hangen, Wie wol solchs alles geringe ist gegen jre Gotteslesterung und abgoetterey. Darnach liesse man sie ein Concilium, oder wie viel sie wolten, halten am Galgen, oder in der Helle unter allen Teufeln.
>
> (WA 54: 243)

43 Ähnlich verfährt das folgende Beispiel, in dem selbst die Todesstrafe noch zu gering ist: [Frz. König Philipp warf Papst Bonifaz in den Kerker und ließ ihn dort sterben] *Aber solche straffe ist noch viel zu geringe, on das es gut were, das man also den andern Bepsten und Cardineln auch thet.* (WA 54: 263).

44 Gemeint sind die folgenden Attribute: *vom Teufel hinden aus geborn, voller Teufel, luegen, Gotteslesterung, abgoetterey, Stiffter der selben, Gottes feind, Widerchrist, Verstoerer der Christenheit, Kirchenreuber, Schluessel dieb, Huren wirt und Sodoma vogt* (WA 54: 288).

11) [gegen die päpstliche Auslegung von „Weide meine Schafe"] „Wer dich, Esel, Schuetzen und Bachanten, mit ruten striche, das dir das Blut vom arse floesse, Und den Donat, das pronomen Meum declinirn lerete!

(WA 54: 277)

12) [Wunsch nach Kennzeichnung des Papstes mit Negativattributen – 13-fach, s.o. an Krone und Stirn] „Und were [Seite 289] fein, das er sie mueste an seiner Kron und stirn gegraben und gebrand tragen, das solt seiner Satanitati viel ehrlicher anstehen (weil es die lauter reine warheit ist), denn das er jm die fuesse kuessen lesst.

(WA 54: 288f.)

Im letzten Beispiel dieser Reihe von Gewaltphantasien stellt sich Luther vor, was er tun würde, wenn er denn die Macht dazu hätte. Dies ist damit auch eine indirekte Aufforderung an diejenigen, die diese Macht haben (*wenn ich Keiser were*). Die Papstpartei würde dann gefesselt (*zu samen koppeln und guerten*) und ins tyrrhenische Meer geworfen werden. Zusätzlich sollten die Delinquenten noch mit einem Felsen beschwert und mit Hirtenstab und Keule ausgestattet werden, damit sie sich gegenseitig verprügeln können. Schließlich sollten ihnen am Ende noch alle *Decret, Decretal,* Ablassbriefe etc. um den Hals gehängt werden.

WOlan, wenn ich Keiser were, wuest ich wol, was ich thun wolt: Die lesterlichen Buben alle sampt, Bapst, Cardinal, und alles Bepstlich Gesind, zu samen koppeln und guerten, nicht weiter, denn drey meile wegs von Rom, gen Ostia fueren (Denn ungeguertet und ungefuert wuerden sie nicht gehen, dahin sie nicht wolten), daselbst ist ein Wesserlin, das heisst Latinisch Mare tyrrhenum, ein koestlich Heilbad wider alle seuche, schaden, gebrechen Bepstlicher heiligkeit, aller Cardinel und seines gantzen Stuels, daselbs wolt ich sie seuberlich einsetzen und baden. Und ob sie sich wolten fuerchten fuer dem wasser, wie gemeiniglich die besessene und wansinnige Leute das Wasser schewen, wolt ich jnen zur sicherheit mit geben den Fels, darauff sie und jre Kirche gebawet ist, Auch die Schluessel, damit sie alles binden und loesen koennen, was im Himel und Erden ist, auff das sie dem Wasser zu gebieten hetten, was sie wolten. Dazu solten sie auch den Hirten stab und keule haben, damit sie das wasser moechten ins angesicht schlahen, das jm maul und nasen bluttet. Zu letzt solten sie auch die weide mit sich haben zum labetrunck und lusttrunck im bade, alle Decret, Decretal, Sexti, Clementin, Extravagant, Bullen, Ablas, Butter-, Kese-, Milchs- brieve an den hals gehenckt, damit sie allenthalben sicher weren. Was gilts? wenn sie eine halbe stunde in dem selben Heilbade hetten gebadt, Es solte alle jre seuche, schaden und gebrechen ablassen und auffhoeren, da wolte ich buerge fuer sein und meinen HErrn Christum zu pfande setzen.

(WA 54: 283)

Interessant an diesem Beispiel ist die Verknüpfung der Gewaltphantasien mit den Konzepten und Gegenständen, die in der argumentativen Auseinandersetzung im Text ständig präsent waren und eine spezifische Rolle im theologischen Diskurs spielten: die Interpretation des Felsens (Mt. 16,18), die Schlüssel, der Hirtenstab (‚Weide meine Schafe') und die päpstlichen Schriften selbst. Auch die Anspielung darauf, dass die Gegner an eine Stelle geführt werden, zu der sie nicht freiwillig gehen, steht im Kontext von Joh. 21,18. Sie greift somit indirekt die Debatte um das oberste Hirtenamt wieder auf.[45]

An diesen Beispielen dürfte deutlich geworden sein, dass die sprachliche Aggression in der Streitschrift nicht allein auf Beschimpfungen, Beleidigungen, Abwertungen etc. beruht, sondern dass wesentliche Teile des sog. Grobianismus ganz konkrete Gewaltphantasien und Aufrufe zur Gewalt sind. Parallel zur Streitschrift von 1545 ließ Luther eine Reihe von Holzschnitten drucken, auf denen er das Papsttum aus seiner Sicht darstellte.[46] Auf einem Blatt[47] wird z. B. die in Beispiel 10 für den Papst und seine Kardinäle herbeigewünschte Strafe des Aufhängens, Zunge-Ausreißens und Annagelns plastisch vor Augen geführt (vgl. Abb. 4).

45 Joh. 21,18: „Wahrlich, wahrlich ich sage dir: Da du jünger warst, gürtetest du dich selbst und wandeltest, wohin du wolltest; wenn du aber alt wirst, wirst du deine Hände ausstrecken, und ein anderer wird dich gürten und führen, wohin du nicht willst.“ (Übersetzung nach der Luther-Bibel von 1912).

46 10 Holzschnitte. Abgedruckt im Anhang zu WA 54: 546–556 („Papstspottbilder“). Vgl. dazu auch Schwitalla (2010: 104–120), der auch auf die Gewaltphantasien in diesen Holzschnitten eingeht. Lohse (1997: 105) sieht in diesen Bildern eine Art Höhepunkt der Polemik: „Freilich, Luthers jahrzehntelange Polemik gegen das Papsttum wird durch die Bildillustrationen auf ihren äußersten Höhepunkt gebracht.“ Kritisch dazu Oberman (1980: 447).

47 WA 54: 553 Titel des Blattes: *Digna merges papae satanissimi et cardinalium suorum.*

Abb. 4: Digna Merces Papae Satanissimi et Cardinalium suorum (WA 54, Blatt 8).

Schwitalla (2010: 104) hat in seiner Analyse darauf hingewiesen, dass es sich bei der herbeigewünschten Strafe um eine „spiegelnde Strafe“[48] handle, d. h. die Delinquenten werden direkt an dem Organ gestraft, mit dem sie gesündigt haben (Zunge).

48 Schwitalla (2010: 104). Er identifiziert die vier Delinquenten: „Die beiden linken Figuren sind Kardinäle, sie tragen die Züge Albrechts von Mainz und Kardinal Truchseß‘ von Augsburg. Die dritte Figur ist vielleicht Cochläus. Es folgt der damalige Papst Paul III.“ (ebd. 104).

5.3.2 Ad hominem-Argument (Beschimpfungen und Unterstellungen)

Die Bandbreite antipäpstlicher Schimpfwörter/Beschimpfungen ist bei Luther bekanntermaßen sehr groß.[49] Im vorliegenden Text lassen sich – mit Überlappungen – fünf verschiedene Typen von Schimpfwörtern unterscheiden. Dominant ist der Typ 1: Skatologie (ein Bereich, der bis heute in der deutschen Sprache vor sexuellen oder religiösen Beschimpfungen dominiert[50]), Typ 2: sexuelle Beschimpfungen, Typ 3: sexistische Beschimpfungen, Typ 4: religiöse Beschimpfungen, Typ 5: allgemeine Beschimpfungen (mit Bezug auf Verbrechen/Kriminalität und allgemeinen Charaktermängeln). Die Abgrenzung zwischen Beschimpfung und Beleidigung ist sicherlich nicht immer ganz leicht. Ich verwende hier für die Argumentationsform den Ausdruck *Beschimpfung*. Dies folgt dem terminologischen Vorschlag von Havryliv (2009: 69) und Wolf (2019: 16), die für Beschimpfungen festhalten, dass sie es einerseits für den Schimpfenden ermöglichen, sich abzureagieren und andererseits das Potential haben, den Gegner zu beleidigen. Beides muss aber nicht immer in gleichem Maße gegeben sein. So kann die Beleidigung durch eine Beschimpfung zwar vom Sprecher intendiert sein, wirksam werden kann sie allerdings erst, wenn sie auch vom Adressaten rezipiert und als Beleidigung aufgefasst wird. Somit ist der Faktor des Sich-Abreagierens bei den Beschimpfungsargumenten im Luthertext immer gegeben, die intendierte Beleidigung sicherlich dann, wenn der Text von dem Gegner rezipiert wurde. Die analytische Trennung beider Aspekte erscheint jedoch – gerade mit Blick auf den polemisch-grobianischen Furor, in dem Luther diesen Text verfasst hat – sinnvoll. Die Beschimpfung als Argumentationsform soll die eigene Position in jedem Fall unterstützen, sie dient darüber hinaus dem emotionalen Abreagieren; sie ist im vorliegenden Text zugleich als Beleidigung des Gegners intendiert und kann als Beleidigung vom Gegner verstanden werden. Somit kommt der Beschimpfung als Argumentationsform durchaus das von Lobenstein-Reichmann (2013: 49) angesprochene „identifikationsschädigende, ehrverletzende“ Potential zu.

Zum Bereich der Ad-hominem-Argumente sind auch die dem Gegner in polemischer Absicht unterstellten Argumentationen zu rechnen. Bei diesen Unterstellungen und dem

---

49 Vgl. Lobenstein-Reichmann (2013: 62): „Luther war bekanntermaßen sehr kreativ im Erfinden oder Nutzen antipäpstlicher und antikatholischer Schimpfwörter.“

50 Vgl. dazu die sprachvergleichende Studie von Nübling & Vogel (2004), die für das Deutsche eine Dominanz im Bereich der Skatologie, für das Niederländische eine Dominanz im Bereich der Sexualität und für das Schwedische eine Dominanz im Bereich der Religion nachweisen können. Zur pragmatischen Seite (Sprechakttheorie) von Beschimpfungen vgl. Sornig (1975). Zu Flüchen, Beschimpfungen, Beleidigungen und Beschuldigungen im Mittelalter und der Frühen Neuzeit Lindorfer (2009), Müller (2017), Nifontova (2014), Paintner (2010), Schwerhoff (2009). Zu Beschimpfungen aus gegenwartssprachlicher Perspektive vgl. auch Marehn (2011), die v. a. sexuelle, sexistische und auf Tiermetaphern beruhende Beschimpfungen untersucht, sowie die weiteren Beiträge in Hornscheidt et al. (2011) und Hartmann, Krämer & Kuch (2007); daneben Bonacchi (2017), Bonacchi & Mela (2017), Burgen (1998), Ermen (1996), Gauger (1986) (2012), Havryliv (2009), Kiener (1983), Scheffler (2000).

Gegner vorgehaltenen Fehlverhalten überwiegt der Angriff auf die Person, der sich aus den zugeschriebenen Unterstellungen und dem zugeschriebenen Fehlverhalten ergibt.

5.3.2.1 Skatologisches Schimpfwort (Beschimpfungen 1)

Zschoch (2010: 289) sieht die Streitschrift von 1545 als „wohl derbste[] Schrift" Luthers an. Diese Zuordnung dürfte wohl zu einem großen Teil an der exzessiven Verwendung von skatologischen Beschimpfungen liegen, die Luther verwendet. Damit stand Luther in der Frühen Neuzeit natürlich nicht allein. Die derben skatologischen Beschimpfungen waren zeittypisch.[51] Allerdings ist die Frequenz und Intensität der skatologischen Beschimpfungen in dieser Streitschrift sicherlich – auch im Vergleich zu anderen polemischen Schriften – besonders auffällig. Dominant ist im Text das *Scheissen* und *Furzen* und alles, was mit Ausscheidungen/Exkrementen zu tun hat. Insgesamt werden aber letztlich alle Körperöffnungen und deren Auswürfe für Beleidigungen genutzt. Die skatologischen Beleidigungen werden zudem i. d. R. mit anderen Beschimpfungstypen und anderen Argumentationsformen (z. B. Eselmetapher) verbunden.

Diese Beschimpfungen werden nicht nur auf den Gegner angewendet, sondern zuweilen dem Gegner auch unterstellt, wie das erste Beispiel belegt. Dem Gegner wird unterstellt, dass er die – ironisch so benannte – *loebliche Nation* „Deudschland" als Bestie bezeichnet und ihm den Arsch (im Text metathetisch *Sra* für „Ars") hinstreckt. Das bildungssprachliche Latein, in dem die Beschimpfung zunächst geäußert wird, zeigt sich als Vorwand und Verhüllung, die Luther selbst dann in der Übersetzung auf drastische Weise entlarvt.

> Wenn sie Deudschland die loebliche Nation nennen, das es heisse: die bestien und Barbari, die nicht werd sind des Bapsts myst zu fressen, wie der Wal Campanus (als man sagt) thet, da er in Deudschland gewesen, (nicht mit seinem schaden) und an die grentze des Welschen landes wider heim kam, den ruecken gegen Deudschland keret, bueckt sich und decket den hindern auff, und sprach: 'Aspice nudatas, Barbara terra, nates!' Sihe da, du Bestia, kuecke mir in den Sra.
>
> (WA 54: 212)

Mund, Nase und After als Ausscheidungsöffnungen werden im zweiten Beispiel aktiviert. Aus ihnen ‚speien', ‚scheißen'[52] und ‚schneuzen' die Gegner ihre falschen und teuflischen Lehren.

> Es sind, wie gesagt, des Keisers Phocas, jres stiffters und Keisermoerders, nachkomen, verzweivelte, durchtrieben Ertzspitzbuben, Moerder, Verrheter, Luegener, und die rechte grundsuppe aller boesesten Menschen auff Erden, wie sie selber zu Rom sagen, Schmuecken sich darnach mit dem Namen Christi, S. Petri, und der Kirchen, so sie doch vol sind aller ergesten Teufel in der Helle, vol, vol, und so vol, das sie nichts denn eitel Teufel ausspeien, schmeissen und schneutzen koennen.
>
> (WA 54: 218)

51 Lobenstein-Reichmann (2013: 47) spricht von „außerordentlich beliebten Bildungen mit Fäkalbezug".
52 *schmeissen* im Zitat ist in diesem skatologischen Kontext als ‚scheißen' zu verstehen.

Im dritten Beispiel ist es der metaphorische Papstesel, der sich selbst befleckt:

> Ah liebs Bapst Eselchen, lecke nicht, Aller liebstes Eselin, thus nicht! Denn das Eiss ist dis jar seer glat gefroren, weil der wind still ist gewest, du moechtest fallen und ein bein brechen. Wo dir denn im fallen ein fortz entfuere, so wuerde doch alle welt dein lachen und sagen: Ey pfu Teufel, wie hat sich der Bapstesel beschiessen [...].
>
> (WA 54: 221)

Im vierten Beispiel werden Mund und After gleichgesetzt; was aus dem päpstlichen Mund an Aussagen herauskommt, ist dem gleichzusetzen, was dem anderen „Mund" entfährt. Im fiktiven Dialog zwischen päpstlicher und lutherischer Seite (Konzilsfrage) setzt Luther diesen skatologischen Angriff, den er dann mit einem Sprichwort (*da scheis ein hund drein*[53] im Sinne von „die Sache misslingt, der gegnerische Angriff misslingt") abschließt.

> 'Ja wir habens hernach also gesetzt in unsern Decretalen, das allein der Bapst solle Concilia beruffen und personen nennen.' Lieber, ists aber war? Wer hats euch befolhen, also zu setzen? 'Schweig, du Ketzer, was zu unserm mund aus gehet, das sol man halten!' Jch hoeres. Welchen mund meinstu? da die foertze aus faren? (das magstu selbs halten!) oder da der gute Korso einfleust? (da scheis ein hund ein!). 'Ey du schendlicher Luther, soltu mit dem Bapst so reden?' Ey pfui wider, jr lesterliche verzweivelten buben und groben Esel, solt jr denn auch mit einem Keiser und Reich also reden?
>
> (WA 54: 221)

Im fünften Beispiel wird die Reaktion des Papstes auf die Versuchung des Teufels beschrieben, der Jesus (Mt. 4,8ff.) widerstanden hat:

> Wie spricht aber der Bapst? Kom her, Satan, und hettestu noch mehr Welt denn diese, Jch wolt sie alle annemen, und dich nicht allein anbeten, Sondern auch im hindern lecken. Das sind die Wort seiner Decreten und Decretalen, darin nichts vom Glauben Christi, sondern alles und alles von seiner Hoheit, Maiestet, Gewalt und Herrschafft uber Kirchen, uber Concilia, uber Keiser, uber Koenige, und uber alle Welt, auch uber den Himel geleret wird. Jst aber alles mit Teufels dreck versiegelt, und mit Bapstesels foertzen geschrieben.
>
> (WA 54: 265)

Die skatologische Beschimpfung wird ausgebaut; der Papst leckt den Teufel nicht nur im Hintern, sondern „siegelt" seine vom Teufel inspirierten Schriften (*Decrete und Decretalen*) auch mit den Exkrementen des Teufels und schreibt diese Schriften mit seinen eigenen *foertzen*.

Die weiteren Beispiele mögen den skatologischen Furor Luthers weiter veranschaulichen. Es wird in allen denkbaren Variationen geschissen, gefurzt und mit Dreck/Scheiße geworfen.

53 Vgl. zu diesem Sprichwort Wander (1987: Bd. 4, 123) und Röhrich (2006: 1312) in der Bedeutung „die Sache misslingt".

> Hie werden dem Bapst die hosen stincken, [...].
>
> (WA 54: 241)

> Dazu muegen wir sein Wapen, da er die Schluessel fueret, und seine Kron drauff, mit gutem gewissen auffs heimlich gemach fueren und zur unternotdurfft brauchen, darnach ins fewr werffen (besser wer es, den Bapst selbst).
>
> (WA 54: 242)

> Jn des sol ein Christen, wo er des Bapsts Wapen sihet, dran speien und dreck werffen, nicht anders, denn so man einen Abgott anspeien und mit dreck werffen sol, Gott zu ehren.
>
> (WA 54: 242)

> Wie Nicolaus Babst Omnes hie raset und fartzet.
>
> (WA 54: 264)

> fartzesel zu Rom
>
> (WA 54: 265)

> Hellt die Kirchen fuer einen Eselstal oder Sewstal, da er mit seinem dreck innen regiren muege.
>
> (WA 54: 272)

Selbst Veranschaulichungen des Ausscheidungsprozesses werden minutiös ausgeführt und als Beschimpfung genutzt, wie das nächste Beispiel zeigt. Zugleich wird diese Skatologie mit einer Gewaltphantasie der Vernichtung des Gegners verbunden (*das jm das loch und bauch nicht zurissen sind*).

> Jch bin erschrocken, und meinete trawen, es donnerte so seer, so gar einen grossen scheuslichen fortz der Bapstesel hie lies fahren. Er hat gewislich mit grosser macht gedrueckt, das er solchen donnerfortz heraus pausst hat, wunder ists, das jm das loch und bauch nicht zurissen sind.
>
> (WA 54: 273)

Die skatologischen Beschimpfungen werden wiederum durch die Holzschnittfolge (Anhang zu WA 54) desselben Jahres ergänzt. Auf Blatt 1 (vgl. Abb. 5) wird der Papst vom Teufel durch den After geboren[54]; auf Blatt 10[55] (vgl. Abb. 6) weisen zwei Bauern dem Papst und zwei Kardinälen den Hintern; auf Blatt 11 (vgl. Abb. 7) defäkiert ein Bauer in die Papsttiara.

---

54 Vgl. dazu auch die Bildinterpretation von Schwitalla (2010: 109–111).

55 Vgl. dazu auch die Bildinterpretation von Schwitalla (2010: 106–108).

ORTVS ET ORIGO PAPAE.

Hie wird geborn der Widerchriſt
Megera ſein Seugamme iſt:
Alecto ſein Kindermeidlin
Tiſiphone die gengelt jn.
Mart. Luth. D.

1. Ortus et origo Papae
(Oben S. 350 „Geburt"). Berlin, Staatsbibliothek.

Abb. 5: Papstspottbilder, Anhang zu WA 54, Blatt 1.

HIC OSCVLA PEDIBVS PAPAE FI-
GVNTVR.

Nicht Bapst:nicht schreck vns mit deim ban
Vnd sey nicht so zorniger man
Wir thun sonst ein gegen wehre
Vnd zeigen dirs Bel vedere.
Mart.Luth.D.

10. Hic oscula pedibus Papae figuntur.
(„Bann".) Brieg, Gymnasialbibliothek.

Abb. 6: Papstspottbilder, Anhang zu WA 54, Blatt 10.

ADORATVR PAPA DEVS TERRENVS.

Bapſt hat dem reich Chriſti gethon
Wie man hie handelt ſeine Cron.
Machts jr zweifeltig: ſpricht der geiſt Apoc.18.
Schenckt getroſt ein: Gott iſts ders heiſt.
Mart: Luth: D.

11. Adoratur Papa Deus Terrenus.
(„Tiara".) Brieg, Gymnaſialbibliothek.

Abb. 7: Papstspottbilder, Anhang zu WA 54, Blatt 11.

5.3.2.2 Sexuelles Schimpfwort (Beschimpfungen 2)

Während die Drastik der skatologischen Beschimpfungen wohl auch heute noch in ihrer Schärfe verstanden werden dürften, gilt dies nicht in gleicher Weise für die sexuellen und sexistischen Beschimpfungen, deren Drastik m. E. nur durch Neuübersetzungen greifbar wird. Wenn Luther die Gegner als *Hermaphroditen* beschimpft, die der *Pedasterey* frönen, die *Puserone*, und *Hurenwirte* seien, klingen diese Wörter im heutigen Verständnis wohl etwas distanziert bis bildungssprachlich. Dies war in der Frühen Neuzeit jedoch keineswegs der Fall. Deswegen wären m. E. Übersetzungsäquivalente angemessener, die die Wucht der Beschimpfung, die in den frühneuhochdeutschen Bezeichnungen steckte, deutlich machen: Statt *Hermaphrodit* würde man heute vermutlich in einem beleidigenden Kontext eher von „Schwuchteln" oder „Tunten" sprechen, statt von *Pedasterey* von „Kinderficken", statt von *Huren* von „Nutten", „Votzen" o. Ä. Wörter wie *Puseron* sind zudem im Neuhochdeutschen gar nicht mehr gängig. Damit sind nach dem frühneuhochdeutschen Wörterbuch (= FWB) „Buhlknaben" bzw. „Sodomiten" gemeint, also in gegenwartssprachlicher Übersetzung so etwas wie „Stricher" oder „Ziegenficker". Auch der *Huren wirt* ist vermutlich heute nicht mehr ohne Weiteres verständlich, am ehesten kommt ihm – blickt man auf den Kontext – noch der „Zuhälter" oder „Lude" gleich.

> Jch wil schweigen Simoney und Geitz, pfruenden marck, Pedasterey, und was mehr der heilige Stuel zu Rom in seinem aller heiligsten leben treibt und grosse lust drinnen hat.
>
> (WA 54: 214)

> Da redet abermal der verzweivelte Spitzbube und boesewicht Paulus mit seinen Hermaphroditen sein rotwelsch, gerade, als wueste kein Mensch, was jr hellisch, teuflisch wesen zu Rom sey, und wie er selbs, der unsettige, grundlose geitzwanst Paulus, sampt seinem Son, mit der Kirchen gueter umbgehet.
>
> (WA 54: 222) (insgesamt zehn Belege für *Hermaphrodit* im Text),

> das der Bapst der heiligen Roemischen Kirchen namen braucht auffs schendlichst und lesterlichst und meinet damit seine Bubenschule, Huren- und Hermaphroditen Kirche [...]
>
> (WA 54: 233) (insgesamt sieben Belege für *Hure(n)*, *Hurerey*, *verhuret* im ganzen Text)

> mit seinen Huren und Hermaphroditen
>
> (WA 54: 234),

> vernim seine Huren und Hermaphroditen Kirchen
>
> (WA 54: 236),

> Huren wirt und Sodoma vogt
>
> (WA 54: 288) (insgesamt neun Belege für *Sodom*, *Sodomey*, *Sodomiten* im ganzen Text)

> Denn die Cardinel und deines Hofes puseron und Hermaphroditen [Seite 227] fueren ein solch grewlich wesen, das Himel und erden dafuer beben und zittern.
>
> (WA 54: 226f.) (Puseron nach FWB = Buhlknabe, Sodomit), zweimal im Text WA 54: 226 und 227.

Das FWB übersetzt *Puseron* mit ‚Buhlknabe', ‚Sodomit'[56], Lobenstein-Reichmann (2013: 62) fokussiert den Aspekt der Homosexualität. Ob Sodomie oder Homosexualität die Kernbedeutung bildeten, in beiden Fällen bezieht sich das Schimpfwort auf zur der Zeit todeswürdige Verbrechen „und nicht nur eine sexuelle Fehlorientierung".[57] Diese Einschätzung

---

56 http://fwb-online.de/go/puseron.s.0m_1573725753 (Stand: 04.03.2020).
57 Lobenstein-Reichmann (2013: 62).

ist hier zu unterstreichen, macht sie doch einmal mehr deutlich, dass die sexuellen Beschimpfungen in ihrer Schwere nicht mit heutigen sexuellen Beschimpfungen – so ehrverletzend sie auch sein mögen – gleichzusetzen sind, auch wenn man Übersetzungsäquivalente wie die oben angegebenen sucht. Die strafrechtlichen Konsequenzen sind in der Frühen Neuzeit ungleich schwerer wiegend.

5.3.2.3 Sexistisches Schimpfwort (Beschimpfungen 3)

Der dritte Typus von Beschimpfungen ist sexistisch motiviert und deswegen nur auf dem Hintergrund der zeitgenössischen Rollenverteilung von Mann und Frau bzw. auf dem Hintergrund der für die Würde des Papstamtes unzumutbaren Beleidigung zu sehen, dieses Amt mit einer Frau überhaupt in Verbindung zu bringen. Der heutige Leser der Streitschrift mag diese Art von Beschimpfung entweder überlesen oder in seiner Schwere u. U. als geringfügig erachten. Dies dürfte allerdings für den zeitgenössischen Leser nicht gelten. An vielen Stellen des Textes nutzt Luther diesen Sexismus, um den Papst zu beleidigen. Aus „Paulus“ wird *Paula*[58] und *fraw Bepstin*, z. T. auch in Appositionen genutzt, wenn die Beschimpfung gedoppelt werden soll: Der Papst ist dann nicht nur ein *Schalck* (Verbrecher), sondern zugleich eine Frau *Paula*. Der Anspruch des Papstes, der unmittelbare Vertreter Gottes auf Erden zu sein und damit schon im Ruch der Heiligkeit zu stehen, wird ebenfalls aufgegriffen, wenn Luther ihn *heilige Jungfraw S. Paula Bepstin* oder *heilige Jungfer S. Clemens* nennt. Bei der Beschimpfung mit *Jungfer* schwingt natürlich auch das Stereotyp des ‚dummen, einfältigen, jungen Mädchens‘ mit. Die sexistischen Beschimpfungen sind i. d. R. in anderen Beschimpfungen/Argumentationsformen eingebettet. Ein Beispiel mag dies zeigen:

> Nu were noch wol rat und huelff furhanden, das der heilige Geist, der arme ertzketzer, moechte zu gnaden komen und in das heilig, frey, christlich Concilium gelassen werden, wenn er nicht zu halstarrig were, sich demuetigen und fuer der heiligen jungfrawen S. Paula tertius fraw Bepstin auff die knie fallen und die fuesse kuessen wolte, seine ketzerey alda bekennen, berewen und wideruffen, Er kriegete gewislich wol ein ablas Bullen, on gelt und umb sonst, beide fuer sich und seine heilige Kirchen.
> (WA 54: 214)

Der sexistische Angriff steht im Kontext einer ironischen Passage zur Frage, ob denn der Heilige Geist selbst zu einem vom Papst bestimmten Konzil zugelassen werden könne. Dies sei dann der Fall, wenn auch der Heilige Geist sich dem Machtanspruch des Papstes unterwerfen würde. Schon allein dieser Gedankengang zeigt die Absurdität des päpstlichen Machtanspruchs auf. Diese Absurdität wird noch dadurch gesteigert, dass sie nicht von einem Mann geäußert wird (wenn auch in fiktiver und unterstellter Weise), sondern von einem qua Geschlecht minderwertigen Geschöpf, von einer *fraw Bepstin* von einer (vermeintlichen) *heiligen jungfraw []*. Der Genuswechsel – an manchen Stellen noch mit

58 Zu den Stellenbelegen in WA 54, vgl. die weiter unten angeführten Zitate.

weiteren Merkmalen verbunden (wie der Zuschreibung als *jungfraw*, *jungfer*, der Diminuierung *Jungferlin* etc.) – verstärkt als Abwertung die jeweilige Absurdität der gegnerischen Argumentation oder der gegnerischen Forderungen.

> Jungfraw Paula Tertius
>
> (WA 54: 274) (insg. acht Belege im ganzen Text)

> der schalck Paula
>
> (WA 54: 215)

> Hie, sage ich, hat die heilige Jungfraw S. Paula Bepstin kein gewissen, kein [4. Mose 16, 32] sorge, kein furcht Gottes
>
> (WA 54: 223) [Bezug jeweils auf Papst Paul III[59]]

> Du heilige Jungfer S. Clemens.
>
> (WA 54: 277) [Mit Bezug auf Papst Clemens III.[60]]

> Liebes Jungferlin Bepstlin, wie verehestu es denn?
>
> (WA 54: 282)

Die angeführten Beispiele mögen aus heutiger Perspektive nur von vergleichsweise geringem Beschimpfungspotential sein, etwa so – wie wenn man jemanden als „Mädchen" oder „Heulsuse" oder „Trine" o. Ä. tituliert. Dies würde jedoch das zeitgenössische Beschimpfungspotential m. E. nicht hinreichend erfassen. Sicherlich ist die Beschimpfung „Memme", „Mädchen", „Trine" auch heute noch gravierend, aber natürlich nicht vergleichbar mit der „Verweiblichung" des Papstes als Oberhaupt der römischen Kirche (auch im Sinne eines „effeminatus").

5.3.2.4 Religiöses Schimpfwort (Beschimpfungen 4)

Wenig verwunderlich ist, dass auch religiöse Beschimpfungen Bestandteil der lutherschen Argumentation sind. Durch die ganze Schrift zieht sich das Gegensatzargument derart, dass es nur eine gute (die luthersche) und eine böse (die päpstliche) Seite geben kann. Dies ist im Kontext des „metaphysischen Dualismus"[61] der frühen Neuzeit zu sehen, nach dem es jeweils nur einen richtigen Weg zum Heil geben könne.

> Das damalige Christentum war durch einen metaphysischen Dualismus geprägt, in dem es bei Fragen des Glaubens nur Gott oder Teufel, Gut oder Böse, Seligkeit oder ewige Verdammnis gab, nichts dazwischen.
>
> (Schwitalla 2010: 117)

59 Papst von 1534– 1549.

60 Papst von 1187–1191.

61 Schwitalla (2010: 117).

Die Zuordnung des Papstes zur Seite der ewigen Verdammnis und des Teufels wird bereits auf dem Titelholzschnitt zur Ausgabe von 1545 thematisiert (vgl. Abb. 8). Im weit aufgerissenen Maul einer mit spitzen Zähnen bewehrten Bestie sitzt der Papst auf einem Thron. Die drachenartige Bestie erinnert an die apokalyptischen Beschreibungen in der Bibel.[62] Der Papst selbst sitzt als Antichrist auf seinem Thron, der wiederum auf einem brennenden Scheiterhaufen ruht. Er wird umschwebt von einigen Teufelsfiguren, die ihm die Papstkrone aufsetzen, seinen Thron stützen, weiteres Brennmaterial für das Höllenfeuer im Rachen der Bestie herbeibringen etc. Der Rachen der Bestie ist der Schlund der Hölle. In der Holzschnittserie von 1545 ist dem Blatt zusätzlich eine Inscriptio und eine Subscriptio als Interpretationshilfe beigegeben (vgl. Abb. 9): Die Inscriptio lautet: „Regnum Satanae et Papae. 2. Thess. 2“. Das Bild stellt das Reich des Teufels und des Papstes dar, mit Verweis auf die Bibelstelle 2. Thess. 2, in der das Kommen des Antichrists vorhergesagt wird.[63]

62 Z. B. in der Offenbarung 13, wo zwei apokalyptische Bestien beschrieben werden.

63 2. Thess. 2,3–12: „Lasset euch niemand verführen in keinerlei Weise; denn er kommt nicht, es sei denn, daß zuvor der Abfall komme und offenbart werde der Mensch der Sünde, das Kind des Verderbens, der da ist der Widersacher und sich überhebt über alles, was Gott oder Gottesdienst heißt, also daß er sich setzt in den Tempel Gottes als ein Gott und gibt sich aus, er sei Gott. Gedenket ihr nicht daran, daß ich euch solches sagte, da ich noch bei euch war? Und was es noch aufhält, wisset ihr, daß er offenbart werde zu seiner Zeit. Denn es regt sich bereits das Geheimnis der Bosheit, nur daß, der es jetzt aufhält, muß hinweggetan werden; und alsdann wird der Boshafte offenbart werden, welchen der HERR umbringen wird mit dem Geist seines Mundes und durch die Erscheinung seiner Zukunft ihm ein Ende machen, ihm, dessen Zukunft geschieht nach der Wirkung des Satans mit allerlei lügenhaftigen Kräften und Zeichen und Wundern und mit allerlei Verführung zur Ungerechtigkeit unter denen, die verloren werden, dafür daß sie die Liebe zur Wahrheit nicht haben angenommen, auf daß sie selig würden. Darum wird ihnen Gott kräftige Irrtümer senden, daß sie glauben der Lüge, auf daß gerichtet werden alle, die der Wahrheit nicht glauben, sondern haben Lust an der Ungerechtigkeit.“ (Übersetzung nach der Luther-Bibel von 1912).

Wider das Bapſtum zu
Rom vom Teuffel geſtifft/
Mart. Luther D.
Wittemberg/1545.
durch Hans Lufft.

Abb. 8: Titelholzschnitt zur Ausgabe von 1545.

Abb. 9: Papstspottbilder, Anhang zu WA 54, Blatt 9.

Die Subscriptio des Blattes lautet wie folgt:

> In aller Teufel namen sitzt
> Alhie der Bapst: offenbart jtzt:
> Das er sey der recht Widerchrist
> So in der Schrifft verkündigt ist.
> Mart. Luth. D. 1545.
>
> (WA 54: Anhang, Blatt 9)

So zielt denn die gesamte Argumentation des Textes mit seinen verschiedenen Fragen (Konzilseinberufung, Institution des Papsttums etc.) letztlich immer darauf, den Gegner als Teufel, Antichrist, Gotteslästerer etc. zu entlarven. Die religiösen Beschimpfungen, die in diesem Kontext stehen, sind demgemäß äußerst zahlreich. Wenige Beispiele mögen dies veranschaulichen:

Am häufigsten vertreten sind Attribuierungen, die den Papst mit dem Teufel identifizieren oder zumindest in Verbindung bringen; insgesamt – mit den verschiedensten Wortbildungen – in 145 Textbelegen:

Teufels eigenthum (WA 54: 225), *Teufels Apostel* und *verzweivelte teufels Kinder* (WA 54: 227), *Teufels larven* (WA 54: 229), *Teufels grundsuppe* (WA 54: 233), *Teufels gespenst* (WA 54: 242), *von jrer teufels Synagoga* und *Teufels kirche* (WA 54: 245), *Teufels-werck und abgoetterey* (WA 54: 259) u. v. a. m.

Der Papst ist dem Teufel verpflichtet und betreibt daher *abgoetterey* in den verschiedensten Formen (insgesamt 39 Belege im Text), „Gotteslästerung“, er zeigt sich als der *böse Geist*, als *Abgott*, als *Antichrist*, der Christenheit verstoerer, des *Satans leibhafftige wonung* und auch als *froemchen*, also als ein Scheinheiliger.[64]

> Darnach sich geschmueckt mit Gottes wort, dadurch schendlich Gott gelestert, sich zum abgott gemacht, und die Christenheit, mit seiner grewlichen abgoetterey erfuellet, belogen, betrogen, und zu abgoettischen verdampten Leuten gemacht, die solchs gegleubet und drauff vertrawet haben, als hette es Gott durch sein Wort also geboten, und haben also den Teuffel mussen fuerchten und ehren, anbeten und dienen unter Gottes Namen.
>
> (WA 54: 239)

> Gotteslesterung ja abgoetterey
>
> (WA 54: 242)

> Jch spotte allein darumb mit meinem schwachen spotten, das die, so jtzt leben und nach uns komen, wissen sollen, was ich vom Bapst, dem verfluchten Antichrist gehalten habe, Und wer ein Christ sein wil, sich fuer solchem grewel lasse vermanen.
>
> (WA 54: 215)

> Nu sehen wir, das er mit seinen Roemischen Cardineln nichts anders ist, denn ein verzweivelter Spitzbube, Gottes und Menschen feind, der Christenheit verstoerer, und des Satans leibhafftige wonung, [...]
>
> (WA 54: 218)

> die schendlichen luegener und lesterer goettlichs Worts
>
> (WA 54: 231)

> Das mercke wol (sage ich), das Christus Matthei xvj vom Glauben, und nicht von unsern wercken redet. Denn hieraus wird sichs finden, was der Bapst fuer ein froemchen ist.
>
> (WA 54: 244)

64 Das DWB Bd. 4, Sp. 245 gibt als Bedeutung „frömmling, scheinheiliger“ an.

der boese Geist

(WA 54: 259 + 260)

Aber nu sich der Bapst jm ubergeben hat, zur larven mit Gottes Wort geschmueckt, darunter man jnen nicht hat koennen kennen, das ist Gottes zorn, da ists geschehen, alles, was sein bitter, teufelischer, hellischer groll wider Christum und seine Kirchen hat erdencken muegen, [Seite 269] da ist er unser Abgott worden, den wir unter dem namen S. Petri und Christi haben angebetet, sampt allen seinen luegen, Gottes lesterungen und abgoettereyen.

(WA 54: 268f.)

5.3.2.5 Allgemeines Schimpfwort (Beschimpfungen 5)

Ein weiterer Typ von Beschimpfungen zielt auf allgemeine Charaktermängel wie Geiz, Faulheit und Lügenhaftigkeit und auf verbrecherische Handlungsweisen des Gegners. Der Papst ist ein *schalck*, ein *bube*, *Spitzbube* (Verbrecher), *Moerder*, *Verrheter*, *Luegener*; er und seine Anhänger sind *die rechte grundsuppe aller boesesten Menschen auff Erden*, sie bilden eine *Rotte []* (Verbrecherbande). Der Papst selbst ist ein *Esel*, *fartzesel*, seine Anhänger *Maulesel*.

boesewicht Paulus (WA 54: 222), *Roemische Bubenschule* (WA 54: 211), *der schalck Paula* (WA 54: 215) (insgesamt neun Belege), *mit deinen Deudschen sewen* (WA 54: 217) (dem Papst zugeschriebene Beleidigung Kaiser Karls V.), *Spitzbuben* (WA 54: 217) (insgesamt 33 Belege inkl. *Erzspitzbube, spitzbuebisch, Spitzbueberey*), *Moerder, Verrheter, Luegener, und die rechte grundsuppe aller boesesten Menschen auff Erden* (WA 54: 218), *geitzwanst Paulus* (WA 54: 222), *die schendlichen luegener [...]* (WA 54: 231) *wider D. Saw Eken zu Leipzig* (WA 54: 231), *Mauleseln* (WA 54: 253), *heubtschalck* (WA 54: 263) (Papst Bonifaz VIII.), *faulen wanst, groben Bapstesel und fartzesel zu Rom* (WA 54: 265), *Darumb ists gar ein gros Wort: Petre, hastu mich lieb, so weide meine Schafe. Denn sie sind theur, solche Hirten, und nicht so gemein, als die zweyfuessige Puffel*[65] *und Bapstesel zu Rom.* (WA 54: 280), *der Bapst und seine Rotten* (WA 54: 281).

Die hier belegten Beispiele sind zudem i. d. R. eingebettet in regelrechte Beschimpfungskanonaden, also in Reihungen von Beschimpfungen, die die Abwertung des Gegners jeweils noch verstärken sollen. Solche Reihungen sind selbst wiederum als Argumente zur Diskreditierung des Gegners zu verstehen (s. u. 5.8). Sie können sich zu beachtlicher Länge steigern, wie im nachfolgenden Beispiel:

das, Gott lob, kein gut Christlich gewissen anders gleuben kan, denn das der Bapst nicht sey noch sein kan das heubt der Christlichen Kirchen noch Stathalter Gottes oder Christi, sondern sey das heubt der verfluchten kirchen aller ergesten Buben auff erden [1][66], Ein stathalter des Teufels [2], ein feind Gottes [3], ein widersacher Christi [4] und verstoerer der Kirchen Christi [5], Ein lerer aller luegen [6], [Seite 284] Gottslesterung [7]und abgoettereien [8], Ein Ertzkirchendieb [9] und Kirchenreuber der schluessel

65 Evtl. im Sinne von „Büffel" mit der Nebenbedeutung ‚grober, ungeschlachter Mensch', vgl. DWB Bd. 2, Sp. 492.

66 Nummerierungen in Klammern von mir, M. H.

[10], aller gueter, beide der kirchen [11] und der weltlichen Herrn [12], ein moerder der Koenige [13], und hetzer zu allerley blutvergiessen [14], Ein hurnwirt uber alle hurnwirte [15] [2. Thess. 2, 3] und aller unzucht [16], auch die nicht zu nennen ist, ein Widerchrist [17], ein Mensch der suenden [18] und kind des verderbens [19], ein rechter Beerwolff [20].

(WA 54: 283f.)

Religiöse, sexuelle und allgemeine Beschimpfungen werden hier in 20-facher Weise vorgebracht.

5.3.2.6 Unterstelltes Argument

Eine Argumentationsform, deren Hauptziel die grundsätzliche Abwertung des Gegners ist, liegt mit den verschiedentlichen Ansätzen vor, bei denen dem Gegner eine bestimmte Argumentation – ob zu Recht oder zu Unrecht – unterstellt wird. Aus den unterstellten Argumenten wird abgeleitet, a) dass diese Argumente für den verhandelten Sachverhalt nicht stichhaltig sind und b) dass schon die Tatsache, dass diese Argumente überhaupt verwendet werden, auf die Unredlichkeit des Gegners verweist. Die unterstellten Argumentationen weisen in der Regel die in der Streitschrift von Luther vorgetragenen Argumente zurück. Dabei lässt Luther den Gegner vermeintlich selbst sprechen oder laut denken, wie die folgenden Beispiele zeigen.

Im ersten Beispiel geht es um das richtige Verständnis der Stelle Joh. 21,15 (‚Weide meine Schafe.'). Nachdem Luther seine Auffassung vom Weiden dargelegt hat, lässt er den Papst vermeintlich zu Wort kommen. Er tritt mit ihm in einen fiktiven Dialog ein, der letztlich nur die Unredlichkeit des Gegners aufzeigen soll. Der besseren Übersichtlichkeit halber werden im folgenden Zitat die verteilten Rollen des Dialogs aufgezeigt:

[Papst]: „"Ja, spricht der Bapst, So verstehe ich das weiden nicht."

[Luther]: Liebes Jungferlin Bepstlin, wie verstehestu es denn?

[Papst]: "Also: ich meinet, das ich unter S. Peters namen wolt alle Koenige, und alle Welt schrecken, das sie sich unter mich zu weiden, und mir zu dienen ergeben, und ich dadurch ein Herr der Welt wuerde, und also das alte Roemische Reich zu Rom wider auffrichte, mechtiger und groesser, weder es gewest ist zur zeit Augusti oder Tyberij, Und ich der rechte [Off. 19, 16] Roemische Keiser hiesse, Herr aller Herrn, Koenig aller Koenige, Apoc. xix, wie mir meine Propheten sagten."

[Luther]: Ja, ja, Jungfer Bepstlin, bistu da zurissen, so flicke dich der Teufel und seine mutter. Fuerchtestu dich aber nicht fuer Gott, das er dich umb solcher schendlicher verfelschung und lesterung willen seiner wort moechte mit blitz und donner von Himel durch die erden in abgrund der Hellen sencken?

[Papst]: "Ha, ha, ha bon profacit, miser porko, Meinet jr Todeske Embrigek, das wir solche Narren sein, als jr seid, und solche geucherey und narrenteiding von Gott und ewren todten Christo gleuben wollen?"

[Luther]: Ey warumb fuerestu denn seine Wort, vom Fels, Schluessel und Weiden?

[Papst]: "Ey, lieber, es ist besser Bestien regirn, denn von Bestien regirt werden. Weistu nicht, wer Meisen fahen wil, mus ein Meisen bein pfeiffen, und wer einen Christen fahen wil, mus reden lernen wie ein Christ. Darumb muessen wir euch, bon Christian, bey ewrem glauben ergreiffen, dabey kan [Seite 283] man euch Deudsche Bestien halten und fueren, wo und wie wir wollen, wie man die Beeren

> fueret bey dem Rinck in der Nasen, das jr uns nicht abermal uber den kopff wachset, und mit uns spielet, wie ewer vorfarn, die Gotten, Longobarden, und etliche Keiser gethan haben."
> [Luther]: Gremmerze, Miser Asine, porlabon informatione, sattanissime Papa."
>
> (WA 54: 282f.)

Zunächst lehnt der Papst die Deutung Luthers ab. Auf Nachfrage erläutert er dann seine Position. Dabei schreibt Luther dem Papst allerdings eine Argumentation zu, die dieser vermutlich selbst so nicht vortragen würde. Er fordert die Unterordnung aller weltlichen Herrscher („unter mich zu weiden"). Luther wirft ihm daraufhin *verfelschung und lesterung* vor (mit zusätzlichen Verwünschungen und Gewaltphantasien). Der Papst schlägt daraufhin unter der Gürtellinie mit Beschimpfungen zurück (*bon profacit, miser porko*, ‚Wohl bekomm's Herr Schwein'[67], *Todeske Embrigek* , ‚ihr deutschen Trunkenbolde'[68], *narren, geucherey, narrenteiding*). Vermeintlich ruhig fragt Luther dann nach der Deutung von Fels, Schlüssel und Weide, worauf der Papst wiederum mit Beschimpfungen und Sprichwörtern reagiert (*wer Meisen fahen wil [...], Deudsche Bestien*). Erst jetzt reagiert Luther auch mit einer Beleidigung in ironischem Ton (*Gremmerze, Miser Asine, porlabon informatione, sattanissime Papa*, ‚Großen Dank, Herr Esel, für die gute Belehrung![69], teuflischster Papst'). Dadurch, dass der Papst keine inhaltlichen Argumente gegen die Position Luthers vorträgt, sondern nur beleidigt, diskreditiert er sich in diesem fiktiven Dialog selbst. Somit wird aus dem unterstellten Argument (Beschimpfung) selbst ein Argumentum ad hominem.

Im zweiten Beispiel lässt Luther den Papst laut denken. Was jemand nur denkt und nicht zugleich sagt, ist den anderen zunächst verborgen. Insofern zeigt das Denken – wenn es wie hier fiktiv vorgeführt wird – die wahre Gesinnung des Argumentierenden. Der Papst – so die Unterstellung – weiß sehr wohl, dass er nicht bibelkundig ist, dass er ein *grober Esel* ist, er verlässt sich aber dennoch auf seine von Gott übertragene Macht (*so wird S. Peter und Paul, auch Gott selbs mit jnen zuernen*).

> Sondern [der Pabst, M. H.] denckt also: wie ich ein grober Esel bin, und die Buecher nicht lese, so ist auch in der welt niemand, der sie lieset, Sondern wenn ich mein Eselgeschrey Chika, Chika lasse erschallen, oder gleich einen Esels fortz lasse, So muessen sie es alles fuer Artickel des glaubens halten, Wo nicht, so wird S. Peter und Paul, auch Gott selbs mit jnen zuernen.
>
> (WA 54: 237)

Auch hier entlarvt sich der Papst sozusagen selbst, wodurch das vorgeführte Denken zum Argumentum ad hominem wird. Wer trotz besserer Einsicht dennoch am Falschen festhält, kann kein ernstzunehmender Gegner in der Argumentation sein. Der Charaktermangel des Gegners diskreditiert ihn selbst und alle seine Argumente.

67 Übersetzung nach dem Kommentar WA 54: 282 Fußnote 6. Vgl. zur Übersetzung auch 5.6.17.3.
68 Übersetzung nach dem Kommentar WA 54: 282 Fußnote 7. Vgl. zur Übersetzung auch 5.6.17.3.
69 Übersetzung nach dem Kommentar WA 54: 283 Fußnote 2. Vgl. zur Übersetzung auch 5.6.17.3.

Im dritten Beispiel wird die irrationale Verstocktheit des Papstes vor Augen geführt und damit auch, dass er aufgrund seiner Charaktermängel keine inhaltlichen Argumente vorbringen kann. Der Übersichtlichkeit halber wird das folgende längere Zitat wiederum nach den Rollen aufgeteilt.

> [Luther]: „ERstlich, wie droben gehoert, wil der HErr seine Kirchen auff sich den Fels gebawet haben, das ist, an jn sol man gleuben, wer ein Christ sein wil.
> [Papst]: Nein, spricht der Bapstesel, Es heisst, man sol mir gehorsam sein, und mich fuer einen Herrn halten, solch werck macht selig, und ungehorsam, oder mich nicht fur einen Herrn halten, das verdampt.
> [Luther]: JTem, der HErr gibt sein Sacrament gantz seinen Christen.
> [Papst]: Nein, spricht Fartzesel Bapst, Den Leien ist gnug eine gestalt, den Priestern gehoerts gantz.
> [Luther]: JTem, das Sacrament wil der HErr hie gegeben hahen, zu stercken die armen gewissen durch den Glauben.
> [Papst]: Nein, sagt Bapst Fartzesel, Man sols opffern fuer die Todten und Lebendigen, Verkeuffen, eine hantierung und jarmarckt draus machen, das wir den bauch damit weiden und aller Welt gueter fressen.
> [Luther]: JTem, der HErr wil, das, wer im rechten Glauben stirbt, sol gewis selig sein.
> [Papst]: Nein spricht Eselbapst, Man mus zuvor ins Fegfewr, und gnugthun fuer die Suende, Denn on werck, die gnugthun fuer die Suende, so ich binde oder gebiete, mus man ins Fegfewr, da kan niemand, denn ich, mit Schluesseln und Messen helffen, Christus und Glaube kan hie nichts.
> [Luther]: JTem, der HErr wil, das seiner Tauffe krafft sol bleiben, so offt wir widerkeren, so lang wir hie leben.
> [Papst]: Nein, spricht Eselfartz-Bapst, Die Tauffe ist bald verloren, Darumb hab ich die heiligen Muench orden der Tauffe gleich und besser zu halten lassen predigen, wie wol ich selbs solcher Tauffe nicht beger noch darff.
> [Luther]: JTem, der HErr wil, Wer da beicht oder seine Suende bekennet, und gleubt der Absolution, dem sollen sie vergeben sein.
> [Papst]: Nein, sagt EselBapstfartz, Glaube thuts nicht, Sondern dein eigen rew und gnugthun, auch erzelung aller heimlichen, vergessener und unerkandten Suende.
> [Luther]: JTem, der HErr wil, das nach dem Glauben, und der Bruederlichen liebe sol aller Creaturn brauch frey sein, das daselbs keine Suende noch gerechtigkeit zu suchen sey.
> [Papst]: O nein, spricht hie der aller hellischt Vater, Christus ist truncken, toll und toericht, hat vergessen, was er mir mit den Schluesseln fuer grosse macht zu binden gegeben hat, Nemlich [...].“
> (WA 54: 266)

Während sich Luther hier als kühl Argumentierender präsentiert, ganz im Stile einer Disputation (die Argumente werden jeweils mit *item* eingeleitet), reagiert der Papst jeweils uneinsichtig, auf seine Machtposition pochend, z. T. sogar mit Beschimpfungen Christus gegenüber (*Christus ist truncken, toll und toericht*). Zusätzlich negativ markiert sind die Aussagen des Papstes durch Beschimpfungen Luthers (*Bapstesel, Fartzesel Bapst, Eselsbapst, Eselfartz-Bapst, EselBaspstfartz, aller hellischt Vater*). Luther schöpft hier wortspielerisch alle Bildungsmöglichkeiten der drei Bestandteile der Beschimpfung (Esel, Papst, Furz) voll aus. Die achtfache Reihung führt dem Leser zudem plastisch vor Augen, wie uneinsichtig, irrational und niederträchtig der argumentative Gegner ist. Abgeschlossen wird diese Reihung letztlich noch durch ein Argumentum ad absurdum, wenn Luther den Papst sagen lässt (WA 54: 267): *WEr nicht meinen fortz anbetet, das ist eine Todsuende, [...].*

Es wird deutlich, dass bei den unterstellten Argumenten als Ad-hominem-Argumentationsformen zugespitzte, polemische und sicherlich nicht in dieser Form vom Gegner vertretene Aussagen instrumentalisiert werden, um den Gegner insgesamt zu diskreditieren. Zugleich kann sich dadurch derjenige, der diese Argumentationsform – z. B. wie in den obigen fiktiven Dialogen – verwendet, als (noch vergleichsweise) rational und emotionslos Argumentierender präsentieren.

5.3.2.7 Dem Gegner bewusstes Fehlverhalten unterstellen

Bereits im zweiten Beispiel des vorherigen Abschnitts wurde das Denken des Gegners thematisiert, der um seine eigene Unzulänglichkeit wusste. Dies ist auch der Kernpunkt der folgenden Argumentationsform. Bei ihr geht es darum, dem Gegner ein bewusstes Fehlverhalten zu unterstellen. Im Unterschied zu ergebnisoffenen Diskussionen dürfte bei polemischen, aggressiven Diskussionen der Regelfall der sein, dass dem argumentativen Gegner Böswilligkeit, Charaktermängel und bewusstes Fehlverhalten unterstellt wird. Diese Zuschreibungen eignen sich dann bestens für Ad-Hominem-Argumente.

Ein Beispiel mag dies für den vorliegenden Text belegen. Es geht dabei um die Frage der Legitimation des Papsttums und den Herrschaftsanspruch des Papstes über die gesamte Christenheit. Luther legt ausführlich dar, weshalb sich die Päpste seiner Meinung nach nicht auf die Bibel, nicht auf die Kirchengeschichte, nicht auf frühere Päpste und Kirchenväter berufen können. Dies wüssten die gegenwärtigen Päpste sehr wohl, handelten aber dennoch falsch.

> Denn sie haben nicht unwissentlich noch aus gebrechlickeit das leidige Bapstum angefangen. Sie wusten seer wol, das jre vorfaren S. Gregorius, Pelagius, Cornelius, Fabianus, und viel mehr heilige Bischove der Roemischen Kirchen, solchen grewel nicht hatten geuebt, wie droben gemeldet. Sie wusten wol, das S. Cyprianus, Augustinus, Hilarius, Martinus, Ambrosius, Hieronymus, Dionysius, und viel mehr in aller welt heilige Bischove, nichts vom Bapstum gewust hatten, auch nicht unter der Roemischen Kirchen gewest. Sie wusten wol, das die vier hohe Concilia, Nicenum, Constantinopolitanum, Ephesinum, Calcedonense, und viel ander Concilia, solchen Bepstlichen grewel nie erkennet hatten. [...] Sie wustens wol und wissens noch jtzt wol [...]. Sie wissen noch heutiges tages wol, [...]
>
> (WA 54: 242)

Die sprachlichen Marker, die das bewusste Fehlverhalten verdeutlichen, sind im Text mehrfach wiederholt: *sie haben nicht unwissentlich, Sie wusten seer wol, Sie wusten wol* (zweimal), *Sie wustens wol und wissens noch jtzt wol, Sie wissen noch heutiges tages wol.* Mit der Unterstellung bewussten Fehlverhaltens ist die Konzedierung eines Irrtums beim Gegner ausgeschlossen. Daraus ist Böswilligkeit und damit ein Argumentum-ad-Hominem ableitbar.

5.3.3 Direkte Leseransprache

Der dritte Typ von Argumenten, der auf der direkten Adressatenorientierung fußt, ist die direkte Ansprache des Lesers, verstanden entweder als das universelle Publikum (das es ggf. noch zu überzeugen gilt) oder als das spezielle Publikum der eigenen Anhänger (die bereits überzeugt sind und lediglich in ihrer Überzeugung weiter bestärkt werden sollen). Während bei den Drohargumenten entweder der argumentative Gegner oder Dritte adressiert werden und bei den Ad-Hominem-Argumenten der Gegner diskreditiert werden soll, geht es bei der direkten Leseransprache darum, durch den unmittelbaren Einbezug des Lesers in die polemisch-aggressive Argumentation diesen auf die eigene Seite zu ziehen. Dies ist kein Verfahren, bei dem rationale Argumente eine Rolle spielen würden, sondern ein psychologischer Effekt: Unmittelbar angesprochen hat der Leser keine andere Möglichkeit als (zumindest gedanklich) sofort Stellung zu beziehen. Berücksichtigt man ferner die jeweiligen Kontexte, in die die direkte Leseransprache eingebettet ist, wird klar, dass es bei der Konstitution der Wir-Gruppe durch diese Ansprache keinen Zweifel darüber geben kann, welches die richtige Seite ist. Mit der Leseransprache wird somit auch immer die entsprechende Wir-Gruppe konstituiert, die den Anderen gegenübergestellt wird, und zugleich eine Emotionalisierung vorgenommen, da die Wir-Gruppe immer emotional positiv besetzt ist – ganz im Gegensatz zur Gruppe der Anderen. Die identitätsstiftende Bezugnahme auf die eigene Gruppe, auf die Wir-Gruppe, findet sich im Text an verschiedenen Stellen. Sie hat nicht nur die Funktion, die eigene Gruppe zu adressieren, in ihren Überzeugungen zu bestärken und das „Dazugehören sowohl [zur] Sozialgemeinschaft als auch [zur] Heilsgemeinschaft“[70] zu markieren, sondern eben auch, die jeweiligen Gegner auszugrenzen, sich von ihnen abzugrenzen. In der vorliegenden Streitschrift verwendet Luther das *wir*-Pronomen 127 Mal, in den allermeisten Fällen mit Bezug auf die eigene Gruppe, in selteneren Fällen mit Bezug auf sich selbst (pluralis auctoris[71]) oder – in vermeintlicher/unterstellter Rede der Gegner[72] – mit Bezug auf die Gegner. Dies ist argumentationsstrategisch erwartbar; die eigene Gruppe wird so mit der eigenen Argumentation verbunden. Auffälliger ist hingegen die im Text häufiger vorfindliche direkte Ansprache des Lesers mit dem Personalpronomen *du*. Hier soll eine Unmittelbarkeit der Ansprache erzeugt werden, um dem Leser gewissermaßen ‚unter vier Augen‘ deutlich zu machen, was die richtige Auffassung in der Streitfrage ist. Unterstützt wird diese Strategie noch durch die häufige Verwendung von Imperativen (*mercke wol und behalts fest*), direk-

---

70 Lobenstein-Reichmann (2013: 111). Vgl. zur Funktion von Personalpronomina in diesem Kontext ebd. S. 108–114.

71 Z. B.: *Droben haben wir auch gesagt, das die Kirche zu Alexandria und Antiochia treffliche Kirchen gewest sind […].* (WA 54: 276). Vgl. dazu Lobenstein-Reichmann (2013: 112). Sie verweist auf die Funktion des plural auctoris, den eigenen Aussagen mehr Glaubwürdigkeit und Überzeugungskraft zu verleihen.

72 Z. B.: *DEm nach sihe mir nu an die Schrifft dieses Leckerlins, Pauli Tertij, da er zum Keiser schreibt: “Wiltu ein Concilium haben? Wir wollens geben. Wiltu es in Germania haben? Sihe, wir wollens wagen und auch thun.“* (WA 54: 210f.).

tive Ansprachen (*last uns auch [...]*) oder rhetorische Fragen (*Hoerestu es, Leser [...]*). Man kann somit von einer doppelten Strategie sprechen: Zum einen wird die Wir-Gruppe an vielen Stellen im Text durch die Verwendung der Opposition 'Wir' vs. ‚die/sie/die päpstliche Seite/Partei' etabliert und gefestigt; zum anderen wird innerhalb dieser Wir-Gruppe der Leser direkt angesprochen und so noch einmal stärker an die eigene Gruppe gebunden und faktisch zur positiven Stellungnahme gezwungen. Beide Verfahren tragen gleichermaßen zur Polarisierung bei: Inklusion in die eigene Gruppe und Exklusion der gegnerischen Gruppe. Der alltagslogische Schluss, der diesem (doppelten) Verfahren zugrunde liegt, ist ebenso einfach wie weitverbreitet: Als Datum im Argumentationsschema gilt: ‚Wir/die eigene Gruppe/ich, als Argumentierender habe/n Recht' – Konklusion: ‚Alle, die nicht meiner/unserer Meinung sind, also die Gegner, haben somit Unrecht'; Schlussregel: ‚Wenn jemand nicht meiner/unserer Meinung ist, muss er Unrecht haben, da wir (hier ggf. aufgrund weiterer Stützargumente/backing) Recht haben'.

Im ersten Beispiel wird der Leser als vermeintlich gutwilliger Sekundant des Papstes vorgeführt, der seine Position übernimmt. Auf diese vermeintliche Leseraussage geht Luther dann ironisch ein, indem er sich als *armen gesellen* geriert, der mangels Verstandes sich am Papst versündigt.

> 1) JA, sprichstu, Er wil warlich aus Gottes wort und aus Gott her komen, [Mt. 16, 18] Denn er fueret in vielen Decreten den spruch Matth. 16: "Du bist Petrus, Und auff diesen fels wil ich meine Kirchen bawen, Und wil dir die schluessel zum Himelreich geben" etc. Das sol so viel gesagt sein: der Bapst zu Rom ist Herr uber die gantze Christenheit. Trawen, das moechts thun! Wer hette sich des hohen verstands versehen zum heiligsten Vater! Man moecht doch einen armen gesellen zuvor verwarnet haben, ehe er sich so tieff und hoch versuendiget, und den Bapst einen Esel, narren, abgott, Teufel hiesse. [als Einführung in die Interpretation von Matt. 16,18 Fels]
>
> (WA 54: 239)

Im zweiten Beispiel wird der Leser zunächst angesprochen (*Hoerestu*) und darauf hingewiesen, dass trotz der Absurdität der gegnerischen Position Lachen nicht angebracht sei. Es folgt eine fiktive Bedrohung (*schaffshusten*, Durchfall). Durch diese Kombination wird die vermeintliche Zurechtweisung des Lesers ironisch gebrochen.

> Hoerestu es, Leser, du must hie nicht lachen, oder moechtest auch, wie ich, den schaffshusten kriegen, und wo dir die hosen nicht hart anligen, soltestu auch wol eine unlust anrichten, die man mit Trotzischen und Wacholdern mueste veriagen, Und der heiligst Vater dir solche stinckende Suende nimermehr vergeben moecht, auch nicht in todtes noeten. Darumb huete dich fuer lachen, in solchen ernsten sachen, Und dencke, das der Bapst nicht schertzet noch feilet in der Schrifft deutung, wie du hie sihest.
>
> (WA 54: 241)

Im dritten Beispiel nimmt Luther einen denkbaren Einwand des Lesers vorweg (Prokatalepsis/Antizipation), den er mit dem Hinweis auf seine schriftadäquate Argumentation widerlegt. Damit zieht er den Leser wiederum auf die Wir-Seite.

„“JA, sprichstu, Er fragt nichts nach deinem schreien und schreiben, er bleibt wol fuer dir, er ist zu mechtig!” Des bin ich wol zu frieden, Mir ist gnug, das ich sicher fuer mich bin, und wisse jn zu urteilen nach dem Wort Gottes, das wider jn ist, und ich mit gutem gewissen jnen fuer einen Fartzesel und Gottes feind halten mag.“

(WA 54: 273)

In den meisten Fällen ist die direkte Leseransprache mit einer Ermahnung verbunden (s. die nachfolgenden Beispiele). Luther mahnt und erinnert den Leser an die richtige Position in der Argumentation. Markiert ist dies mit Anreden wie *hoerestu, mercke wol, Merck hie, mercke wol und behalts fest, Da hastu, hie sihestu*. Diese Aufforderungen können auch in einer Reihung wie im Beispiel unten, das mit *Ja, sage ich* beginnt, stehen, wo gleich fünfmal hintereinander diese Formeln gesetzt werden.

AUs diesem allen hoerestu nu, das Bepstlicher heiligkeit stand nicht ist gestifft von Geistlicher oberkeit, oder von der heiligen Christlichen kirchen [...].

(WA 54: 237)

Das mercke wol (sage ich), das Christus Matthei xvj vom Glauben, und nicht von unsern wercken redet.

(WA 54: 244)

Weiter fragt er nicht, was die Leute, sondern was sie selbs, seine Juenger, von jm halten, und spricht: Wer sagt jr denn, das ich sey? (Merck hie, das er sie alle sampt in hauffen fragt: Wer sagt jr denn, das ich sey?)

(WA 54: 246)

Ja, sage ich, Mercks wol, und zeichens vleissig an, das der HErr hie Matthei xvj nicht redet von Gesetzen, zehen Geboten, oder unsern Wercken [...] UNd hie merck abermal, und zeichens mit vleis in dein Hertz, das der HErr hie auch nicht redet von Gesetzen [...]“ (WA 54: 249) „ZUm andern mercke, das die Schluessel und solche macht Suende, zu binden und zu loesen, nicht ist gegeben den Aposteln und Heiligen zur Herrschafft uber die Kirchen [...] Das mercke wol, Es gilt dem Bapst. ZUm dritten mercke wol und behalts fest, das die Schluessel nicht allein S. Petro, viel weniger allein dem Bapst nach S. Petro gegeben sind.

(WA 54: 250)

Wil er die auch nicht hoeren (Da merck, was der HErr sagt!), So halt jn fuer einen Heiden und Zoelner. Hie wird nicht allein der Kirchen und einer jglichen Kirchen, sondern auch dir und mir gebotten, das wir den Bapst sollen richten, verurteilen und verdamnen mit einem urteil, als eines oeffentlichen der Kirchen Richtstuels verdampt, einen Heiden und Zoelner.

(WA 54: 289)

Da hastu des geistlichen rechts und aller Decretalen Summarien und gantzen verstand, Daraus du greiffen kanst, das der Bapst und sein Bapstum sey ein Teufels gespenst aus verkeretem, verfelschten verstand Matth. xvj, das ist, aus luegen, Gottes lesterungen, als dem Teufel aus dem hindern geborn.

(WA 54: 260)

Und hie sihestu (meine ich), wie fein der Bapst weis die Wort Christi aus zu legen [...].

(WA 54: 272)

> Kuertzlich zu sagen, hastu droben im ersten stueck gehoert, was der Bapst fuer ein Teufels gespenst, Gottes [2. Thess. 2, 3] lesterer, und stiffter allerley abgoetterey, und mensch der suenden, und kind des verderbens sey, [...].
>
> (WA 54: 285)

> (hoerestu es, liese die Historien)
>
> (WA 54: 296)

Eine Abwandlung der durch die Ansprache eingeforderten Zustimmung ist das vermeintliche Offenhalten des Urteils, d. h. an diesen Stellen soll der Leser vermeintlich sich selbst ein Urteil bilden. Sprachlich markiert sind diese Argumentformen wie folgt: *HJe magstu selbs lesen, rechene [urteile] du selbs.*

> HJe magstu selbs lesen ij Thess ij und sehen, was S. Paulus meinet [...]. [...] hastu aus vorigen stuecen leicht zu vernemen [...]
>
> (WA 54: 269)

> Denn rechene du selbs: Die Heilige Christliche Kirche hat den heiligen Geist und das Euangelium oder Gottes Wort, wie dasselb niemand leugnen kan, damit sie soll das gute leren, das boese straffen, wie sie denn thut und jmer gethan hat, nach dem Spruch [Joh. 16, 8] Christi: "Der heilige Geist wird die Welt straffen umb die Suende" etc., Johannis xvj. Uber dis Wort wil der Bapst sitzen und vom heiligen Geist [2. Thess. 2, 4] ungestrafft sein.
>
> (WA 54: 289)

Die Wir-Gruppe wird im nächsten Beispiel explizit gemacht. Es geht darum zu zeigen, dass die eigene Gruppe auf der Seite Gottes steht, der die Wir-Gruppe *von solchen Teufels banden erloeset hat*:

> Lieber, male mir hie den Bapstesel mit einer sackpfeiffen. Aber last uns auch Gott danckbar sein, der uns von solchen Teufels banden erloeset hat, das uns nicht etwas erger widerfare.
>
> (WA 54: 270)

5.4 Gültigkeit/Plausibilität aus Vergleichen/Analogien

Eine weit verbreitete Argumentationsform ist die Verwendung von Analogien, d. h. von Vergleichen in der einen oder anderen Form. Diese Vergleiche können logisch gültig sein, wenn die verglichenen Teile A zu B wie C zu D inhaltlich genau aufeinander abbildbar sind, am einfachsten illustriert mit einem mathematischen Beispiel: 2 verhält sich zu 4 wie 8 zu 16, somit gilt für 2 dasselbe wie für 8, es ist jeweils die Hälfte von 4 bzw. 16. Wesentlich häufiger sind solche Vergleiche allerdings nur plausibel in einem alltagslogischen Sinne. Die miteinander verglichenen Größen ähneln einander nur in bestimmten Aspekten, bei denen man dann genau prüfen muss, ob die daraus gezogenen Konsequenzen wirklich plausibel sind. Das heißt dann aber auch, dass über die Gültigkeit des Vergleichs gestritten werden kann. Ein Beispiel mag diese potentielle Strittigkeit des Vergleichs veranschaulichen: Wenn die deutsche Sprache mit einem Haus verglichen wird, das gepflegt werden muss, weil es sonst verfällt, dann muss – gemäß diesem Vergleich – auch die deutsche Sprache in gleicher Weise wie ein Haus gepflegt werden, z. B. durch sprachplanerische Maßnahmen, durch Anglizismenverbote u. Ä. Dieser Vergleich ist durchaus strittig und nicht in gleicher Weise logisch gültig wie der oben angeführte Vergleich auf mathematischer Basis. Unstrittig dürfte ferner sein, dass die Vergleichsargumente nicht in einer dichotomischen Weise unterteilt werden können in der Art: Entweder sie sind logisch gültig und von daher überzeugend oder sie sind es nicht. Vielmehr ist die Stringenz des Vergleichs in seiner Plausibilität eher als Kontinuum zu verstehen. Je eher die verglichenen Teile wirklich sachlogisch aufeinander abbildbar sind, umso eher dürfte das damit verbundene Argument als plausibel und überzeugend eingestuft werden.

Im Text von Luther tauchen verschiedene Typen von Vergleichen auf, die jeweils nicht auf Metaphern basieren. Metaphern sind ebenfalls eine Art von Vergleich; sie werden jedoch unter den sprachbasierten Argumentformen separat behandelt. Auf dieser Basis können fünf Vergleichsargumenttypen im Text unterschieden werden:

1) Konkrete Vergleiche zur Gleichsetzung des eigentlich Ungleichen (im gleichen Sachverhaltsbereich), vgl. 5.4.1.
2) Gegenwartsbezogene Vergleiche, vgl. 5.4.2.
3) Historische Vergleiche v. a. aus der Kirchengeschichte, vgl. 5.4.3.
4) Fiktive Vergleiche, vgl. 5.4.4.
5) Allgemeine Vergleiche mit anderen Sachverhaltsbereichen, vgl. 5.4.5.

5.4.1 Konkreter Vergleich (gleicher Sachverhaltsbereich)

Beim ersten Vergleichstyp werden zwei Sachverhalte miteinander in Beziehung gesetzt, die aus demselben Sachverhaltsbereich stammen, d. h. für die verglichenen Aspekte gibt es jeweils ein gemeinsames Konzept/einen Sachverhaltsbereich, das/der die Vergleichbarkeit auf den ersten Blick plausibilisieren soll. Dieses Konzept kann aus dem Bereich der Wirtschaft stammen (Güter, s. Beispiel *Als der Teufel nu*, Geldwert s. Beispiel *Pallium ist ein henffen oder flechsen faden*), aus dem Bereich der Textinterpretation (Beispiel *So kann sic kein Buchstabe*), aus dem Bereich der Natur (Wasser, Beispiel *Un ob sie sich wollten fuerchten*) oder aus dem Bereich der Lektüre(vorlieben) (Beispiel *Aus solchem bekentnis*).

Das erste Beispiel steht im Kontext der Diskussion um die Institution des Papsttums (WA 54: 228–285). An der betreffenden Textstelle geht es um die Frage des „Bindens“ und „Lösens“, also um die Kompetenzen des Papstes bei der Vergebung von Sünden. Zunächst wird der Papst mit dem Teufel gleichgesetzt und der Leser so schon darauf eingestimmt, dass alles, was nun folgt, nur negativ sein kann (*Binden, fangen, liegen, rauben, morden und lestern*). Es folgt ein Vergleich mit einem Kaufmann. Wie dieser seine Güter gegen Geld anbietet, macht dies auch der Papst mit den Dingen, die er zuerst zu verkäuflichen Gütern macht, um sie dann *umb gelt zuverkeuffen*.

> ALs der Teufel nu in solche ummesliche gewalt sich gesetzt hatte, Und nichts denn Binden, fangen, liegen, rauben, morden und lestern (wie seine [Joh. 8, 44] werck sind Joh. 8) treib, fieng er nu auch das ander stueck an, Nemlich, loesen, Nicht, die Suende vergeben, Sondern, solche seine gesetze feil haben und verkeuffen. Denn er hat auch macht zu loesen, das ist, umb gelt zuverkeuffen, da hat er einen marckt und kram angericht in aller Welt, welchen (acht ich) gebe er nicht umb den marckt zu Venedig oder Antorff, Da hat er feil Botterbrieve, Eyerbrieve, Milchbrieve, Kesebrieve, Fleischbrieve, Ablasbrieve, Messebrieve, Ehebrieve, Und alles, was er schendlich gebunden hat, noch viel schendlicher umbs gelt los gibt. Da ist das geschwuerm und unzifer seines Krames, Jndulta, Privilegia, Jmmunitates, on alle masse und zal.
>
> (WA 54: 269)

Ausgeschmückt und damit weiter veranschaulicht und stärker kognitiv verankert wird dieser Vergleich dann noch erstens durch den Hinweis, dass dieser Handel nicht lokal beschränkt, sondern *in aller Welt* betrieben werde und zweitens durch die Aufzählung der ganzen Güter, die der Papst verkauft. Es werden verschiedene Formen von Dispensbriefen aufgezählt, die es dem Käufer erlauben, kirchliche Vorschriften zu übertreten, z. B. in der Fastenzeit. Allein die Benennung der Dispensbriefe (*Botterbrieve, Eyerbrieve, Milchbrieve, Kesebrieve, Fleischbrieve*) zeigt schon die Schändlichkeit der Waren selbst. In diesem Vergleich wird somit das eigentlich Unvergleichliche miteinander kompatibel gemacht. Luther wirft in dem Vergleich dem Papst vor, etwas monetarisiert und verkäuflich gemacht zu haben, was von der Sache her nicht monetarisierbar ist. Insofern unterstellt der Vergleich, dass nicht Luther diesen Vergleich anstellt, sondern der Gegner selbst, indem er Inkommensurables gleichsetzt.

Im zweiten Beispiel geht es auch um den Material- und Geldwert von Gütern, allerdings in einer völlig anderen Form als im ersten Beispiel. Es geht um das Pallium, ein Amtsabzeichen des Papstes aus Stoff (Stoffband, Stola), dessen Wert herabgesetzt werden soll. Dies geschieht dadurch, dass im ersten Schritt das Pallium als Amtsabzeichen dem Stoff, aus dem es besteht gegenübergestellt wird. Das Material des Palliums wird so zur Vergleichsbasis, d. h. das Amtsabzeichen, das durch den institutionellen Rahmen zu einem Symbol der kirchlichen Ordnung geworden ist, wird mit dem Stoff, aus dem es gemacht wurde, verglichen. Der Vergleichspunkt ist der jeweils zugeschriebene Geldwert, einmal der Geldwert des Symbols, das der Papst mit einem Preis versieht, und zum anderen der Geldwert des Stoffes, der deutlich geringer ist. Im Kontext der Stelle weist Luther darauf hin, dass das Pallium als Amtsabzeichen ebenfalls schon der päpstlichen Monetarisierung aller geistlichen Werte anheimgefallen ist.[73] Dann geht er das Pallium selbst an:

> Pallium ist ein henffen oder flechsen faden, gestrickt und gewirckt als ein Creutz, das man hinden und fornen uber die Casel werffen kan, wie die Creutze an den Caseln gemeiniglich sind, ist etwa dreier finger breit, Soll alles und alles bey vj oder vij Lawen pfennig oder eins schwert grosschens werd sein, so koestlich ding ists.
>
> (WA 54: 293)

73 *MAn kan wol Bisschoff sein zu Rom und in aller Welt, ob man nicht das Pallium verkeuffe oder Annaten stele und andere schinderey treibe, Koenige mit fuessen trette und füsse kuessen lasse.* (WA 54: 292).

Wie sich der Wert eines Stoffbandes aus seinen Bestandteilen ergibt, in diesem Falle *bey vj oder viJ Lawen pfennig oder eins schwert grosschens*, so ergibt sich der Wert des Palliums, das ja aus genau diesem Stoff gemacht ist, ebenfalls aus dem Materialwert selbst. Dieser Materialwert ist sehr gering. Die Konsequenz, die sich aus dem Vergleich ergibt (geringer Wert des Palliums, wie der geringe Wert des Stoffes) wird von Luther am Ende noch ironisch expliziert: *so koestlich ding ists*. Der Papst setzt jedoch hohe Preise für das Pallium an, die – mit Blick auf das Vergleichsargument – keineswegs gerechtfertigt sind.

> Solchs [das Pallium, M. H.] segenet der Bapst auff dem Altar zu Rom, und leuget dazu, das es uber den Corpern S. Petri und Pauli geweihet sey, denn sie haben weder S. Petri noch S. Pauli Coerper. Darnach verkeuffet ers den Bisschoven, einem hoeher denn dem andern, darnach die Bistum gros und reich sind.
>
> (WA 54: 293)

Im dritten Beispiel bewegt Luther sich im Sachverhaltsbereich der Textinterpretation. Es geht um die Frage, ob der Papst die Bibel richtig interpretiert. Luther verneint dies mit dem Vergleich zu einer denkbaren, aber absurden Auslegung von Ovid- oder Vergiltexten. Wenn man der päpstlichen Auslegung der Bibel folgt, dann kann man ebenso gut Ovid- und Vergiltexte ad libitum auslegen.

> So kan sich kein Buchstabe in der Schrifft erweren, er mus auch dasselbe thun, Ja auch Virgilius nicht, da er sagt: 'Tityre, tu Patulæ recubans sub tegmine fagi', das ist: Du Bapst sitzest zu Rom, 'Sylvestrem tenui meditaris arundine musam', das ist: bist Herr uber die gantzen Christenheit. Und Ovidius: 'Hanc tua Penelope lento tibi mittit, Ulysses', das ist: Bapst ist Herr und Gott uber Himel und Erden, 'Nil mihi rescribas, attamen ipse veni', das ist: Wer dem Bapst nicht ist unterthan, mit leib und Seel, gut und ehre, der ist verloren. Duenckt dich solchs lecherlich sein? Warumb lachestu nicht viel mehr des groben, grossen Esels Cle. iij. c. Significasti, der diesen spruch Christi: "Weide meine Schafe", auff seine gewalt zeucht, der sich eben so fein dahin reimet, als alle Vers in Virgilio und Ovidio?
>
> (WA 54: 274f.)

Die lateinischen Textpassagen aus Ovid und Vergil lassen sich selbstverständlich nicht in der Weise übersetzen, wie dies Luther in polemischer Absicht tut. Der Vergleich ist so mit einem Ad-absurdum-Argument verbunden.[74] Er dient der Veranschaulichung der Absurdität der päpstlichen Bibelinterpretation, die die Institution des Papsttums legitimieren soll. Die argumentative Schlagkraft des Ad-absurdum-Arguments wird durch die Verschränkung mit dem Vergleich (Ovid/Vergil – Bibel), mit der direkten Leseransprache (*Duenckt dich solchs lecherlich sein?*), durch Beschimpfungen des Gegners (*des groben, grossen Esels Clem. iij*) verstärkt.

---

74 Vgl. die Ausführungen zur Übersetzung der Verse in Kap. 5.1.5 Argumentum ad absurdum.

Das vierte Beispiel steht im Kontext eines fiktiven Arguments samt einer Gewaltphantasie (Ad-baculum), die bereits weiter oben genauer besprochen worden ist.[75] An dieser Stelle ist daher nur der Vergleich, der mit den anderen Argumenttypen verschränkt ist, von Interesse. Das gemeinsame Konzept/der gemeinsame Sachverhaltsbereich für die verglichenen Größen ist hier das Wasser.

> Und ob sie sich wolten fuerchten fuer dem wasser, wie gemeiniglich die besessene und wansinnige Leute das Wasser schewen, wolt ich jnen zur sicherheit mit geben den Fels, [...].
>
> (WA 54: 283)

Das Beispielzitat führt aus, dass sich Wahnsinnige und besessene Personen vor dem Wasser fürchten. Die Vertreter der Papstpartei fürchten sich in dem fiktiven Szenario, das Luther hier aufspannt (ertränken der Gegner) ebenfalls vor dem Wasser. Durch den Vergleich über das Bezugskonzept des Wassers zeigen sich so die Anhänger der Papstpartei durch ihre Furcht vor dem Wasser selbst als Wahnsinnige und Besessene. Der in die Gewaltphantasie des fiktiven Arguments eingebaute Vergleich setzt beide Gruppen gleich: Der Papst und seine Anhänger sind Wahnsinnige. Allerdings sind beide Gruppen so eng gekoppelt, dass man davon ausgehen kann, dass der Papst und seine Anhänger ohnehin als Wahnsinnige und Besessene gelten dürfen; die Furcht vor dem Wasser macht dies nur augenscheinlich.

Auch im fünften Beispiel ist das Vergleichsargument eingebettet in eine Reihe von anderen Argumenttypen. Es geht inhaltlich darum, dass die gegnerische Seite die lutherische Seite zu Unrecht als Ketzer diffamiert, da sie ja doch zugeben müssen, dass die Lutherpartei schriftgemäß argumentiert und handelt. Der Vergleich steht somit im übergeordneten Rahmen eines Argumentum ex concesso.[76]

> AUs solchem bekentnis und zeugnis unsers widderparts haben wir, das wir nicht Ketzer sein koennen, weil wir die Schrifft haben, gleuben und bekennen. Denn so die sollen Ketzer und nicht Christen sein, die da gleuben und bekennen die heilige Schrifft, Wer sind sie denn, die da Christen sein muegen? Sinds die, so Marcolfum oder Diedrich von Bern oder Ulenspiegel lesen? oder, das gleich viel und noch erger ist, die des Bapsts dreck und stanck lesen? Wolan, wir sind keine ketzer, das zeugen unser widerpart selbs, Da her sie auch uns hinfurt nicht ketzer haben thueren nennen, Sondern etliche haben uns Schismaticos, etliche die unbequemen, Etliche, die Newerung machen, Bis sie uns nu die Protestirenden Stende nennen. Denn sie muessen sich fuer dem Wort „Ketzer" schemen, als die seer wol wissen, das es ein oeffentliche luegen und lesterung sey, welche sie nicht mit einem Buchstaben beweisen koennen, und trotz sey jnen geboten.
>
> (WA 54: 288)

---

75 Vgl. in Kap. 5.1.6 (fiktives Argument) und Kap. 5.3 (Gültigkeit/Plausibilität mit Bezug auf den Adressaten) jeweils das mit *WOlan, wenn ich Keiser were [...]* beginnende Beispielzitat und die zugehörige Interpretation.

76 Vgl. in Kap. 5.1.8 das mit *ZUm dritten, da unser Confessio anno xxx zu Augspurg [...]* beginnende Beispielzitat und die zugehörige Interpretation.

Die Berechtigung, sich Christ nennen zu dürfen, wird mit Blick auf die Lektüre bestimmter Texte erläutert. Im ersten Schritt wird in Form einer rhetorischen Frage das Konzept der (richtigen und falschen) Lektüre aktiviert: Wenn diejenigen (nach päpstlicher Auffassung) Ketzer sind, die sich an der Bibel orientieren, wer sind dann die Christen? Nun folgt der explizite Vergleich in zweifacher Form: Andere Leute lesen *Marcolfum*, *Diedrich von Bern* oder *Ulenspiegel*, also weltliche Texte[77], die sicherlich nicht mit der Bibel konkurrieren können. Dies ist schon negativ genug und weist bereits implizit darauf hin, dass Leser solcher Texte (qua Lektüre dieser Texte) nicht als Christen gelten können. Aber – und hier folgt die zweite Stufe des Vergleichs – es geht noch schlimmer (*gleich viel und noch erger*). Diejenigen, die *des Bapsts dreck und stanck lesen*, sind noch viel weniger qua Lektüre Christen. Im Sachverhaltsbereich der (denkbaren) Lektüren wird so eine Gradierung eröffnet. Zweifellos ist die Lektüre der Bibel die beste Lektüre überhaupt, wenn es um die Frage des rechten Glaubens und damit um die Frage, wer als Christ gelten kann, geht. Danach kommt die Lektüre weltlicher Texte und noch deutlich weiter entfernt davon die Lektüre der päpstlichen Texte. Der Vergleich wird in Form von rhetorischen Fragen expliziert, so dass für den Leser nicht nur aus inhaltlichen Gründen jeweils ganz klar ist, wie die richtige Position aussieht, sondern auch durch die rhetorischen Fragen selbst. Abgeschlossen wird die Vergleichsargumentation mit einem Wiederaufgreifen des Ex-concesso-Arguments: Die Anhänger der Lutherpartei können keine Ketzer sein, dies bezeugen die Gegner selbst.

5.4.2 Gegenwartsbezogener Vergleich

Beim zweiten Vergleichstyp werden gegenwartsbezogene Ereignisse oder Personen herangezogen, um die eigene Argumentation zu stützen. Diese Vergleiche sind seltener als die Vergleiche mit kirchengeschichtlichen Ereignissen. Ein Beispiel soll dies verdeutlichen.

Der *Tuercke* wird von Luther im Text insgesamt an sechs Stellen angeführt. Der Ausdruck steht stellvertretend für die zeitgenössische Angst vor der Expansion des Osmanischen Reiches und für die empfundene Bedrohung für das Christentum, die vom Islam ausging. Zweifellos teilt Luther die zeitgenössische Ablehnung des Islam und auch die Sorge vor der Erweiterung des Osmanischen Reiches. Insofern ist der *Tuercke* auch bei Luther klar negativ markiert. Wenn er dann den *Tuercken* in einem gegenwartsbezogenen Vergleich mit dem Papst in Verbindung bringt und den Papst dabei als *zweifeltig erger*,

77 *Marcolfum* bezieht sich auf die mittelalterliche Sage von König Salomon und seinem Gegner Markolf oder Morolf, z. B. im mittelhochdeutschen Spielmannsepos „Salman und Morolf“. *Diedrich von Bern* bezieht sich auf die Sage von Dietrich von Bern und die damit verbundene mittelhochdeutsche Dietrichsepik. *Ulenspiegel* bezieht sich auf die ursprünglich mittelniederdeutsche Schwanksammlung ca. von 1510/1515 *Ein kurtzweilig lesen von Dyl Ulenspiegel, geboren vß dem land zu Brunßwick, wie er sein leben volbracht hat. XCVI seiner geschichten.*

denn der Tuerck kennzeichnet, ist dies ein argumentatives Mittel, den Papst als noch größere Bedrohung, als es der *Tuercke* je sein könnte, darzustellen.

> Und was ein Mensch der Suenden sey, hastu aus vorigen stuecken leicht zu vernemen, da er nicht allein fuer sich ein Suender ist, sondern mit Suenden, falschem Gottes dienst, Gotteslesterung, unglauben und luegen, die welt, sonderlich den Tempel Gottes, die Kirchen, vol, vol gemacht, Damit auch ein Kind ist des verderbens, das ist, sich selbs mit unzelichen Seelen zur Hellen und ewigem verdamnis gefuert hat. DEr Tuercke verfueret auch die Welt, Aber er sitzt nicht im Tempel Gottes, fueret nicht den namen Christi und S. Petri, auch die heilige Schrifft nicht, Sondern stuermet auswendig die Christenheit, und rhuemet sich der selben feind. Aber dieser inwendige Verstoerer wil freund sein, wil Vater heissen, [Mt. 24, 15] und ist zweifeltig erger, denn der Tuerck. Das heisst ein grewel der verwuestung oder verstoerung. Ein Abgott, der wider Christum alles verstoeret, was Christus gebawet und uns gegeben hat.
>
> (WA 54: 269)

Der Vergleich steht im Kontext einer Argumentreihung mit Klimax (s. Kap. 5.8). Nach Aufzählung verschiedenster Verfehlungen/Sünden des Gegners (*mit Suenden, falschem Gottes dienst, Gotteslesterung, unglauben und luegen* etc.) und der Feststellung, dass der Papst bereits damit sich selbst und viele andere *zur Hellen und ewigen verdamnis gefuehrt* habe, stellt Luther den Vergleich an. Zwar ist der *Tuercke* auch ein Verführer, aber eben nur einer, der *auswendig die Christenheit* stürmt, also ein äußerlicher Feind. Der Papst hingegen ist ein innerer Feind, was doppelt so schwer wiegt (*zweifeltig erger*).

5.4.3 Historischer Vergleich (Kirchengeschichte)

Bei den Vergleichsargumenten, die sich auf die Kirchengeschichte beziehen, können zwei verschiedene Formen unterschieden werden. Zum einen wird der Vergleich genutzt, um zu zeigen, dass bereits die früheren Päpste ebenso verwerflich gehandelt haben wie die jetzigen. In diesem Vergleichstyp wird somit Negatives mit Negativem gleichgesetzt. Zum anderen kann der Vergleich genutzt werden, um zu zeigen, dass sich die jetzigen Päpste ganz im Unterschied zu manchen ihrer Vorgänger negativ verhalten. Bei diesem Vergleichstyp wird somit kontrastiert; die Negativität der jetzigen Päpste steht in Kontrast zu dem positiven Verhalten mancher Vorgänger. Zunächst mag es verwunderlich erscheinen, dass zur negativen Charakterisierung der gegenwärtigen Päpste negative und positive Vergleichsfälle aus der Kirchengeschichte herangezogen werden; erwartbar wäre eher eine durchgängig negative Charakterisierung der katholischen Kirchengeschichte insgesamt. Allerdings ist die Auswahl der Vergleichspunkte so selektiv gewählt, dass sowohl positive als auch negative Vergleichsfälle in Betracht kommen. Zudem beziehen sich die positiven Vergleichsfälle auf die frühe Kirchengeschichte. Die Vergleichsargumente aus der Kirchengeschichte sind zugleich auch als Argumente aus der Realgeschichte (vgl. 5.5.1) zu verstehen, da mit realhistorischen Daten die eigene Position unterstützt und die gegnerische widerlegt/abgewertet werden soll.

Das erste Beispiel soll einen negativen Vergleich aufzeigen. Die Stelle steht im Kontext der Argumentation zur Frage nach den Kompetenzen bei der Einberufung eines Konzils: Wer hat das Recht, die Rahmenbedingungen des einzuberufenden Konzils festzulegen? Da es sich um einen historischen Vergleich handelt, ist das Argument auch zugleich ein Argument aus der Realgeschichte (Faktenargument). Relevant ist hier jedoch auch, dass die Eigenschaften voriger Päpste in gleicher Weise den jetzigen zugeschrieben werden. Insofern handelt es sich auch um ein Vergleichsargument. Zunächst geht Luther auf das Konzil von Konstanz (1414–1418) ein. Er bringt damit ein Argument aus der Realgeschichte an (vgl. 5.5.1).

> Anno 1415. Jar ist in Deudschen Landen ein Concilium zu Costnitz gehalten, darinnen Johannes Hus und Hieronimus gemartert sind, und wurden drey Bepste abgesetzt, und der vierd Martinus V. erwelet. Aber das ergeste und grewlichst, dafur dem Bapst so scheuslich grawet, war dis stueck, da beschlossen und gesetzt, das ein Concilium uber den Bapst sey, und nicht der Bapst uber das Concilium, Und Concilium hette macht, den Bapst zu richten, urteilen, straffen, setzen und absetzen, Nicht widerumb der Bapst, das Concilium zu richten, urteiln oder endern. Ah, au, usch, das stuecklin schmertzt sie, der stefft stickt tieff in jrē hertzen, der stein wil jnen das hertz abdruecken, Da haben sie sich ein mal gebrand, Sie komen nicht wider, sie liessen ehe die gantze welt im blut baden und ersauffen, [...]
>
> (WA 54: 208)

Bei diesem Konzil sei beschlossen worden, dass die Konzilsgruppe über den Papst richten könne, er somit nicht das alleinige Verfügungsrecht über alle Konzilsbelange habe. Diese Erfahrung habe die Päpste in der Nachfolge dazu gebracht, ein Konzil eher zu fürchten. Gleich mit vier Veranschaulichungen erläutert Luther, was damit gemeint ist: *das stuecklin schmerzt, der stefft stickt tieff in jrē hertzen, der stein will jnen das hertz abdruecken, Da haben sie sich ein mal gebrand*[78]. Die Folge dieser Furcht ist die Verweigerung eines solchen neuen Konzils. Dieses soll auch mit Gewalt verhindert werden: *sie liessen ehe die gantze welt im blut baden und ersauffen.* Damit ist der Bezugspunkt für das Vergleichsargument gegeben. Die (zugeschriebene) Gewaltbereitschaft der jetzigen Päpste verhält sich gleich wie die Gewaltbereitschaft vorheriger Päpste. Als Beispiel wird das Handeln des Papstes Eugen IV. im Rahmen des Konzils von Basel (1431–1449) genannt. Die Details dieses Konzils sind hier nicht relevant.[79] Wichtig ist hier lediglich die von Luther dem Papst Eugen IV. zugeschriebene Gewalt, die dieser eingesetzt haben soll, um seine Interessen durchzusetzen.

> Wie denn der Bapst Eugenius that, und richtet ein grossen mord und blutvergiessen an bey Strasburg durch den Delphin aus Franckreich, auff das er das Concilium zu Basel zu risse, welchs nach des Concilij zu Costnitz exempel und ordnung angefangen und schon einen Bapst erwelet hatte Amedeum den Herzogen zu Soffoy, Felix V. genant, Aber solte friede werden, muste derselbe Bapst abtreten, und das

---

78 Im sprichwörtlichen Sinne ‚eine schlechte Erfahrung gemacht haben'. Auf das Sprichwort „Er hat sich verbrannt" geht Luther selbst in seiner Sprichwörtersammlung von 1535 (Luther & Thiele 1535/1900: 164) ein.

79 Vgl. dazu detailliert Meuthen (2002).

> Concilium fallen, [Seite 209] denn sie koennen und woellen des spiels, so sie zu Costnitz erlidden, nicht mehr gewarten.
>
> (WA 54: 208f.)

Das Handlungsmuster voriger Päpste, nämlich mit Gewalt darauf zu reagieren, dass der eigene Herrschaftsanspruch nicht durchgesetzt werden kann, ist nach Luther ein Muster, das auch für die Päpste seiner Zeit gilt. Das Vergleichskonzept Gewalt wird so analog angewendet. Eingebettet ist dieser Vergleich in ein Argument aus der Realgeschichte (vgl. 5.5.1).

Im zweiten Beispiel werden negative Charaktereigenschaften und Handlungen voriger Päpste mit denen der Gegenwart Luthers verglichen und gleichgesetzt. *schalckheit und buberey* und Verbrechen (*vergifft, gekoepfft, verraten und umbbracht*) gelten für die vorigen wie für die jetzigen Päpste.

> Wenn jnen etwas gemangelt, haben unser Keiser auff jr eigen kost den Bepsten und Welschemland muessen zu huelffe komen, Dafur sie jnen hernach gelonet und gedancket mit aller schalckheit und bueberey, etliche Keiser vergifft, etliche gekoepfft, oder sonst verraten und umbbracht, wie denn Bepstliche heiligkeit und Teufels gespenst hat sollen und muessen thun.
>
> (WA 54: 298)

Die Gleichsetzung im Vergleich zeigt, dass dies eine notwendige Eigenschaft für die (ironische) *Bepstliche heiligkeit* ist, die letztlich vom Teufel herrührt. Verschränkt ist dieser Vergleich mit einem Kontrast: Obwohl die Päpste von den weltlichen Herrscher Wohltaten erfahren haben, haben sie es ihnen schlecht vergolten. Dieser Kontrast ergibt sich wiederum aus den negativen Charaktereigenschaften der Päpste und des Papsttums insgesamt.

Im dritten Beispiel wird der Herrschaftsanspruch der Päpste als Vergleichspunkt angeführt. Wie die vorigen Päpste fälschlicherweise einen auch weltlichen Herrschaftsanspruch ins Feld führten (und zurückgewiesen wurden), so gilt dies auch für die jetzigen Päpste.

> Wie haben sie mit unsern Deudschen Keisern gethan, Fridrico dem ersten, und dem andern, bis sie den einigen Erben Conradinum mit dem schwert öffentlich richten, mit Philippo, mit Heinrico dem vierden und fuenfften, mit Ludvico Bavaro. Hetten jmer gern das Reich on Heubt gemacht, das der Bapst moechte Keiser sein. Aber Koenig Philippus in Franckreich erzeiget ein fein Exempel an dem Bapst Bonifacio dem achten, dem grossen heubtschalck unter den bepsten. Derselb wuetrich setzet den Koenig Philippus ab, verbot Franckreich die huldung und gehorsam dem Koenige zu leisten, und gab fuer, das Koenigreich were dem Stul zu Rom heimgefallen, weil er nicht thet, was [Seite 264] der Bapst wolte. Aber Koenig Philipps trachtet jm nach durch einen Columneser, der erwisscht jn zu Anagnina eben in der Kamer, darin er geborn war, fueret jn gen Rom, warff jn in den Kercker, da starb er wie ein Hund, fuer grossem leid und ungedult.
>
> (WA 54: 263f.)

Ist bis zu dieser Stelle des Belegs der Vergleich noch implizit, die jetzigen Päpste werden noch nicht erwähnt, so macht Luther im unmittelbaren Anschluss an diese Stelle klar, dass das bis hierher anschaulich und drastisch ausgeführte Faktenargument aus der Realgeschichte auch für die jetzigen Päpste und das Papsttum insgesamt als Institution gilt.

> Aber solche straffe ist noch viel zu geringe, on das es gut were, das man also den andern Bepsten und Cardineln auch thet. Denn es ist ein lesterlicher, verdampter Stand, das, wenn gleich einer from sein wolt, doch Gottes Lesterer, und ein Feind Christi sein mus, seins Stands halben.
>
> (WA 54: 264)

Das Argument aus der Realgeschichte kann so zugleich als Vergleichsargument dienen (wie die vorigen, so die jetzigen) und darüber hinaus kann Luther es noch mit einem Drohargument koppeln und die bekannten Beschimpfungen anbringen (*Gottes Lesterer, Feind Christi*). Was Bonifaz VIII. einst widerfuhr (*Kercker, da starb er wie ein Hund*), sollte auch *den andern Bepsten und Cardineln* widerfahren.

Die zweite Art von Vergleichsargumenten (wiederum gekoppelt mit Faktenargumenten aus der Realgeschichte) hebt die positive Haltung voriger Päpste im Kontrast zur Verworfenheit der jetzigen hervor. Um zu zeigen, dass der Herrschaftsanspruch des Papstes nicht gerechtfertigt ist, verweist Luther auf das positive Vorbild Gregor I.[80] Dieser sei zwar Bischof von Rom gewesen, habe aber keineswegs einen mit den heutigen Päpsten vergleichbaren Machtanspruch erhoben. Er sah sich keineswegs als Papst, erst seine Nachfolger machten diesen Fehler. Auch hier ist das Argument aus der Realgeschichte/Kirchengeschichte mit einem Vergleich verbunden. Selbst Gregor I (der Große) trat in Sachen Machtanspruch wesentlich bescheidener auf im Vergleich zu den Päpsten aus Luthers Gegenwart.

> DJeser S. Gregorius ist der letzte Bisschoff zu Rom gewest, Und hat nach jm die Roemische Kirche keinen Bisschoff mehr gehabt, bis auff diesen tag, wird auch keinen mehr kriegen, es wuerde denn eine wuenderliche enderung, Sondern eitel Bepste, das sind des Teufels larven (wie du hoeren wirst), die haben daselbst regiert und alle Kirchen geistlich und leiblich verstoeret. Denn das ist gewis, wie gesagt, das zu S. Gregorius zeiten kein Bapst ist gewest, und er selbs auch sampt seinen vorfaren kein Bapst hat wollen sein, Dazu mit vielen Schrifften das Bapstum verdampt, wie wol man jn malet in der [Seite 230] Bapst Kronen, und viel luegen von jm ertichtet sind, Aber er ist kein Bapst und wil auch kein Bapst sein, wie denn seine Buecher solchs zeugen, zu schanden allen Bepsten, so sich selbs nach jm und wider jn erhebt haben.
>
> (WA 54: 229f.)

Das Vergleichskonzept ist der Herrschaftsanspruch bzw. das Papsttum insgesamt. Durch den positiven Kontrast, den Gregor I. bildet, wird der Vergleich zugleich zur Widerlegung des Machtanspruchs der gegenwärtigen Päpste (*kein Bapst zu schanden allen Bepsten*).

80 *540 – gest. 604 n. Chr., Gregor der Große, Gregor I., Kirchenvater.

5.4.4 Fiktiver Vergleich

Fiktive Vergleiche sind immer auch fiktive Argumente. Bei ihnen liegt jedoch der Fokus auf einem Vergleichspunkt (hier aus demselben Sachverhaltsbereich). Es geht darum, ein gedankliches Szenario zu entwerfen, das dem Adressaten verdeutlicht, dass die eigene Position die richtige ist. Aus dem fiktiven Vergleich werden Konsequenzen für die reale Situation gezogen. Was im fiktiven Vergleich nicht haltbar ist, ist es auch nicht in der Realität.

Das erste Beispiel steht wieder im Kontext der Auslegung der Bibelstelle Joh. 21,15 (‚Weide meine Schafe'). Zunächst stellt Luther einen fiktiven Vergleich mit einem Auftrag eines weltlichen Herrschers an seinen „Heubtman" an. Auch ein solcher Auftrag ist lokal begrenzt und kann nicht als Auftrag für alle Soldaten, die dem Kaiser unterstehen, ausgelegt werden.

> Wenn Keiser Karol spreche zu seiner Heubtman einem, als in Brabant oder Flandern: Jch befelh dir meine Leute, sihe wol zu, das sie geschuetzt werden, und jederman recht geschehe, und dencke, das es meine Land und Leute sind, Nicht deine Leute, mit denen du thun woltest, was dich geluestet, wie sie offt pflegen, Da gienge der Heubtman hin, und [Seite 278] rhuemet sich, Keiser Karol hette jm indistincte, alle seine Leute befolhen und wolte dadurch Heubtman sein, so weit als Keiser Karol Herr were, in Hispanien, Jtalien, Germanien etc. und doch wol wueste, das Keiser Karol viel andere Heubtleute hette, Were das nicht ein lieblicher, gewuendschter Heubtman?
>
> (WA 54: 277f.)

Genauso wenig wie ein Hauptmann aus dem kaiserlichen Auftrag die Aufsicht über alle Soldaten ableiten kann, sondern nur über die ihm unmittelbar unterstellten, genauso wenig kann der Papst den Führungsanspruch über alle Christen aus Joh. 21,15 ableiten. Diesen Vergleich aus einem anderen Sachverhaltsbereich (Militär vs. Kirche) ergänzt Luther dann unmittelbar mit einem Vergleich aus demselben Sachverhaltsbereich, um die Plausibilität der eigenen Argumentation weiter zu untermauern. Luther entwirft nun ein ebenfalls fiktives Szenario, in dem er sich vorstellt, die Stelle genauso zu interpretieren wie der Papst, allerdings mit dem Unterschied, dass er den Weide-Auftrag auf sich als *Prediger der Kirchen zu Wittenberg* im ersten Schritt bezieht. Dies – so die Auffassung Luthers – wäre die richtige Auslegung. Der Fehler entsteht erst in der Übertragung auf alle Christen, wenn der Possessivartikel „meine" in seiner Bedeutung erweitert wird.

> Wil mich auch setzen: Jch bin Prediger der Kirchen zu Wittemberg, Nu mus ich mich dieses befelhs annemen, da Christus spricht: Weide meine Schafe. Denn es trifft alle Pfarherr und prediger in der gantzen welt, semptlich und sonderlich. Weil aber mein HERR Christus nicht hette unterschiedlich zu mir gesagt: Weide meine schafe zu Wittenberg, Sondern frey dahin: Weide meine schafe, So wolt ich zu faren, und in aller welt die schafe Christi mir dienstbar machen und Herr uber sie sein, unangesehen, das er viel andere prediger hin und wider hette. Was solt man mir hie thun? Mit ketten und stricken mueste man zu lauffen und sagen, Jch were rasend, tol, und toericht worden.
>
> (WA 54: 278)

Das Argument lässt sich so umschreiben: Wenn ich (Luther) so vorginge wie der Papst (Vergleichsbasis), dann müsste man mich für einen Narren halten (*rasend, tol, und toericht*). Da die Deutung von „meine Schafe" als „alle Christen" in der Auslegung von Joh. 21,15 für Luther falsch ist, da sie nur für die unmittelbare Kirchengemeinde gelten kann, ist sie es auch für den Papst, der eben nicht den Weide-Auftrag für alle Christen aus der Bibelstelle ableiten kann.

Das zweite Beispiel steht im Kontext der Frage *Ob der Bapst das Roemische Reich von den Griechen hab auff uns Deudschen gewand.* (WA 54: 295). Hier argumentiert Luther mit dem Vergleich zwischen weltlicher und geistlicher Herrschaft. Wenn die Argumentation des Papstes stimmen würde, könnte Luther selbst als *Prediger zu Wittemberg* mit gleichem Recht behaupten, er könne dem Kurfürsten von Sachsen die Herrschaft über Böhmen oder Polen übertragen, was selbstverständlich absurd wäre.

> Wie eine feine Gabe solt mir das sein, wenn ich, Prediger zu Wittemberg, wolte das Koenigreich Behemen oder Polen dem Churfuersten zu Sachsen geben!
>
> (WA 54: 295)

5.4.5 Allgemeiner Vergleich (anderer Sachverhaltsbereich)

Die allgemeinen Vergleiche, bei denen der Vergleichssachverhalt und der verglichene Sachverhalt jeweils aus anderen Bereichen stammt, weisen Übergänge zu den Metaphern auf, die unter den sprachbezogenen Argumentationsformen aufgezählt werden. Als Unterschied zu den Metaphern kann jedoch festgehalten werden, dass bei den Vergleichsargumenten – auch wenn sie auf Metaphern fußen – der jeweilige Vergleich ausführlich expliziert und erläutert wird. Dies ist bei den Metaphern i. d. R. nicht der Fall bzw. nicht nötig. Das erste Beispiel mag dies illustrieren. Es greift auf die im Text omnipräsente Eselmetapher und auf weitere Metaphern zurück, baut diese allerdings argumentativ aus.

> So kan auch ein natuerlicher Esel, der secke in die Muele tregt und Disteln frisset, den heiligen Roemischen hoff richten, Ja alle Creatur mit jm. Denn ein Esel weis, das er ein Esel und keine kue ist. Jtem, er weis, das ein Menlin kein Frewlin ist. Ein Stein weis, das er Stein ist, Wasser ist wasser, und so fort durch alle Creatur. Aber die rasende Bapstesel zu Rom wissen nicht, das sie Esel sind, Ja wissen auch nicht, ob sie Weiber oder Menner sind. Summa, sie koennen nichts, denn Stifft, Kloester und der Welt gueter fressen, Koenigen die Kronen rauben und stelen, und eitel unnatuerlich, verkeret, Teuflisch werck und wesen fueren, darueber alle Creatur erschrickt, zittert, bebet und schreiet uber den Eselstall zu dem, der sie solchem [Seite 287] [Röm. 8, 23] verderblichen dienst unterworffen hat, Rom. viij, das er sie wolle erloesen, als er thun wird in kurtzem.
>
> (WA 54: 286f.)

In der Textstelle werden gleich drei Metaphern in spezifischer Weise ausgebaut und expliziert: Esel, Stein und Wasser. Im ersten Schritt werden Esel, Stein und Wasser anthropomorphisiert. Es wird ihnen ein Bewusstsein über ihre eigene Existenz zugeschrieben, also kognitive Fähigkeiten, die sonst wohl nur dem Menschen zugeschrieben werden können.

Ziel dieser Anthropomorphisierungen ist es, den jeweiligen Konzepten und den damit verbundenen Realia ihren Zuständigkeitsbereich zuzuweisen. Sie wissen, wo sie hingehören, sie wissen, was sie sind und vor allem eben auch, was sie nicht sind. Dies dient dann im zweiten Schritt als Vergleichspunkt zu den Päpsten, für die das nicht gilt. Der Esel bleibt sich seiner Natur und seiner (begrenzten) Fähigkeiten bewusst. Er hält sich selbst nicht für eine Kuh; insofern ist der Esel klüger als der Papst, der im Vergleich dazu eben nicht weiß (oder nicht wahrhaben will), dass er ein dummer Mensch (Esel) ist und nicht der Stellvertreter Gottes auf Erden. Der metaphorische Esel (bockig, störrisch, dumm) ist der Papstesel, der reale Esel des Vergleichs mag zwar ebenfalls dumm, bockig und störrisch sein, aber er weiß immerhin, was er ist und was nicht. Verstärkt wird dieses Argument noch durch die beiden weiteren Vergleichskonzepte (Stein, Wasser).

Auch im zweiten Beispiel ist das Vergleichsargument mit einer Metapher gekoppelt. Hier handelt es sich um die Metapher der Sonne und des Mondes, die metaphorisch für Papst und Kaiser stehen sollen. Diese Gleichsetzung ist ein dem Papst von Luther unterstelltes Argument. Im Kontext dieser Stelle findet sich nicht nur dieser eine Vergleich, den der Papst vermeintlich anstellt, sondern eine Reihe weiterer ähnlicher Gleichsetzungen (z. B. durch absurde Bibelinterpretationen oder scheinbar logische Ableitungen).[81] Der Leser ist somit durch Ironie und dem Gegner zugeschriebene absurde Argumente hinreichend vorbereitet für den Vergleich von Sonne und Mond, d. h. durch die kontextuelle Einbettung ist die richtige Deutung für den Leser völlig klar: Der Vergleich ist ungültig, ebenso wie die vorigen Vergleiche ungültig bzw. absurd waren.

> [dem Pabst zugeschriebener Vergleich] DEnn auch Ex c. solite, de maioritate, der heiligste Vater Bapst, solcher weise nach die Schrifft zu deuten und das Bapstum zu verteidigen, also schreibt an den Keiser zu Constantinopel: "Hastu nicht gelesen, das Gott hat zwey grosse Liechter geschaffen, die Sonne (das ist den Bapst) und Mond (das ist den Keiser)? Wie weit nu die Sonne groesser ist denn der Mond, so weit ubertrifft der Bapst den Keiser, das ist, Der Bapst ist, (wie die Glose scharff ausrechent) xlvij mal groesser, denn der Keiser.
>
> (WA 54: 240)

81 *DOch wundert mich, warumb sein Heiligkeit so einen tunckeln Spruch [Mt. 16.18 Fels, M. H.] fuer sich genomen hat, so doch viel heller Sprueche in der Schrifft zur sachen [1. Mose 1, 1f.] gedienet hetten, Als erstlich der, Gen. j. "Jm anfang (das ist zu Rom) schuff Gott (das ist stifftet) Himel (das ist den Bapst) und Erden (das ist die Christlichen Kirche), die Erde war wuest und leer (das ist, die Christenliche Kirche ist dem Bapst unterworffen etc.)" Dieser Spruch hette viel mehr gethan. Jtem, Jsaie j. "Der Ochse kennet seinen Herrn (das ist, der Bapst zu Rom ist Herr uber alles), Und der Esel die Krippen seines Herrn (das ist, die Christenheit ist des Bapst leibeigen)." Und der Sprueche die gantze Schrifft vol, die alle viel heller vom Bapstum reden, denn Mt. xvj. Hie zu huelffe auch die Logica und parva Logicalia, als: Nullus & nemo mordent se in sacco, id est, Papa est Caput & Dominus Ecclesiæ. Item, Propositio hypothetica (id est Papa) induta Cappa Cathegorica, (id est, in urbe Roma) Sedet in Arbore Purphyriana (id est, Caput Ecclesiæ universalis) & devorat genera & species (id est, habet potestatem condendi leges. Und so fort an, ists in allen Creaturn geschrieben, gemalet, gegeben und gebildet, das der Bapst zu Rom sey das Heubt, Herr, Richter, uber alles, was in Himel und Erden ist.* (WA 54: 240).

Auch dieser Vergleich (wie der Eselvergleich weiter oben) basiert letztlich auf einer Metapher und könnte daher auch zu den sprachbasierten Vergleichen gerechnet werden. Allerdings wird der Vergleich hier klar expliziert. Die einfachen Metaphern „der Papst ist die Sonne“ und „der Kaiser ist der Mond“ werden konkretisierend verglichen. Wie die Sonne physikalisch größer ist als der Mond, so ist auch der Papst in seinen Kompetenzen größer als der Kaiser.

Das dritte Beispiel nutzt letztlich ebenfalls eine anthropomorphisierende Metapher, die wiederum ausgebaut und expliziert wird. Es geht um die Frage, ob und inwieweit der Kaiser und andere weltliche Herrscher an Eide gegenüber dem Papst gebunden sind.

> Also sind Keiser und Koenige und Bisschove jrs Eids los, so dem Bapst gethan ist, und schueldig, dafuer dem Bapst wider zustehen in allen seinen wercken, denn solcher Eid ist dem Teufel gethan, als wen die Schafe dem wolffe geschworen hetten, unter dem Namen jres fromen Hirten.
>
> (WA 54: 291)

Nach Luthers Auffassung sind weltliche Herrscher somit nicht an Eide gegenüber dem Papst gebunden. Sie sind dies genauso wenig wie es Schafe gegenüber einem Wolf wären. Auch hier werden zunächst Schafe und Wolf anthropomorphisiert und damit metaphorisch verstanden. Das Bedeutungspotential der Metaphern zu Schaf (einfältig, wehrlos, treuherzig etc.) und Wolf (gerissen, verschlagen, bösartig etc.) wird aktiviert und mit einer vermeintlichen eidlichen Bindung (Explikation) verknüpft.

Ohne den Rekurs auf metaphorische Konzepte kommt das vierte Beispiel aus. Hier ist der Vergleichspunkt das *flicken*, d. h. etwas stimmig machen, etwas reparieren etc. Verglichen werden die interpretatorischen Bemühungen der päpstlichen Juristen mit den Reparaturbemühungen eines Kürschners, der Pelze von Tieren verarbeitet.

> Denn sihe doch, wie die armen Juristen geplagt sind, das sie die Roemische spitzbueberey mit glosen zusamen flicken, reimen, schlichten, ehe sie jr eine geringe gestalt machen koennen, Gleich, als wenn ein Kuersner solt einen bosen Peltz flicken, da weder haut noch har gut ist, dazu bespeichelt und beeitert und grewlich beschmeisset.
>
> (WA 54: 217)

Was dem Kürschner nicht gelingen kann, nämlich einen zerstörten/stark beschädigten Pelz zu reparieren, kann auch den päpstlichen Juristen nicht gelingen, nämlich die völlig verfehlten theologischen und weltlichen Herrschaftsansprüche des Papstes und damit das Papsttum insgesamt auf einer juristischen Basis zu rechtfertigen.

Das fünfte Beispiel ist in ein ironisches Argument eingebettet. Luther lässt einen vermeintlichen Kritiker sprechen. Dieser wertet Luther zunächst ab (*grober gesell*), der sich wie ein Bauer verhält. Der Vergleichspunkt ist somit das ungehobelte und ignorante Verhalten, das sowohl bei Luther als auch beim Bauern zu erkennen ist und beide gleichermaßen diskreditiert.

> DOctor Luther ist ein grober gesell, wenn der selb solchs hoeren solt, wuerde er wie ein Pauer mit Stiffeln und Sporen hinein springen und sagen: Der Bapst were von allen Teufeln aus der Hellen in die

> Kirchen geschmissen, wie droben gesagt, Denn der selbe schendliche, verfluchte Ketzer ist in dem tieffen jrthum erseufft, das er gleubt: was Gott thun wil, das thut er gewislich durch die zwey Regiment, und wolle niemand ein sonderlichs machen. Wolan schertz lege dich. Wo kompt das Bapstum her? Jch sage noch wie vor: Es kompt [Seite 238] vom Teufel, weil es nicht von der Kirchen, die Christus durch seinen heiligen Geist regiert, noch weltlicher oeberkeit kompt. [...].
>
> (WA 54: 237f.)

Was das Ergebnis dieses ignoranten Verhaltens ist, wird im zweiten Schritt erläutert: *Der Bapst were von allen Teufeln aus der Hellen in die Kirchen geschmissen.* Luther sei somit ein *verfluchter Ketzer*, im *tieffen jrthum erseufft*, dass die Zwei-Reiche-Lehre gelte. Damit endet die Explikation des Vergleichs. Um sicherzustellen, dass der Leser auch wirklich die – offenkundige – Ironie des vorgetragenen gegnerischen Arguments erfasst und richtig deutet, schließt er das Argument mit einem klaren Interpretationshinweis ab: *Wolan schertz lege dich*, gefolgt von der Rückkehr zur vorigen Argumentationslinie, dass das Papsttum vom Teufel herrühre.

5.5 Gültigkeit/Plausibilität aus Bezug auf (unstrittige) Sachverhalte

Wenn es in einer Argumentation einem Diskursakteur gelingt, seine Argumente durch den Rekurs auf unstrittige Sachverhalte zu plausibilisieren, hat er gute Chancen, die Konsequenzen, die aus seinen Argumenten abgeleitet werden sollen, auch für die jeweiligen Adressaten/Auditorien überzeugend zu machen. Doch, was sind unstrittige Sachverhalte? Im Folgenden möchte ich mich der in der Philosophie verbreiteten Auffassung anschließen, nach der Tatsachen (ebenso kulturelle Tatsachen) geltende Sachverhalte sind, d. h. Sachverhalte, für die die Diskursgemeinschaft die Geltung akzeptiert hat. Allerdings ist der Status einer Tatsache oftmals eben umstritten. Deswegen scheint mir die Unterscheidung, die Felder (2018: 385) einführt, gerade auch mit Blick auf die Argumentation in der vorliegenden Streitschrift hilfreich. Felder unterscheidet zwischen Daten und Fakten. Beide zusammen sind Unterbegriffe zum Oberbegriff Tatsache. Während jedoch für Daten gilt, dass sie von allen Diskursteilnehmern geteilt werden, dass sie sozusagen nicht zur Disposition stehen, gilt dies für Fakten in dieser Terminologie nicht. Fakten werden durch die Diskursgemeinschaft konstituiert. Sie sind gerade zwischen den Diskursakteuren umstritten:

> **Fakten** sind von Diskursakteuren sinnvoll Gemachtes und von hoher und breit akzeptierter Plausibilität, die – dessen ungeachtet – aber dennoch von Diskursbeteiligten bestritten werden können (z. B. ‚Kriege sind die Hauptursache für die gestiegene Zahl der Flüchtlinge im Jahre 2015', „Wirtschaftswachstum trägt zum Wohlstand der Menschen bei"). **Daten** dahingegen sind unstrittig, also allseits akzeptiert (z. B. „Im Jahr 2014 wurden in der Bundesrepublik Deutschland laut Bundesamt für Migration und Flüchtlinge 202.834 Asylanträge gestellt", „Die Bundesrepublik Deutschland gliedert sich in 16 Bundesländer" oder „Das Phänomen des Stalking („Nachstellung") ist rechtlich seit 2007 durch § 238 StGB geregelt" oder „Paris ist die Hauptstadt Frankreichs").
>
> (Felder 2018: 385f., Herv. i. Orig.)

Unstrittig dürfte bei dieser Unterscheidung auch sein, dass die Unterscheidung zwischen Daten und Fakten analytischer und heuristischer Art ist. Beide Konzepte stellen Pole eines Kontinuums dar, da der Status eines Datums durch die Kriterien der Unstrittigkeit und Akzeptanz durch die (idealiter gesamte) Diskursgemeinschaft bestimmt wird. Anders formuliert: Nach dieser Auffassung können aus Fakten letztlich dann Daten werden, wenn sie im jeweiligen Diskurs unstrittig von (idealiter der gesamten) Diskursgemeinschaft als gültig akzeptiert werden.

In der Streitschrift Luthers von 1545 wird in verschiedenen Weisen das Verhältnis zwischen Daten und Fakten genutzt. An einigen Stellen wird versucht, aus realhistorischen Daten (im obigen Sinne) Fakten zu generieren, d. h. ausgehend von als unstrittig geltenden Sachverhalten (wie z. B. der zeitlichen Abfolge zwischen der Bekehrung des Saulus zum Paulus und der Kirchengründung, s. u.) werden argumentative Konsequenzen gezogen, die sicherlich umstritten sein dürften; es wird somit versucht, Fakten aus Daten zu generieren. Anders formuliert: Was für Luther und seine Anhänger als Faktum gelten kann (aufgrund der jeweiligen Argumentation), ist es für die gegnerische Seite keineswegs. Die Konsequenzen, die aus den Prämissen gezogen werden (Data im Sinne Toulmins), sind genau die umstrittenen Fakten im Sinne der Definition von Felder (vgl. Kap. 5.5.1).

An anderen Stellen werden bereits umstrittene Fakten als Prämissen der Argumentation verwendet, um entsprechende Konsequenzen zu ziehen und damit neuerlich Fakten zu generieren, deren Geltung selbstredend auf die eigene Gruppe beschränkt bleiben dürfte. Dies ist z. B. dann der Fall, wenn Luther aus Indizien, wie der dem Gegner zugeschriebenen fehlerhaften Bibelauslegung, Konsequenzen zieht, die auf die Charaktermängel des Gegners verweisen. Solche Argumentationsformen sind Illustrationen, Beispielangaben, Indizienargumente, die von umstrittenen Fakten auf umstrittene Konklusionen verweisen. Allerdings ist der argumentative Zusammenhang jeweils schlüssig: X ist ein Beispiel für Y (vgl. 5.5.2).

Für beide Argumentationsformen, die sich auf (mehr oder weniger unstrittige) Sachverhalte beziehen, gilt somit Folgendes: Die Prämissen (Data im Sinne Toulmins), die für die jeweiligen Argumente genutzt werden, sind entweder unstrittige Tatsachen, wie Gegebenheiten aus der Realgeschichte oder auch Bibelstellen (d. h. dann haben wir es mit Daten im Sinne von Felder 2018 zu tun), oder es sind bereits umstrittene Sachverhaltsbeschreibungen (Fakten im Sinne von Felder 2018), aus denen dann ebenfalls strittige Konklusionen gezogen werden. In beiden Fällen sind die Konklusionen, die aus den Prämissen qua Schlussregel gezogen werden, umstritten, also Fakten im Sinne von Felder 2018. Sie dürften Faktizitätsgeltung wohl nur in der eigenen Gruppe der Lutheranhänger erhalten.

5.5.1 Argument aus der Realgeschichte (Faktenargument)

Bei der ersten Argumentationsform, die sich auf mehr oder weniger unstrittige Sachverhalte bezieht, werden in den Prämissen Tatsachen aus der Realgeschichte als Basis für die zu ziehenden Konklusionen genutzt. Dabei werden zum einen Schilderungen in der Bibel, die in der damaligen Zeit durchaus als Tatsachenbeschreibungen verstanden werden konnten, herangezogen und zum anderen Tatsachen aus der Realgeschichte. Die aus diesen Daten (im Sinne Felders 2018) abgeleiteten Konklusionen werden dann als Fakten präsentiert, die sicherlich nicht unstrittig sind und nur von der eigenen Gruppe als Fakten akzeptiert werden dürften. Insofern handelt es sich hier um ein typisches Faktenargument.

Das erste Beispiel steht im Kontext des Weide-Auftrags an Petrus durch Christus. Das Argument, dass die römische Kirche als eine von Petrus gegründete Kirche das alleinige Recht habe, über alle Christen zu herrschen, wird abgelehnt mit dem Hinweis auf die unstrittige Tatsache, dass Petrus im Laufe seiner Aktivitäten auch zahlreiche andere Kirchen gegründet habe. Diese könnten dann mit demselben Recht für sich die Alleinvertretung aller Christen beanspruchen.

> DRoben haben wir gehoert, wenn gleich S. Peter allein befolhen were, alle Schafe Christi zu weiden, wie es nicht ist, auch ummueglich ist, denn wir muessen die andern Aposteln, sonderlich S. Paul, nicht Meuse- oder Leuse-Hirten sein lassen, umb des Bapsts fortz und drecket willen, So folget doch daraus nicht, das auch dem Bapst gleich S. Petro alle Schafe zu weiden befolhen sind, Haben sichs auch die fromen Bisschove der Roemischen Kirchen, ehe der Teufel den Bapst auffgeworffen hat, nie unterstanden noch fuergenomen (welche muesten alle Ketzer und ewig verdampt sein, weil sie des unverschampten Bapstesels Artickel nicht haben gegleubt), Sondern wuerde das widerspiel draus folgen, Nemlich, weil S. Peter nicht die Roemischen Kirchen allein, sondern viele andere, in Bithynia, Asia, Ponto, Cappadocia, geordent hat, koenten die selben, und ein jgliche sonderlich, eben so wol sich rhuemen aller Schafe Hirten, als die Roemische Kirche, Weil sie eben von dem selben Apostel her komen, und eben so wol rhuemen koennen: S. Peter der Apostel, und nicht die Kirche zu Rom, hat uns gestifftet, Dazu seine Epistel uns, und nicht der Roemischen Kirchen zugeschrieben, wie gesagt. Sind nu die selben Kirchen nicht Hirten aller Schafe Christi, Wo her wils denn der Bapstesel zu Rom sein? der nicht solch starck zeugnis von S. Peter hat, als jene, Ja gar keine zeugnis beweisen kan.
>
> (WA 54: 275)

Eingebettet ist diese Argumentation in eine Ex-concesso-Argumentation. Gesetzt den Fall (den Luther natürlich ablehnt), Petrus wäre tatsächlich aufgetragen worden, alle Schafe zu weiden, dann würde sich auch daraus nicht ableiten lassen, dass allein die römische Kirche diesen Alleinvertretungsanspruch zu Recht erhebt. Die anderen von Petrus gegründeten Kirchen hätten denselben Anspruch.

Im zweiten Beispiel geht es um die Frage, wann in Rom eine Kirche gegründet worden ist und welchen Status diese erste Kirchengründung hatte. Luther argumentiert dafür, dass diese erste Kirchengründung in Rom lange vor dem Eintreffen von Petrus oder Paulus in Rom stattgefunden haben muss. Dies ergibt sich für ihn aus Berechnungen, die sich aus verschiedenen Bibelstellen (Apg. 2,5; Röm. 16,7; Röm. 16,6; Apg. 2,14; Apg. 24,28; Röm.

1,8) ergeben. Die Bibelstellen selbst sind die Data, die auch für die Gegner unstrittig sein müssen.

> Wir haben ja droben gehoert, das sie S. Peters seer ungewis sind[82], und die Kirche zu Rom erstlich weder von S. Peter noch S. Paul gepflantzt ist, Sondern von den geringsten Juengern, Aquila und andern, so zu Rom gewonet, [Apg. 2, 5] auch wol da geborn sind, wie sie in allen Landen woneten, Act. ij. Sie sagen alle sampt, S. Paulus sey bekeret dasselbe jar, darinnen Christus gelidden und aufferstanden ist, eodem anno Astronomico, non legali, nemlich Christus habe gelidden den xxv. tag Martij, und Paulus sey hernach bekeret xxv. Januarij, wie es im Calender stehet, da ist das jar noch nicht herumb. Das sey so oder nicht, so kans doch nicht weit davon sein, villeicht kaum ein jar. Hieraus folget, das die Roemische Kirche hab das Euangelium und Glauben gehabt xxvij jar, ehe S. Paul oder S. Peter gen Rom komen sind, und meine meinung wil gewis werden, das Aquila und andere mehr, Rom. xvj genennet, zu Jerusalem auff die grossen Fest gezogen, die Apostel daselbs gehoeret, und mit sich gen Rom das Wort heimgebracht haben. [Röm. 16, 7] DEnn S. Paulus spricht Rom. xvj, das Andronicus und Junias, seine Blutfreunde, sind beruembte Apostel, und ehe Christen gewest, denn er, [Röm. 16, 6] Und preiset daselbs eine Fraw Maria, die suenderlichen vleis bey den Roemischen [Seite 276] Christen gethan habe. Jst nu Andronicus und Junias ehe Christen gewest, denn S. Paulus, so muessen sie dasselb jar des leidens Christi, bald nach Pfingsten zu Jerusalem, gleubig worden sein, und das Wort unterwegen erstlich den Jueden hin und wider gepredigt, und also beruembte Apostel worden sein. solten wol von den 3000 sein, die durch S. Peters erste [Apg. 2, 14] Predigt bekeret sind, Act. ij. Nu ist von dem jar des leidens Christi, bis auffs [Apg. 28, 14] ander jar Neronis xxvij jar, da Paulus gen Rom komen ist, Act. xxviij. [Röm. 1, 8] Daher rhuemet er den Glauben der Roemer, Rom. j, den er doch nicht gepflantzt hatte. Hie mit wils werden, das der Roemischen Kirchen erste Stiffter und Bischove oder Prediger sind S. Paulus Vettern Andronicus und Junias. Wo wil der Bapst solch zeugnis von S. Peter bringen?
>
> (WA 54: 275f.)

Für Luther ergibt sich aus dieser langen Argumentation, dass man – wenn man die Bibelstellen akzeptieren möchte, was unstrittig sein dürfte – auch akzeptieren muss, dass die römische Kirche bereits lange vor dem Eintreffen von Petrus und Paulus in Rom bestanden haben muss, nämlich 27 Jahre (*xxvij jar, ehe S. Paul oder S. Peter gen Rom komen sind*). Aus den Data wird die Konklusion gezogen – und damit ein Faktum generiert – dass weder Paulus noch Petrus die römische Kirche gegründet haben können. Auch diese römische Kirche ist dann ebenso rechtmäßig gegründet – eben durch andere Jünger – wie eine von Petrus begründete: *Denn in Christo sind alle Kirchen gleich.* (WA 54: 276).

Beide Beispiele nutzen in ihrer Form den Modus ponens: Wenn p (das sind die unstrittigen Data), dann q (das umstrittene „Faktum“); und es gilt p, ergo q. Dabei ist natürlich in Rechnung zu stellen, dass die Gegenseite die inhaltliche Ableitung von q (also die aus dem Argument generierten „Fakten“) nicht akzeptieren wird.

Eine zweite Spielart der Argumentation aus mehr oder weniger unstrittigen Sachverhalten ist diejenige, die sich auf realhistorische Gegebenheiten bezieht. Hier werden die

---

82 Gemeint sind die Ausführungen in WA 54: 256, wo Luther die Lebenszeit von Petrus anhand historischer Daten zu rekonstruieren versucht und ebenfalls zu dem Schluss kommt, weder Petrus noch Paulus könnten die römische Kirche gegründet haben, da sie erst später – nachdem es bereits eine christliche Kirche in Rom gab – nach Rom kamen.

„Data“ nicht aus der Bibel gezogen, sondern aus den „Historien“ (z. B. WA 54: 269 bzw. 296).

Im ersten Beispiel geht es um die Frage *Ob der Bapst das Roemische Reich von den Griechen hab auff uns Deudschen gewand.* (WA 54: 295), also um den weltlichen Herrschaftsanspruch des Papstes. Argumentiert wird, dass der Papst auch früher schon keine Verfügungsgewalt über das weltliche Reich hatte, und somit heute ebenfalls nicht.

> Ob der Bapst das Roemische Reich von den Griechen hab auff uns Deudschen gewand. Das ist doch ja zu mal eine grobe, oeffentliche luegen, die jederman sehen und greiffen mag. Erstlich, wo wolt der Bapst solch Reich nemen? und wie wolt er geben, das er selbst nicht hatte? War er doch selbs zu Rom nicht sicher fuer den Longobarden, die dazumal 200 jar in Jtalien regiert hatten!
>
> (WA 54: 295)

Die Existenz des Langobardenreichs (ca. 568–774 n. Chr.) und die Herrschaft der Langobarden über Italien wird als Basis dafür genommen, die Machtlosigkeit des Papstes zu demonstrieren und daraus abzuleiten, dass schon aus diesem historischen Datum ersichtlich ist, dass der Papst das Reich nicht habe übertragen können. In einer veranschaulichenden Wiederholung und Ausweitung ergänzt dann Luther weitere historische „Data“[83], um die Konsequenz zu stützen, dass der Papst keinerlei Anspruch auf die Übertragung der weltlichen Herrschaft erheben könne. Verstärkt und beglaubigt werden diese „Data“ durch den Hinweis auf die Historien, auf die der Leser direkt angesprochen wird: *davon mustu die Historien lesen* (WA 54: 296).

Im zweiten Beispiel, das auf realhistorische Begebenheiten rekurriert, dürfte bereits die Frage strittig sein, ob das realhistorische Ereignis als Datum im Sinne Felders verstanden werden kann, oder ob es sich hier bereits um ein diskursiv erzeugtes und damit bestreitbares Faktum handelt. Luther greift zunächst auf seine persönliche Erfahrung (vgl. 5.2.10) zurück, wenn er berichtet, er habe während seiner Romreise eine Historie gehört, in der sich ein *Amptman des Bapstes* diesem widersetzt habe.

---

83 *DJe historien sagen also, da wider des Bapstes fartzen nichts gilt: Da Constantinus der grosse den Keiserlichen sitz von Rom gen Constantinopel wand (welchs ein zeichen war, das Rom solte an sein ende komen), ist darnach Rom von tag zu tag geringer worden, bis die Gotten kamen und unter dem Keiser Honorio Rom gewonnen mit dem Welschenlande. Darnach kamen die Wenden, darnach die Longobarden, Das Rom inwendig 100 jaren wol viermal gewonnen und verstoeret ist, allein von den Gotten und Wenden, davon mustu die Historien lesen. Die Gotten und Longobarden sind Deudschen gewest. Da es nu mit Rom und Welschemlande auff die hefen und todte neigen komen war, und die Keiser zu Constantinopel nicht mehr retten noch helfen kundten, weil sie selbs zuthun gnug hatten mit Gotten, Persen, Sarracenen, und nu die Lender Deudsch, Franckreich, Hispanien vom Roemischen Reich weg waren, Auch Jtalia den Longobarden unterthan, das Rom nichts mehr war, hiengen sie sich an den Bapst, Und da sie hoereten, das Carolus Magnus ein mechtiger Koenig war, als der Deudschland und Franckreich unter einer kron hatte, lockten sie jn zu sich wider der Longobarder Koenig, welche nu wol 200 jar in Welschenlanden hatten seuberlich und messig regirt, und Vettern, Mumen, Soene und Toechter, Schweger unternander worden waren, davon das land Lombardey noch den namen hat.* (WA 54: 269).

JCh mus hie eine Historien mit unter bringen, daraus man mercken mag, was von den heiligen Spitzbuben und Moerdern des Roemischen Stuels zu halten. Anno Domini (ist mir recht) 1510 war ich zu Rom, da hoeret ich diese geschicht sagen: Es ligt ein Flecken, mit Namen Roncilion, etwa sieben Deudscher meilen herwerts von Rom, Daselbs ist gewesen zur zeit Pauli ij. (welcher fuer 70 jaren regiert hat) ein Amptman des Bapsts, der sahe das lesterlich Teufelisch wesen des Bapsts und seiner grundsuppen zu Rom, Und gab dem Bapst nicht sein jerlich gebuer vom Ampt. Der Bapst lies jn laden, er kam nicht, Und was der Bapst gebot, das verachtet er. Endlich thet jn der Bapst in den Ban, da fraget er nichts nach. Darnach lies jn der Bapst mit glocken beleuten, und mit Liechten, von der Kantzeln ausgelesscht, werffen und verdamnen, wie die gewonheit ist, Daran keret er sich nichts. Zu letzt, weil nu solch verstockter ungehorsam gegen dem Bapst in seinem geistlichen recht Ketzrey heissen mus, lies er den Amptman auff ein Papir malen, mit vielen Teufeln uber dem kopff und zu beiden seiten, und fuer gericht bringen, verklagen und als einen ketzer zum fewr verurteilen, Und flugs drauff mit dem Papir zum fewr zu und verbrand. Der Amptman lies auch auff ein Papir malen den Bapst mitten unter den Cardinelen, und oben drueber und umb sie her alles voller teufel, lies gericht sitzen und den Bapst mit den Cardinelen verklagen, als die ergesten buben, so auff erden leben, und theten unmesslichen schaden armen leuten, Und wenn jr oberster stuerbe, so setzten sie mit vleis an des selben stat den aller ergesten, so sie unter sich finden koennen, weren wol des hellischen fewrs werd, und wurden des viel zeugen dargestellet. Da fur Richter, Amptman mit klegern zu und sprachen, Man sol sie verbrennen, und flux in tausent teufel namen mit dem Bapst und Cardinelen zum fewr zu und verbrand, Bis jn der Bapst mit gewalt vertreib.

(WA 54: 219)

Diese Geschichte, die zugleich eine Illustration der Verwerflichkeit der Gegenseite ist (vgl. 5.5.2), soll aus der reinen Handlungsabfolge belegen, a) wie verworfen und despotisch die Gegenseite agiert, b) dass die Gegenseite keine substanziellen Argumente aufzuweisen hat, sondern letztlich nur mit Gewalt reagieren kann (*Bis jn der Bapst mit gewalt vertreib*) und c) dass ein Aufbegehren gegen die Machtansprüche des Papstes durchaus möglich und sinnvoll ist. Der Amtmann verweigert zunächst die Zahlungen an den Papst, wird daraufhin vom Papst vorgeladen. Dies ignoriert er und auch auf die zweite Eskalationsstufe (*mit glocken beleuten, verdammen*) reagiert er nicht. Auch die dritte Eskalationsstufe, die symbolische Gerichtsverhandlung mit dem Amtmann in Papierform, der dann am Ende verurteilt und verbrannt wird, beeindruckt den realen Amtmann nicht. Ganz im Gegenteil: Dasselbe Verfahren wendet dieser nun gegen den Papst und die Kardinäle an. Während die Geldforderungen des Papstes in der Geschichte nicht begründet werden, was implizit darauf verweist, dass sie ungerechtfertigt sind, wird die vom Amtmann als Gegenaktion inszenierte Gerichtsverhandlung mit Gründen versehen. Papst und Kardinäle werden deshalb angeklagt, weil sie *die ergesten buben [Verbrecher], so auff erden leben* sind, weil sie *unermesslichen schaden armen leuten* antun, und v. a. weil die Kardinäle bei der Papstwahl immer *den aller ergesten, so sie unter sich finden koennen* wählen. Dieses Beispiel zeigt deutlich, wie stark die Überzeugungskraft und Plausibilität der gezogenen Konklusion davon abhängt, ob und inwiefern die Prämisse tatsächlich als anerkanntes Datum gelten kann. Dies gilt für die erzählte Geschichte vom Amtmann zu Roncilion sicherlich in weitaus geringerem Maße als für die Rekurse auf Bibelstellen oder realhistorische Ereignisse.

Auch das dritte Beispiel nutzt eine realhistorische Begebenheit als Argument. Nach Luther verhielt sich König Philipp IV. von Frankreich gegenüber den Machtansprüchen des Papstes geradezu vorbildlich (*erzeiget ein fein Exempel*). Auch hier kann der Status der realhistorischen Begebenheit nicht einfach als unstrittiges „Datum" gesehen werden (allenfalls das Attentat von Anagni von 1303). Aus geschichtswissenschaftlicher Perspektive stellt sich der Tod von Bonifazius VIII. anders dar.[84] Allerdings wird das Ereignis bei Luther als historische Tatsache argumentativ so genutzt, als wäre es ein unstrittiges Datum.

> Aber Koenig Philippus in Franckreich erzeiget ein fein Exempel an dem Bapst Bonifacio dem achten, dem grossen heubtschalck unter den bepsten. Derselb wuetrich setzet den Koenig Philippus ab, verbot Franckreich die huldung und gehorsam dem Koenige zu leisten, und gab fuer, das Koenigreich were dem Stul zu Rom heimgefallen, weil er nicht thet, was [Seite 264] der Bapst wolte. Aber Koenig Philipps trachtet jm nach durch einen Columneser, der erwisscht jn zu Anagnina eben in der Kamer, darin er geborn war, fueret jn gen Rom, warff jn in den Kercker, da starb er wie ein Hund, fuer grossem leid und ungedult. Aber solche straffe ist noch viel zu geringe, on das es gut were, das man also den andern Bepsten und Cardineln auch thet.
>
> (WA 54: 263f.)

Die Machtansprüche werden nicht nur abgelehnt, sondern der Papst selbst gefangen genommen und getötet. Diesen Ausgang nimmt Luther dann zum Anlass, ein Ad-baculum-Argument anzuschließen (*solche straffe ist noch viel zu geringe*). Die anderen Päpste und Kardinäle sollten das gleiche Schicksal erleiden.

Das vierte Beispiel rekurriert auf die Fälschung der sog. Konstantinischen Schenkung.[85] Da die Falschheit der Urkunde bereits im 15. Jahrhundert nachgewiesen worden war, kann die Fälschung für die Zeit Luthers als Tatsache angesehen werden, auch wenn deren Status (zwischen Datum und Faktum) evtl. zwischen den konfessionellen Lagern umstritten war.[86] Luther nutzt die Fälschung als Prämisse, aus der er die Verworfenheit des Papsttums insgesamt ableitet.

> SJe haben aber grosse, viel unfletiger Heuchler, die sie zu solchem toben reitzen, und schreiben, das der Bapst mit allem recht Koenig uber alle Koenige, Herr uber alle Herrn sey. Unter den selben ist einer, der schreibt, das der Keiser Nero hette sollen das Roemisch Reich S. Petro auffgeben, Und Constantinus Magnus sey schueldig gewest, auch wider des Rats zu Rom bewilligung, das Reich Sylvestro dem Bisschoff zu Rom zu ubergeben, daher ist ertichtet die grosse luegen de Donatione

---

84 Vgl. dazu Schmidt (2002).

85 Um 800 n. Chr. wurde eine gefälschte Urkunde in Umlauf gebracht. Diese ging scheinbar ca. auf die Jahre 315/317 n. Chr. zurück. In ihr soll der Kaiser Konstantin I. dem damaligen Papst Silvester I. die Oberherrschaft über Teile des römischen Reiches, inkl. Rom, Italien überschrieben haben. Die Fälschung wurde im 15. Jahrhundert durch Nikolaus von Kues und Lorenzo Valla entlarvt. Vgl. Fuhrmann (2002).

86 Fuhrmann (2002: 1386): „Die formale Unechtheit hat Niklaus v. Kues 1433 dargelegt; mit hauptsächl. sprachl. Argumenten wies Lorenzo Valla um 1440 den Fälschungscharakter nach, doch verschafften der Schrift Vallas erst Hutten und Luther Verbreitung."

Constantini, dis. 967 und Ludovici primi und Ottonis primi, dis. 648: Ego Ludvicus, Und tibi Domino Iohanni. Solche luegen und kutzlen[87] haben die Bepste gern, [...]

(WA 54: 264)

Das historische Ereignis wird so zum Beispiel für die Verworfenheit der Institution, in deren Reihen *viel unfletige Heuchler* sind, die entsprechende Lügen verbreiten. Den Päpsten sind diese Lügen genehm, wohl wissend, dass es Lügen sind.[88] Aus dem historischen Datum/Faktum als Einzelereignis wird die Konsequenz der Verworfenheit der gesamten Institution und aller Päpste gezogen, weil nach Luther auch zu seiner Zeit noch derartige Fälscher am Werk sind.

5.5.2 Beispiel/Illustration (gleicher Sachverhaltsbereich)

Bei der folgenden Argumentform handelt es sich, wenn man der Terminologie von Kienpointner (1992: 246 und 373) folgt, um „illustrative Beispielargumentationen". Diese zeichnen sich im Unterschied zu „induktiven Beispielargumentationen" dadurch aus, dass bei ihnen keine bestehende Schlussregel benützt oder eine Schlussregel etabliert wird. Bei induktiven Beispielargumentationen wird aus einzelnen Beispielen, oft auch nur aus einem Beispiel, eine Regel abgeleitet.[89] Alltagslogisch entspricht dies den Schlussprozessen, die aus i. d. R. wenigen Einzelerfahrungen/Einzelfällen Generalisierungen ableiten, z. B. „Ich habe die Erfahrung (einmal, mehrmals in den letzten Monaten etc.) gemacht, dass die Deutsche Bahn unpünktlich ist" (= Datum/Beispiel), daraus wird die Konklusion gezogen: „Die Bahn ist generell/immer unpünktlich".

Bei den illustrativen Beispielargumentationen, die auch in der vorliegenden Streitschrift eine Rolle spielen, verhält es sich anders. Hier dient das Beispiel lediglich als Illustration einer zugrundeliegenden Argumentation. Die Schlussregel wird nicht induktiv erst etabliert.[90] Das Beispiel „bekräftigt" (Kienpointner 1992: 373) den argumentativen Zusam-

---

87 WA 54: 264 Anm. 9 übersetzt mit „Schmeicheleien".

88 *Nicht, das sie es fuer warheit halten, sie wissens seer wol anderst, Sondern gern wolten, das unter die Leute keme, und alle Welt fuer warheit hielte, damit die Keiser und Koenige boese gewissen kriegten, [...].* (WA 54: 264).

89 Kienpointner (1992: 367) bringt – neben anderen – folgendes Beispiel: „Nach der Katastrophe von Tschernobyl wird vielfach argumentiert: ‚Das Beispiel von Tschernobyl zeigt, dass beim Betrieb von Kernkraftwerken katastrophale Folgen zu befürchten sind.' Die Rationalität dieser induktiven Beispielargumentation aus einem (!) Beispiel beruht darauf, daß man es sich einfach nicht leisten kann, das Eintreten einer statistisch-relevanten Anzahl von Katastrophen abzuwarten, um zu der obigen Generalisierung zu gelangen [...]. Die Plausibilität alltagssprachlicher Induktion durch Beispiele ergibt sich oft auch daraus, daß auf weitgehende Generalisierung verzichtet wird, ‚in nicht wenigen/etlichen/zahlreichen/vielen' Fällen verhalte es sich so, wie in den angeführten Beispielen."

90 Kienpointner (1992: 373): „Die ‚illustrative' oder ‚affirmative' Beispielargumentation unterscheidet sich von den Mustern in II.3.3.2.1 [Schlussregel-benützende Argumentationsschemata, vgl. Abb. 3, M. H.] dadurch, daß die Schlußregel nicht einfach vorausgesetzt wird (= ‚benützt' im engeren Sinne), sondern

menhang zwischen Prämisse/Datum und Konklusion. Dies ist der Fall, wenn Luther Beispiele für die Verworfenheit des Papstes bringt, die lediglich einen vorgängigen Schluss bekräftigen sollen, und zwar nicht in induktiver, sondern in illustrierender Weise.

Im ersten Beleg ist es die falsche Bibelauslegung des Papstes, die – unter anderem – seine Verworfenheit illustriert. Sie steht stellvertretend als schlechte Eigenschaft der Person x (Papst) für die Zugehörigkeit der Person zum Teufel.

> ABer es ist Gottes gnade in solchem grossen zorn nicht gar ausgewest, Und hat den Teufel nicht lassen reden mit gantzer freier Zungen, Sondern hat sie gebunden, Das er durch den Bapst mit halber und schwerer zungen hat muessen stolpern, stammeln und lallen, damit seine auserweleten ein zeichen und warnung hetten, daran sie mercken kuendten, das der Teufel im Bapst [Seite 279] wonete, und durch jnen redet, die Schrifft mit seinem lallen so schendlich ausleget, die Welt zu verfueren. Denn der Teufel mus es ja also machen, das er einen stanck hinder sich lasse, dadurch man wisse, er sey da gewest.
>
> (WA 54: 278f.)

Die falsche Bibelauslegung ist für die *auserwelten*, also diejenigen, die die Bibel richtig auslegen, beim Papst durchaus erkennbar: Gott hat dafür gesorgt, dass der Teufel durch den Papst nur *mit halber und schwerer zungen* reden kann. Die Tatsache, dass der Papst allerdings die Bibel *schendlich ausleget*, illustriert seine Verbindung mit dem Teufel.

Im zweiten Beleg illustriert die finanzielle Attraktivität des Berufs eines Klerikers, dass dieser Berufsstand insgesamt falsch aufgefasst wird, nämlich als Handwerk und nicht als Studium und Berufung mit fraglichen finanziellen Aussichten. Dies zeigt die Verworfenheit der gesamten Institution der römischen Kirche an, die den Beruf des *Pfarherr[n]* ökonomisiert hat.

> Denn auch die Buerger und Bawrn jtzt sagen: Was sol ich meinen Son lassen studirn? Er wird ein Bettler, mus ein Pfarherr werden. Eben so mehr las ich jn ein handwerck lernen, oder kauffmann werden.
>
> (WA 54: 282)

In diesem Beleg ist das Illustrationsargument zudem noch mit einem zweifachen Vergleich (*handwerck, kauffmann*) verbunden, was das Gewicht der Illustration noch erhöhen soll.

Illustrative Beispielargumentationen liegen natürlich auch in anderen Argumentationsformen vor. Wenn Luther häufig auf Bibelstellen direkt (mit Zitat) oder indirekt verweist (vgl. 5.2.2), erlangen solche Verweise zum einen ihre argumentative Schlagkraft aus dem Autoritätsverweis. Dies ist hier die Hauptfunktion. Zum anderen illustrieren sie aber zugleich auch in vielfacher Weise (an insgesamt mehr als 200 Stellen im Text) die Bibeladäquatheit der eigenen Argumentation.

---

durch den Nachweis einiger Beispiele, bei denen vom Argument auf die Konklusion geschlossen werden kann, illustriert bzw. bekräftigt wird."

5.6 Gültigkeit/Plausibilität aus der Sprache

Die Abgrenzung zwischen Argumentationsformen „aus der Sprache" und anderen kann nicht immer ganz trennscharf sein. Der wesentliche Punkt bei diesen Argumentformen ist der, dass dabei unter Rückgriff auf sprachliche Besonderheiten bzw. rhetorische Strategien der Sprachverwendung (Begriffsdefinition, Metapher, rhetorische Frage, Wortspiel, Wortbildung, Wortersatz, Litotes, Alliteration, Diminutiv, Pleonasmus, Epizeuxis/Wortwiederholung, negative Attribute, Phraseologismus, Hyperbolik, Ironie, expressiver Ausruf und Sprachenwechsel) explizit oder – was häufiger der Fall ist – implizit argumentiert wird. Am Beispiel der Metapher lässt sich gut zeigen, dass es hier Überschneidungen auch zu anderen Argumentformen gibt. Metaphern basieren einerseits auf Vergleichen und könnten daher auch in dieser Kategorie verortet werden. Andererseits stellen sie fest etablierte sprachliche Mittel der Verständnissicherung und der Erkenntniskonstitution dar, bei denen Zielkonzepte anhand von metaphorischen Modellen (Quellkonzepten) erläutert werden. Während jedoch bei den weiter oben beschriebenen Vergleichsargumentationen (Analogieargumente) der Vergleich jeweils expliziert wird, ist dies bei Metaphern i. d. R. nicht der Fall bzw. nur dann, wenn das metaphorische Modell aus argumentativen Gründen ausgeschöpft wird, d. h. die Metapher in ihren Bestandteilen weiter genutzt und ausgedeutet wird.

5.6.1 Begriffsinterpretation

Eine weit verbreitete Argumentationsform, v. a. im Bereich politischer Diskurse[91], ist das „Besetzen" von Begriffen. Damit ist gemeint, dass um die Bedeutungen von Begriffen argumentativ gerungen wird. „Semantische Kämpfe"[92] werden um die Begriffe und um die damit verbundene Deutungshoheit ausgetragen. Es wird darum gestritten, welche Inhalte mit Ausdrücken wie *Demokratie, Freiheit, soziale Gerechtigkeit* u. v. a. m. verbunden werden sollen. Bei diesen Argumentationen geht es dann auch immer darum, tatsächliche oder auch nur unterstellte Begriffsdeutungen des Gegners zu widerlegen und die eigenen Begriffsdeutungen zu plausibilisieren. Auch Luther verwendet diese beiden Argumentationsformen in der Streitschrift von 1545 ausgiebig, am augenfälligsten bei der Frage, was unter einem „freien" Konzil zu verstehen sei.

> DAs ist die sprache des Stuels zu Rom, wenn er ein frey Concilium gibt, das du jn furt auch Roemisch verstehen koennest: wenn sie "frey" sagen, das es gefangen heisse bey uns Deudschen, Wenn sie "weis" sagen, das du schwartz verstehen muessest, Wenn sie "Christliche Kirche" sagen, das du die grundsuppe aller Buben zu Rom verstehest, Wenn sie den Keiser einen Son der Kirchen nennen, das es also viel sey, als der verfluchtest Man auff Erden, welchen sie wolten, das er in der Helle were, und sie

91 Vgl. z. B. den Sammelband von Liedtke, Wengeler & Böke (1991).

92 Vgl. dazu Felder (2006). Zum Begriff ebd. S. 17f.

hetten das Reich, Wenn sie Deudschland die loebliche Nation nennen, das es heisse: die bestien und Barbari [...]

(WA 54: 212)

In diesem Beispiel verwendet Luther in polemischer Absicht zusätzlich zur Deutung der gegnerischen Begriffsauslegung auch eine Kontrastierungstechnik. Zwar führt er im ersten Abschnitt des Textes detailliert aus, was er selbst unter einem freien Konzil und was die Papstseite darunter versteht (WA 54: 206–228). Dabei bleibt es jedoch nicht; er spitzt die unterschiedlichen Deutungen dann auch kontrastierend zu: Der Gegner verstehe unter *frei* das, was man gemeinhin unter *gefangen* verstehen muss. Der Gegner verstehe unter *weis* das, was man normalerweise unter *schwartz* verstehen muss. Die Semantik von *Christliche Kirche* als Institution ist beim Gegner so verändert, dass die eigentliche Bedeutung auf die *grundsuppe aller Buben zu Rom*, also auf eine Verbrecherbande, verweist. Ähnliche Gegensätze werden dann noch für *Son der Kirchen* und *Deudschland, die loebliche Nation* konstruiert. Diese semantischen Zuschreibungen sind selbstredend so geartet, dass sie vom argumentativen Gegner nicht geteilt werden können.

Im zweiten Beispiel wird der theologische Zentralbegriff schlechthin angesteuert. Luther will zeigen, dass die tatsächliche Auffassung des Begriffs GOTT, die der Papst vertritt, das genaue Gegenteil von dem bedeute, was damit eigentlich gemeint ist bzw. gemeint sein muss. Der Teufel treibt sein Unwesen mithilfe seines Instruments, dem Papst.

Er hat im Himel Reich, das ist, in Christus Reich, in der Kirchen, viel zu schaffen und viel geschafft (Gleich wie sein Gott, der Teufel, auch), Denn er hat viel zuthun, das er zubreche und zerstoere alles, was Christus gebawet hat und noch bawet. Also hatte sein Gott auch zu schaffen, im Hause Hiob, da er jm alle seine Kinder, gesinde und vieh erschlug, und jn selbs auch plagte.

(WA 54: 265)

Gestützt wird diese Begriffsdeutung (GOTT = TEUFEL) noch durch einen Vergleich mit der bekannten Geschichte von Hiob. Des Papstes Gott (*sein Gott*), also der Teufel, brachte Verderben über Hiob in gleicher Weise wie der Papst als Handlanger des Teufels über *alles, was Christus gebawet hat und noch bawet*.

Im dritten Beispiel geht es um die Bedeutung des Begriffs RÖMISCHE KIRCHE. Im zweiten Abschnitt des Textes (WA 54: 228–285) setzt sich Luther mit der Institution des Papsttums auseinander und legt seine Auffassung der Institution Kirche dar. Die *rechte Roemische Kirche* unterscheidet sich danach ganz erheblich von dem, was das Papsttum im Laufe seiner Geschichte faktisch daraus gemacht hat. Dadurch wird dem Begriff RÖMISCHE KIRCHE eine Bedeutung zugeschrieben, die sich aus der gegnerischen Argumentation ergibt und eine andere Bedeutung (die der *rechten römischen Kirche*), die die eigene Seite vertritt.

DV must aber durch das Wort "Roemische Kirche" bey leibe nicht verstehen die rechte Roemische Kirche, Sonderlich die vor dem Bapstum gewest ist, welche das Bapstum nicht hat wollen annemen noch leiden, wie wir gehort haben in dem heiligen Gregorio, auch Christus on zweivel noch etlich Loth und seine Toechter in der Roemischen Sodoma hat, welchen das grewliche wesen des Bapstumbs ubel gefelt, Sondern Bepstisch, spitzbuebisch und Teuflisch mustu es verstehen, das der Bapst der heiligen

> Roemischen Kirchen namen braucht auffs schendlichst und lesterlichst und meinet damit seine Bubenschule, Huren- und Hermaphroditen Kirche, des Teufels grundsuppe, gleich wie er droben die Wort „Frey, Christlich, Deudsch Concilium" Spitzbuebisch meinet.
>
> (WA 54: 233)

Die im Zitat angeführte Gegenüberstellung der beiden Begriffsdeutungen wird von Luther noch mit einer Reihe von Beschimpfungen veranschaulicht, auf dass keine Zweifel bei der Bewertung beider Begriffsoptionen bestehen bleiben. Die rechte römische Kirche hat vor der Etablierung des Papsttums bestanden, danach nicht mehr. Die Deutung von RÖMISCHER KIRCHE, wie sie der Papst und das gesamte Papsttum vornimmt, entspricht dem Denken des *Roemischen Sodoma*. Das päpstliche Verständnis des Begriffs ist *spitzbübisch und Teufflisch*. Die anmaßende Begriffsverwendung durch den Papst ist *schendlichst und lesterlichst*. Sie zielt nur auf seine *Bubenschule* [Verbrecherschule], *Huren- und Hermaphroditen Kirche* etc.

Im vierten Beispiel geht es um die Deutung der dreiteiligen Papstkrone im Sinne eines weltlichen Herrschaftsanspruchs. Das, was man eigentlich nur als *Bischoffs Hut*, also als Amtsabzeichen eines normalen Bischofs deuten müsste, wird vom Papst ganz anders verstanden.

> DAher die Bepstliche Krone zu Rom nicht heisst ein Bisschoffs Hut, Sondern [Seite 265] Regnum Mundi, Der Welt Reich, davon S. Gregorius und frome Bisschove der Roemischen Kirchen nichts gewust, ehe der Bapst kam. Denn die Welt ist in drey teil geteilet, die nennet man Europa, Affrica, Asia, Das sind die drey Kronen des Bapsts. Denn alle Reiche in diesen dreyen Lendern sind des Bapsts, wie das Cap. Omnes, und seine Heuchler (ich hette schier gesagt: wie des Teufels foertze) rhuemen, das er der gantzen Welt Herr sey.
>
> (WA 54: 264f.)

Auch hier wird die Begriffsdeutung, die sich auf die Zeit vor der Etablierung des Papsttums beruft, durch zwei weitere Argumentationsformen verstärkt: Einmal geschieht dies durch eine Praeteritio (*ich hette schier gesagt*), d. h. durch den expliziten Hinweis darauf, etwas nicht zu sagen, etwas nicht als Argument einzufügen, und es gerade dadurch ins Bewusstsein der Leser zu bringen. Zum anderen ist dann der Inhalt der Praeteritio relevant, hier eine Beleidigung (*Teufels foertze*).

Im fünften Beispiel geht es um den Begriff der KEUSCHHEIT bzw. um den ZÖLIBAT der Priester. Luther greift hier zunächst die päpstliche Auffassung an, nach der Priester und Mönche zölibatär leben sollen. Dies geschieht dadurch, dass er den Gegner zunächst zu Wort kommen lässt, markiert mit einer zusätzlichen Beleidigung (*Nein, spricht der Fartzer zu Rom*).

> Christus hat die Ehe frey wollen haben. Nein, spricht der Fartzer zu Rom, Priester, Muenche, Nonnen, sollen nicht ehelich sein, Und ist weit besser, das einer keusch lebe (nach der Roemischen Bepstlichen, Cardinalischen keuscheit, dagegen Sodoma und Gomorra Jungfrawen sein moechten) denn ehelich werden.
>
> (WA 54: 267)

Das dem Gegner unterstellte Begriffsverständnis von KEUSCHHEIT ergibt sich quasi nebenbei durch einen Kommentar Luthers in den Klammern. Wenn der Papst *keusch* sagt, meint das die *Roemische[] Bepstliche[], Cardinalische[] keuscheit.* Auch was damit gemeint ist, wird dem Leser noch drastisch erläutert. Dies ist eine Keuschheit, bei der *Sodoma und Gomorra Jungfrawen sein moechten.* Ein drastischerer Gegensatz zwischen Verworfenheit und Keuschheit lässt sich kaum denken.

Im sechsten Beispiel geht es um den Begriff des CHRISTEN. Zunächst führt Luther aus, dass die Gegenseite kein richtiges Verständnis der zehn Gebote, des Vaterunsers oder bestimmter Glaubensartikel haben kann, da sie ja nicht die entsprechenden katechetischen Schriften lesen oder verstehen kann. Ihr Unvermögen wird dann durch ein Vergleichsargument (*Kinder von vier, fuenff jaren*) veranschaulicht.

> Denn dafuer darffestu nicht sorgen, das der Bapstesel mit seiner roemischen Bubenschule ein einig Gebot unter den zehen verstehet, Auch nicht eine Bitte im Vater unser, noch einen Artickel im Glauben, oder wie Tauffe und Sacrament zu verstehen und zu brauchen sey, wie ein Christ leben sol, was gute werck sind, Gott gebe, das er die zehen Gebot (wil des verstands gerne schweigen) koenne nach einander zelen, wie unser Kinder von vier, fuenff jaren koennen.
>
> (WA 54: 271)

Im zweiten Schritt wird dann die Begründung geliefert, warum die Gegenseite so unverständig ist und sein muss. Sie lesen die Schriften der Lutherseite nicht und aus ihren eigenen Schriften (*grosse Buecher, Decret, Bullen*) kann ein Verständnis der richtigen Glaubensinhalte nicht gewonnen werden. An diese Schriften hält sich allerdings die Gegenseite.

> Denn sie lesens nicht, gehen nicht damit umb, So gebens auch jre grosse Buecher, Decret, Decretal, Sexti, Clementin, Extravagant, Bullen nicht. Nicht ein wort kanstu aus allen diesen Buechern, sampt jren Scribenten finden, das dich leren moechte, das erste Gebot zuverstehen, oder eine bitte im Vater unser zu beten.
>
> (WA 54: 271)

Im dritten Schritt wird dann aus der Gegenüberstellung der Schriften (katechetische Texte der Lutherseite vs. päpstliche Texte) abgeleitet, dass die Gegenseite kein richtiges Verständnis dessen haben könne, was einen Christen ausmacht.

> Jst auch nicht wunder, sie haltens fuer geucherey und lauter Narrwerck, was wir Christen gleuben, Heissen uns Bon Christian, das ist, grosse Narren, die solch ding gleuben muegen.
>
> (WA 54: 271)

Daraus ergibt sich dann am Ende, dass das, was *wir Christen* (stellvertretend für alle, die sich an den durch die Bibel legitimierten Glaubensinhalten orientieren) sind, zwar von der Gegenseite ironisch als *Bon Christian* (gute Christen) bezeichnet werden mag; gemeint ist aber von der Gegenseite mit *Bon Christian* in diesem Sinne *grosse Narren.* Durch diese Argumentation wird somit die Semantik von CHRIST zwischen der eigenen (richtigen) und der gegnerischen (falschen) Deutung kontrastiert.

5.6.2 Metapher

Die Hauptmetapher in der Streitschrift von 1545 ist die metaphorische Gleichsetzung des Papstes mit einem Esel. Die Eselmetapher ist eine bekannte und wohletablierte Metapher, in der v. a. die negativ wertenden Attribute ‚dumm' und ‚störrisch' fokussiert werden.[93] Die Metapher des Papstesels war auch in der zeitgenössischen Bildpolemik etabliert.[94] Zusätzlich aufgeladen war die Eselmetapher dadurch, dass sie ikonographisch auch schon seit spätestens 1523 mit einem Monstrum[95] verbunden wurde, das als Papstesel einen Eselkopf, schuppigen Körper und weitere Teufelsmerkmale[96] aufwies. So wird die Eselmetapher eine doppelte: Zum einen werden die Eselmerkmale auf den Papst metaphorisch transferiert; zum anderen wird das Monstrum des Papstesels (s. Abb. 10) durch die Eselmetapher für den zeitgenössischen Leser jeweils mit aktiviert, sodass die Gleichsetzung dieses „Esels mit Teufelsmerkmalen" mit dem Antichristen plausibilisiert wird.

---

93 Vgl. zur Tiermetaphorik bei Beschimpfungen z. B. Faust (1969), zum *Esel* ebd. S. 72–75 und v. a. S. 100–103; zur Verwendung der Eselmetapher bereits im Lateinischen ebd. S. 84–85, 90, 97 (mit Beispielen aus Plautus, Terenz, Cicero, Apuleius). Faust verweist darauf, dass *Esel* als Beschimpfung eine sehr lange Tradition hat, erstmals im Deutschen belegt 1250 im Laurin (vgl. ebd. S. 101) mit der Bedeutung ‚Dummkopf/Narr', aber sicherlich schon weitaus länger in der pejorativen Bedeutung geläufig (vgl. S. 103). Zu metaphorischen Beschimpfungen wie Schwein oder Esel vgl. auch Sornig (1975: 153).

94 Vgl. dazu Lobenstein-Reichmann (2013: 42) mit Verweis auf zeitgenössische Flugschriften. Generell zur zeitgenössischen Tiermetaphorik zum Zwecke der Abwertung des Gegners Lobenstein-Reichmann (2013: 40–46).

95 Richardsen-Friedrich (2003: 113): „Luther und Melanchthon gaben 1523 zusammen eine Bilderkampfschrift heraus: *Deuttung der czwo grewlichen Figuren, Bapstesels czu Rom vnd Munchkalbs zu Freyberg ynn Meyssen funden* (WA 11: 369–385). In ihr wurden zwei Monstra als Weissagung Gottes auf das Papsttum und das Mönchtum gedeutet. Melanchthon deuteten den vermeintlich aus der Tiber ausgeworfenen ‚Papstesel', Luther das ‚Mönchskalb', eine Mißgeburt, die in Walterdsdorf bei Freiber in Sachen 1522 auf die Welt kam. Die Schrift fand weite Verbreitung [...]." (Herv. i Orig.).

96 Zur Deutung der Körperteile des Papstesels vgl. Richardsen-Friedrich (2003: 116–117), die die Deutung Melanchthons erläutert. Der Kopf steht für den Papst, die rechte Hand für das geistliche Regiment, die linke Hand für das weltliche Regiment. Die Füße unterstützen als Säulen den Herrschaftsanspruch des Papstes. Der rechte Fuß soll einen Ochsenfuß darstellen, der für die Vertreter der Papstpartei (Theologen etc.) steht, der linke Fuß ist eine Greifenklaue, die für die weltlichen Unterstützter des Papstes stehen. Bauch und Brust stehen – als weibliche Körpermerkmale – für das „unsittliche Leben des päpstlichen Körpers" (Richardsen-Friedrich 2003: 116), also für Wollust, Unkeuschheit und Völlerei. Die Fischschuppen symbolisieren den Schutz, den die weltlichen Herrscher dem Papst geben. Das alte Männergesicht symbolisiert – qua Alter – das kommende Ende des Papsttums; der feuerspuckende Drache steht für die päpstlichen Texte (Bullen, Dekete etc.).

Abb. 10: Papstspottbilder, Anhang zu WA 54, Blatt 2.

Die Eselmetapher – zusätzlich ikonographisch verstärkt durch das Monstrum des Papstesels (s. Abb. 10)[97] – kann als Leitmotiv für den ganzen Text gelten. Das Bild des Papstesel-Monsters dürfte den Zeitgenossen vertraut gewesen sein, da es schon seit 1523 (Erstdruck,

97 Richardsen-Friedrich (2003: 113–118) erläutert das Monstrum des Papstesels detailliert. Die Abbildung wurde erstmals gedruckt in der Schrift von Melanchthon und Luther von 1523: *Deuttung der czwo grewlichen Figuren, Bapstesels czu Rom vnd Munchkalbs zu Freyberg ynn Meysszen/ funden* 1523. „Das Bild des Papstesels erschien vielfach in späteren Schriften und Reden Luthers." Richarden-Friedrich (2003: 114).

WA 11: 371) im Umlauf war (vgl. Abb. 11, in der der Erstdruck des Papstesels aus der Schrift von 1523 dargestellt ist). Die Abbildung von 1545 (Anhang zu WA 54, Blatt 2) ist im Vergleich zum Erstdruck von 1523 (Abb. 11) – bei gleicher Symbolik und Grundaussage – differenzierter und detailreicher ausgearbeitet. An die Stelle des eher etwas grobschlächtig anmutenden Holzschnitts von 1523 tritt ein filigran wirkender, die Details des Papstesel-Monstrums und der Umgebungsattribute herausarbeitender, neuer Holzschnitt in der Bilderserie von 1545.

Abb. 11: Das Monstrum des Papst-Esels, WA 11: 371.

An 82 Stellen im Text verwendet Luther diese Metapher in den unterschiedlichsten Formen: als einfacher *Esel*, als diminuiertes *Eselchen*, als feminine (und damit zusätzlich beleidigende) Form *Eselin*, mit verschiedenen Adjektivattributen (*groben esel; grobe ungelerte Esel; Roemischen Esel; grossen Esels; grosser, grober, toelpischer, schendlicher Esel; feindselige Esel*), in Komposita (*fartz Esel; Bapstesel; Eselbapst; EselBapstfartz; Eselfartz; Maulesel; luegen Esel; Eselstal; Esels ohren*) und Derivationen (*Eseley*). Die Verwendung der Metapher erfolgt im Regelfall mit Bezug auf den Papst oder – weniger häufig – mit

Bezug auf die päpstliche Partei insgesamt. Die Bedeutung der Metapher entspricht der bekannten Lesart von ‚Dummheit' bzw. ‚Sturheit (wider besseres Wissen)'. Die Tatsache, dass Luther diese Metapher derart häufig verwendet und z. T. an einzelnen Textstellen zudem gehäuft, spricht dafür, diese Metapher entweder als sog. Argumentum ad nauseam (in argumentationslogischer Hinsicht) zu verstehen oder (was dem letztlich gleichkommt) als „Festschreiben" im Sinne von Lobenstein-Reichmann.[98] Damit ist gemeint, dass durch die wiederholte und in der Streitschrift schon stereotype Zuschreibung von Attributen die Konzeptualisierung insgesamt geprägt und verfestigt wird. Der Leser assoziiert immer stärker das von der (negativ wertenden) Metapher aufgerufene Bedeutungspotential. In der neueren Forschung ist dieser Vorgang auch als Framing[99] beschrieben worden: durch die wiederholte Rahmung und kontextuelle Einbettung von Konzepten mit jeweils bestimmten anderen Konzepten (hier Metaphern/negative Attribute) wird die Konzeptualisierung des Zielkonzepts (PAPST) selbst allmählich verändert. Es geht dann dabei nicht nur darum, das Zielkonzept (PAPST) durch den Rückgriff auf ein bestimmtes Quellkonzept (ESEL) besser zu verstehen; dies wäre im Sinne der kognitiven Metapherntheorie[100] durch eine einmalige Gleichsetzung bereits möglich. Sondern es geht darüber hinaus darum, diese Gleichsetzung durch die penetrante Wiederholung so zu verfestigen, dass die vom Quellkonzept übertragenen Bedeutungsanteile (‚dumm', ‚störrisch', ‚unbelehrbar') zu einem konstitutiven Bestandteil des Zielkonzepts (PAPST) selbst werden.

Die exzessive Verwendung der Eselmetapher führt bei Luther auch dazu, dass er sie in den verschiedensten Kompositionsmöglichkeiten nutzt. Schwitalla (2010: 113) nennt dies zu Recht eine „gewisse Freude an der sprachlichen Verunglimpfung", bei der alle Kombinationsmöglichkeiten von „Papst", „Esel" und „Farz" genutzt werden. Von den zahlreichen Beispielen seien hier nur zwei zur Veranschaulichung angefügt.

Im ersten Beispiel wird die Eselmetapher in einer sechsfachen Reihe genutzt, in der Positionen Luthers denen des Papstes gegenübergestellt werden[101]. Zur Veranschaulichung füge ich dem Zitat eine Nummerierung der Argumente und der Eselwortbildungen bei.

> [1] ERstlich, wie droben gehoert, wil der HErr seine Kirchen auff sich den Fels gebawet haben, das ist, an jn sol man gleuben, wer ein Christ sein wil.
> [1] Nein, spricht der Bapstesel, Es heisst, man sol mir gehorsam sein [...]
> [2] JTem, der HErr gibt sein Sacrament gantz seinen Christen.

98 Lobenstein-Reichmann (2013: 16, mit Verweis auf Graumann & Wintermantel [2007]).

99 Vgl. zur Frame-Semantik, die die semantiktheoretische Fundierung für den Prozess des Framings als Bedeutungskonstitution legt, und zu den damit verbundenen Framing-Effekten grundlegend: Busse (2012) und Ziem (2008), zum politischen Framing als Anwendungsbeispiel Wehling (2016).

100 Grundlegend für die kognitive Metapherntheorie nach wie vor z. B. Lakoff & Johnson (1980), Lakoff (1987). Als Anwendungsbeispiel für einen historischen Begriffswandel bei gleichzeitiger Konstanz in der Verwendung bestimmter metaphorischer Modelle sei auf Hundt (1995) und Hundt (2006) verwiesen.

101 Die Gegenüberstellung der Argumente geht an dieser Stelle noch weiter, allerdings nutzt Luther im abschließenden siebten Argument eine andere Beschimpfung: *aller hellischt Vater.*

[2] Nein, spricht Fartzesel Bapst, Den Leien ist gnug eine gestalt, den Priestern gehoerts gantz.
[3] JTem, das Sacrament wil der HErr hie gegeben hahen, zu stercken die armen gewissen durch den Glauben.
[3] Nein, sagt Bapst Fartzesel, [...]
[4] JTem, der HErr wil, das, wer im rechten Glauben stirbt, sol gewis selig sein.
[4] Nein spricht Eselbapst, Man mus zuvor ins Fegfewr, [...]
[5] JTem, der HErr wil, das seiner Tauffe krafft sol bleiben, so offt wir widerkeren, so lang wir hie leben.
[5] Nein, spricht Eselfartz-Bapst, Die Tauffe ist bald verloren, [...]
[6] JTem, der HErr wil, Wer da beicht oder seine Suende bekennet, und gleubt der Absolution, dem sollen sie vergeben sein.
[6] Nein, sagt EselBapstfartz, Glaube thuts nicht, [...]

(WA 54: 266)

[1] *Bapstesel*, [2] *Fartzesel Bapst*, [3] *Bapst Fartzesel*, [4] *Eselbapst*, [5] *Eselfartz Bapst*, [6] *EselBapstfartz* sind die verwendeten Kombinationen. Von den insgesamt sechs denkbaren Kombinationsmöglichkeiten aus *Bapst*, *Fartz* und *Esel* wird an dieser Stelle lediglich eine nicht genutzt: *Bapsteselfartz*. Möglicherweise ist diese Kombination bei der ersten Beschimpfung gedacht gewesen (*Bapstesel*), wobei der *Fartz* dann – aus welchen Gründen auch immer – vergessen wurde. Die Beschimpfungen [1] – [5] sind Determinativkomposita, bei denen entweder *Bapst* oder die Metapher des *Esels* das Grundwort bilden. Nur in [6] wird davon abgewichen. In diesem Kompositum determiniert der *EselBapst* den *Fartz* (rechtsverzweigend). Allerdings ist das gesamte Wortbildungsprodukt dann wohl eher als Possessivkompositum zu deuten: der *Fartz* steht für die ganze Person.

Wie bereits aus dem ersten Beispiel zu ersehen ist, wird die Eselmetapher i. d. R. mit anderen Argumentationsmustern verbunden. Die Freude am Wortspiel und an den Wortbildungsmöglichkeiten ist dabei nur eine Anwendungsform unter verschiedenen anderen. Im zweiten Beispiel wird die Eselmetapher mit einem Argumentum ad baculum und einem Sprichwort verknüpft. Die Metapher des Esels bietet ja die Möglichkeit der Ausschöpfung d. h. der weiteren Explikation des metaphorischen Modells. Luther nutzt dies so:

O wie ist dem groben esel so wol! Er ringet nach einem, der jm einen stecken auff den sack leget, das jm die lenden sich beugen muesten!

(WA 54: 222)

Die Bedeutungsaspekte der Eselmetapher sind aktiviert, der Papst (vielfach im Text) damit verbunden. Nun wird die Metapher ausgeschöpft. Im ersten Schritt mit einem Anklang an das bekannte Sprichwort *Wenn dem Esel zu wol ist, geht er aufs Eis tanzen und bricht sich ein Bein*[102], das die Dummheit des Esels fokussiert. Diese Dummheit fordert Gegenmaßnahmen geradezu heraus. Diese werden im zweiten Schritt in Form eines Droharguments (ad baculum) angefügt: Der dumme Esel schreit geradezu nach jemandem, der *jm einen stecken auff den sack legen, das jm die lenden sich beugen muesten!*

---

102 Vgl. Luther & Thiele (1535/1900: 297), wo auf die Form „Wenn dem Esel zu wohl ist, so gehet er aufs Eis tanzen und bricht ein Bein“ verwiesen wird.

Diese Beispiele, die sich noch durch weitere ergänzen ließen, zeigen Folgendes. Die Eselmetapher ist die Hauptmetapher zur Kennzeichnung des Papstes im Text. Sie wird zwar stetig wiederholt (ad nauseam), dies jedoch nicht in rhetorisch anspruchsloser, eintöniger Form, sondern i. d. R. eingebettet in andere Argumentationsformen und jeweils so variiert, dass das ganze negative Konnotationspotential der Metapher durch Luther genutzt werden kann.

In der Streitschrift werden neben der absolut dominanten Hauptmetapher des Esels auch andere Metaphern genutzt, sie sind im Vergleich zur Eselmetapher allerdings sowohl in der Frequenz als auch in der Funktion nachgeordnet. Zwei Beispiele mögen hier genügen: die Metapher der Sonne und des Schweine-/Eselstalls.

Die Sonne wird an einer Stelle im Text als Anthropomorphisierungsmetapher verwendet. Sie spielt dabei die Rolle einer unparteiischen Person. Im Kontext der Stelle geht es um die positiven Handlungen des Kaisers im Unterschied zu den Handlungen und Aussagen der Papstseite.

> Solchs[103] heisst der Spitzbube zu Rom ubel gethan. O grosse suende! Ja was heissen die Buben wol gethan, on was sie zu Rom thun? darueber die Sonnen hinfurt zu scheinen muede ist, und das [1. Mose 13, 6] land (wie sie selbs sagen) nicht mehr tragen kan. [...]
>
> (WA 54: 224)

Eingebettet ist die Stelle in eine ironische Argumentation (*O grosse suende!*), die das Handeln des Kaisers vermeintlich kritisiert. Gleich im Anschluss an die personifizierte Sonne, die über das Fehlverhalten des Papstes *zu scheinen muede ist*, wird auf 1. Mose 13,6 verwiesen, eine Stelle, in der das „Land" personifiziert wird. Es kann nicht „nicht ertragen, daß sie [Lot und Abraham, M. H.] beieinander wohnten". Unmittelbar im Anschluss an diese Stelle wird die Sonnen-Metapher noch einmal aktiviert, wiederum im Rahmen einer ironischen Argumentation:

> DAs ander stueck, das Keiser Karolus gethan hat zu Speir, O thar ichs auch sagen? horresco referens, mir grawet dafuer. Lieber, betet ein Vater unser fuer mich, das ich nicht wie Eli gestrafft werde, O liebe Sonne, erschrick nicht, und werde nicht schwartz fuer meiner rede, das ich von solcher grossen suende sage! Das ist die suende: Keiser Karl hette gern friede und einigkeit in der Religion, gleich wie er im Reich gern frieden sehe, [...].
>
> (WA 54: 224)

Luther spielt mit dieser Personifizierung natürlich auch auf die seinerzeit allseits bekannte Bibelstelle aus Mt. 5, 44–45 an (Bergpredigt):

---

103 Die friedenserhaltenden Handlungen des Kaisers: *Ey er [Kaiser Karl V., M. H.] wolt nicht ein blutvergiessen in Deudschen landen anrichten, da der Teufel der Bapst und Cardinal mit lust inne baden moechten, und damit jre hellische grundsuppe geschuetzt wuerde, Sondern hat das Wormisch Edict suspendirt, daher aller unfriede in Deudschland komen war, Und hat dasselb darumb gethan, das man eintrechtiglich dem Tuercken widerstand [Seite 224] thun kuend, wie ein fromer Christlicher Keiser thun sol, sein Vaterland zu versehen mit gutem friede und schutz.* (WA 54: 223f.).

Ich aber sage euch: Liebet eure Feinde; segnet, die euch fluchen; tut wohl denen, die euch hassen; bittet für die, so euch beleidigen und verfolgen, auf daß ihr Kinder seid eures Vater im Himmel; denn er läßt seine Sonne aufgehen über die Bösen und über die Guten und läßt regnen über Gerechte und Ungerechte.[104]

Diese Stelle (Mt. 5, 45) hatte wegen ihrer Bekanntheit schon zur damaligen Zeit sehr wahrscheinlich sprichwörtlichen Charakter. Verschiedene Formen der Redensart haben sich daraus entwickelt, z. B. „seine Sonne scheinen lassen über Gerechte und Ungerechte"[105] oder „Die Sonne geht auf über Böse und Gute".[106] Während im ersten Beleg zur Sonnen-Metapher die eigentlich unparteiische Sonne ob der Verdorbenheit der Papstseite *muede* ist und sich so faktisch eben doch positionieren muss in der Argumentation, wird sie im zweiten Beleg direkt angesprochen. Ironisch wird sie gebeten, nicht zu erschrecken und sich nicht zu verfinstern ob der Tatsache, dass Luther von den Taten des Kaisers berichtet. Die ironische Bitte markiert klar, auf welcher Seite auch hier die Sonne stehen wird. Insofern ist die Nutzung der Metapher – gerade mit Blick auf die entsprechende Stelle aus der Bergpredigt – relevant. Selbst die bekanntermaßen unparteiische und überparteiliche Sonne muss in diesem Fall, wenn es um die argumentative Position des Papstes geht, auf der Seite Luthers stehen.

Der Schweine- resp. der Eselstall wird als Metapher im Rahmen einer Argumentation, die dem Gegner unterstellt wird, von Luther verwendet. Dabei dürfte die Verbindung von *Sewstall* und *Eselstal* nicht zufällig sein, greift der *Eselstal* doch zugleich die dominante Eselmetapher auf. Im Beleg unterstellt Luther der gegnerischen Seite, dass sie die Kirche als Institution als Schweinestall verstehe. Die Metapher wird im Zitat zugleich ausgeschöpft, indem der Papst *mit seinem dreck innen regieren muege*. Auch der Verweis auf den *dreck* ist nicht zufällig, da er das Wortspiel (vgl. 5.6.4) mit *Decret* vs. *Drecket* aufgreift.

Aber der Bapstesel weis nichts, weder vom Glauben noch verheissung, noch von Gottes Geboten, Hellt die Kirchen fuer einen Eselstal oder Sewstal, da er mit seinem dreck innen regiren muege.

(WA 54: 272)

So fügt sich der „Dreck", also die *Decrete*, stellvertretend für die päpstlichen Schriften nahtlos in die Metapher ein. Der Papst als *Bapstesel* macht die Kirche zum „Schweinestall" gerade dadurch, dass er *weder vom Glauben noch verheissung, noch von Gottes Geboten* etwas weiß.

Auffällig ist im Text insgesamt, dass vergleichsweise wenige Metaphern genutzt werden. Deutlich frequenter ist z. B. die Nutzung unterschiedlicher Phraseologismen oder anderer veranschaulichender Argumentationsformen. Über die Gründe kann hier nur spekuliert werden. Möglicherweise ist die Verwendung von Metaphern im sprachlich-

104 Übersetzung nach der Lutherbibel von 1912.

105 Röhrich (2006: 1311).

106 Wander (1987: Bd. 4, 613). In der Sprichwörtersammlung Luthers (Luther & Thiele 1535/1900) ist dieses Sprichwort zwar nicht gebucht, was aber kein Beweis dafür ist, dass Luther es nicht gekannt hat.

aggressiven, grobianischen Kontext der Streitschrift kognitiv zu aufwendig, etwa im Vergleich zur Verwendung von Phraseologismen oder explizit ausgeführten und ausgebauten Analogieargumenten.

5.6.3 Rhetorische Frage

Rhetorische Fragen zeichnen sich dadurch aus, dass sie die Antworten jeweils schon implizit mitliefern (kontextuell bedingt). Sie sind damit keine echten Fragen, sondern implizite Behauptungen. Das, was mit rhetorischen Fragen behauptet wird, ist die jeweilige Konklusion einer Argumentation, die sich entweder aus dem argumentativen Kontext oder aus der argumentativen Position des vermeintlich Fragenden ergibt, die dem Leser/Hörer natürlich bekannt sein muss, damit die rhetorische Frage als Argumentationsform überhaupt funktionieren kann. Eine rhetorische Frage, die nicht als solche erkannt wird, muss somit ihre argumentative Funktion i. d. R. verfehlen. In der Streitschrift von 1545, die in Bezug auf die Position des Autors und in Bezug auf Drastik, Polemik, Veranschaulichung von Argumenten nichts zu wünschen übriglässt, sind die jeweiligen rhetorischen Fragen immer zweifelsfrei als solche erkennbar. Mit einer rhetorischen Frage stellt der Fragende scheinbar etwas zur Disposition, was seiner Meinung nach eigentlich gar nicht zur Disposition steht. Dabei ist es gleichgültig, ob die rhetorische Frage in Form einer Ergänzungsfrage oder in Form einer Entscheidungsfrage formuliert wird. Nur scheinbar wird durch die Frageform insinuiert, dass Alternativen in der Beantwortung der Frage bestehen würden. Die rhetorische Frage hat damit auch die Funktion, argumentative Offenheit zu inszenieren: Der Fragende gibt vor, die verschiedenen denkbaren Antworten auf die Frage durchdacht zu haben, zu durchdenken oder zumindest für die Diskussion zu erwägen. Tatsächlich ist dies natürlich nicht der Fall. Aber: Durch das Spiel mit den verschiedenen Möglichkeiten der Beantwortung rhetorischer Fragen wird der Anschein argumentativen Ringens um die richtige Antwort zumindest dem Leser nahegelegt. Gleichzeitig wird jedoch (durch den Kontext oder durch die vorgängig bekannte Position des Fragenden) die vermeintlich eröffnete Argumentation sofort wieder geschlossen: Die Antwort auf eine rhetorische Frage und damit die einzig richtige Alternative (aus der Menge möglicher Antworten) liegt fest.

Luther nutzt die Argumentationsform der rhetorischen Frage ausgiebig, wenn es darum geht, die gegnerische Position anzugreifen. Darüber hinaus sind bei ihm rhetorische Fragen häufig zusätzlich gerahmt durch weitere Argumentationsformen, die dann das Erkennen der vermeintlichen Frage als rhetorische Frage unmissverständlich steuern.

Im ersten Beispiel geht es um die Frage, ob der Papst überhaupt Absolution von Sünden gewähren kann. Klar ist aus Luthers Sicht, dass dies nicht der Fall ist.

> AH, was plagen wir uns selbs mit dem verfluchten Bapst! Wie solt er die Suende binden? Weis er doch nicht, verstehet er doch nicht, der grobe, grosse Esel und Narr, was Suende sey, kans auch nicht, wils auch nicht wissen.
>
> (WA 54: 271)

Die rhetorische Frage (*Wie solt er die Suende binden?*) wird durch eine Beschimpfung eingeleitet. Auf die Frage selbst folgt sogleich die Auflösung der vermeintlichen Alternativen (*weis er doch nicht [...]*), die dann noch mit einer Beschimpfung abgeschlossen wird. Mit dem impliziten Argument (‚Wer x nicht kennt/versteht/richtig auffasst, kann über x auch nicht urteilen') ist die vermeintlich offene Frage beantwortet und abgeschlossen.

In ähnlicher Weise ist im zweiten Beispiel die rhetorische Frage argumentativ eingebettet. Hier geht es um die dem Papst zugeschriebene Macht- und Geldgier (Argumentum ad hominem), die ihn als Oberhaupt der christlichen Kirche ohnehin schon diskreditieren. Die Ablassbriefe sind nicht durch den richtigen Glauben gedeckt.

> Da fragt der Bapst nicht nach, das er nur das Gelt kriegt, und seine macht bestetigt. Was solt der Bapst und sein Gott der Teufel nach der Seelen heil fragen?
>
> (WA 54: 270)

Eingeleitet wird die rhetorische Frage durch ein Argumentum ad hominem, das allein schon die Antwort auf die Frage (*Was solt der Bapst [...]*) nahelegt. Zusätzlich ist in der Fragestellung selbst die Antwort implizit dadurch, dass der Teufel als der „Gott" des Papstes mit in die Frage einbezogen wird (*Was solt der Bapst und sein Gott der Teufel nach der Seelen heil fragen?*).

Im dritten Beispiel wird eine weitere Form der rhetorischen Frage verwendet. Hier zeigt sich die Verbindbarkeit dieser Argumentationsform mit anderen, im vorliegenden Falle mit der Ironie, die selbst wiederum – in einem größeren Rahmen – in eine fiktive Vergleichsargumentation eingebettet ist (vgl. 5.4.4).[107]

> Wenn Keiser Karol spreche zu seiner Heubtman einem, als in Brabant oder Flandern: Jch befelh dir meine Leute, sihe wol zu, das sie geschuetzt werden, und jederman recht geschehe, und dencke, das es meine Land und Leute sind, Nicht deine Leute, mit denen du thun woltest, was dich gelueestet, wie sie offt pflegen, Da gienge der Heubtman hin, und [Seite 278] rhuemet sich, Keiser Karol hette jm indistincte, alle seine Leute befolhen und wolte dadurch Heubtman sein, so weit als Keiser Karol Herr were, in Hispanien, Jtalien, Germanien etc. und doch wol wueste, das Keiser Karol viel andere Heubtleute hette, Were das nicht ein lieblicher, gewuendschter Heubtman?
>
> (WA 54: 277f.)

In diesem Beispiel schließt die rhetorische Frage das fiktive Vergleichsargument ab. Durch den Kontext ist klar, wie ein solcher *Heubtman* zu bewerten wäre. Zusätzlich weist die

---

107 Dort der fiktive Vergleich des Weideauftrags (geistlich) mit einem Auftrag des Kaisers an seinen *Heubtman*.

Frageform ein Ironiesignal auf (Negationspartikel *nicht*). Durch die Negationspartikel wird eigentlich die positive Antwort nahegelegt, die allerdings nicht in Frage kommen kann.

Im vierten Beispiel werden mehrere rhetorische Fragen in einen fiktiven Dialog mit entsprechenden Beschimpfungen eingebunden. Der Kontext ist hier die Frage nach dem Recht zur Einberufung eines Konzils (WA 54: 206–228). Der besseren Nachvollziehbarkeit wegen wurde das Zitat nach den jeweiligen (fiktiven) Dialogpartnern gegliedert. Die rhetorischen Fragen sind nummeriert.

> [Papstseite] „Ja wir habens hernach also gesetzt in unsern Decretalen, das allein der Bapst solle Concilia beruffen und personen nennen."
> [Luther] [1] Lieber, ists aber war? [2] Wer hats euch befolhen, also zu setzen?
> [Papstseite] „Schweig, du Ketzer, was zu unserm mund aus gehet, das sol man halten!"
> [Luther] Jch hoeres. [3] Welchen mund meinstu? [4] da die foertze aus faren? (das magstu selbs halten!) oder [5] da der gute Korso einfleust? (da scheis ein hund ein!).
> [Papstseite] „Ey du schendlicher Luther, [6] soltu mit dem Bapst so reden?"
> [Luther] Ey pfui wider, jr lesterliche verzweivelten buben und groben Esel, [7] solt jr denn auch mit einem Keiser und Reich also reden? [8] Ja solt jr solche hohe vier Concilia mit den vier Christlichen, groessesten Keisern so lestern und schenden umb ewer fortze und drecketal willen? [9] Wes lasst jr euch denn duencken, das jr besser seid, denn grosse, grobe, ungelerte Esel und Narren, die nicht wissen noch wissen woellen, was Concilia, Bisschoff, Kirchen, Keiser, ja was Gott und sein Wort sey? Du bist doch ein grober Esel, du Bapst Esel, und bleibst ein Esel.
>
> (WA 54: 222)

Insgesamt werden im Zitat neun Fragen ausgeführt, die allesamt rhetorischer Art sind, d. h. sie sind keine offenen Fragen, sondern ihre Antworten sind dem Leser bereits beim Lesen der Frage durch den Kontext klar. Interessant dabei ist, dass auch dem Gegner eine rhetorische Frage (6: *soltu mit dem Babst so reden?*) zugewiesen wird. Diese wird jedoch unmittelbar im Anschluss durch eine ebensolche rhetorische Gegenfrage erwidert. Die Gegenfrage führt die Respektlosigkeit der päpstlichen Seite gegenüber der weltlichen Obrigkeit ins Feld. Selbst wenn man der rhetorischen Frage der Papstseite zustimmen und sie akzeptieren sollte, dass Luther mit seinen Beschimpfungen dem Papst gegenüber respektlos ist und dies nicht angemessen ist, muss man doch gleichermaßen zustimmen, wenn Luther den Spieß umkehrt und genau diese Respektlosigkeit in Form einer rhetorischen Frage auf die Gegenseite zurückwirft (Fehlverhalten der Papstseite gegenüber der weltlichen Obrigkeit). Damit ist durch die Gegenfrage wieder der Fokus auf den Fehlern und dem Fehlverhalten der Gegenseite und Luther kann dann in weiteren Beschimpfungen und rhetorischen Fragen (8 und 9) fortfahren.

5.6.4 Wortspiel

Auch Wortspiele sind im polemisch-aggressiven Sprachgebrauch Luthers vertreten. Sie bieten den Vorteil, durch kognitives Überblenden verschiedener Konzepte, die durch das Wortspiel aktiviert werden, Gleichsetzungen vorzunehmen, die den Gegner diskreditieren sollen. Dadurch werden Wortspiele, wie sie in der Streitschrift vorliegen, sekundäre Prädikationen, die Attributen vergleichbar sind. Der *hellische Bapst* ist zugleich „heilig" (ironisch) und „höllisch" bzw. seine Heiligkeit erweist sich in Wahrheit als Ausgeburt der Hölle. Die *Dreckete* des Papstes sind zugleich institutionelle Schriften mit hohem Verbindlichkeitsanspruch, *Dekrete*, und auch – was die Inhalte betrifft – „Dreck". In der vorliegenden Streitschrift ist zwar die Type-Frequenz an Wortspielen niedrig – im Wesentlichen beschränkt sich dieses Verfahren auf die Wortbildungen vom Typ „dekret – dreck – drecket" und „heilig – höllisch/hellisch – Hellischeit". Dafür ist die Token-Frequenz dieser beiden Wortspiele relativ hoch. Zwei kontextualisierte Beispiele für diese Art von Wortspielen mögen genügen. Das erste Beispiel steht im Kontext der Frage eines „freien Konzils":

> Das also nicht das Concilium wider den Bapst, Sonder der Bapst wider das [Seite 212] Concilium frey sey. Das ist die alte geyge des Bapsts, in allen seinen drecketen und drecketaln, Nemlich: Er sol Herr und richter sein uber das Concilium, und nicht das Concilium uber den Bapst.
>
> (WA 54: 212f.)

In diesem Wortspiel werden die päpstlichen Schriften mit „Dreck" gleichgesetzt. Der Inhalt dieser Schriften ist somit durch das Wortspiel selbst schon widerlegt bzw. als unvernünftig nicht nachvollziehbar, eben als „Dreck" markiert. Dieses Wortspiel verwendet Luther im Text insgesamt fünfzehn Mal. Die unveränderte Form (*Decret*, *Decretale* etc.) taucht 47-mal auf, wobei dabei jeweils kontextuell eindeutig ist, dass diese Schriften inakzeptabel sind. Berücksichtigt man ferner, dass das Wortspiel zum ersten Mal bereits am Anfang des Textes vorkommt (WA 54: 212),[108] dann erscheint es plausibel, dass die Überblendung beider Ausdrücke auch bei den Formen greift, die in Normalform erscheinen. D. h., wenn der Leser auch an vielen Folgestellen *decret* etc. liest, nimmt er doch das Wortspiel *drecket* mit auf, da es bereits voraktiviert ist und auch immer wieder (noch an weiteren vierzehn Stellen) aktiviert wird.

Noch deutlicher wird dieser Effekt der kognitiven Aktivierung und wiederholten Einprägung beim zweiten Beispiel. Hier wird „heilig" mit *höllisch/hellisch* verbunden und überblendet. An insgesamt 43 Textstellen findet sich dieses Wortspiel. Die Verwendung der Normalform des Lexems *heilig* in verschiedenen Ausprägungen findet sich an weiteren 43 Stellen mit Bezug auf den Papst und die Papstanhänger.[109] Häufig wird dabei *heilig* ironisch gebraucht: der *heiligen Jugfraw Bapst*[110], den *heiligen Stuel*[111], die *heilige Bubenschule*[112], *heiligen Kirchen*[113], *in seinem aller heiligsten leben*[114]*heiligsten Vater*[115], *heiligen*

108 In der WA 54 erstreckt sich die Paginierung des Textes von den Seiten 206 bis 299.

109 Die Verwendung des Lexems *heilig* in Bezug auf andere Referenten (wie z. B. „heilige Schrift", „heiliger Geist" etc.) wurde bei dieser Auszählung nicht berücksichtigt.

110 WA 54: 215.

111 WA 54: 221.

112 WA 54: 211.

113 WA 54: 213 (ironisch und so auch noch an vier weiteren Textstellen).

Spitzbuben[116], *die heilige Jungfraw, Sanct Paula Tertius*[117], *DU heilige Jungfer S. Clemens*[118], *den heiligen Roemischen Hof*[119] etc.

Das nachfolgende kontextualisierte Beispiel steht wiederum relativ am Beginn des Textes (WA 54: 213) und kann somit auch für die nachfolgenden Normalformen die Assoziation ‚heiliger Vater/Papst = höllischer Vater/Papst' aktivieren.

> Solchs roch der Bapst mit seiner hellischen grundsuppe seer wol [...] Christlich heisse nichts mehr denn Bepstlich und was seine hellischeit sampt seiner Bubenschule (ah vergebe mirs Gott, ich hette schier gesagt: sampt seiner heiligen Kirchen) zu Rom urteilet und schleusst, [...] Und die, so solchs fuer hetten im Concilio zu erregen, sollen als Ketzer nicht zu gelassen werden, wie der Hellische Vater dem Keiser schreibt [...].
>
> (WA 54: 213)

Die sekundären Prädikationen in den Wortspielen werden so zu Argumenten, die den Gegner bzw. seine Schriften abwerten sollen.

5.6.5 Wortbildung

Wortbildungen können ebenso wie attributiv verwendete Adjektive oder die oben genannten Wortspiele als sekundäre Prädikationen angesehen werden. So werden z. B. in Determinativkomposita durch das Bestimmungswort genauere Angaben zum Grundwort gemacht, d. h. etwas über das Grundwort prädiziert. So verwundert es auch nicht, dass im zeitgenössischen grobianischen und aggressiven Sprachgebrauch auch die Wortbildung eine sehr große Rolle spielt.

Lobenstein-Reichmann (2013: 47f.) weist darauf hin, dass die protestantische Polemik im Bereich der Wortbildung als besonders produktiv angesehen werden kann. Am Beispiel der mit Luther einsetzenden Negativbewertung des Simplex *Götze* belegt sie die außerordentliche Wortbildungsproduktivität negativer Charakterisierungen. Sie spricht hier zu Recht von einem „protestantischen Wortbildungseifer".[120] Dieser „Wortbildungseifer" zeigte sich bereits bei den Beschimpfungen (vgl. 5.3.2.1) und den dem Gegner unterstellten Argumenten (vgl. 5.3.2.6), wo die verschiedensten Bildungsmöglichkeiten der Simplizia *Esel*, *Papst* und *Furz* kombiniert wurden.[121]

---

114 WA 54: 214 (ironisch).
115 WA 54: 217 (ironisch und so auch noch an vier weiteren Textstellen).
116 WA 54: 219.
117 WA 54: 214 (ironisch und in Verbindung mit einer sexistischen Beschimpfung, so noch an drei weiteren Textstellen).
118 WA 54: 277.
119 WA 54: 286.
120 Lobenstein-Reichmann (2013: 48).
121 Vgl. dazu auch Schwitalla (2010: 113).

> Nein, spricht der Bapstesel, [...] Nein, spricht Fartzesel Bapst, [...] Nein, sagt Bapst Fartzesel, [...] Nein spricht Eselbapst, [...] Nein, spricht Eselfartz-Bapst, [...] Nein, sagt EselBapstfartz, [...] O nein, spricht hie der aller hellischt Vater [...].
>
> (WA 54: 266)

Dominant ist im Text die Wortbildung (Beschimpfung) *Papstesel*, die allein 21-mal verwendet wird. Darüber hinaus – hier wird die Eselmetapher ausgebaut und ausgeschöpft – werden die Steigerungen *fartz esel*[122], der *Esel stall*[123] für den *Roemischen Hof* und das Simplex verwendet. Die Gleichsetzung des Papstes mit dem Teufel ist im Text geradezu ubiquitär[124]; das Lexem *Teufel* wird im Text insgesamt an 156 Stellen[125] verwendet. Darunter auch verschiedene Wortbildungen mit *Teufel*: *Teufelsdreck*[126], *teufels Kinder*[127], *Teufels gespenst*[128], *von jrer teufels Synagoga*[129], *Teufels-werck*[130], *Teufels banden*[131], *Teufels maul*[132], *Bapst Teufel*[133]. Die attributive Verbindung zwischen Papst und Teufel wird daneben auch mit Genitivattributen aktiviert: *des Teufels larven*[134], *des Teufels grundsuppe*[135], *in des Teufels namen*[136], *des Teufels kirche*[137], *des Teufels foertze*[138], *ein stathalter des Teufels*[139], *des Teufels mutter*[140], *des Teufels werck*[141], *des Teufels frucht*[142]. Seltener werden dann auch Derivationen des Lexems verwendet: *teufelisch/e*[143] *ein solcher verteufelter mensch der Suenden.*[144]

---

122 WA 54: 222, 265, 266 (zweifach), 273.

123 WA 54: 285, 286 (zweifach).

124 Hier zeigt sich auch eine Parallele zur Polemik Luthers gegen Andreas Karlstadt auf. Auch hier setzt Luther seinen Gegner schrittweise mit dem Teufel gleich, vgl. Schwitalla (1986: 50).

125 145 Stellen mit der Schreibung <T/teufel>, elf Stellen mit der Schreibung <T/teuffel>.

126 WA 54: 263, 265, 277, 290, 293.

127 WA 54: 227.

128 WA 54: 242 (zweifach), 260, 285, 297.

129 WA 54: 245.

130 WA 54: 259.

131 WA 54: 270.

132 WA 54: 277.

133 WA 54: 280.

134 WA 54: 229.

135 WA 54: 233.

136 WA 54: 235.

137 WA 54: 245.

138 WA 54: 265.

139 WA 54: 283.

140 WA 54: 284.

141 WA 54: 285.

142 WA 54: 291.

143 WA 54: 219, 270, 299.

144 WA 54: 291.

Das Lexem *Hölle* wird ebenfalls zur Attribution des Papstes und der gesamten Papstpartei an insgesamt 46 Textstellen eingesetzt; z. B. *des hellischen fewrs*[145], *Hellischer Vater!*[146], *jre hellische grundsuppe*[147], *in des Hellischen Satans Reich*[148], *der aller hellischt Vater*[149], *der Hellische Teuffel.*[150]

Bereits der Blick auf die Lexeme *Teufel* und *Hölle* macht deutlich, dass Luther hier verschiedene Wortbildungsverfahren (Komposition, Derivation, Komparation) ausgiebig nutzt. Dies gilt – wenn auch in geringerer Frequenz – für andere Lexeme. Sie werden i. d. R. durch die Wortbildung gesteigert: So wird aus dem *schalck* mit Affixoid der *heubtschalck*[151], aus der *luege* die *heubtluegen*[152], aus dem *Spitzbuben* der *Ertzspitzbube[]*[153], aus der *abgoetterey* die *erzabgoetterey*[154]. Das letzte Beispiel zeigt auch die mehrfache Anwendung von Wortbildungsverfahren (Derivationen): *Gott* > *Abgott* > *Abgötterei* > *Erzabgötterei*. In gleicher Weise wird der *Ertzkirchendieb*[155] verwendet.

Weitere typische Komposita sind *luegenmaul*[156] bzw. *luegen maul, lester maul, Teufels maul*[157]. Auch Nomina Agentis werden häufig zur Charakterisierung des Gegners genutzt. Der Papst wird z. B. als *fartzer zu Rom*[158] und v. a. als *luegener*[159] bezeichnet.

Besonders interessant am Einsatz dieser verschiedenen Wortbildungsverfahren ist die an einzelnen Textstellen stattfindende Komprimierung. In ganzen Reihen werden Wortbildungen zur Beschimpfung des Gegners aufgefahren:

> Man kann wol Bisschoff sein on das Pallium, und ist nicht not, das man den Ertzkirchendieb, Stifftreuber, Kloesterfresser, Seelmoerder zu Rom so gros geld lasse zusehens rauben, und dafuer uns seinen Teufelsdreck und stanck, eitel luegen, Gotteslesterung, abgoetterey und ewiges verdamnis zu lohn geben.
>
> (WA 54: 293)

Dieser Beschimpfungsfuror in attributiven Reihungen (weitere Beispiele vgl. 5.8.1) nutzt die in Wortbildungen und Attributen[160] umgesetzte Informationsverdichtung dahinge-

---

145 WA 54: 219, 243, 279. (zweifach), 292.
146 WA 54: 221, 267 mit wortspielerischem Bezug zum „heiligen Vater“.
147 WA 54: 223, 235, 261.
148 WA 54: 257.
149 WA 54: 266.
150 WA 54: 284.
151 WA 54: 263.
152 WA 54: 271.
153 WA 54: 218. Hier in Kombination mit Nomina agentis:*Ertzspitzbuben, Moerder, Verrehter, Luegener.*
154 WA 54: 242.
155 WA 54: 284, 293.
156 WA 54: 237.
157 WA 54: 277.
158 WA 54: 267.
159 WA 54: 218 und an dreizehn weiteren Stellen.
160 Adjektivattribute, Genitivattribute, Präpositionalattribute.

hend, dass letztlich immer wieder dasselbe Ad-Hominem-Argument wiederholt und dem Leser geradezu eingehämmert wird.

> das der Bapst nicht sey noch sein kan das heubt der Christlichen Kirchen noch Stathalter Gottes oder Christi, sondern sey das heubt der verfluchten kirchen aller ergesten Buben auff erden, Ein stathalter des Teufels, ein feind Gottes, ein widersacher Christi und verstoerer der Kirchen Christi, Ein lerer aller luegen, [Seite 284] Gottslesterung und abgoettereien, Ein Ertzkirchendieb und Kirchenreuber der schluessel, aller gueter, beide der kirchen und der weltlichen Herrn, ein moerder der Koenige, und hetzer zu allerley blutvergiessen, Ein hurnwirt uber alle hurnwirte [...] und aller unzucht [...], ein Widerchrist, ein Mensch der suenden und kind des verderbens, ein rechter Beerwolff.
>
> (WA 54: 283f.)

5.6.6 Wortersatz

Eine weitere Art von Überblendungstechnik, die Ähnlichkeit mit dem oben erläuterten Wortspiel (*drecket* etc.) hat, ist der Wortersatz. Bei gleichem Referenten wird ein unmarkiertes Wort ersetzt durch ein markiertes, im vorliegenden Text durch ein Wort, das den beschriebenen Sachverhalt pejorisiert. Luther verwendet den Wortersatz im Zusammenhang mit der Salbung weltlicher Fürsten durch den Papst. Aus der päpstlichen „Salbung und Krönung" wird so *des Bapstes Schmir und Kroenung*.

> Aber wol fein were es gewest, das die Keiser hetten dem Bapst seine schmir und Kroenung gelassen. Denn sie wol Keiser koennen sein on des Bapstes Schmir und Kroenung, welche machen keinen Keiser, Sondern die Churfuersten machen einen Keiser, ob er gleich nimermehr vom Bapst geschmirt wuerde, wie Luduicus iij., Conradus j., Heinricus j., Conradus Sueuus, Rodolphus, Maximilianus und etliche mehr vom Bapst ungeschmirt sind blieben. Denn der Bapst macht mit seiner schmir zu viel unlusts und ungluecks im Reich. Sind doch wol auch etliche Bisschove on Pallien blieben, allein die Walh der Stiffte macht Bisschove, wie es auch recht ist, und gnug were, das jm die Nehesten Bisschove die hende aufflegten, Und liese das lesterliche, fressende, Beerwoelffisch monstrum zu Rom seine schmir und henffene faden brauchen, wo zu er kuendte.
>
> (WA 54: 298)

Weitergeführt wird der Wortersatz im obigen Zitat dann noch durch Verben (*geschmirt wuerde*) und Adjektive (*ungeschmirt sind blieben*). In Verbindung mit abwertenden Umschreibungen, bei denen z. B. das Pallium als *henffene faden* bezeichnet wird, ist für den Leser das Argument klar: Die Symbole zur Ausübung der päpstlichen Herrschaft erweisen sich bei näherem Hinsehen als unwürdig und damit in gleicher Weise der Papst selbst und sein damit verbundener Machtanspruch.

5.6.7 Doppelte Negation/Litotes

Obwohl in der Streitschrift an vielen hundert Stellen Verneinungen im Laufe der Argumentation auftauchen (i. d. R. gegen die päpstlichen Positionen gerichtet) finden sich nur an sehr wenigen Stellen doppelte Negationen, die als verstärkte Negationen gelten können.

Diese doppelten Negationen sollen jeweils das vorgebrachte Argument unterstreichen und verstärken.

> Zu Rom ist nie keine Schule gewest, und nicht sonderlich gelerte Leute daher komen.
>
> (WA 54: 257)

> Den hielt man fuer einen Apostaten, abtruennigen Christen, des seelen nimermehr kein rat were.
>
> (WA 54: 270)

> Denn es ist kein Kind nicht, das nicht wisse von zwelff Aposteln und S. Paul zusagen.
>
> (WA 54: 277)

Eine ähnliche Wirkung haben Negationsserien, die jeweils in gleicher Weise die gegnerische Position widerlegen sollen und zwar mit dem Nachdruck der Wiederholung. Diese geradezu einhämmernde Wiederholung – in den Beispielen unten jeweils durch die Negationspartikel „kein" realisiert – hat zudem klanglich die Qualität einer Alliteration (vgl. 5.6.8.). Zur besseren Nachvollziehbarkeit dieser Negationsserien wurden sie in den Zitaten hervorgehoben.

> Sie wuerden doch hernach erger denn zuvor, wie nach dem Costnitzer Concilio geschehen ist. Denn weil sie des glaubens sind, das **kein** Gott, **keine** Helle, **kein** Leben nach diesem Leben sey, sondern leben und sterben wie eine Kue, Saw und ander [2. Petri 2, 12] vieh, ij. Petri ij, So ists jnen gar lecherlich, das sie solten Siegel und Brieve oder eine reformation halten.
>
> (WA 54: 220)

> Hie, sage ich, hat die heilige Jungfraw S. Paula Bepstin **kein** gewissen, **kein** [4. Mose 16, 32] sorge, **kein** furcht Gottes, [...].
>
> (WA 54: 223)

> Hie ist **kein** Grieche noch ungrieche, **kein** Man, **kein** Weib, **kein** Roemer noch Antiocher, [Gal. 3, 28] **kein** Leibeigen noch Freyer, Wir sind allzumal Einer in Christo, Gala. iij.
>
> (WA 54: 276)

> Denn es sey eine kirche, wo sie kan in der gantzen welt, so hat sie **kein** ander Euangelium oder heilige Schrifft, **kein** ander Tauffe und Sacrament, **kein** andern Glauben und Geist, **kein** andern Christum und Gott, **kein** ander Vater unser und Gebet, **kein** ander hoffnung und ewiges leben, denn wir hie in unser Kirchen zu Wittemberg haben.
>
> (WA 54: 284)

Die Beispiele führen die Verstärkung der jeweiligen Verneinung deutlich vor Augen. Es geht dabei in den einzelnen Zitaten jeweils nicht um die Negation deutlich voneinander geschiedener Konzepte, sondern um die Negation von Konzepten, die eng zusammengehören: GOTT/HÖLLE/EWIGES LEBEN, GEWISSEN/SORGE/GOTTESFURCHT, ALLE MENSCHEN/JEDER

MENSCH, ZENTRALE GLAUBENSINHALTE/GLAUBENSTEXTE. Insofern sind solche Reihungen als verstärkte Negationen den Litotes funktional ähnlich.

5.6.8 Alliteration

Ein weiteres sprachlich-rhetorisches Mittel, das als Argumentationsform gesehen werden kann, ist die Alliteration. Die lautliche Wiederholung (meist im Anlaut) verstärkt das in der Prädikation (oft in Form von sekundären Prädikationen in Adjektivattributen) ausgedrückte Argument. Diese Argumentationsform gewinnt ihre Plausibilität somit über ein sprachlich-ästhetisches Verfahren der Lautwiederholung. Die sprachliche Form selbst stützt das Argument, in dem sie vorkommt. Luther nutzt dieses Mittel v. a. in den Beschimpfungen, um sie so noch nachdrücklicher, plastischer zu machen und sie so durch die Wiederholung und durch die Verlängerung der Beschimpfung zu verstärken. Dies ist aber nur eine Funktion der Alliteration im Text. Insgesamt dient sie dazu, durch den rhythmischen Wohlklang der Sätze den Leser positiv gegenüber dem Textproduzenten zu stimmen, d. h. Zustimmung zu den Inhalten wird dadurch erreicht, dass diese Inhalte in einer leicht zugänglichen, z. T. dadurch auch leichter erinnerbaren Form, präsentiert wird. Dadurch wird das Wie der Präsentation der argumentativen Inhalte selbst zum Argument.

Ein Beispiel mag dies veranschaulichen. Das Zitat schließt die Darstellung der Inhalte ab, die Luther in der Streitschrift behandeln möchte (*Denn drey stueck hab ich mir fuergenomen.*). Klar ist bereits an dieser Stelle, dass es im gesamten Text um die Widerlegung päpstlicher Positionen gehen wird.

> Bleibt mir etwas uber von krefften, will ich wider an seine Bullen und Brieve mich machen und versuchen, ob ich dem grossen, groben Esel seine lange, ungekemmete ohren kemmen muege.
>
> (WA 54: 228)

Das Zitat schließt somit die Inhaltsübersicht ab und verweist auf die generelle Zielrichtung des Textes. Es stellt in Aussicht, dass bei verbleibenden Kräften der argumentative Streit weitergehen könnte: gegen die *Bullen und Brieve, mich machen, grossen, groben Esel.* Der *grosse, grobe Esel* als alliterierende Beschimpfung taucht noch an weiteren Stellen auf: *die grossen, groben Esel (Bapst und Cardinal)*[161], *der grobe, grosse Esel und Narr*[162], *des groben, grossen Esels*[163], *ein stall vol grosser, grober, toelpischer, [Seite 286] schendlicher Esel*[164], *seinen grossen, groben Esels kopff mus aller welt zeigen*[165], *mit grossen, boesen narren und*

161 WA 54: 237.
162 WA 54: 271.
163 WA 54: 274.
164 WA 54: 285f.
165 WA 54: 294.

grossen, groben Eseln zu Rom.[166] An anderen Stellen wird variiert, so wenn der *grobe[] gesell*[167] als päpstliche Zuschreibung auf Luther bezogen wird; oder wenn eine Gleichsetzung als Rechtfertigung für das eigene Handeln angeführt wird: *Jch mus grob Exempel geben, dem groben Esel.*[168]

Neben diesen Alliterationen kommen selbstverständlich noch zahlreiche weitere vor, z. B. *wie er leuget, lestert, flucht und tobet*[169], *luegener und lesterer goettlichs Worts*[170], *Huren- und Hermaphroditen Kirche*[171], *wie gar ein uberaus unverschampt, lesterlich luegenmaul ist der Bapst.*[172] Oder in gleich mehrfacher Wiederholung im Kontext einer Beschimpfung:

> Jn des sehen und hoeren wir, wie der Bapst so ein meisterlicher Geuckeler ist. Denn gleich wie ein Geuckler den albern leuten ins maul guelden gauckelt, [...].
>
> (WA 54: 207)

5.6.9 Diminutiv

Diminutive setzt Luther v. a. im Kontext von Beschimpfungen des Gegners ein,[173] in geringerem Umfang aber auch zur Entkräftung gegnerischer Machtansprüche, zur Marginalisierung gegnerischer Glaubenssymbole und schließlich als Unterstützung einer captatio benevolentiae. Auch hier ist es die sprachliche Form (Verkleinerung), die als Argumentationsform dazu dient, das jeweilige Argument, in dem sie vorkommt, zu stützen und zu verstärken.

In den folgenden Beispielen 1–6 werden Diminutive als Verstärkung einer Beschimpfung eingesetzt. Der Papst ist ein *Leckerlin*, das Papsttum ein *fuendlin* (Erfindung), der Papst selbst nur ein *bepstlin* oder ein *Jungferlin Bepstlin*, seine Anhängerschaft ein *gesindlin.*

> 1) DEm nach sihe mir nu an die Schrifft dieses Leckerlins, Pauli Tertij, [...].
>
> (WA 54: 210)[174]

> 2) Das ist nu gewis, das der Bapst und sein Stand ein lauter Menschen geticht und fuendlin ist.
>
> (WA 54: 239)[175]

---

166 WA 54: 295.
167 WA 54: 237.
168 WA 54: 277.
169 WA 54: 228.
170 WA 54: 231.
171 WA 54: 233.
172 WA 54: 237.
173 Zur abwertenden Verwendung von Diminutivsuffixen durch Luther vgl. auch Lobenstein-Reichmann (2013: 47).
174 *Leckerlein*: DWB Bd. 12, Sp. 486 „kleiner oder geringer lecker, bube, bösewicht“.

3) Das wil ein bepstlin werden, [Seite 241] wens nu ausgewechst!

(WA 54: 240f.)

4) Darnach solte man jm selbs, dem Bapst, Cardinal, und was seiner Abgoetterey und Bepstlicher heiligkeit gesindlin ist, [...].

(WA 54: 243)

5) Liebes Jungferlin Bepstlin, wie verstehestu es denn?

(WA 54: 282)

6) Jungfer Bepstlin

(WA 54: 282)

In den Beispielen 7–8 unterstützen die Diminutive die Argumentation, die die gegnerische Position entkräften bzw. widerlegen sollen. Der Apostel hat nichts (*nicht ein stiplin*) geschrieben, was die Machtansprüche der römischen Kirche unterstützen würde (Beispiel 7). Die von der Papstseite ins Feld geführten wichtigen Glaubenssymbole sind nicht nichts weiter als *ein schweistuechlin*, *ein schwartz bretlin* und ein *klaretlin*.

7) Lieber Bisschoff, S. Peter ist unser Apostel, wir haben von jm die Schluessel, und sind uber die Roemischen Kirchen. Denn uns hat er seine schoene, lange Epistel zu geschrieben. Aber der Roemischen Kirchen hat er nicht ein stiplin vom geringsten Buchstaben geschrieben.

(WA 54: 254)[176]

8) DOch stellen sie zwey Heubter auff an S. Petri und Pauli tag, geben fuer, und lassen den gemeinen Man gleuben, es seien der Aposteln natuerliche heubter, da leufft der andechtige poebel zu mit Hansen von Jhene. Aber Bapst, Cardinal und jr gesindlin wissen seer wol, das es zwey hueltzen, geschnitzt und gemalet Heubter sind, gleich wie sie mit der Veroniken auch thun, geben fuer, es sei unsers HErrn Angesicht in ein schweistuechlin gedruckt, Und ist nichts, denn ein schwartz bretlin viereckt, da henget ein klaretlin fuer, darueber ein anders klaretlin, welches sie auffzihen, wenn sie die Veronica weisen, Da kan der arm Hans von Jene nicht mehr sehen, denn ein klaretlin fuer eim schwartzen bretlin, Das heisst denn die Veronica geweiset und gesehen, und hie ist grosse andacht und viel Ablas bey solchen ungeschwungen Luegen.

(WA 54: 255)[177]

Schließlich nutzt Luther auch Diminutive im Kontext von Demutsargumenten (captatio benevolentiae, vgl. 5.7.1). Die eigene umfangreiche Streitschrift wird so zum *Buechlin*.

175 *fündlin/fündlein*: DWB Bd. 4, Sp. 544. Hier in der Bedeutung „eine erfindung, besonders eine geringe".
176 *stiplin*, hier vermutlich in der Bedeutung kleines Teil, Stupfer, Stoppel.
177 *klaretlin/klaretlein* = DWB Bd. 11, Sp. 1001 „ein stück tuch oder leinwand".

9) Aber ich mus hie auff hoeren oder sparen, was ich mehr wider die Brieve und Bulla zu schreiben habe, denn mein kopff ist schwach, und fuele mich also, das ichs villeicht nicht moechte hinaus fueren, und doch noch nicht bin komen dahin, das ich mir fuer genomen habe in diesem Buechlin zu schreiben, Welchs ich wil zuvor ausrichten, ehe mir die kreffte gar entgehen. Denn drey stueck hab ich mir fuergenomen.

(WA 54: 228)

10) ES ist mir dis Buechlin zu gros unterhanden worden, [...].

(WA 54: 283)

11) Aber hie mus ichs lassen. wils Gott, im andern buechlin wil ichs bessern.

(WA 54: 299)

Wie bei den Komposita (z. B. *Bapstesel* o. Ä.) oder attributiven Adjektiven werden so in den Diminutiven sekundäre Prädikationen umgesetzt, die Zusatzaussagen sind, die die Hauptaussagen der Argumentation unterstützen.

5.6.10 Pleonasmus

Der Begriff des Pleonasmus zielt in seiner weiten Fassung auf jegliche Form der semantischen Doppelung. Insofern sind natürlich auch Reihungen von Beschimpfungen oder negativen Attribuierungen dem Pleonasmus zugehörig. Ein Beispiel mag dies veranschaulichen, das im Kontext der Konzilsfrage steht:

Ah, au, usch, das stuecklin schmertzt sie, der stefft stickt tieff in jrē hertzen, der stein wil jnen das hertz abdruecken, [...].

(WA 54: 208)

Mit Bezug auf das Konzil zu Konstanz (1415) führt Luther aus, dass dort für die Päpste ungünstige Entscheidungen getroffen worden seien (u. a. *das ein Concilium uber den Bapst sey, und nicht der Bapst uber das Concilium*[178]). Diese Entscheidungen sind für die nachfolgenden Päpste schmerzlich: Ausgeführt wird dies gleich in dreifacher und damit pleonastischer Form. Ähnliche semantische Doppelungen tauchen auch an anderen Stellen auf, z. B. wenn der Papst als *unsinnige[r] Narr*[179] bezeichnet wird.

In einem engeren Sinne pleonastisch sind aber auch Formeln, bei denen Lexemwiederholungen eingesetzt werden. Eine Lexemwiederholung in dieser Art kann auch als amplificatio bezeichnet werden.[180] Auch diese verwendet Luther an wenigen Stellen, so

178 WA 54: 208.

179 WA 54: 278.

180 Für den Hinweis zu dieser terminologischen Differenzierung danke ich dem Kollegen Thorsten Burkard.

z. B., wenn er von *grewliche[n] Grewel[n]* spricht (*der grewliche Grewel zu Rom*[181]). Ziel der Pleonasmen im weiten wie im engeren Sinne (amplificatio) ist jeweils die Verstärkung des Arguments, in dessen Zusammenhang sie verwendet werden.

5.6.11 Epizeuxis (unmittelbare Wortwiederholung)

Dieselbe Funktion wie die Pleonasmen haben auch die häufiger vorkommenden unmittelbaren Wortwiederholungen (Epizeuxis). Sie verstärken das jeweilige Argument und inszenieren zugleich eine emotionale mündliche Äußerung in schriftlicher Form.

Nach einer Beschimpfungskanonade (*Ertzspitzbuben, Moerder, Verrheter, Luegener*[182]), die selbst schon die Vorstellung beim Leser hervorrufen dürfte, dass hier ein vor Wut Rasender schreit, folgt die Epizeuxis *vol, vol, und so vol.*

> so sie doch vol sind aller ergesten Teufel in der Helle, vol, vol, und so vol, das sie nichts denn eitel Teufel ausspeien, schmeissen [i. e. ‚scheißen', M. H.] und schneutzen koennen.
>
> (WA 54: 218)

Im zweiten Beispiel folgt die Epizeuxis einer dem Papst unterstellten eigenen Wutrede:

> Aber auff das angezogene Concilio sperret er seinen Rachen auff, als wolt er gern Himel und Erden verschlingen, und schreiet: Meinstu, das die Concilia macht haben, der Roemischen Kirchen (vernim seine Huren und Hermaphroditen Kirchen) ein zil zu setzen? Weistu nicht, das alle Concilia sind durch die Roemische Kirche geschehen, und haben jre macht von der Roemischen Kirchen? So, so, so sol man liegen und lestern, wer ein rechter Bapst sein wil.
>
> (WA 54: 236)

Das *So, so, so* unterstreicht nachdrücklich die Gleichsetzung von *Bapst* und das diesem wesenseigene *liegen und lestern.*

Das dritte Beispiel folgt auf ein Kontrastargument, in dem die Partei Gottes der Partei des Teufels gegenübergestellt wird.

> Wer Gott wil hoeren reden, der lese die heilige Schrifft. Wer den Teufel wil hoeren reden, der lese des Bapsts Drecket und Bullen. O weh, weh, weh dem, der dahin kompt, das er Bapst oder Cardinal wird, Dem were besser, das er nie geborn were!
>
> (WA 54: 263)

Die Epizeuxis schließt hier als Wehe-Ruf das Kontrastargument ab und verstärkt so die ohnehin schon klare Positionierung.

181 WA 54: 206.
182 WA 54: 218.

Das vierte Beispiel steht wiederum im Kontext der Papstschelte, der *ein Mensch der Suenden*[183] ist. Hier wird – geradezu beiläufig – der Missbrauch des *Tempel Gottes* verstärkt.

> da er [der Papst, M. H.] nicht allein fuer sich ein Suender ist, sondern mit Suenden, falschem Gottes dienst, Gotteslesterung, unglauben und luegen, die welt, sonderlich den Tempel Gottes, die Kirchen, vol, vol gemacht, [...].
>
> (WA 54: 269)

5.6.12 Negative Attribute

Attribute sind i. d. R. sekundäre Prädikationen, die jeweils eigene Propositionen einbetten. Diese sekundären Prädikationen können in verschiedenen Formen auftreten: in Wortbildungen (Komposita, Diminutive), in Adjektivattributen, in Genitivattributen, in Präpositionalattributen, in Appositionen und auch – in expliziterer Form – in Relativsätzen. Sie werden von Luther im Text zur Abwertung des Gegners sehr häufig verwendet. Appositionen und Komposita wie bei den Beschimpfungen (*Du heilige Jungfer S. Clemens*[184], *Bapstesel*[185]) wurden bereits erwähnt. Erwartungsgemäß sind die Adjektivattribute hier besonders häufig: *unsinniger Narr*[186], *tollen Bapstesel*[187], *verlogener Boesewicht*[188] u. v. a. m. Diese werden an einzelnen Stellen auch in Verbindung mit Genitivattributen verwendet: *des Bapstumbs teuflischer grewel.*[189] Genitivattribute zur Beschimpfung des Gegners sind ebenfalls häufig, sowohl in Voranstellung (*Gottes und Menschen feind, der Christenheit verstoerer, und des Satans leibhafftige wonung*[190]) als auch nachgestellt (*ein Kind ist des verderbens*[191], *ein Mensch der Suenden und Kind des Verderbens*[192]). Gleiches gilt für die (seltenere) Verwendung von Präpositionalattributen in dieser Funktion: *Teufel in der Helle*[193], *des Spitzbuben zu Rom.*[194]

---

183 WA 54: 269.
184 WA 54: 277.
185 WA 54: 278.
186 WA 54: 278.
187 WA 54: 278.
188 WA 54: 279.
189 WA 54: 283.
190 WA 54: 218.
191 WA 54: 269.
192 WA 54: 271.
193 WA 54: 218.
194 WA 54: 218.

5.6.13 Sprichwort/Phraseologismus

Luthers Vorliebe für Sprichwörter/Phraseologismen ist aus der Forschung hinlänglich bekannt. Moser (1980: 158) geht sogar so weit, eine Korrelation zwischen dem Grad der Polemik in einem Luthertext und der Anzahl der eingesetzten Sprichwörter zu konstatieren.[195] Luther liebte zweifelsohne Sprichwörter zur Veranschaulichung seiner Argumentation und Polemik; er sammelte bekanntlich selbst Sprichwörter und kannte auch alle zeitgenössischen Sprichwörtersammlungen.[196] So plausibel die Einschätzung von Moser insgesamt auch sein mag, so muss doch für die vorliegende Streitschrift konstatiert werden, dass Luther in ihr vergleichsweise wenige Sprichwörter/Phraseologismen im Rahmen seiner Polemik nutzt. Auch wenn man sich darüber trefflich streiten kann, was schon als Phraseologismus gelten kann und was noch nicht, so bleiben im unstrittigen Kernbestand doch nur wenige Belege in der Streitschrift von 1545 übrig (s. die Belege weiter unten). Im Vergleich etwa zur Verwendung in anderen Texten[197] (z. B. bei der Auslegung des 101. Psalms, in der Luther 107 Sprichwörter unterbringt[198]), ist diese Zahl doch auffällig niedrig. Eine Korrelation, wie sie Moser annimmt, ist hier nicht erkennbar. Eine Erklärung für diese Zurückhaltung kann m. E. nur spekulativ sein. Es könnte der Fall sein, dass der extreme Angriffsmodus, in dem sich Luther bei dieser Streitschrift befindet, evtl. doch dazu beigetragen hat, andere Argumentationsformen (z. B. Beschimpfungen, Ironie, Attributreihungen, Argumentreihungen etc.) stärker zu nutzen als Sprichwörter/Phraseologismen. Diese dienen doch in erster Linie dazu, allgemeine Lebensweisheiten – gewissermaßen in Sprichwortform kondensierte, bewährte Einsichten und Wahrheiten – zum Ausdruck zu bringen. Erst in zweiter Linie sind sie als Mittel der sprachlichen Aggression geeignet. Für diese Vermutung spräche auch die Tatsache, dass die meisten der von Luther in der Streitschrift von 1545 verwendeten Sprichwörter im Teufelskontext zu sehen sind, d. h. in einem Kontext, in dem der im Sprichwort thematisierte Teufel auch direkt auf den Papst bezogen werden kann, und zwar nicht allein metaphorisch, sondern wortwörtlich. Allerdings ist diese Deutung angreifbar, denn: Je nach Kontextualisierung lassen sich selbstverständlich

---

195 Moser (1980: 158): „Luthers gezielter Sprichwörtergebrauch geht auch aus der Tatsache hervor, daß ihre Zahl in den polemischen Schriften gegen die alte Kirche und ihre Verfechter überhaupt in den Äußerungen über seine Gegner, bedeutend höher liegt als in den übrigen Schriften. Ausgenommen werden muß dabei allein seine Auslegung des 101. Psalms (*Davids Regentenspiegel*), die nicht weniger als 170 Sprichwörter und Redensarten enthält, darunter mehr als fünfzig seiner eigenen Sammlung. Man kann fast sagen, daß Polemik und Sprichwörtergebrauch für Luther identisch sind. Es gibt kaum eine polemische Schrift aus seiner Feder, die auf Sprichwörter und Redensarten verzichtet, und je polemischer der Ton wird, um so mehr wächst die Zahl der herangezogenen Sprichwörter an."

196 Vgl. dazu Moser (1980: 155), der darauf verweist, dass Luther die Sammlungen von Erasmus von Rotterdam („Adagia" 1500), Johannes Agricola (1534), Sebastian Franck (1541) und anderen gekannt und sie teilweise in den Tischreden kommentiert hat. Luthers eigene Sprichwörtersammlung entstand vermutlich nach 1530, sie wurde erst 1900 veröffentlicht von E. Thiele; Luther & Thiele (1535/1900).

197 Vgl. dazu und zur statistischen Verteilung Cornette (1942/1997).

198 Moser (1980: 158).

Sprichwörter/Phraseologismen auch als Mittel der sprachlichen Aggression bestens nutzen. Es bleibt also die Frage, weshalb Luther gerade in diesem, seinem „derbsten“ Text, auffällig wenige Sprichwörter einsetzt.

Die ersten Belegbeispiele stehen im Kontext der lutherschen Herleitung der Institution des Papsttums vom verwerflichen Kaiser Phocas. Nach der Feststellung, dass selbst dieser Kaiser die Missstände der jetzigen römischen Kirche nicht gutheißen würde, werden gleich mehrere Sprichwörter bzw. Phraseologismen eingeschoben:

> JA so gehets zu, und so mus es zugehen, wenn man den Teufel uber die Thuer malet und zu gefattern bittet.
>
> (WA 54: 235)[199]

> Was solts denn sein und werden, wo man ein ding in des Teufels namen, und wider Gottes willen anfehet? Da wird fenster und thuer auffgethan, das der Teufel mit aller macht hinein feret. Also hat der Bapst auch sein Bapstum in des Teufels namen mit allerley luegen und Gottslesterung angefangen [...].
>
> (WA 54: 235)[200]

> [...] das auch an den fruechten wol zur kennen ist, was fuer ein baum sey, und wer den selben gepflantzt hat.
>
> (WA 54: 235)[201]

Diese Abfolge von Phraseologismen schließt einerseits die Aufzählung der gegnerischen Fehler ab und leitet andererseits über zu den weiteren Ausführungen (*So wil ichs auch weiter beweisen.*[202]). Die semantische Brücke zwischen den Phraseologismen ist jeweils der Teufel, mit dem der Papst im Bunde ist. Die Phraseologismen als allgemein bewährte Lebensweisheiten – hier auch noch in einem Fall verstärkt durch biblische Bezüge – unterstützen so die eigene Argumentation: Wer sich mit dem Teufel einlässt, *in des Teufels namen* agiert, kann nur Schlechtes denken und tun.

Auch das zweite Beispiel verknüpft den sprichwörtlichen Teufel mit dem Papst. Vor dem Sprichwort wird der Papst schon sensu stricto mit dem Teufel verbunden: Gott hat den Teufel in seinem Reden eingeschränkt, so dass er nur durch den Papst reden konnte.

> ABer es ist Gottes gnade in solchem grossen zorn nicht gar ausgewest, Und hat den Teufel nicht lassen reden mit gantzer freier Zungen, Sondern hat sie gebunden, Das er durch den Bapst mit halber und schwerer zungen hat muessen stolpern, stammeln und lallen, damit seine auserweleten ein zeichen

---

199 Röhrich (2006: 1611), Wander (1987 Bd. 4: 1112) und Luthers Sprichwörtersammlung, Luther & Thiele (1535/1900: 357).

200 „In des Teufels Namen“ s. Röhrich (2006: 1615), Wander (1987 Bd. 4: 1126). „Da wird Fenster und Tür aufgetan [...]“: Wander (1987 Bd. 4: 1087) verzeichnet ein bedeutungsähnliches Sprichwort „Man darff dem Teuffel nicht Thür vnd fenster aufftthun, er nimpt doch sonst wol gern das ganzet Hauss ein.“

201 Wander (1987 Bd. 1: 1234), Röhrich (2006: 479): „an ihren Früchten sollt ihr sie erkennen“ (nach Mt. 7,16 oder Lukas 6,44).

202 WA 54: 235.

und warnung hetten, daran sie mercken kuendten, das der Teufel im Bapst [Seite 279] wonete, und durch jnen redet, die Schrifft mit seinem lallen so schendlich ausleget, die Welt zu verfueren.

(WA 54: 278f.)

Unmittelbar im Anschluss daran folgt, als Erklärung und Abschluss dieses veranschaulichenden Beispiels der Zusammenwirkung von Papst und Teufel, das Sprichwort:

Denn der Teufel mus es ja also machen, das er einen stanck hinder sich lasse, dadurch man wisse, er sey da gewest.

(WA 54: 279)[203]

Im dritten Beispiel lässt Luther den Papst selbst sprechen und ein Sprichwort für seine offenkundig nicht haltbare Argumentation verwenden. Zunächst setzt sich Luther in dialogischer Form mit dem Papst auseinander. Es geht dabei um die Frage der päpstlichen Kompetenz (‚Weide meine Schafe', ‚Du bist mein Fels' etc.). Luther stellt zunächst eine (rhetorische) Frage, auf die dann der Papst mit einem Sprichwort entgegnet:

Ey warumb fuerestu denn seine Wort, vom Fels, Schluessel und Weiden? „Ey, lieber, es ist besser Bestien regirn, denn von Bestien regirt werden. Weistu nicht, wer Meisen fahen wil, mus ein Meisen bein pfeiffen, und wer einen Christen fahen wil, mus reden lernen wie ein Christ. Darumb muessen wir euch, bon Christian, bey ewrem glauben ergreiffen, dabey kann [Seite 283] man euch Deudsche Bestien halten und fueren, wo und wie wir wollen, wie man die Beeren fueret bey dem Rinck in der Nasen, das jr uns nicht abermal uber den kopff wachset, und mit uns spielet, wie ewer vorfarn, die Gotten, Longobarden, und etliche Keiser gethan haben."

(WA 54: 282f.)[204]

Auffällig ist dabei, dass Luther das dem Papst in den Mund gelegte Sprichwort auch gleich übersetzt, so dass für den Leser unzweideutig ist, wie er es zu verstehen hat. Die zu fangenden *Meisen* sind die in der falschen Lehre zu fangenden Christen. Ein zweites Sprichwort wird dabei angedeutet, das bei den Zeitgenossen vermutlich bei der Lektüre als Assoziation aktiviert wurde: „Man muss den Bären erst fangen, ehe man ihm einen Ring durch die Nase zieht"[205] bzw. „Einem Bären den Ring durch die Nase ziehen"[206]. Beides – die Erläuterung des ersten Sprichworts und das Anklingenlassen eines zweiten Sprichworts – machen jeweils sehr deutlich, was der Papst nach Luthers Auffassung beabsichtigt.

Neben diesen den Gegner charakterisierenden Beispielen finden sich im Text noch eine Reihe weiterer Belege, die jeweils die eigene Argumentation unterstützen sollen.

Im vierten Beispiel nutzt Luther ein Sprichwort zur Unterstützung seiner Bibelauslegung von Mt. 16,18 (Fels). Mit diesem schließt Luther die Auslegung ab.

---

203 Wander (1987 Bd. 4: 1077).
204 Wander (1987 Bd. 3: 577).
205 Wander (1987 Bd. 1: 231).
206 Wander (1987 Bd. 1: 232).

> Und Summa, dieser Text Matthei xvj redet vom Glauben, Das, wer da geleubet, der ist gebawet auff diesen fels, wie man spricht: Wer Gott trawet, hat wol gebawet.
>
> (WA 54: 244)[207]

Das fünfte Beispiel steht im Kontext der Frage, welcher Führungs- bzw. Alleinvertretungsanspruch für Petrus aus der Bibel abgeleitet werden kann. Es geht um die Stelle, in der Jesus die Jünger fragt, „Wer sagt denn ihr, daß ich sei?“ (Mt. 16,15) und Petrus stellvertretend für die anderen antwortet.

> Wer sagt jr denn, das ich sey? (Merck hie, das er sie alle sampt in hauffen fragt: Wer sagt jr denn, das ich sey?) Da sprach Simon Petrus: Du bist Christus, des lebendigen Gottes Son. Solch antwort thut Petrus von aller Apostel wegen, Denn wo ein hauffe wird gefragt, koennen sie nicht zu gleich alle antworten, Sondern einer mus das wort von aller wegen fueren, wie man spricht: Zween muegen mit einander singen, aber mit einander koennen sie nicht reden.
>
> (WA 54: 246)[208]

Hier geht Luther argumentativ umgekehrt wie im vorigen Beispiel vor. Zunächst veranschaulicht er sein Argument (einer muss für alle sprechen, da nicht alle gleichzeitig sprechen können) durch die konkretisierende Erläuterung (*wo ein hauffe wird gefragt*). Dann schließt er zur Bekräftigung dieses Arguments das Sprichwort vom Singen an.

Auch das sechste Beispiel steht im Kontext von Mt. 16,18. Es ist als Aus- und Aufruf zum rechten Verständnis der Bibelstellen zu lesen, als Hinweis auf das falsche Bibelverständnis des Papstes und auch als Hinweis darauf, dass selbst die Juristen hier dem Papst *nichts gestehen.*

> Wer nu hie augen hat, der stecke sie nicht in beutel, und wer ohren hat, der schicke sie nicht uber feld, das er sehen und hoeren muege, wie der Bapst hie zum Herrn uber Himel und Erden, uber Kirchen und Keiser gesetzt wird, welchen hohen Artickel des Glaubens doch die Christenheit von anfang bis auff den Bapst nicht gewust, Auch die zween Juristen (wie droben gesagt) Johannes Teutonicus und Panormitanus, als verzweivelte Ketzer verneinen, und dem Bapst in diesem Text nichts gestehen. Aber was ist Gott, Christus, Kirche, Welt, Juristen, gegen dem Bapst?
>
> (WA 54: 247)[209]

Das Sprichwort (*Wer nu hie augen hat [...]*) eröffnet somit die Hinweisreihe, die schließlich mit einer rhetorischen Frage zum Machtverhältnis zwischen Gott, Christus, Kirche, Welt, Juristen einerseits gegen den Papst andererseits geschlossen wird.

Das siebte Beispiel steht im Kontext einer captatio benevolentiae (vgl. 5.7.1), in der Luther vermeintlich konzediert, dass ihm seine Ausführungen insgesamt zu lang geraten sind. Er gibt als Begründung ein Sprichwort an:

---

207 Wander (1987 Bd. 2: 90).
208 Wander (1987 Bd. 4: 568).
209 Wander (1987 Bd. 1: 175): „man soll die Augen nicht in Beutel stecken“.

ES ist mir dis Buechlin zu gros unterhanden worden, und wie man sagt: Das alter ist vergessen und wesschicht, ist mir villeicht auch also geschehen.

(WA 54: 283)

Dieses Sprichwort, das man übersetzen könnte mit: „Das Alter bringt Vergesslichkeit und Geschwätzigkeit mit sich." ist zwar weder bei Wander, noch bei Röhrich noch bei Luther & Thiel gebucht. Aus dem Kontext ergibt sich jedoch m. E. klar, dass es sich um ein Sprichwort handeln muss und dass dies Luther auch in dieser Funktion verwendet hat.

Neben den bislang angeführten – wenigen – sprichwörtlichen Redensarten, die in Satzform bewährte Lebensweisheiten transportieren und schon allein dadurch die eigene Argumentation stärken, tauchen an verschiedenen Stellen noch andere Phraseologismen in Form von kürzeren idiomatischen Wendungen auf. Die Kirchengeschichte erweist nach Luther *so klar als die liebe Sonne*[210], dass die jetzigen Päpste im Unrecht sind. An einer anderen Stelle wird der päpstliche Machtanspruch mit einem idiomatischen Ausruf zurückgewiesen: *Trawen, das moechts thun!* (WA 54: 239). Er ist an dieser Stelle zu übersetzen mit „soweit kommt's noch", d. h. alle vorigen gegnerischen Argumente werden als vollkommen ungerechtfertigt mit diesem Ausruf abgewiesen.[211] An einer anderen Stelle wird die Etablierung des Papsttums mit dem Phraseologismus „die Glocke ist gegossen", d. h. die Sache ist fertig und abgeschlossen, erläutert.

Dieser Bonifacius[212] erlanget bey dem Keisermoerder Phocas, das er solte sein Bapst oder der oeberst uber alle Bischove in der gantzen welt. Da ward die glocke gegossen, Und der Roemische grewel nam solchs mit freuden an, als der nu ein Herr were uber alle Bischove in der Welt.

(WA 54: 230)[213]

Es kann festgehalten werden, dass in der vorliegenden Streitschrift vergleichsweise wenige Phraseologismen eingesetzt werden – etwa im Vergleich zu den verschiedenen Formen von Schimpfwörtern. Wenn diese eingesetzt werden, geschieht dies vornehmlich zur Verortung des päpstlichen Gegners beim Teufel und daneben zur Unterstützung der eigenen Bibelauslegungen.

210 WA 54: 228.

211 An einer anderen Stelle wird auf das Volkslied „Kuckuck hat sich zu Tod gefall'n" verwiesen, das Luther dann auch gleich für seine Zwecke übersetzt: „Also moechte das Liedlin auch hieher dienen: *Der Kuckuck ist zu tod gefallen (Der Bapst ist aller Kirchen Meister) von einer holen Weiden (das ist, zu Rom), Wer [Seite 275] wil uns den Somerlang (das ist, die Christen sind schueldig) zeit und weil vertreiben (das ist, jm die fuesse zu kuessen)?* (WA 54: 274f.) Da dieses Volkslied als bekannt vorausgesetzt werden darf, wird damit in gleicher Weise wie mit dem Verweis auf Phraseologismen allgemein bekanntes und bewährtes Wissen zur Stützung der eigenen Argumentation verwendet.

212 Bonifazius IV, der Nachnachfolger von Gregor I., direkt nach Sabinianus 604–606 n. Chr.

213 Wander (1987 Bd. 1: 1728), Röhrich (2006: 554): „*Die Glocke ist gegossen*: die Sache ist abgemacht, beschlossen, der Plan ist geschmiedet [...]".

5.6.14 Hyperbolik/Übertreibung

Ein bekanntes und bewährtes Mittel in Alltagsargumentationen ist die Hyperbolik. Die eigenen Argumente sollen dadurch an Nachdruck gewinnen, dass sie in übertriebener Form und unter Zuhilfenahme von z. T. völlig übertriebenen Zahlen bei den angeführten Daten vorgetragen werden.

Um die Unbilligkeit der päpstlichen Forderung nach Sicherheit bei einem möglichen Konzil zu unterstreichen, da das, was der Papst konkret fordert, von keinem auch noch so mächtigen Kaiser garantiert werden kann, nutzt Luther eine Übertreibung.

> Denn ob der Keiser gleich jn auff der Landstrassen zu beiden seiten mit hundert tausent Man liesse geleiten, So spreche er doch: Ja, wer wil den selben vertrawen? Thuts aber der Keiser nicht, so ist aber da die klage, es sey fehrlich und nicht sicher, das, wie es der Keiser macht, so kan er doch den Bapst nicht sichern, und bleibt die Ruestung oder Arma ein ewige hinderung des Concilij, welche der Keiser, und wenn hundert Keiser weren, nicht kuendten weg nemen.
>
> (WA 54: 216)

Weder hunderttausend Mann Begleitschutz noch *hundert Keiser* könnten die Sicherheitsanforderungen, die der Papst stellt, erfüllen. Im Kontext dieser Stelle wird dann noch zusätzlich hyperbolisch darauf verwiesen, dass neben den bekannten Ausreden des Papstes, die ein freies Konzil verhindern sollen, auch noch viele weitere vorhanden sind, die *nicht zu zelen sind*:

> Auch bringt solch wort viel andere mehr ausflucht, die nicht zu zelen sind, Aber der Hellische Vater teglich durch seinen Geist wol zu ertichten weis.
>
> (WA 54: 216)

Durch diese Art der Hyperbolik wird ein vager Hinweis darauf gegeben, dass der Gegner neben den bereits widerlegten Ausreden noch weitere hat. Diese müssen nicht genannt werden[214], allein der Verweis auf ihre bloße Existenz verstärkt argumentativ den Eindruck, dass alle Ausreden (bekannte und unbekannte) nichtig sein müssen.

Im Zusammenhang mit der Auslegung der Bibelstellen zur Sündenvergebung (Mt. 18,18) resümiert Luther hyperbolisch. Was auch immer von der Gegenseite ins Feld geführt wird (*hundert tausent S. Peter* etc.), sie hat doch nicht Recht: *Denn wir haben hie den HErrn selbs*:

---

214 Luther gibt nach der angeführten Stelle jedoch noch weitere gegnerische Ausflüchte an (Volksaufruhr, *der Tuerck, er kann wol kranck werden* WA 54: 216).

So fare der Bapst hin mit seinem Peter, Binde und loese, was er kan. Wir wollen der ander Apostel macht zu binden und zu loesen gleich S. Peter halten, und wenn hundert tausent S. Peter, ein Peter, und alle Welt eitel Bapst [Gal. 1, 8] were, dazu ein Engel vom Himel bey jm stuende. Denn wir haben hie den HErrn selbs uber alle Engel und Creaturn, der sagt: Sie sollen alle gleiche gewalt, Schluessel und Ampt haben.

(WA 54: 251)

Ein letztes Beispiel soll die Hyperbolik in Bezug auf die Abwertung der päpstlichen Schriften verdeutlichen. Aus diesen Schriften ist nichts zu lernen: *Nicht ein wort.*

Denn sie lesens nicht, gehen nicht damit umb, So gebens auch jre grosse Buecher, Decret, Decretal, Sexti, Clementin, Extravagant, Bullen nicht. Nicht ein wort kanstu aus allen diesen Buechern, sampt jren Scribenten finden, das dich leren moechte, das erste Gebot zuverstehen, oder eine bitte im Vater unser zu beten. Jst auch nicht wunder, sie haltens fuer geucherey und lauter Narrwerck, was wir Christen gleuben, Heissen uns Bon Christian, das ist, grosse Narren, die solch ding gleuben muegen.

(WA 54: 271)

5.6.15 Ironie

Die Verwendung von Ironie als Argumentationsform gehört wohl in den meisten argumentativen Auseinandersetzungen zu den Mitteln, die man als feines Florett der Argumentation bezeichnen kann. Zwar spart die vorliegende Streitschrift keineswegs an brachialer Deutlichkeit und sprachlicher direkter Aggression. Allerdings versteht sich Luther ebenso meisterlich auf das Führen dieses Floretts. Bereits an verschiedenen Beispielen, die bislang zu den anderen Argumentationsformen angeführt worden sind, konnten Ironie-Elemente aufgezeigt werden. Ironische Argumentationsformen sind häufig auch mit anderen Argumentationsformen verschränkt (z. B. mit rhetorischen Fragen). Relevant beim Einsatz von Ironie als Argumentationsform ist immer, dass entsprechende Ironiesignale entweder aus der ironischen Sequenz selbst oder aus dem Kotext für den Leser eindeutig zu dekodieren sind. Aus der Fülle ironischer Argumentationen sollen hier nur wenige Beispiele zusätzlich erörtert werden.

Beim ersten Beispiel wird das Ironieargument durch den Kontext mehr als hinreichend vorbereitet. Es geht hier um die Frage, wer an einem Konzil teilnehmen dürfe und insgesamt um die Frage der Einberufung und der Kompetenzen bei einem möglichen Konzil. Unmittelbar vor der Ironiestelle schildert Luther die (vermeintliche) Auffassung des Papstes zu dieser Frage mit unzweideutigen Kennzeichnungen (z. B. Beschimpfungen wie *Roemische Bubenschule*[215] oder mit dem Gegner unterstellten Argumenten, in denen sich *Gott der Vater, Son, heiliger Geist sampt seiner heiligen Kirchen [als] Ketzer*[216] erweisen,

215 WA 54: 213.
216 WA 54: 213.

oder in Form von Hyperbolik[217]). Insofern ist das nachfolgende ironische Argument eindeutig für den Leser dekodierbar:

> Nu ists ja viel besser, das Gott der Vater, Son und heiliger Geist sampt seiner heiligen Kirchen im Concilio als die schendlichsten Ketzer verdampt werden, denn das der Hellische Vater Bapst und seine Hermaphroditen sollen Unchristen heissen.
>
> (WA 54: 213)

Mit diesem Ironieargument wird zugleich die (vorgeführte, unterstellte) Argumentation des Gegners ad absurdum geführt, da der Inhalt des Arguments (*Gott der Vater, Son und heiliger Geist* als Ketzer) vollkommen widersinnig ist.

Im zweiten Beispiel, das unmittelbar an das vorige Beispiel anschließt und so den Kontext des vorigen Beispiels mitträgt, wird das ironische Argument in Form einer sekundären Prädikation (attributive Adjektive) umgesetzt.

> SOlcher unchristlichen, ketzerischen Artickel sind noch viel mehr, die Gott der Vater, Son und heiliger Geist in seiner heiligen Kirchen leret und helt, [...].
>
> (WA 54: 213)

Das Ironiesignal ist somit schon durch den Kontext gesetzt. Die sekundäre Prädikation verstärkt damit lediglich das, was ohnehin schon im Vorfeld ausgeführt worden ist.

Im dritten Beispiel wird die Ironie durch eine Reihe vermeintlich erschreckter Ausrufe markiert und vorbereitet:

> DAs ander stueck, das Keiser Karolus gethan hat zu Speir, O thar ichs auch sagen? horresco referens, mir grawet dafuer. Lieber, betet ein Vater unser fuer mich, das ich nicht wie Eli gestrafft werde, O liebe Sonne, erschrick nicht, und werde nicht schwartz fuer meiner rede, das ich von solcher grossen suende sage!
>
> (WA 54: 224)

Mit *Das ist die suende* folgt dann der Sachverhalt, der vermeintlich als negativ gesehen werden soll (von der gegnerischen Seite): *friede, einigkeit in der Religion.* Zusätzlich markiert und damit für den Leser erläutert wird dann dieser Sachverhalt durch Begründungen, die darin münden, dass der Kaiser gar keine andere Möglichkeit hatte, als ein Nationalkonzil einzuberufen.

> Das ist die suende: Keiser Karl hette gern friede und einigkeit in der Religion, gleich wie er im Reich gern frieden sehe, weil er aber nu xxiiij jar lang umb sonst bey dem Bapst umb ein gemein Christlich Concilium geerbeitet, und nichts erlangen muegen, denn das jm der Bapst auff dem maul getrumpelt und als seinen narren geeffet hat, ist er zu gefaren, dem loeblichen exempel nach Constantini, Theodosij, Junger Theodosij, Martiani, Caroli magni, Ludovici primi, und viel anderer Keiser mehr, und

---

217 WA 54: 213: *Solchs alles unangesehen und ungeacht, sol der Keiser alle Ketzer, so solchs mit Gott dem Vater, Son, heiligem Geist und der Christenheit in aller welt halten, verbrennen, toedten oder veriagen, auch die in Jndien, Persien, vnd in gantzem Orient.*

wollen ein National Concilium ansetzen, ob er wol recht und macht hat ein gemeines anzusetzen, der Spitzbube zu Rom speie was er woelle in seinen Drecketalen.

(WA 54: 224)

Unmittelbar im Anschluss daran wechselt Luther dann wieder in den ironischen Modus: *O vergebe mirs Gott [...]*:

O vergebe mirs Gott, ists anders zu vergeben, das ich von solcher grausamen Suende habe reden thueren. O das Keiser Carolus nicht heraus an die Sonne gienge, Die Sonne moecht fuer solchem grossen Suender vom Himel fallen, und muesten wir sein entgelten, und alle ewiglich im finstern sitzen. O das die heilige Veter, Bapst und Cardinel mit jrem hauffen, jre gute werck und verdienst wolten fuer vns setzen, als da sind jr Epicurischer glaube, Sodomey, Simoney, Spoetterey, lesterung Gottes und seiner Christen und allen jrer [2. Kor. 4, 4] Gottesdienst. Villeicht moecht sich jr Gott, davon S. Paulus sagt: Deus huius seculi, uber uns erbarmen.

(WA 54: 224)

Auch hier belässt es Luther allerdings nicht bei der einfachen Ironie. Er löst sie auf, indem er den Gegner deutlich diskreditiert (*Epicureischer glaube, Sodomey, Simoney* etc.). So ist in diesem längeren Beispiel die mehrfache Ironie eingebettet in verständnissichernde Passagen, die eine eventuelle Fehldeutung ausschließen.

Das dritte Beispiel steht im Kontext der Frage nach der Legitimation der Institution des Papsttums. Nach zwei ausgeschlossenen Legitimationsalternativen[218] startet Luther mit dem anschaulichen Verweis auf das Schlaraffenland, von dem sich das Papsttum wohl schwerlich werde herschreiben können. Implizit in dieser Aussage steckt natürlich schon der im Text bereits mehrfach vorgetragene Vorwurf der Machtanmaßung durch die Päpste. Diese wird hier jedoch nicht ausgesprochen.

Aus schlauraffen kan er nicht komen, Denn wer wolt so unvernuenfftig sein, und sich so hoch versuendigen an dem heiligsten Vater Bapst?

(WA 54: 237)

Vielmehr schließt hier Luther zunächst eine rhetorische Frage an: Wohl niemand würde das Papsttum so herleiten. Das eigentliche Ironieargument folgt dann in der Zuschreibung des Attributs *heiligsten* an den *Vater Bapst*. Nachdem durch den Kontext schon an zahlreichen Stellen klar gemacht wurde, wie dieses *heiligste* zu verstehen ist – so schon im ersten Satz der Streitschrift *Der aller Hellischt Vater*[219] – nämlich als der *hellische Vater*, ist diese Zuschreibung klar als ironische sekundäre Prädikation markiert.

Im vierten Beispiel legt Luther zwei ironische Bibelauslegungen nacheinander vor, um sowohl die Beliebigkeit der gegnerischen Argumente und Begründungen zu erweisen als

---

218 *Fragt sichs nu billich: wo her denn der bepstlich Stand kome, Weil er nicht sein wil weder Himelisch (das ist, aus der Christlichen Kirchen da Christus ist) noch jrdisch (das ist aus der weltlichen Oberkeit).* (WA 54: 237).

219 WA 54: 206, und so noch an insgesamt 18 weiteren Stellen vor Seite 237.

auch um dadurch die Haltlosigkeit der gegnerischen Machtansprüche zu veranschaulichen. Zunächst wird 1. Mose 1,1f., dann Jes. 1,3 ironisch im Sinne der gegnerischen Interpretation gedeutet.

> DOch wundert mich, warumb sein Heiligkeit so einen tunckeln Spruch fuer sich genomen hat, so doch viel heller Sprueche in der Schrifft zur sachen [1. Mose 1, 1f.] gedienet hetten, Als erstlich der, Gen. j. "Jm anfang (das ist zu Rom) schuff Gott (das ist stifftet) Himel (das ist den Bapst) und Erden (das ist die Christlichen Kirche), die Erde war wuest und leer (das ist, die Christenliche Kirche ist dem Bapst unterworffen etc.)" Dieser Spruch hette viel mehr gethan. Jtem, Jsaie j. "Der Ochse kennet seinen Herrn (das ist, der Bapst zu Rom ist Herr uber alles), Und der Esel die Krippen seines Herrn (das ist, die Christenheit ist des Bapst leibeigen)." Und der Sprueche die gantze Schrifft vol, die alle viel heller vom Bapstum reden, denn Matth. xvj.
>
> (WA 54: 240)

In der ersten Bibelstellenauslegung wird das Ironiesignal schon allein durch das Gewicht der Bibelstelle selbst (Schöpfungsgeschichte) gesetzt, das auf so profane Gegenstände wie die Legitimation des Papsttums angewendet wird. Die zweite Bibelstelle aus dem Alten Testament, die als Vorausdeutung auf die Geburt Jesu Christi gelesen werden könnte, ist ähnlich stark als Ironiesignal markiert. Geschlossen wird die Reihe mit dem – ebenfalls ironischen – Hinweis darauf, dass in dieser Art noch viele weitere Beispiele in der Bibel gefunden werden könnten, *die alle vile heller vom Bapstum reden.*

Das fünfte und sechste Beispiel stehen im Kontext der Abwertung der päpstlichen Machtsymbolik, hier des Palliums. Dieses Machtsymbol wird einmal durch die Beschreibung seiner Materialität abgewertet. Es ist ein wertloses Stück Textil. Durch diese Einleitung ist die Beschreibung als *koestlich ding* klar ironisch markiert, ebenso in der auf derselben Seite befindlichen Beschreibung. Wenn das Pallium zu Mentz 26 000 Gulden kostet (das Amt), dann zeige dies nur *so teur ist der hanffaden zu Rom.* Auch hier wird durch den Kontrast von Stoffwert und Preis die Ironie klar dekodierbar. Das Argument selbst zielt darauf ab, das Machtsymbol als Scheinsymbol zu entlarven.

> [...] ist etwa dreier finger breit, Soll alles und alles bey vj oder vij Lawen pfennig oder eins schwert grosschens werd sein, so koestlich ding ists.
>
> (WA 54: 293)

> NU sagt man, das Pallium zu Mentz koste 26 000 tausent guelden, So theur ist der hanfffaden zu Rom.
>
> (WA 54: 293)

Die nachfolgenden Beispiele führen Ironie in Form von rhetorischen Fragen vor. Es geht dabei darum, dem Gegner vermeintlich Recht zu geben, sich seinen Machtansprüchen und Argumenten zu fügen. Ironiesignale liefern dabei wiederum die Kontexte, die jeweils klar das Gegenteil von dem nahelegen, was aus der rhetorischen Frage zunächst zu folgen scheint.

> Aber was ist Gott, Christus, Kirche, Welt, Juristen, gegen dem Bapst?
>
> (WA 54: 247)

O der arme Suender Christus, wie wil er jmermehr vergebung seiner Ketzerey und Suenden erlangen bey dem Roemischen Stuel?

(WA 54: 253)

Were das nicht ein lieblicher, gewuendschter Heubtman?[220]

(WA 54: 278)

Bei diesen rhetorischen Fragen ist es somit die kunstvolle Verknüpfung mehrerer Argumentationsformen miteinander, die den Leser leitet und zu den ‚richtigen' Schlussfolgerungen führen sollen. Zunächst scheint die naheliegende Antwort auf die jeweilige rhetorische Frage im Widerspruch zu allem zu stehen, was der Kontext nahelegt: ‚Gott, Christus, Kirche, Welt, Juristen sind nichts gegen den Papst'. Da dies absurd ist, folgt im zweiten Schritt die Auflösung der Ironie und damit wiederum die Aufhebung der scheinbaren kognitiven Dissonanz für den Leser. In gleicher Weise funktioniert dieses Verfahren beim Beispiel mit dem *armen Suender Christus* oder bei dem *lieblichen Hauptmann*, der die Aufträge seines Herrn (Kaiser) so versteht, wie es der Papst aus dem Weide-Auftrag ableiten zu können glaubt.

Im zehnten Beispiel für ein Ironieargument bezieht sich Luther zunächst auf die eigenen Beschimpfungen gegenüber dem Papst. Nach einer Abfolge von nicht weniger als dreizehn Negativattributen[221] in Folge äußert er sich dazu, wie diese Bewertungen zu lesen seien.

Das heisst aber nicht geurteilt, gerichtet noch verdampt, Sondern sind eitel lobe sprueche und ehren wort, damit niemand zu loben und zu ehren ist on der Satanissimus, der Bapst.

(WA 54: 288)

Die naheliegende Interpretation der Beschimpfungen wird negiert (*nicht geurteilt, gerichtet noch verdampt*) und durch eine ironische ersetzt: *sind eitel lobe sprueche und ehren wort.* Diese ironische Deutung wird dann jedoch für den Leser am Ende des Zitats verständnissi-

---

220 Diese ironische rhetorische Frage steht im Kontext des Vergleichs, den Luther anführt im Zusammenhang mit der Argumentation zum Weide-Auftrag an den Papst. Hier zieht er den Kaiser und einen seiner Hauptmänner als Vergleichsbasis heran: *Wenn Keiser Karol spreche zu seiner Heubtman einem, als in Brabant oder Flandern: Jch befelh dir meine Leute, sihe wol zu, das sie geschuetzt werden, und jederman recht geschehe, und dencke, das es meine Land und Leute sind, Nicht deine Leute, mit denen du thun woltest, was dich geluestet, wie sie offt pflegen, Da gienge der Heubtman hin, und [Seite 278] rhuemet sich, Keiser Karol hette jm indistincte, alle seine Leute befolhen und wolte dadurch Heubtman sein, so weit als Keiser Karol Herr were, in Hispanien, Jtalien, Germanien etc. und doch wol wueste, das Keiser Karol viel andere Heubtleute hette, Were das nicht ein lieblicher, gewuendschter Heubtman?* (WA 54: 277f.).

221 *Jch richte und straffe jn trawen auch nicht, on das ich sage, Er sey vom Teufel hinden aus geborn, voller Teufel, luegen, Gotteslesterung, abgoetterey, Stiffter der selben, Gottes feind, Widerchrist, Verstoerer der Christenheit, Kirchenreuber, Schluessel dieb, Huren wirt und Sodoma vogt, und, was droben mehr gesagt ist. Das heisst aber nicht geurteilt, gerichtet noch verdampt [...].* (WA 54: 288).

chernd aufgelöst. In dieser Weise ‚gelobt‘ und ‚geehrt‘ wird nur der *Satanissimus, der Bapst*.

5.6.16 Expressiver Ausruf

Schon die sprachliche Konstitution der Wir-Gruppe, die sich von der Gruppe der Gegner absetzt (vgl. 5.3.3), war auch ein Mittel der Emotionalisierung. Der durch den Gegensatz konstituierte Kontrast ist zugleich emotional aufgeladen (Wir-positiv, Andere-negativ). Eine ebenso emotional agierende Argumentationsform ist der expressive Ausruf. In ihm werden Emotionen zum Ausdruck gebracht, die den Leser argumentativ leiten und überzeugen sollen. In der Regel sind solche Ausrufe mit anderen Argumentationsformen verschränkt, wie z. B. mit historischen Vergleichen, Beschimpfungen, Ironie oder dem Verweis auf die eigene Erfahrung. Sie haben damit i. d. R. die Funktion, diese anderen Argumentationsformen zu unterstützen, zu verstärken, durch den (vermeintlichen) Rekurs auf Emotionen zu veranschaulichen und so die Authentizität des Sprechers und des Gesagten zu unterstreichen. Nachvollziehbar wird diese Funktion dann, wenn man die jeweiligen Sätze einmal mit und einmal ohne den entsprechenden expressiven Ausruf liest. Ohne den Ausruf verlieren sie an Eindringlichkeit.

Das erste Beispiel steht im Kontext der Konzilsfrage. Mit Blick auf das Konstanzer Konzil von 1415 konstatiert Luther, dass diese Erfahrung für die nachfolgenden Päpste so negativ war, dass sie sich vorsehen, noch einmal in eine solche Lage zu kommen: *das stuecklin schmertzt sie [...]*. Bereits diese Ausführungen sind konkret und veranschaulichend. Gesteigert wird dies noch dadurch, dass der Ausruf *Au, au, usch* den Schmerz der Betroffenen nicht nur beschreibt, sondern tatsächlich inszeniert (bzw. medial zu inszenieren versucht).

> Ah, au, usch, das stuecklin schmertzt sie, der stefft stickt tieff in jrē hertzen, der stein wil jnen das hertz abdruecken, Da haben sie sich ein mal gebrand, Sie komen nicht wider, sie liessen ehe die gantze welt im blut baden und ersauffen, [...].
>
> (WA 54: 208)

Das zweite Beispiel führt den Ausruf *Ah* vor, der im Text immerhin achtzehn Mal auftaucht. Generell gilt für alle Stellen, an denen dieser Ausruf verwendet wird, dass er dazu dient, die emotionale Involviertheit des Sprechers zum Ausdruck zu bringen, um so das Argument, in das der Ausruf eingebettet ist, zu verstärken. Wenige Belege mögen hierfür genügen.

> Er hats mit liegen und triegen. Ah was sage ich liegen und triegen? Er hats mit Gotteslesterung und abgoetterey, dem Reich schendlich, gestolen, geraubt, [...].
>
> (WA 54: 243)

Hier leitet der Ausruf eine scheinbare Reflektion des Argumentierenden ein. Die ursprüngliche Bewertung des Gegners (*liegen und triegen*) erweist sich als falsch, die eigene Redeweise als unzureichend, sie muss vielmehr verstärkt werden: *Gotteslesterung und abgoetterey*. Das *Ah* wird so zum Ausdruck des inneren Ringens des Autors, der sich um die richtige Interpretation der Sachverhalte bemüht.

> AH was sol ich mehr sagen? Sie wustens wol und wissens noch jtzt wol, das die gantze Christenheit in der welt kein Heubt uber sich hat, on allein den heiland Jhesum Christum Gottes Son, [...].
>
> (WA 54: 243)

In diesem Beispiel schließt der Ausruf eine Reihe von Argumenten ab, die den Gegner widerlegen sollen. Der Ausruf bringt die Resignation des Sprechers zum Ausdruck, der wohl „mehr sagen" könnte, dieses aber nicht möchte, weil es nicht mehr nötig ist.

> Ah hie schweige still, Jurist, Theologen, Keiser, Koenige, Ja auch die Engel im Himel und alle Creatur, Es redet hie und richtet, der nicht frawen milch, sondern Jungfrawen milch gesogen hat, und am Creutz so arm gewest, [Mt. 8, 20] das er nicht hatte raum, sein Heubt zu legen [...].
>
> (WA 54: 290)

Hier leitet der Ausruf eine Aufforderung zum Schweigen ein. Diese richtet sich an letztlich alle, die sich an der Diskussion beteiligen könnten. Damit weist der Ausruf als emotionaler Marker voraus auf ein nachfolgendes zentrales Argument[222]: *Ja, der selb HErr ist, der hie urteilt und spricht: Der Bapst sol ein Heide sein [...]*[223].

> AH der liebe HErr Christus hat anders zuthun mit dem Spruch (Weide meine Schafe) denn das er einen Bapst oder Teufel wider sich und seine Kirchen damit stifften wolte, [...].
>
> (WA 54: 279)

Auch der nächste Beleg zeigt den Ausruf als ein Einleitungssignal für ein umfassendes und resümierendes Argument: *Christus hat anders zuthun*. In allen Belegen wird die emotionale Involviertheit des Sprechers, die den Argumenten Nachdruck verleihen soll, deutlich, so auch in diesem: *AH, was plagen wir uns selbs mit dem verfluchten Bapst!* (WA 54: 271).

Ganz Ähnliches gilt beim dritten expressiven Ausruf, dem *O*, der insgesamt siebzehn Mal im Text verwendet wird. Hier nur zwei Belege:

---

222 *Ah hie schweige still, Jurist, Theologen, Keiser, Koenige, Ja auch die Engel im Himel und alle Creatur, Es redet hie und richtet, der nicht frawen milch, sondern Jungfrawen milch gesogen hat, und am Creutz so arm gewest, [Mt. 8, 20] das er nicht hatte raum, sein Heubt zu legen, und doch daselbs das Paradis [Lk. 23, 43] und Himelreich schenckt dem Schecher, und in der Krippen von allen Engeln [Mt. 2, 11] im Himel angebetet ward, Ja, der selb HErr ists, der hie urteilt und spricht: Der Bapst sol ein Heide sein, weil er nicht hoeren wil, sondern rhuemet dazu als eine grosse Heiligkeit solchen seinen verstockten ungehorsam.* (WA 54: 290).

223 WA 54: 290.

> O wie schrecklich ist solcher grewel anzusehen und zu hoeren!
>
> (WA 54: 269)

> O das ist ein schrekliche Plage in der Christenheit, das man die Leute ungewis macht, und bleiben lesst auff jren eigen ungewissen wercken.
>
> (WA 54: 272)

Schließlich sei als letztes Beispiel ein expressiver Ausruf mit biblischer Reminiszenz angeführt: *sihe*. Dieser Ausruf war dem zeitgenössischen Leser aus der Bibel wohlvertraut, dort wird es an hunderten Stellen im Alten und im Neuen Testament als Aufmerksamkeits- und Vorausdeutungsformel verwendet.[224] Insofern handelt es sich bei den Stellen, an denen Luther diesen expressiven Ausruf verwendet, sowohl um die Markierung emotionaler Involviertheit als auch um die kognitive Aktivierung biblischer Bezüge beim Leser. Im Unterschied zu Ausrufen wie *Ah* oder *O* (s. o.) erhält so die Expressivität des Ausrufs zusätzlich die Verstärkung durch die Assoziation zum biblischen Kontext, aus dem dieser Ausruf bekannt war. Als expressiver Ausruf erscheint *sihe* im Text an zehn Stellen.[225] In zwei Fällen wird der Ausruf dem gegnerischen Papst zugeschrieben:

> [...] die Schrifft dieses Leckerlins, Pauli Tertij, da er zum Keiser schreibt: "Wiltu ein Concilium haben? Wir wollens geben. [Seite 211] Wiltu es in Germania haben? Sihe, wir wollens wagen und auch thun. Doch also, das es sey ein frey und Christlich Concilium, Und in welchem den Ketzern kein stat gegeben werde, als die kein teil mit der Kirchen haben koennen.
>
> (WA 54: 209f.)

> Wenn sie Deudschland die loebliche Nation nennen, das es heisse: die bestien und Barbari, die nicht werd sind des Bapsts myst zu fressen, wie der Wal Campanus (als man sagt) thet, da er in Deudschland gewesen, (nicht mit seinem schaden) und an die grentze des Welschen landes wider heim kam, den ruecken gegen Deudschland keret, bueckt sich und decket den hindern auff, und sprach: 'Aspice nudatas, Barbara terra, nates!' Sihe da, du Bestia, kuecke mir in den Sra.
>
> (WA 54: 212)

Dabei handelt es sich um dem Papst unterstellte/zugeschriebene Argumente, die die gegnerische Position abwerten und die eigene Position indirekt aufwerten sollen. Sie sind – wie üblich in der Streitschrift – klar kontextuell als indiskutabel markiert, so dass der Leser auch hier – bei der Verwendung dieser expressiv-biblischen Ausrufe – erkennen kann, dass sie das biblische Prestige zu Unrecht in Anspruch nehmen. Am deutlichsten wird dies beim zweiten Beispiel, in dem das *Sihe* direkt kombiniert wird mit zwei Beschimpfungen (*du Bestia, kuecke mir in den Sra [Ars, M. H.]*.

---

224 Die Entsprechung des lateinischen „ecce" in der Vulgata.

225 An einer weiteren Stelle taucht der Ausruf in einem Bibelzitat auf: *Das aber solch bawen auff diesen Stein oder Fels Christum glaube sey, beweiset bald darnach S. Petrus durch den Propheten Jsaiam 28 und spricht: [Jes. 28, 16; 1. Petri 2, 6ff.] "Drumb stehet in der Schrifft: Sihe, ich lege einen ausserweleten koestlichen Eckstein in Zion, Wer an jn gleubet, der sol nicht zu schanden werden.* (WA 54: 245).

Bei den übrigen acht Belegen im Text wird das *sihe* von Luther selbst zur Unterstützung der eigenen Position eingesetzt; wie die anderen Ausrufe als Mittel der Markierung emotionaler Involviertheit, als Mittel, die Authentizität des Gesagten zu unterstreichen und – speziell bei diesem Ausruf – als Mittel, das das biblische Prestige dieser Formel nutzt. Drei Belege mögen hier genügen:

> Sihe, das sind die Schluessel des Himelreichs, und das ist jr Ampt, Auff das man in der Kirchen ein ewige behaltung und vergebung der Suenden habe, [...].
>
> (WA 54: 249)

> Da sihe, lieber gesell, was es sey, Die Schafe Christi weiden.
>
> (WA 54: 280)

> Sihe, Sihe, wie wallet mein blut und fleisch, wie gern wolt es das Bapstum gestrafft sehen, So doch mein geist wol weis, das keine zeitliche straffe hie zu gnug sey, [...].
>
> (WA 54: 292)

Bei den ersten beiden Belegen stützt der Ausruf die vorangegangene Bibelinterpretation (Mt. 16,19 – Schlüssel; Joh. 21,17 – Weideauftrag), beim dritten Beleg leitet der expressive Ausruf eine Gewaltphantasie ein, in der das Papsttum seiner – aus Luthers Sicht – gerechten Strafe zugeführt wird. Dieses letzte Beispiel ist zugleich ein (indirektes) Drohargument (vgl. 5.3.1). Es folgt der Logik ‚Wem gedroht werden muss, hat Unrecht bzw. hat einen Grund für die Drohung gegeben, der darauf hinweist, dass er im Unrecht ist.' Insofern stützen solche Gewaltphantasien (gerechte Strafe) verstärkt durch den biblischen expressiven Ausruf die eigene argumentative Position und tragen zu den Argumentationsfunktionen des Bestärkens (eigenes Lager) und des Überzeugens (universelles Publikum) bei.

5.6.17 Sprachwechsel

Auch die bewusste Sprachwahl kann als eine Argumentationsform in der Streitschrift von 1545 betrachtet werden. Die bewusste Wahl von sprachlichen Varietäten (z. B. Jugendsprache, Dialekte, Fremdsprachen) nutzt das diesen Varietäten und Sprachen zugeschriebene Assoziations- bzw. Stereotyppotential, um so argumentative Ziele zu verfolgen. So lassen sich z. B. Authentizität, Volksnähe, Naturverbundenheit, Vertrautheit etc. als gemeinhin dialektalen Sprechweisen zugeschriebene Stereotype in öffentlichen Reden dazu nutzen, den Sprecher selbst mit diesen Attributen in Verbindung zu bringen, damit seine Glaubwürdigkeit zu erhöhen und letztlich die von ihm vertretene Argumentation zu stützen. Problematisch wird der Einsatz dieser Mittel erst dann, wenn er von den Adressaten als ‚aufgesetzt', ‚unecht', ‚nachgemacht' etc. empfunden wird. Dann schlägt die Wirkung ins Gegenteil, sowohl für die Glaubwürdigkeit des Sprechers als auch für die von ihm vertretenen Positionen. Als Beispiel dazu kann der möchtegern-jugendliche Redner vorgerückten Alters gelten, der versucht, die Jugendlichen in ihrer Sprache zu erreichen und letztlich dabei nur sich selbst lächerlich macht. Bekannt ist der Einsatz von sprachspezifischen Assoziationen in der Werbung, um Kaufanreize zu setzen.[226]

Luther greift in seiner Streitschrift das Verfahren auf, stereotype Assoziationen zu einzelnen Sprachen für die eigene Argumentation zu nutzen, anhand von drei verschiedenen Sprachen bzw. Varietäten: Latein, Niederdeutsch und einem italienisch-lateinischem Sprachgemisch. Dabei steht jede dieser Sprachen für unterschiedliche Assoziationen. Der Wechsel innerhalb des (hoch)deutschen Textes signalisiert für das Lateinische als Bildungssprache ein höheres argumentatives Gewicht des Gesagten, für das Niederdeutsche Nähe, Authentizität und emotionale Verbundenheit, für das italienisch-lateinische Sprachgemisch (in diesem spezifischen Kontext) Unbildung, Charakterschwäche und moralisches Fehlverhalten.

5.6.17.1 Latein

Der Sprachenwechsel zum Lateinischen stellt eine Sonderform des Autoritätsarguments dar, da mit den stereotypen Assoziationen zum Lateinischen als Bildungssprache der Nutzer dieser Sprache sich selbst als Autorität inszeniert. Das zugehörige Beispiel verdeutlicht dies. In einem fiktiven Dialog mit dem Gegner, der der Lutherpartei Ketzerei vorwirft, erwidert Luther folgendermaßen:

> „JA, du aber und dein hauffe seid verdampte Ketzer, Ewr urteil ist nichts gegen des Roemischen Stuels urteil, wie Sanct Paul tertia an den Keiser Karol schreibt, das jr nicht sollet im Concilio zu gelassen werden." Erstlich antworte ich Latinisch: „Provoco & appello omnium nostrum nomine ad sanctam sedem Romanam, illam scilicet, in qua explorantur Papæ, an sint viri vel mulieres. Si sunt viri, ostendant testes contra nos Hereticos. Si [1. Kor. 14, 34] sunt mulieres, dicam illud Pauli: ‚Mulier in Ecclesia taceat.' Hoc facere cogit vulgata fama per omnem Iam vetus Europam, quæ mores extirpat honestos. Reges enim & Reginæ in Curia Romana dicuntur, ut plurimum, esse palam Hermaphroditæ, Androgyni, Cynedi, Pedicones & similia Monstra in natura. At illis non competit iudicium de Hereticis facere."
>
> (WA 54: 287)

Übersetzung[227]:

Ich wende mich ganz offiziell [provocare und appellare hier als jurist. Termini techn. gleichbedeutend, ungefähr „an eine höhere Instanz appellieren"] in unser aller Namen an den Heiligen Stuhl zu Rom - eben jenen, auf dem man untersucht, ob die Päpste Männer oder Frauen sind. Wenn sie Männer sind, sollen sie unsere Zeugen/Hoden [Wortspiel mit der Polysemie von *testis*] gegen uns Häretiker vorführen. Wenn sie Frauen sind, so werde

226 Vgl. z. B. die Werbung für Schöfferhofer-Weizen von 1997 mit stereotypen Vorstellungen zum Französischen bzw. französischem Akzent (sexuelle Aufladung) oder die Nescafé-Werbung von 1992, die mit stereotypen Vorstellungen zum Italienischen bzw. italienischem Akzent im Deutschen (Galanterie, männliche Attraktivität, Lebenskultur) operiert. (Schöfferhofer-Werbung: https://www.youtube.com/watch?v=erAM9y_rHvQ; Nescafé-Werbung: https://www.youtube.com/watch?v=pWMUGH5y-l4; Stand: 20.11.2019).

227 Für die Übersetzung danke ich herzlich meinem Kollegen Thorsten Burkard.

ich den folgenden Ausspruch des Paulus anführen: „Die Frau schweige in der Kirche!" Dies zu tun zwingt mich der alte, bereits in ganz Europa verbreitete Ruf, der die Moral ausrottet. Von den Königen und den Königinnen in der römischen Kurie heißt es nämlich, dass sie größtenteils ganz offen Hermaphroditen, Androgyne, Strichjungen, schwule Arschficker und ähnliche Scheusale, die es in der Natur so gibt, sind. Aber solchen Leuten steht es nicht zu, über Häretiker ein Urteil zu fällen.

Die ironische und institutionalisierte Anrufung/Befragung des Heiligen Stuhls, ob sie „Männer oder Frauen" sind und die darauffolgenden Konsequenzen mit Verweis auf die Bibel, mündet am Ende wiederum in eine extreme Beschimpfungsfolge. Inhaltlich wird hier somit nichts argumentativ weitergeführt, sondern durch den Sprachwechsel wird signalisiert, dass der Sprecher über das notwendige Wissen zur formelhaften Institutionensprache verfügt und auch, dass in dieser Bildungssprache dieselben Beschimpfungen möglich sind. Die durch den Sprachenwechsel aktivierte Prestigezuschreibung für den Sprecher wird so bestätigt (formelhafte Einleitung, Bibelzitat, Beschimpfungen).

5.6.17.2 Niederdeutsch

Der Wechsel zum Niederdeutschen wird an einer Stelle im Text umgesetzt zur Erzeugung von Nähe, Vertrautheit, Authentizität des Sprechers. Es geht dabei wiederum um die Auslegung der Stelle aus Joh. 21,15f. (‚Weide meine Schafe'). Der Wechsel ist zwar unauffällig und nur auf zwei Lexeme beschränkt (*dat* vs. *das*, *skarp* vs. *scharf*). Er ist aber vermutlich nicht zufällig erfolgt. Luther hält der Deutung der Bibelstelle durch den Papst entgegen, dass diese letztlich sophistisch und haarspalterisch sei. Unterstützt wird dieser Vorwurf durch den Wechsel ins Niederdeutsche, der dann das Assoziationspotential dieser Sprache als Sprache der Nähe, Vertrautheit, Authentizität etc. aktiviert:

> Ja, spricht Clem. iij.: Christus redet indistincte, Weide meine Schafe, macht kein unterscheid zwisschen diesen und jenen, drumb mus „meine Schafe" heissen: alle Schafe. Ey, dat ist ein skarper Jurist und Sophist, doch nicht mit den skerpsten, Du heilige Jungfer S. Clemens. Wer dich, Esel, Schuetzen und Bachanten, mit ruten striche, das dir das Blut vom arse floesse, Und den Donat, das pronomen Meum declinirn lerete!
>
> (WA 54: 277)

Letztlich werden so durch den Sprachwechsel die Anschaulichkeit und der Nachdruck des Arguments erhöht.

5.6.17.3 Italienisch-lateinisches Sprachgemisch

Ein weiterer Sprachenwechsel wird von Luther in Bezug auf ein italienisch-lateinisches Sprachgemisch vorgenommen. Das erste Beispiel steht im Kontext eines fiktiven Dialogs zwischen Luther und dem Papst. Es ist verbunden mit einem Ad-Hominem-Argument und der unterstellten Argumentation:

> [Luther] „Ja, ja, Jungfer Bepstlin, bistu da zurissen, so flicke dich der Teufel und seine mutter. Fuerchtestu dich aber nicht fuer Gott, das er dich umb solcher schendlicher verfelschung und lesterung willen seiner wort moechte mit blitz und donner von Himel durch die erden in abgrund der Hellen sencken?"
> [Papst] „Ha, ha, ha bon profacit, miser porko, Meinet jr Todeske Embrigek, das wir solche Narren sein, als jr seid, und solche geucherey und narrenteiding von Gott und ewren todten Christo gleuben wollen?"
>
> (WA 54: 282)

Der Sprachenwechsel zum italienisch-lateinischen Sprachgemisch wird hier dem Papst zugeordnet, der den Gegner als *profacit, miser pork* bzw. *Todeske Embrigek* beleidigt. Die Weimarer Ausgabe kommentiert die beiden Beleidigungen folgendermaßen: „Wohl bekomm's, Herr Schwein!", also eine ironisch-beleidigende Begrüßung und „Ihr deutschen Trunkenbolde", also eine Beschimpfung.[228] Durch den Sprachenwechsel bzw. genauer durch den Wechsel zu einer Varietät, die aus einer Mischung beider Sprachen besteht, wird hier das Assoziationspotential des Sprachgemischs aufgerufen, das hier als Varietät der moralisch verwerflichen Papstpartei steht.

Im zweiten Beispiel greift Luther das der Papstpartei zugeschriebene radebrechende Sprachgemisch auf und gibt es gewissermaßen zurück. Die Stelle führt den oben geschilderten fiktiven Dialog unmittelbar fort.

> [Luther] „Ey warumb fuerestu denn seine Wort, vom Fels, Schluessel und Weiden?"
> [Papst] „Ey, lieber, es ist besser Bestien regirn, denn von Bestien regirt werden. Weistu nicht, wer Meisen fahen wil, mus ein Meisen bein pfeiffen, und wer einen Christen fahen wil, mus reden lernen wie ein Christ. Darumb muessen wir euch, bon Christian, bey ewrem glauben ergreiffen, dabey kan [Seite 283] man euch Deudsche Bestien halten und fueren, wo und wie wir wollen, wie man die Beeren fueret bey dem Rinck in der Nasen, das jr uns nicht abermal uber den kopff wachset, und mit uns spielet, wie ewer vorfarn, die Gotten, Longobarden, und etliche Keiser gethan haben."
> [Luther] „Gremmerze, Miser Asine, porlabon informatione, sattanissime Papa."
>
> (WA 54: S. 282f.)

Man könnte daher – mit Blick auf das unbeholfen-ungebildete Sprechen des Papstes – die Verwendung des Sprachgemischs bei Luther als ‚dem-Gegner-in-seiner-eigenen-Sprache-antworten' verstehen. Man begegnet dem Gegner damit auf seinem Niveau, das er überhaupt – in seiner Fehlerhaftigkeit und Verworfenheit – verstehen kann; freilich ist der ausgesprochene ‚Dank' klar ironisch durch den gesamten Kontext markiert. Die Weimarer Ausgabe kommentiert diese Stelle folgendermaßen: „Großen Dank, Herr Esel, für die gute Belehrung!".

---

228 Ich danke Thorsten Burkard für den Hinweis auf Maximilian Prechtls Übersetzungsvorschlag von 1818, der ‚profacit' auf ‚buon proface' in der Bedeutung von ‚Gott segne Euch' und ‚Todeske Embrigek' auf ‚Tedesce embrice' also ‚deutscher Ziegelstein' zurückführt. Auch bei dieser Herleitung bleibt die erste Phrase eine ironisch-beleidigende Begrüßung und die zweite eine Beschimpfung. Vgl. Prechtl (1818: 106).

5.7 Gültigkeit/Plausibilität durch Verweis auf andere Argumente

Diese vergleichsweise kleine und heterogene Gruppe von Argumentationsformen ist dadurch bestimmt, dass das primär, in erster Linie, vorgeblich vorgetragene Argument auf ein oder mehrere andere Argumente verweist, die dann die eigene Argumentation direkt oder indirekt stützen sollen. Dabei ist der Schluss von dem primär vorgetragenen Argument auf das sekundäre (entweder als direkter Verweis oder als indirekt zu erschließendes Argument) für den Leser immer eindeutig rekonstruierbar: dies geschieht im Falle der captatio benevolentiae durch entsprechende Demutsformeln, bei der Praeteritio durch Konjunktiv-II-Formen und Negationen bei der Antizipation durch das Vortragen vermeintlicher oder zumindest denkbarer Argumente des Gegners.

5.7.1 Captatio benevolentiae/Devotionsformel

Die argumentativen Funktionen der Captatio benevolentiae als vermeintliche Selbstkritik lassen sich in verschiedenen Funktionen beschreiben: Im ersten Schritt nimmt die (vermeintliche) Bescheidenheit des Sprechers den Hörer für ihn ein, er gesteht ihm zu, dass er auch aufgrund der Selbstzweifel die verschiedenen argumentativen Positionen hinreichend erwogen hat. Zweitens wirkt die captatio benevolentiae als Authentizitäts- und Wahrhaftigkeitsmittel. Der Sprecher empfiehlt sich dem Leser so als moralisch einwandfreier Teilnehmer an Argumentationen. Drittens steckt in jeder captatio benevolentiae – gerade wegen der oft übertriebenen Demutsformeln – das Potential des Widerspruchs durch den Leser. Der Leser soll gerade diese Art der Bescheidenheit und der (vermeintlichen) Kritik an den eigenen Fähigkeiten und den eigenen Argumenten zurückweisen.

In anschaulichster Form hat Wilhelm Busch die Funktionen der Captatio benevolentiae in der Gedichtsammlung von 1974 „Kritik des Herzens" zusammengefasst:[229]

Die Selbstkritik hat viel für sich.
Gesetzt den Fall, ich tadle mich,
So hab' ich erstens den Gewinn,
Daß ich so hübsch bescheiden bin;
Zum zweiten denken sich die Leut,
Der Mann ist lauter Redlichkeit;
Auch schnapp' ich drittens diesen Bissen
Vorweg den andern Kritiküssen;
Und viertens hoff' ich außerdem
Auf Widerspruch, der mir genehm.
So kommt es denn zuletzt heraus,
Daß ich ein ganz famoses Haus.

229 Busch (1874/1960: 496).

Auch Luther verwendet in der Streitschrift von 1545 diese Argumentationsform an verschiedenen Stellen. Dabei kontextualisiert er jedoch die vermeintlichen Demutsformeln so, dass kein Zweifel daran bestehen kann, dass die eigentliche Kritik am Gegner mehr als berechtigt ist. In einzelnen Fällen wird so die Captatio benevolentiae eher zum bedauernden Ausruf, dass ihm selbst (Luther) leider nicht noch bessere Beschimpfungsmöglichkeiten zur Verfügung stehen. Dies zeigt das erste Beispiel.

> MOcht jemand hie dencken, Jch buessete hiemit die lust, mit so spoettischen, verdrieslichen, stachlichen worten an dem Bapst: O HErr Gott, Den Bapst zu spotten, bin ich ummeslich zu geringe. Er hat nu wol uber sechshundert jare die welt gespottet, und jrem verderben an Leib und Seel, gut und ehre, in die faust gelacht, Hoeret auch nicht auff, kan auch nicht auffhoeren.
>
> (WA 54: 215)

Zunächst wird ein scheinbarer Einwand möglicher Kritiker (Antizipation) angegeben: Schimpf und Spott könnten auf Luther wieder zurückfallen. Dem entgegnet Luther mit einer vermeintlichen Demutsformel (*Den Bapst zu spotten, bin ich unmeslich zu geringe.*) Diese Demutsformel erweist sich dann aber, mit Blick auf das nachfolgende Argument, in dem Luther die mehrhundertjährige Spotttradition des Papstes anspricht, als Hinweis darauf, dass alle Beschimpfungen Luthers letztlich nichts gegen die des Papstes selbst sind.

Das zweite Beispiel schließt die lange Auslegung von Mt. 16,18f. ab. Auch hier ist die vermeintliche Selbstkritik Luthers wiederum eingebettet in einen Hinweis darauf, dass diese Ausgiebigkeit und Länge begründet ist durch die *Bebstliche[n] grewel*:

> DAs sey gnug gesagt von diesem Spruch Matthei xvj, habs zu viel und zu lang gemacht, Aber der Bepstliche grewel hat kein masse noch ende.
>
> (WA 54: 272)

Das dritte Beispiel steht im unmittelbaren Anschluss an eine praeteritio (vgl. 5.7.2), in der Luther darauf verweist, dass er eigentlich gern *ein Deudsch wort* reden möchte, dies aber nicht wagt. Dann folgt die captatio benevolentiae, in der er auf seine Stellung als Prediger verweist, die es ihm eigentlich untersagt, zu beschimpfen und zu fluchen. Verstärkt wird dieser Hinweis noch durch die zweite Demutsformel, dass er seine *grosse anfechtung mit ungeschickten Worten* vortrage.

> So stehets auch einem Prediger [Luther, der vorher den Papst verflucht, M. H.] nicht an, zu fluchen, der zu segenen ist beruffen. Jch rede aber meine grosse anfechtung mit ungeschickten Worten, Das wird mir mein HErr Christus verzeihen, umb welchs willen ich alles thu und rede.
>
> (WA 54: 277)

Auch in diesem Beispiel wird letztlich die captatio benevolentiae wiederum abgeschwächt dadurch, dass Luther sie mit seiner Verbundenheit zu Christus begründet, *um welchs willen ich alles thu und rede.* Auch hier bleibt somit die captatio benevolentiae nicht unkommentiert stehen.

Im vierten Beispiel schließt Luther das erste Hauptstück der Abhandlung (Legitimation des Papsttums) ab.

> ES ist mir dis Buechlin zu gros unterhanden worden, und wie man sagt: Das alter ist vergessen und wesschicht, ist mir villeicht auch also geschehen. Wie wol des Bapstumbs teuflischer grewel an sich selbs ein unendlich aussprechlicher wust ist [...].
>
> (WA 54: 283)

Vorgeblich konzediert Luther, dass die Ausführungen bereits jetzt zu lang geraten sind und begründet dies mit dem eigenen Alter (in Form eines Sprichworts, vgl. 5.6.13). Bereits diese Begründung ist jedoch zurückgenommen. Luther erwägt dies nur als Möglichkeit (*villeicht*), er behauptet es nicht. Zudem wird auch hier die Demutsformel wiederum durch den nachfolgenden expliziten Hinweis auf *des Bapstumbs teuflischer grewel* abgeschwächt.

5.7.2 Praeteritio/Paralipse

Eine Negation lässt sich ohne das Negierte nicht denken. Das zeigt schon die oft spaßhaft verwendete Aufforderung ‚Denke nicht an X!', die eben gerade X ins Gedächtnis ruft. Dasselbe gilt für die Argumentationsform der Praeteritio oder Paralipse. Bei ihr gibt der Argumentierende vor, ein bestimmtes Argument gerade nicht anführen zu wollen. Mit dieser vorgeblichen Negation führt er aber gerade dieses Argument in die Auseinandersetzung ein. Verbunden mit diesen vorgeblichen Argumentauslassungen sind dann Negationen, Konjunktiv-II-Formen und privative Ausdrücke (z. B. „ganz zu schweigen von", „ich schweige von"), die sich in folgender Zusammenfassung einer Praeteritio wiederfinden: ‚Ich könnte x sagen, tue es aber nicht/ganz zu schweigen von x [und sage es eben mit der Verneinung und der Aktivierung der Vorstellungswelt des Konjunktiv-II doch]'.[230] Die Praeteritio ermöglicht es dem Argumentierenden, bestimmte Argumente zu lancieren, ohne dafür haftbar gemacht werden zu können, da er sie ja nur testweise und mit der Markierung, dass er sie ja gar nicht anbringen möchte, in die Diskussion einbringt. Dennoch ist die Praeteritio eine durchaus wirksame Argumentationsform, da die vorgeblich ausgelassenen Argumente ihre Wirkung entfalten können: auf der Basis der durch den Konjunktiv-II bzw. durch die Negation vor dem geistigen Auge des Lesers ausgebreiteten möglichen Welt, in der diese ausgelassenen Argumente eben doch ins Feld geführt werden. Sie schwingen dann trotz des Caveats der Praeteritio auch in der Vorstellungswelt, auf die sich die reale Argumentation bezieht, mit.

Auch Luther verwendet in der Streitschrift an vielen Stellen diese Argumentationsform. In den ersten drei Beispielen wird die Praeteritio mit einem Konjunktiv II markiert: *ich hette schier gesagt*. Damit wird das jeweils verstärkende Argument scheinbar zurück-

230 Vgl. zur Praeteritio auch Perelman & Olbrechts-Tyteca (1971: 487).

genommen und durch die scheinbare Zurücknahme eben gerade in die Diskussion eingebracht. Die *Bubenschule* (Verbrecherschule) im ersten Beispiel wird dann mit dem unterstellten päpstlichen Verständnis der *heiligen Kirche[]* gleichgesetzt.

> Christlich heisse nichts mehr denn Bepstlich und was seine hellischeit sampt seiner Bubenschule (ah vergebe mirs Gott, ich hette schier gesagt: sampt seiner heiligen Kirchen).
>
> (WA 54: 213)

Der *Roemische[] Stuel* im zweiten Beispiel kann so mit der Beschimpfung *Maulesel[]* verbunden werden, sodass das vorangegangene ironische Argument (*der arme Suender Christus*) ein zusätzliches Ironiesignal erhält.

> O der arme Suender Christus, wie wil er jmermehr vergebung seiner Ketzerey und Suenden erlangen bey dem Roemischen Stuel? Jch hette schier gesagt bey den Mauleseln?
>
> (WA 54: 253)

Im dritten Beispiel wird die Beschimpfung der *Heuchler* (als Parteigänger des Papstes) noch gesteigert, um so auch ein zusätzliches Ironiesignal für die vorausgehende Argumentation zu setzen, in der von der Dreiteilung der Welt gesprochen wird, die den drei Kronen des Papstes entspreche.

> Denn die Welt ist in drey teil geteilet, die nennet man Europa, Affrica, Asia, Das sind die drey Kronen des Bapsts. Denn alle Reiche in diesen dreyen Lendern sind des Bapsts, wie das Cap. Omnes, und seine Heuchler (ich hette schier gesagt: wie des Teufels foertze) rhuemen, das er der gantzen Welt Herr sey.
>
> (WA 54: 265)

In gleicher Weise wie der Konjunktiv der bisherigen Belege fungiert die Negation in den folgenden Belegen. Das *thar ich nicht sagen* bzw. *thar ich nicht reden* (wage es nicht zu sagen) aktiviert gerade das, was da eigentlich nicht gesagt werden soll.

Im vierten Beispiel wird die herbeigewünschte Strafe (indirektes ad baculum-Argument) noch gesteigert, so dass der Leser für die sich daran anschließende Erwähnung von *Strafe* (*Das dich Gott straffe*) die entsprechende Lesart der ‚Schändung' (im Sinne von ‚verletzen, beschädigen, vernichten, verderben'[231]) aktiviert.

> Das dich [Seite 277] Gott straffe (Schenden thar ich nicht sagen, Denn du bist schon allzu hoch geschendet, weil du on auffhoeren Gott schendest, und seine Apostel, Kirche und Schrifft), Das dich Gott straffe, sage ich, du unverschampts luegen maul, lester maul, Teufels maul, Der du fuer Gott, fuer allen Engeln, fuer der lieben Sonnen, fuer aller Welt tharst heraus speien, du seiest allein der Hirt aller Schafe Christi, unangesehen die Euangelia, und Episteln der Aposteln, Petri und Pauli, da wider du so wissentlich speiest, und wirffest deinen Teufels dreck aus.
>
> (WA 54: 276f.)

231 Vgl. DWB Bd. 14, Sp. 2137–2144.

Im fünften Beispiel kombiniert Luther den Konjunktiv (*Jch wolt [...]*) mit der Negation (*thar ich nicht reden*) und kann so das vorgeblich ausgelassene Argument in voller Breite ausführen: eine Reihe von Beschimpfungen und negativen Zuschreibungen.

> Jch wolt wol gern hie ein Deudsch wort reden: das dich, Bapst, dis und jenes bestehe, kanstu nichts mehr, denn liegen, triegen, Gott lestern, die Apostel schenden, fluchen, Kirchen fressen, leiblich und geistlich verstoeren, Koenige vermaledeien, mit fuessen tretten, abgoetterey stifften, aller welt gueter verschlingen, und solchs alles unter S. Peters namen, das dich, Bapst, dis und jenes bestehe! Aber solch schoen Deudsch thar ich nicht reden, der Bapstesel moechte zuernen.
>
> (WA 54: 277)

Eine weitere Möglichkeit, eine Praeteritio anzubringen, ist die Verwendung des Privativums *schweigen*. Man gibt vor, etwas nicht zu sagen, das dann aber ausgeführt wird. Auch von dieser Möglichkeit macht Luther an verschiedenen Stellen Gebrauch. Im sechsten Beispiel gibt Luther vor, von den kritikwürdigen Verhaltensweisen der römischen Kirche zu schweigen, thematisiert sie aber gerade dadurch.

> Jch wil schweigen Simoney und Geitz, pfruenden marck, Pedasterey, und was mehr der heilge Stuel zu Rom in seinem aller heiligsten leben treibt und grosse lust drinnen hat.
>
> (WA 54: 214)

Gleiches gilt für das siebte Beispiel, in dem der *verlogen Ablas* und weitere moralisch verwerfliche Einkommensquellen des Gegners thematisiert werden.

> Jch schweig [Seite 268] jtzt, was er mit seinem verlogen Ablas, guelden Jar, Weichwasser, Agnus Dei, Chresem, feur, Wachs, Kreuter, ah wer kans alles erzelen? Jtem Walfarten, Bruederschafften, gestifftet hat.
>
> (WA 54: 267f.)

Im achten Beispiel geht es um die Kenntnisse und das Verständnis der zehn Gebote. Zunächst wird die Hoffnung ausgedrückt, dass der Gegner die zehn Gebote wenigstens aufzählen kann bzw. sie in der richtigen Reihenfolge hersagen kann. Die Praeteritio drückt darüber hinaus aus, dass von einem tatsächlichen Verständnis der zehn Gebote (über das reine Memorieren hinaus) wohl kaum ausgegangen werden könne.

> Gott gebe, das er die zehen Gebot (wil des verstands gerne schweigen) koenne nach einander zelen, wie unser Kinder von vier, fuenff jaren koennen.
>
> (WA 54: 271)

5.7.3 Antizipation/Prokatalepsis

Eine in vielen Argumentationen häufig gebrauchte Argumentationsform ist die Antizipation möglicher gegnerischer Argumente. Durch die Vorwegnahme möglicher Einwände gegen die eigene Position soll dem Gegner von vornherein der Wind aus den Segeln genommen werden. Die Basis für denkbare gegnerische Einwände wird so verringert. Auch Luther greift an wenigen Stellen auf diese Argumentationsform zurück, so z. B. wenn er den erwartbaren Haupteinwand des Gegners selbst aufgreift. Die ganze Streitschrift strotzt vor Respektlosigkeit gegenüber dem Papst und seinen Anhängern. Insofern ist der Einwand, dass die luthersche Argumentation schon allein deshalb nicht zulässig sei, weil sie beleidigend und respektlos ist, erwartbar. In einem fiktiven Dialog mit dem Gegner, in dem es um die Frage der Konzilseinberufung geht, legt Luther dem Gegner diesen Einwand in den Mund.

> „Ey du schendlicher Luther, soltu mit dem Bapst so reden?“ Ey pfui wider, jr lesterliche verzweivelten buben und groben Esel, solt jr denn auch mit einem Keiser und Reich also reden? Ja solt jr solche hohe vier Concilia mit den vier Christlichen, groessesten Keisern so lestern und schenden umb ewer fortze und drecketal willen?
>
> (WA 54: 221)

Widerlegt wird der Einwand durch ein Vergleichs- bzw. Gleichbehandlungsargument, das sich so paraphrasieren lässt: Auf die Frage des Gegners – mit der Illokution des Tadels –, ob eine solche Redeweise angemessen sei, kontert Luther mit der Gegenfrage, ob es nicht ebenso abzulehnen sei, wie der Papst und seine Anhänger *lestern und schenden*. Wenn also Luthers Vorgehen zu tadeln ist, gilt das in gleicher Weise für das Vorgehen des Papstes. Implizit enthalten ist hier auch die Hierarchiefrage, die durch den Vergleich erst deutlich wird. Der gegnerische Einwand, dass Luther so mit dem Papst nicht sprechen dürfe, basiert auf dem Macht- und Statusunterschied zwischen Luther (dem einfachen Prediger und Mönch) und dem Papst als dem Oberhaupt der katholischen Kirche. Eine gleichermaßen große Distanz wird durch den Vergleich zwischen Papst und *Keiser und Reich* nahegelegt. Auch der Papst steht im Status demgemäß weit unter Kaiser und Reich, genauso wie Luther in Relation zum Papst.

5.8 Gültigkeit/Plausibilität aus Reihungen, Agglomerationen

Aneinanderreihungen von Argumenten haben immer eine Verbindung zur Argumentationsform „ad nauseam“, also der Argumentationsform, bei der durch ständige bzw. allenthalben auch penetrante Wiederholung ein und desselben Arguments der Adressat/das Auditorium durch die bloße Wiederholung des Arguments dazu gebracht werden soll, das Argument selbst und die daraus folgenden Konklusionen zu akzeptieren. Bei den in diesem Abschnitt zu besprechenden Argumentationsformen handelt es sich jedoch um Abwandlungen des Ad-Nauseam-Arguments. Das jeweilige Argument wird nicht wortwörtlich wiederholt, sondern in verschiedenen Variationen. Aber auch hier gilt: Die Wiederholung der jeweiligen Inhalte – auch wenn sie auf der Ausdrucksseite variieren – soll das Auditorium überzeugen. Zugleich dient diese Art der inhaltlich variierten Wiederholung dazu, dass die Leser die Stoßrichtung der Argumente, die ja jeweils der Widerlegung und Abwertung des Gegners dienen, besser in Erinnerung behalten.

Reihende Argumente tauchen in der Streitschrift in verschiedenen Ausprägungen auf. Die erste Form ist die einfache Reihung von Attributen und Prädikationen. Die zweite Form besteht aus Attribut-Prädikationsreihungen, die eine innere Struktur aufweisen, und zwar in Form einer Klimax am Ende der jeweiligen Reihung. Die dritte Form reiht verschiedene, aber inhaltlich aufeinander bezogene Argumente, die dann in der Summe wirken sollen. Schließlich kann eine vierte Form identifiziert werden, bei der die Argumente jeweils wiederholt werden bzw. bei denen auf bereits angeführte Argumente verwiesen wird.

5.8.1 Einfache Attribut-Prädikationsreihung

In der Regel werden die Attribut-Prädikationsreihungen von Luther dazu genutzt, den Gegner zu beschimpfen. Die Reihung selbst verstärkt das jeweilige Argument, das in der einzelnen Beschimpfung enthalten ist. Bei dieser Argumentationsform kann man zwischen Reihungen aus Substantiven/Nominalphrasen/Präpositionalphrasen, Verben und Adjektiven unterscheiden. Der Übersichtlichkeit halber sind die einzelnen Phrasen im Zitat nummeriert. Zu diesen Reihungen gehören auch die zahlreichen Beispiele, in denen Luther in zwei-, drei- und vierfacher Weise den Gegner negativ kennzeichnet. Hier sollen nur wenige Beispiele mit fünf- bis zwanzigfacher Attribution zur Veranschaulichung vorgeführt werden.

Im ersten Beispiel führt Luther die Sündhaftigkeit des Papstes anhand von fünf Attributionen in Form von Präpositionalphrasen aus (*mit Suenden* etc.):

> Und was ein Mensch der Suenden sey, hastu aus vorigen stuecken leicht zu vernemen, da er nicht allein fuer sich ein Suender ist, sondern mit Suenden [1], falschem Gottes dienst [2], Gotteslesterung [3], unglauben [4] und luegen [5], die welt, sonderlich den Tempel Gottes, die Kirchen, vol, vol gemacht.
>
> (WA 54: 269)

Das Zitat schließt mit einer ebenfalls die Wiederholung nutzenden Argumentationsform (Epizeuxis).

Im zweiten Beispiel steigert sich die Reihe der Negativattribute schon auf sieben. Die Zuordnung wird hier über das vorangestellte Genitivattribut (*des Bapsts*) geleistet, der sich dann die Fehlerzuschreibungen anschließen.

> Das sey kuertzlich gesagt vom andern schaden, durch des Bapsts binderey [1], Seelmoerderey [2], Abgoetterey [3], Luegen [4] und des Glaubens zerstoerung [5], Christlicher freyheit gefengnis [6], und der gewissen verderbung [7] erfuellet.
>
> (WA 54: 269)

Man sieht bereits hier, dass mit jeder weiteren Attribution die Umfassendheit der dargestellten Fehler gesteigert wird; mit jeder weiteren Attribution wird so die Menge möglicher Fehler erweitert und das nur denkbare Spektrum ausgeschöpft. Dies zeigen besonders eindrücklich die folgenden Beispiele, in denen sich die Reihungen auf 12, 13, 16 und schließlich 20 Negativattribute steigert. Im dritten Beispiel geht es wiederum um die Frage der Legitimation des Papsttums. Dieses stamme nicht von Gott oder den Menschen. Die Reihe beginnt mit einer Präpositionalphrase (*von allen Teufeln aus der Helle*), die dann durch zwölf Nominalphrasen ergänzt wird, im Sinne einer Erläuterung zur ersten Zuschreibung.

> das sein Regiment und stand sey nicht von Gott noch von Menschen, Sondern von allen Teufeln aus der Helle [1], eitel abgoetterey [2], Gotteslesterung [3], [Seite 273] luegen [4], seelmoerderey [5], Mord [6], Reuberey [7], Auffrur [8], Feindschafft wider Gott [9], Keiser [10], Koenige [11], und alle Menschen [12], sonderlich wider die Christenheit [13], Viel erger denn der Tuercke.
>
> (WA 54: 272f.)

Ganz ähnlich ist das vierte Beispiel gebaut. Es beginnt mit einer vermeintlichen Kritikrücknahme (*Jch richte und straffe [...] auch nicht*), die dann sofort eingeschränkt wird (*on das ich sage* ‚außer dass ich sage'): Was folgt, ist dann eine Kette von insgesamt dreizehn Beschimpfungen, die den Papst charakterisieren sollen.

> [13-fach] Jch richte und straffe jn trawen auch nicht, on das ich sage, Er sey vom Teufel hinden aus geborn [1], voller Teufel [2], luegen [3], Gotteslesterung [4], abgoetterey [5], Stiffter der selben [6], Gottes feind [7], Widerchrist [8], Verstoerer der Christenheit [9], Kirchenreuber [10], Schluessel dieb [11], Huren wirt [12] und Sodoma vogt [13], und, was droben mehr gesagt ist.
>
> (WA 54: 288)

Das fünfte Beispiel steigert die Reihung der Negativattribute auf sechzehn. Sie setzt mit zwei Antworten auf die Frage, welche Folgen sich für den Papst aus zwei im Vorfeld diskutierten Bibelstellen (Joh. 20,17; Hebr. 4,12) ergeben. Zum einen das ewige Höllenfeuer und zum anderen ewige Schande im Dies- und Jenseits. Diese drei Negativkennzeichnungen werden dann mit insgesamt noch dreizehn Attributen des Papstes begründet. Es kommen dabei (wie in den anderen Attributreihungen auch) Nominalphrasen mit Genitivattributen (*Felscher der Schrifft*), Komposita (*Gottes Lesterer*), Nominalphrasen mit Adjektivattributen (*verlogener Boesewicht*), Nominalphrasen mit Präpositionalattributen (*Tyrann uber Keiser*) vor.

> Was hat der Bapst nu gewonnen an diesen zweien Spruechen? Erstlich das ewige Hellische fewr [1]. Zum andern, ewige schande hie [2] und dort [3], als der erfunden ist oeffentlich ein Felscher der Schrifft [4], ein Luegener [5], ein Gottes Lesterer [6], ein Schender aller Apostel [7] und gantzer Christenheit [8], ein verlogener Boesewicht [9], und Tyrann uber Keiser [10] und Koenige [11], und alle welt [12], ein Dieb [13], Schalck [14] und Reuber, beide der Kirchen gueter [15] und der weltlichen gueter [16].
>
> (WA 54: 279)

Das Maximum an Negativattributen im Bereich der Nominalphrasen/Präpositionalphrasen ist mit dem sechsten Beispiel gegeben. In insgesamt zwanzig Phrasen wird das ganze nur denkbare Spektrum von Negativbewertungen ausgeschöpft.

> das, Gott lob, kein gut Christlich gewissen anders gleuben kan, denn das der Bapst nicht sey noch sein kan das heubt der Christlichen Kirchen noch Stathalter Gottes oder Christi, sondern sey das heubt der verfluchten kirchen aller ergesten Buben auff erden [1], Ein stathalter des Teufels [2], ein feind Gottes [3], ein widersacher Christi [4] und verstoerer der Kirchen Christi [5], Ein lerer aller luegen [6], [Seite 284] Gottslesterung [7]und abgoettereien [8], Ein Ertzkirchendieb [9] und Kirchenreuber der schluessel [10], aller gueter, beide der kirchen [11] und der weltlichen Herrn [12], ein moerder der Koenige [13], und hetzer zu allerley blutvergiessen [14], Ein hurnwirt uber alle hurnwirte [15] [2. Thess. 2, 3] und aller unzucht [16], auch die nicht zu nennen ist, ein Widerchrist [17], ein Mensch der suenden [18] und kind des verderbens [19], ein rechter Beerwolff [20].
>
> (WA 54: 283f.)

Auch im Bereich der Verben verwendet Luther die Argumentreihung. In der Regel wird die Reihung auch hier dazu verwendet, die Fehler des Gegners herauszustreichen. Dies zeigen die nachfolgenden Beispiele. Die Formen variieren auch hier von einfachen Verbfolgen über Kombinationen aus Verbfolgen und Verbalphrasen (Prädikate inkl. Objekte etc.) bis zur Aneinanderreihung von Verbalphrasen, die dann wiederum selbstständige Aussagen darstellen und so den inkriminierten Sachverhalt aus verschiedenen Perspektiven darstellen.

> Denn sihe doch, wie die armen Juristen geplagt sind, das sie die Roemische spitzbueberey mit glosen zusamen flicken [1], reimen [2], schlichten [3], ehe sie jr eine geringe gestalt machen koennen [...].
>
> (WA 54: 217)

> NAch dem nu der Bapst die Bisschove also hatte eingetrieben [1], gefangen [2] und unter sich bracht [3], denn sie haben sich trawen redlich und lang gnug gewehret, wie die Historien zeugen [...].
>
> (WA 54: 234)

> Ey wie bruellet [1], tobet [2], wuetet [3] und sprueet [4] er, recht als einer, der mit viel tausent Teufeln besessen sey [...].
>
> (WA 54: 236)

> Doch das zeitliche gut kuendte man ja wider umb von jm nemen, und drauff rechenen, wie viel er so viel jar ein Schluesseldieb und kirchenreuber, als vom frembden gestolen gut, vernuetzt [1], verthan [2], verprasset [3], verbranget [3], verhuret [4] und verbubet [5] hette [...].
>
> (WA 54: 292)

> Nu kan man Gott nicht hoeher dienen, denn mit seinem Wort, darueber der Bapst sitzet, und dawider tobet [1], wie alle seine Decret bruellen [2] und rasen [3].
>
> (WA 54: 298)

> Auch so fern, das sie fuer jm gekniet, seine fuesse haben kuessen muessen, ja hat sie mit fuessen getretten auff jren hals [1], hat sie verfolget mit Schwert und Ban [2], Land und Stedte geraubet [3], etliche gekoepffet [4], Son wider Vater gehetzt [5], ein Koenig wider den andern verbittert [6], eitel zwitracht, Mord und blutvergiessen unter den Koenigen angericht [7], als were er der Teufel selbs leibhafftig, der hoffnung, wenn sich die Bestien (so nennet er sie) hetten vnternander auff gefressen [...].
>
> (WA 54: 234)

UNd wenn man den Keiser Phocas zu der zeit hette gefragt, obs seine meinung were, das ein solcher wust solt zu Rom durch sein befelh gestifft werden, der alle Bischove, stifft, Kloester, Kirchen unter sich wuerffe [1], risse [2] und fresse alles [3], was da were, stifftet newe lere und glauben [4], verstoeret Christum und Christlichen glauben [5], richtet unzelich abgoetterey an [6], betroege alle welt umb leib und seele [7], und schindet jnen unzelich geld und gut abe [8], mit grosser triegerey, darnach trete die Keiser mit fuessen [9], verbannet [10], erschluege [11], verfolget sie [12], raubet jr Land und Stedte [13], spottet jr dazu als seiner Narren [14] und lachet in die faust [15], Verzerets darnach [16] und verprangets mit seinen Huren und Hermaphroditen [17] [...].

(WA 54: 234)

Das letzte Beispiel zeigt hier – ähnlich wie das Beispiel oben mit zwanzigfacher Nominalphrasenattribution – die gewissermaßen maximale Ausschöpfung des den Gegner diskreditierenden Furors: In insgesamt siebzehn Verbalphrasen werden nahezu sämtliche denkbare Fehler und Verbrechen des Gegners aufgezählt.

An einzelnen Stellen wird von Luther die Verbreihung aber auch für die eigene Position nutzbar gemacht, so wenn es darum geht, klarzustellen, wie die richtige Verhaltensweise gegenüber dem Papst auszusehen hat oder wenn es um die aus seiner Sicht notwendige Verdammung des Papstes als „Widerchrist“ geht.

Nemlich “frey” heisst in deudscher sprache, und ‘liberum’ in der Latinischer sprache, das im Concilio die Zungen und Ohren frey sein sollen, das ein jederman, sonderlich die verordent werden zu reden, hoeren und handeln aller seits, frey muegen sagen [1], klagen [2], und antworten [3], was zur sachen dienet, die Kirchen zu bessern, ergernis und misbreuch auszureuten.

(WA 54: 211)

(4-fach) Und ist gewis erfunden, das nicht allein die Kirchen, sondern ein jglicher getaufter Christen jn richten, verdamnen, [Seite 294] und zum wenigsten aus seinem hertzen absetzen mag, als einen Widerchrist und Beerwolff, als einen Gottes-, als Christi, als aller Christen und aller welt feind, und das also urteilen [1] und leren [2], singen [3] und sagen [4] muesse (wer ein rechter Christen sein und selig werden wil), [...].

(WA 54: 293f.)

Im vorigen „Widerchrist“-Beispiel wird zudem mit *singen und sagen* in der Verbreihung eine Alliteration zur weiteren Verstärkung des Arguments verwendet.

Schließlich sei noch auf die Form der Adjektivreihung hingewiesen, die ebenfalls häufig vorkommt, allerdings nicht mit den großen Reihungszahlen wie bei den Nominalphrasen oder Verbreihungen. In der Regel beschränkt sich die Adjektivreihung auf zwei bis drei Attribute, seltener auf mehr, wie im letzten Beispiel.

das sie verlorne, verzweivelte teufels Kinder, dazu tolle, grobe Esel in der Schrifft sind.

(WA 54: 227)

Wes lasst jr euch denn duencken, das jr besser seid, denn grosse, grobe, ungelerte Esel und Narren, [...].

(WA 54: 221)

Noch sind sie so frevelthuerstige [1], unverschampte [2], verstockte [3] koepffe, das sie wider solch starcke zeugnis und vermanung jrs gewissens, aller welt, gantzer Schrifft, das leidige [1], lesterliche [2], [Seite 244] abgoettische [3] Bapstum, mutwilliglich, wissentlich haben angericht, und halten noch jmer fort drueber, [...].

(WA 54: 243f.)

Solchs alles ist mit vleis wol zu mercken, damit wir verachten koennen das unfletige narren Gewessche, das die Bepste fueren in jren Decreten von jrer Roemischen Kirchen, das ist, von jrer teufels Synagoga, die sich selbs sondert von der gemeinen Christenheit, und von dem geistlichen gebew, so auff diesen Stein gebawet ist, und ertichtet jr selbs ein fleischliche [1], weltliche [2], nichtige [3], verlogene [4], lesterliche [5], abgoettische [6] oeberkeit, uber die gantzen Christenheit.

(WA 54: 245)

5.8.2 Attribut-Prädikationsreihung mit Klimax

Eine Sonderform der Attribut- bzw. Prädikationsreihungen sind solche mit einer Klimaxfunktion. Bei ihnen steigern sich die verwendeten Prädikationen in der jeweiligen Reihung. Im ersten Beispiel kommt diese Reihung mit Steigerung sogar zweimal vor.

Also ists dazumal beschlossen, das der Bapst sey unter dem Concilium, und nicht uber das Concilium, unangesehen, das der Bapst so viel hundert jar zuvor sich heiser, und schier zu tod gebrullet und geschrien durch alle Decreten und Decretalen, Er sey uber alle Concilia, uber alle welt, auch vber die Engel im Himel, Jtem sey Gottes Stathalter auff Erden und ein jrdischer Gott, Und der grewel unzelich mehr [...].

(WA 54: 209)

Zunächst wird dem Papst zugeschrieben, er habe *sich heiser* gebrüllt und dann gesteigert *schier zu tod gebrullet und geschrien*. Dann erfolgt eine fünffache Steigerung der übertriebenen Machtansprüche des Papstes. Erstens, *er sey uber alle Concilia*, zweitens *uber alle welt*, drittens *vber die Engel im Himel*, viertens, er *sey Gottes Stathalter auff Erden* und schließlich fünftens, er sei *ein jrdischer Gott*. Abgeschlossen wird die Reihung durch die Deutung dieser Zuschreibungen: *Und der grewel unzelich mehr*.

Im zweiten Beispiel wird die Steigerung durch zehnfache Prädikationen so aufgebaut, dass am Ende der Reihung die – zwar konjunktivische, aber aus dem Kontext erschließbar ernst gemeinte – Gleichsetzung des Papstes mit dem Teufel steht. Der besseren Nachvollziehbarkeit wegen wurden die Prädikationen von mir nummeriert:

[...] ja hat sie [weltliche Obrigkeit] mit fuessen getretten auff jren hals [1], hat sie verfolget mit Schwert und Ban [2], Land und Stedte geraubet [3], etliche gekoepffet [4], Son wider Vater gehetzt [5], ein Koenig wider den andern verbittert [6], eitel zwitracht [7], Mord [8] und blutvergiessen unter den Koenigen angericht [9], als were er der Teufel selbs leibhafftig [10], der hoffnung, wenn sich die Bestien (so nennet er sie) hetten vnternander auff gefressen, So wolte er als denn auch Keiser, Koenig und der welt Herr an jre ledig stat sein.

(WA 54: 234)

In diesem Beispiel ist die Reihung sicherlich nicht durchgängig als Steigerung zu lesen. So kann man zwar von 1 bis 4 eine Steigerung erkennen. Von Prädikation 4 zu 5 erfolgt dann ein Bruch; allerdings steigern sich die Prädikationen dann wieder von 5 bis 10.

5.8.3 Argumentreihung

Argumentreihungen kommen im Text ebenfalls in verschiedenen Formen vor. Zum einen in der Form ‚Nicht x, nicht y, sondern z', zum anderen in der Form, dass verschiedene Stützargumente die Konklusion plausibilisieren sollen und zum dritten in einer reinen steigernden Funktion, bei der jedes weitere Argument das vorherige verstärkt.

Im ersten Beispiel geht es um die Legitimationsbasis für die Macht der Päpste. Dabei werden zunächst zwei denkbare Argumente ausgeschlossen (‚Nicht x und nicht y'), um dann das zentrale Argument zu setzen. Damit ergibt sich eine Art der Hinführung, die Ähnlichkeit mit einer Klimax hat: Die ersten Päpste (ab Bonifatius IV) versuchten ihre Macht zu legitimieren, nicht auf der Basis von 1, 2, sondern auf der Basis von 3.

> [...] und fiengen an jr Bapstum oder primat, welchen sie durch jre selb ertichte luegenhafftige Decret und durch Gottes lesterliche, falsche und spitzbuebische auslegung des spruchs Matt. xvj gruenden wolten, also zu deuten, zu scherffen und zu stercken, das der Bapst der Oberst were, nicht allein der ehren und fuergangs halben [= 1] (welchs jm wol gegoennet were), auch nicht allein der Superattendentz halben [= 2] , das er ein Auffseher were, auff die Lere und Ketzerey in den Kirchen (welches doch eim einigen Bisschoff viel zu viel und unmueglich ist in aller welt zu thun), Sondern der gewalt halben [= 3] , das er die Bischove mochte, als jr Herr, gewaltiglich [3.1] und weltlicher [3.2], ja tyrannischer weise unter sich zwingen [3.3], sie mit eiden [3.4] und pflichten gefangen nemen [3.5], zu Knechten machen [3.6], die bistum jm zu eigenen [3.7], die selben zu setzen [3.8] und versetzen [3.9], endern [3.10], rauben [3.11], nemen [3.12], geben [3.13], schetzen [3.14], verkeuffen [3.15], dazu mit Pallien, Annaten und unzelichen spitzbuebischen stuecken beschweren auffs aller mutwilligst [3.16], Und wer das nicht thette oder nicht leiden wolte, muste der Roemischen Kirchen ungehorsamer und Ketzer ewiglich verdampt sein [3.17], als der wider Matth. xvj. gesuendiget hette.
>
> (WA 54: 231)

Die Konklusion *das der Bapst der Oberst were* wird zunächst scheinbar gestützt (und dann wieder zurückgenommen) durch die Argumente 1 und 2, die eben nicht gelten sollen. Es sind eben nicht die dem Papst qua Amt zukommende Ehre oder die Oberaufsicht (*Superattendentz*), die als Argumente sogar noch nachvollziehbar wären. Danach wird die eigentliche Begründung für die Konklusion genannt: *der gewalt halben*. Dieses Argument wird dann mit einer Reihung von insgesamt 17 Argumenten erläutert (3.1 bis 3.17). D. h. es wird erläutert, worin die *gewalt* des Papstes, auf der sich letztlich sein Machtanspruch gründet, besteht. Diese Reihe von Stützargumenten zur Erläuterung der päpstlichen Gewalt schließt mit einem Ad-baculum-Argument, das dem Papst zugeschrieben wird. Wer sich seiner Gewalt nicht unterordnet, ist *als Ketzer ewiglich verdampt*. Begründet wird dies wiederum mit Mt. 16,18 in der Auslegung, die der Papst für sich in Anspruch nimmt.

Auch das zweite Beispiel verwendet verschiedene Stützargumente, die alle die Funktion haben, die Konklusion zu untermauern. Es geht um die Installation des Papsttums durch die weltliche Obrigkeit. Das Papsttum wurde nach Luthers Argumentation nicht von der weltlichen Obrigkeit eingerichtet, weil [1] diese nicht die Macht dazu hatte, [2] selbst der Kaisermörder/Papstunterstützer Phocas das nicht wollte und [3] der Papst selbst dies auch nicht zugestehen will:

ERstlich, a sufficiente divisione Und unten anzufahen, ists nicht von der weltlichen Oberkeit gestifftet [1], Und wenn sie es gleich gethan hette, so were es doch vom Teufel. Ursach ist diese: Denn weltliche Oberkeit hat solchs nicht macht, in dem Reich Gottes zu thun. So haben wir gehoert droben, das Keiser Phocas meinung freilich nicht gewest sey, ein solche gewalt in die Kirchen zusetzen, kans auch nicht thun. Er hat villeicht gemeinet, der Bisschoff zu Rom solt allein ein Superattendent sein, der auff die Lere und Leben der Kirchen acht hette umb Gottes willen, wie das Nicenisch Concilium geordent hatte. Denn auff aller Kirchen und Bischove Lere und leben in der gantzen welt acht haben, ist ein ummueglich ding [2]. Summa, der Bapst wils auch selbs nicht leiden, das ers solt vom Keiser haben [3], Sondern die Keiser vnd Koenige sollen von jm die Kronen und Koenigreiche haben. Das ist eins, und mercks wol: Bapstum ist nicht vom Keiser und kan auch nicht vom Keiser komen, Der Bapst wils auch nicht von jm haben.

(WA 54: 235)

Diese drei Stützargumente bereiten die Konklusion vor, dass der Papst seinen Machtanspruch aus sich selbst heraus begründet und sogar so weit geht, aus diesem Machtanspruch abzuleiten, dass *die Keiser vnd Koenige sollen von jm die Kronen und Koenigreiche haben.*

Das dritte Beispiel führt diese Diskussion in gleicher Weise fort und begründet mit mehreren Stützargumenten, dass das Papsttum auch nicht von der geistlichen Obrigkeit installiert wurde. Begründet wird dies mit insgesamt sechs Argumenten. Das Papsttum wurde nicht von der geistlichen Obrigkeit installiert, weil [1] sie dazu nicht befugt ist, [2] die geistliche Obrigkeit dies auch nie getan hat, [3] sich gegen solche Ansprüche gewehrt hat, [4] die auch für die Ostkirche gilt, [5] dies auch gegen den göttlichen Willen ist (Folge: Der Papst lügt, lästert etc.) und [6] der Papst selbst gar nicht von der geistlichen Obrigkeit installiert sein will.

ZUm andern, so ist das Bapstum auch nicht von geistlicher Oberkeit komen, das ist, von der Christenheit und Bischoven in der gantzen welt, oder von den Concilien, sie koennens auch nicht thun, und habens nicht macht [1]. Ja wenn man die Historien recht ansihet, So findet man schier keinen Bischoff noch Kirchen in der gantzen welt, die den Bapst mit willen angenomen [2], Sondern haben fast alle Bischove und Kirchen sich da wider gesetzt und gewehret [3]. Wie auch bis auff den heutigen tag die Bischove und Kirchen gegen gantz Orient den Bapst nicht angesehen haben, und noch nicht ansehen [4]. Darumb er zu mal ungeschwungen lestert und leuget, das er von Gott sey [Seite 236] gesetzt uber alle Kirchen in der gantzen Welt, welchs doch Gott nicht geredt noch gethan hat, auch nicht thun wil [5], macht also aus Gott einen Luegener, und aus allen Kirchen Ketzerthum durch seinen boesen geist, der in jm tobet, wider Gott und seinen heiligen Geist und Kirchen. haben wir droben gehoert, das fur Keiser Phocas und Bonifacius iij. das Bapstum nichts gewest, und die Kirchen in aller welt nichts drumb gewust. S. Gregorius, als ein fromer Christlicher Bischoff der Roemischen Kirchen, hat solchs

> verdampt und nicht leiden wollen. WAs darffs viel wort? der Bapst selbs wils nicht haben, das er von den Concilien oder geistlicher Oberkeit der Christenheit sey gesetzt [6], und zuernet drumb.
>
> (WA 54: 235f.)

Im sechsten Stützargument (wie auch schon im vorigen Beispiel) ist die Konklusion schon implizit enthalten. Da der Papst die Legitimation seiner Macht weder auf die weltliche noch auf die geistliche Obrigkeit zurückführen möchte, bleibt nur der Machtanspruch aus sich selbst heraus. Innerhalb der Stützargumente ist hier eine Steigerung zu erkennen, weil sie von der Geschichte des Papsttums ausgehend bis zu Gott selbst reichen, den der Papst durch sein Vorgehen zum *Luegener* macht (1 bis 5).

Das vierte Beispiel führt eine Argumentreihung mit Klimaxfunktion vor. Die Argumente, die gegen den Gegner sprechen, steigen im Gewicht an, von der *blosen that*, über die *luegen der lere*, bis zur *lere on Gottes Wort* und zur *luegen der lere mit Gottes Wort*.

> Es ist gar viel ein ander luegen der blosen that [1], und luegen der lere [2], Und noch viel ein ander luegen der blossen lere on Gottes Wort [3], und luegen der lere mit Gottes Wort geschmueckt [4]. Denn wer also leuget in der Lere, das er Gottes Wort dazu fueret, der macht den Teufel zum Gott, und Gott zum Teufel, als rede Gott des Teufels luegen, und verfueret mich damit, das ich den Teufel unter Gottes [Seite 243] Namen ehre und anbete, und die luegen fuer warheit halte.
>
> (WA 54: 242f.)

Das fünfte Beispiel führt die Schädlichkeit des päpstlichen Herrschaftsanspruchs in steigender Folge vor. Ist dieser Herrschaftsanspruch in weltlichen Dingen schon schädlich, so ist er es noch viel mehr in geistlichen Dingen.

> DEr ander Schade, den der Teufel durchs Bapsts, ja durchs Teufels Schluessel gethan hat, ist viel erger und groesser [2], denn weltlich gut aller Koenireiche [1] ist nichts gegen das geistliche ewige gut [2]. Hie hat er sein Binden oder gebieten dahin gestreckt, ins geistlich Regiment, in aller Teufel namen, das es solle heissen, Gesetze stellen, uber die gewissen der gantzen Christenheit, wie Er Nickel Juncker Bapstesel im c. Omnes rhuemet, Er habe auch Iura coelestis Imperij, macht im Himelreich zu schaffen. Und etlicher masse ists war, Er hat im Himel Reich, das ist, in Christus Reich, in der Kirchen, viel zu schaffen und viel geschafft (Gleich wie sein Gott, der Teufel, auch), Denn er hat viel zuthun, das er zubreche und zerstoere alles, was Christus gebawet hat und noch bawet.
>
> (WA 54: 265)

Der erste Schaden wurde unmittelbar vor dem obigen Zitat im Text ausführlich dargestellt: der Schaden im weltlichen Reich. Demgegenüber ist jedoch der Schaden am *geistige[n] ewige[n] gut* noch viel größer.

Im sechsten Beispiel wird in ähnlicher Weise wie im vorigen Beispiel etwas Negatives noch gesteigert. Hier ist es die Bedrohung, die durch einen Feind ausgeht: die geringere Bedrohung durch den *Tuercke[n]*, die größere durch den Papst.

DEr Tuercke verfueret auch die Welt, Aber er sitzt nicht im Tempel Gottes, fueret nicht den namen Christi und S. Petri, auch die heilige Schrifft nicht, Sondern stuermet auswendig die Christenheit, und rhuemet sich der selben feind. Aber dieser inwendige Verstoerer wil freund sein, wil Vater heissen, [Mt. 24, 15] und ist zweifeltig erger, denn der Tuerck.

(WA 54: 269)

Unbestreitbar wurde das osmanische Reich als Bedrohung für den gesamten christlichen Raum und hier natürlich auch für die deutschsprachigen Gebiete empfunden. Diese Bedrohung ist für Luther jedoch noch immer für gering zu achten im Gegensatz zur Bedrohung durch den Papst, da die Bedrohung durch den *Tuercke[n]* nur eine äußerliche ist, die durch den Papst jedoch den Glauben und das ewige Seelenheil betrifft, also den geistlichen Menschen. Insofern ist diese Bedrohung sogar *zweifeltig erger*.

Das siebte Beispiel verlagert die Steigerung der Argumente in den Bereich der Lektüre. Es geht darum, welche Lektüre für einen Christen adäquat ist. Selbstredend ist dies die Bibel. Dem Gegner wird hier unterstellt, dass er – im Vergleich zur eigenen Partei – gerade nicht die Bibellektüre einfordert, sondern etwas anderes. In einer rhetorischen Frage verpackt wird nun aufgezeigt, um welche Lektüren es sich dabei handeln könnte, mit der Steigerung von weltlichen, literarischen Texten[232] zu Texten des Gegners selbst (*des Bapsts dreck und stanck*). Mit dieser Verbindung aus rhetorischer Frage, Vergleich zwischen der Gruppe, die bibelkonform argumentiert (die eigene Klientel) und der Gruppe, die dies nicht tut (Papstpartei), und steigernder Argumentreihung wird die gegnerische Position abgewertet. Der Gegner diskreditiert sich so selbst durch die (ihm zugeschriebene) Lektüre.

Denn so die sollen Ketzer und nicht Christen sein, die da gleuben und bekennen die heilige Schrifft, Wer sind sie denn, die da Christen sein muegen? Sinds die, so Marcolfum oder Diedrich von Bern oder Ulenspiegel lesen? oder, das gleich viel und noch erger ist, die des Bapsts dreck und stanck lesen?

(WA 54: 288)

5.8.4 Argumentwiederholung (Ad-nauseam-Argument)

Blickt man auf die gesamte Streitschrift von 1545, kann man sich des Eindrucks nicht erwehren, dass die immer und immer wiederholten Beschimpfungen des Gegners in den verschiedensten Variationen selbst schon ein Ad-Nauseam-Argument darstellen. Durch die stetige Wiederholung von Beschimpfungen, von Argumenten, die sich auf die Einberu-

---

232 *Marcolfum* bezieht sich auf die mittelalterliche Sage von König Salomon und seinem Gegner Markolf oder Morolf, z. B. im mittelhochdeutschen Spielmannsepos „Salman und Morolf". *Diedrich von Bern* bezieht sich auf die Sage von Dietrich von Bern und die damit verbundene mittelhochdeutsche Dietrichsepik. *Ulenspiegel* bezieht sich auf die ursprünglich mittelniederdeutsche Schwanksammlung ca. von 1510/1515 *Ein kurtzweilig lesen von Dyl Ulenspiegel, geboren vß dem land zu Brunßwick, wie er sein leben volbracht hat. XCVI seiner geschichten.* Vgl. zu diesem Beispiel auch 5.4.1.

fung des Konzils beziehen, von Argumenten, die sich auf die nach Luthers Auffassung nicht vorhandene Legitimation des Papsttums beziehen und von Argumenten, die zeigen sollen, dass das Kaiserreich seine Macht und Legitimation nicht vom Papsttum erhalten habe, wird das jeweilige Publikum – hier v. a. die eigene Klientel und ggf. ein universelles Publikum – durch die bloße Argumentwiederholung geneigt gemacht, die Argumente zu akzeptieren. Wenn man also den Blick auf die Hauptstränge der Argumentation richtet, die in vielfältigen Variationen vorgetragen werden, dann liegen bereits hier verschiedene Ad-Nauseam-Argumente vor. Eine etwas engere Fassung des Ad-Nauseam-Arguments als bloße Argumentwiederholung liegt dann vor, wenn man sich auf solche Wiederholungen bezieht, die das Argument wortwörtlich wiederholen. Auch diese engere Form des Ad-Nauseam-Arguments kommt in der Streitschrift an verschiedenen Stellen vor, so z. B. wenn die einzelnen Beschimpfungen (vgl. 5.3.2) z. T. geradezu gebetsmühlenhaft und einhämmernd wiederholt werden. An anderen Stellen werden ganze Argumente wiederholt, wie im nachfolgenden Beispiel[233]: Es nimmt Argumente von WA 54: 265 wieder auf, in denen die verschiedenen Schäden, die das Papsttum anrichtet, thematisiert wurden.

> Denn das ist (wie gesagt) nicht der groessest schade, das er vnser leib, gut und ehre unter sich geworffen hat [1], mit seinem verfluchten binden, Aber das er die gewissen oder Seelen damit verstrickt und verknuepfft hat, als seien es goettlich Gebot, Gottesdienst und werck zur seligkeit, Und Suende macht, da kein ist, da sind die gewissen erschreckt und bloede worden, der glaube geschwecht, und endlich erwuerget und erstickt, Christliche freyheit verlorn [2].
>
> (WA 54: 268)

Beide Argumente (erster, kleinerer und zweiter, größerer Schaden) werden nicht nur mit der Verweisformel („wie gesagt“) adressiert, sondern nochmals explizit ausgeführt (1 und 2).

233 Vgl. das fünfte Beispiel unter 5.8.3. Die beiden Schäden, die das Papsttum anrichtet, werden ausführlich dargestellt: *WOlan, das sey jtzt in der kuertz von dem ersten schaden geredt, den der Bapst mit seinem Binden gestifftet hat. Denn wer kans alles erzelen, was der Teuffel durch den Bapst mit Koenigen und Keisern zu morden und zu verraten geuebt hat? Sie sind weltliche Herrn, von Gott geordent. Warumb leiden sie solchs von einem faulen wanst, groben Bapstesel und fartzesel zu Rom? Warumb fragen sie nicht Gottes Wort und rechte Prediger? Aber Gottes zorn hat die Welt also gestrafft. DEr ander Schade, den der Teufel durchs Bapsts, ja durchs Teufels Schluessel gethan hat, ist viel erger und groesser, denn weltlich gut aller Koenireiche ist nichts gegen das geistliche ewige gut. Hie hat er sein Binden oder gebieten dahin gestreckt, ins geistlich Regiment, in aller Teufel namen, das es solle heissen, Gesetze stellen, uber die gewissen der gantzen Christenheit, wie Er Nickel Juncker Bapstesel im c. Omnes rhuemet, Er habe auch Iura coelestis Imperij, macht im Himelreich zu schaffen. Und etlicher masse ists war, Er hat im Himel Reich, das ist, in Christus Reich, in der Kirchen, viel zu schaffen und viel geschafft (Gleich wie sein Gott, der Teufel, auch), Denn er hat viel zuthun, das er zubreche und zerstoere alles, was Christus gebawet hat und noch bawet.* (WA 54: 265).

6 Argumentationsfunktionen

Für die Funktionen bzw. Intentionen polemischen Sprechens oder sprachlicher Aggression liegen verschiedene Ansätze der Klassifikation vor.[1] Sie haben alle ihre Berechtigung und fokussieren – in unterschiedlichem Maße – immer wieder die folgenden Aspekte. Es geht bei sprachlicher Aggression einerseits um den Adressaten, der herabgesetzt, beleidigt, widerlegt, diskreditiert oder auch diskriminiert werden soll. Zum anderen geht es bei sprachlicher Aggression um den Aggressor selbst, der durch die Beschimpfungen sein Selbstwertgefühl steigern möchte bzw. kann, der Wut und Ärger abbauen kann (kathartischer Effekt) und mit der sprachlichen Aggression auch seine eigene Sachargumentation unterstützen möchte. Zum dritten geht es um das Publikum – so es bei Beschimpfungen präsent ist –, das durch die sprachliche Aggression auf die Seite des Aggressors gezogen werden soll und so die Herabsetzung des Beleidigten sanktioniert.[2] In der hier vorliegenden Untersuchung wurden diese Klassifikationen berücksichtigt, primär war jedoch die Analyse der im Text vorfindlichen Funktionen der sprachlichen Aggression Luthers. Mit Blick auf diese ergeben sich sechs Hauptfunktionen der polemischen Argumentation Luthers im Text.

Diese Funktionen – das sei vorausgeschickt – sind weder jeweils gleich gewichtet, noch liegen sie i. d. R. fein säuberlich separierbar vor. So lassen sich die Funktionen des Intensivierens von Argumenten nur auf dem Hintergrund bereits vorgetragener Argumente verstehen. D. h. das rationale Argumentieren (im Sinne der hier präferierten Alltagslogik) ist die Voraussetzung dafür, dass einzelne Aspekte der Argumentation überhaupt intensiviert werden können. Gleiches gilt für die Beziehung des Intensivierens zum Aufwerten der eigenen und zum Abwerten der gegnerischen Position und des Gegners insgesamt. Auch diese sind Voraussetzungen dafür, dass in einem zweiten Schritt solche Argumente (z. B. Ad-Autoritatem-Argumente für die eigene Position oder Ad-Hominem-Argumente gegen den Gegner) intensiviert werden können. Insofern ist die Funktion des „Rationalen Argumentierens" in inhaltlicher Hinsicht, also mit Blick auf die vorgetragenen Argumente sicherlich zentral. Dies gilt sowohl für die Stützung der eigenen Position als auch für die Widerlegung der jeweiligen gegnerischen Argumente. In der Streitschrift als prototypischem Vertreter sprachlicher Aggression und Polemik nimmt daneben die Funktion des Diskreditierens eine überragende Position ein. Die Streitschrift stellt – wie

1 Mit Blick auf Luthers Polemik vgl. z. B. die von Richardsen-Friedrich (2003: 125–134) dargelegten Funktionen des Warnens, Distanzierens vom Gegner und Bestärken der eigenen Gruppe im Rahmen der Anti-Christ-Polemik gegen den Papst.

2 Lobenstein-Reichmann (2013: 16–22) stellt ein auf Graumann & Wintermantel (2007) basierendes Modell vor, bei dem die Funktionen „Trennen", „Distanzieren", „Akzentuieren", „Abwerten durch Zuschreiben" und „Festschreiben" unterschieden wird. Vgl. zu den Funktionen von Beschimpfungen auch Sauer (2001: 250), Schumann (1990: 262).

https://doi.org/10.1515/9783110753578-006

bereits weiter oben ausgeführt (vgl. 4.) – relativ wenige inhaltliche Argumente dar, die sich auf vier Konklusionen mit entsprechenden Begründungen und Stützargumenten reduzieren lassen. Der Hauptteil der Schrift fokussiert daher andere Argumentationsfunktionen, hier vorrangig die des Diskreditierens des Gegners und der gegnerischen argumentativen Positionen und – in deutlich geringerem Maße – das Aufwerten der eigenen Position. Flankiert werden diese Funktionen durch die Funktionen der Intensivierung von bereits vorgetragenen Argumenten (sowohl im Bereich des Diskreditierens als auch im Bereich der Aufwertung). Eine letzte Funktion, die wohl für alle kontroversen Argumentationen typisch sein dürfte, ist die des Polarisierens. Mit dieser Funktion wird versucht, die jeweils eigene Klientel klar von der gegnerischen Gruppe abzugrenzen, inkl. der damit verbundenen Bewertungen.

Bereits aus diesen Vorbemerkungen dürfte deutlich geworden sein, dass sich viele der im Text vorfindlichen Argumentationsformen mehreren Argumentationsfunktionen zuordnen lassen können. Wenn also im Folgenden eine Zuordnung von Argumentationsformen zu Argumentationsfunktionen erfolgt, sind Mehrfachzuordnungen unvermeidlich. Positiv formuliert: Einzelne Argumentationsformen – wie z. B. die verschiedenen Formen des Ad-Baculum-Arguments oder das Ad-Nauseam-Argument oder die konkreten Vergleiche – adressieren mehrere Argumentationsfunktionen: So basiert etwa der konkrete Vergleich von Bibelinterpretationen des Papstes mit Ad-libitum-Interpretationen literarischer Texte (vgl. 5.4.1, Beispiel *So kan sich kein Buchstabe in der Schrifft erweren*) zum einen auf der Vergleichsargumentation und damit auf einem alltagslogischen (und somit rationalen) Schlussverfahren, auch dann, wenn man den jeweiligen konkreten Vergleich als solchen nicht akzeptiert. Zum anderen wird mit diesem Vergleich aber auch eine Abwertung des Gegners, auf den dieser Vergleich angewendet wird, vollzogen. Diese mehrfache Funktionalität gilt natürlich auch für viele weitere Argumentationsformen. Insofern ist die Trennung der Argumentationsfunktionen zum einen als analytische Trennung zu verstehen und zum anderen dadurch begründet, dass die jeweils dominierende Funktion in Relation zur Argumentationsfunktion in den Blick genommen wird.

Mit diesen Vorbemerkungen a) zur Gewichtung, b) zur Relationalität, c) zum analytischen Status und d) zur teilweisen Überlappung der Argumentationsfunktionen können folgende sechs Argumentationsfunktionen im Text unterschieden werden:

1) Rational Argumentieren
2) Diskreditieren/Abwerten des Gegners und seiner Argumente
3) Aufwerten der eigenen Position und der eigenen Partei
4) Polarisieren
5) Intensivieren anderer Argumentationen – 1: Abwerten des Gegners
6) Intensivieren anderer Argumentationen – 2: Aufwerten der eigenen Position

Die Relation der Argumentationsfunktionen zueinander, die Beziehungen zwischen dem Emittenten (Luther) und den verschiedenen Auditorien (dem jeweils adressierten Publikum) und das teilweise Zusammenwirken der Argumentationsfunktionen soll Abb. 12 verdeutlichen. Rational Argumentieren (6.1), Aufwerten der eigenen Gruppe (6.3) und

Intensivieren 2 (Aufwerten der eigenen Position, 6.6) sind Argumentationsfunktionen, die sich primär auf die eigene Klientel beziehen und positiv bewertet sind, d. h. mit positiv bewerteten Konklusionen in der Argumentation einhergehen (grüne Pfeile). Rational Argumentieren (6.1) kann jedoch ebenso an den Gegner gerichtet sein (Publikum 2); damit kann es – wie auch das Diskreditieren der gegnerischen Position/Gruppe (6.2) und das Intensivieren 1 (Abwerten des Gegners, 6.5) dazu dienen, den Gegner zu widerlegen, abzuwerten, zu beschimpfen etc. (roter Pfeil). Das Polarisieren trennt als Argumentationsfunktion die beiden Auditorien ‚Freund' und ‚Feind' (weiß-schwarzer Pfeil). Alle Argumentationsfunktionen adressieren natürlich auch das universelle Publikum (= Publikum 3 – (Welt)Öffentlichkeit).

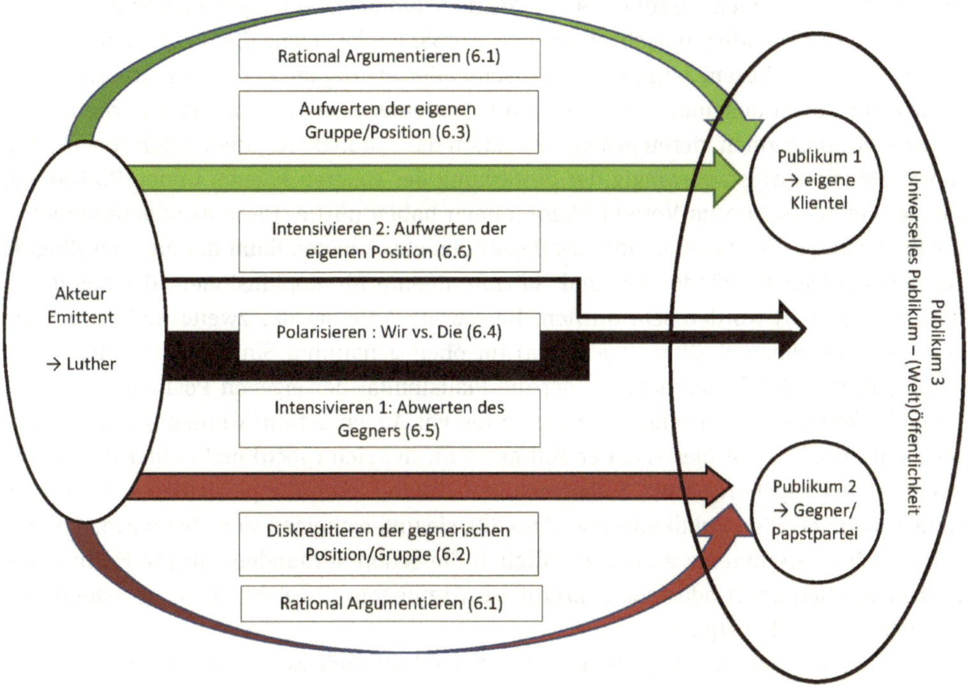

Abb. 12: Die Argumentationsfunktionen in der Streitschrift von 1545 im Überblick.

6.1 Rational Argumentieren

Mit ‚Rational Argumentieren' ist im Kontext der Streitschrift gemeint, dass – ausgehend von bestimmten Data – auf Konklusionen geschlossen wird, die vermittelst einer Schlussregel plausibilisiert werden. Dazu gehören dann sowohl Argumentationsformen, die den Anforderungen der formalen Logik entsprechen (wie z. B. der Modus tollens, der Modus ponens oder der Satz vom ausgeschlossenen Dritten) als auch Argumentationsformen, die ihre Gültigkeit vorrangig alltagslogischen Schlüssen verdanken (z. B. auf der Basis von Analogien, Ex-Concesso-Argumenten, Gleichbehandlungsargumenten etc.). Rational ist dieses Argumentieren insofern, als Begründungen jedwelcher Art für den Schluss auf eine Konklusion gegeben werden. Dabei ist es nicht relevant, ob alle Rezipienten die Data, die Konklusionen oder auch die Schlussregel tatsächlich teilen bzw. akzeptieren; gerade bei strittigen Argumentationen dürfte dies in der Regel nicht der Fall sein. Dann werden vom jeweiligen Gegner Data, Konklusionen und Schlussregeln selbst wiederum thematisiert, angegriffen, durch andere Argumente ersetzt.

Ziel der verschiedenen Argumentationsformen, die vorrangig – aber eben nicht nur (s. Überlappungen bei den Funktionen) – zur rationalen Argumentation verwendet werden, ist es zum einen, den Gegner und die von ihm vertretenen Positionen zu widerlegen, und zum anderen, die eigene argumentative Position und damit die eigene Partei zu stützen. Da sich die vorliegende Streitschrift von 1545 primär an die eigene Klientel Luthers wendet und da Luther zu diesem Zeitpunkt der Auseinandersetzung mit der Papstpartei sicherlich nicht mehr davon ausging, den Gegner in irgendeiner Form zu überzeugen, dienen die Argumentationsformen, deren primäre Funktion das rationale Argumentieren (Begründen von Konklusionen) ist, vorrangig der Bestärkung der eigenen Klientel in den Positionen, die sie ohnehin schon im Vorfeld übernommen haben dürfte. Diese Argumentationen – zur Konzilsfrage, zur Legitimation des Papsttums etc. – bieten dann der eigenen Klientel die notwendigen Begründungen und Stützargumente für Konklusionen, die bereits im Vorfeld akzeptiert worden sein dürften. Der zweite Adressat/das zweite Auditorium (im Sinne von Perelman & Olbrechts-Tyteca) im oben genannten Sinne ist das universelle Publikum, die (Welt)Öffentlichkeit, der die Plausibilität der eigenen Positionen und die Unhaltbarkeit der gegnerischen Argumentation vor Augen geführt werden soll. Beim universellen Publikum ist hier v. a. der Teil gemeint, der sich (noch) nicht einer der beiden Streitparteien zugehörig fühlt. Selbstverständlich sind auch die partikularen Auditorien Teile des universellen Publikums (vgl. Abb. 12), sie unterscheiden sich aber darin, dass die vorgebrachten Argumente entweder lediglich die schon vorhandene eigene Haltung bestärken (Lutherpartei) oder aber, dass diese Argumente abgelehnt bzw. zu widerlegen versucht werden (Papstpartei).

Wie bereits angesprochen, ist eine überschneidungsfreie Zuordnung der eruierten Argumentationsformen zu den Argumentationsfunktionen nicht möglich. Wenn man versucht, diejenigen Argumentationsformen zu ermitteln, deren primärer Fokus auf der rationalen Argumentation im oben genannten Sinne liegt, dann können folgende Formen hinzugezählt werden, die in der vorliegenden Streitschrift funktional in dieser Weise besonders relevant sind (vgl. auch 6.7, Tab. 2):

1) Modus ponens: Wenn p, dann q; es gelte p, ergo q (vgl. 5.1.1)
2) Modus tollens: Wenn p, dann q; es gelte ¬ q; ergo ¬ p (vgl. 5.1.2)
3) Tertium-non-datur-Argument: Entweder gilt p oder q (mit disjunktivem „oder“, vgl. 5.1.3)
4) Argumentum minore ad maius (A-fortiori-Argument, vgl. 5.1.4)
5) Argumentum ad absurdum (vgl. 5.1.5)

6) Fiktives Argument (vgl. 5.1.6)
7) Vernunftargument (vgl. 5.1.7)
8) Argumentum ex concesso (vgl. 5.1.8)
9) Gleichbehandlungs-/Gerechtigkeitsargument (vgl. 5.1.9)
10) Pragmatisches Argument/Argumentum ad consequentiam (vgl. 5.1.10)
11) Bibelstelleninterpretation (vgl. 5.2.4)
12) Fiktiver Vergleich (vgl. 5.4.4)
13) Argument aus der Realgeschichte (Faktenargument, vgl. 5.5.1)
14) Beispiel/Illustration (vgl. 5.5.2)
15) Begriffsinterpretation (vgl. 5.6.1)
16) Antizipation/Prokatalepsis (vgl. 5.7.3)

Neben diesen insgesamt sechzehn Argumentationsformen, bei denen man das ‚rationale Argumentieren' (im Sinne sowohl der formallogischen als auch der alltagslogischen Schlüsse) als dominante Funktion bezeichnen kann, ist das ‚rationale Argumentieren' auch bei einer Reihe weiterer Argumentationsformen als sekundäre Funktion (z. B. neben der dominanten Funktion des Diskreditierens, Aufwertens, Polarisierens) zu erkennen. Zu diesen Argumentationsformen gehören in der Streitschrift die folgenden (vgl. auch 6.7, Tab. 2):
17) Generelle Schriftadäquatheit (vgl. 5.2.1)
18) Bibelstellenverweis (vgl. 5.2.2)
19) Bibelgeschichte/Bibelstelle im Text als Parallele/Vergleich auf Bibelbasis (vgl. 5.2.3)
20) Verweis auf eigene Kompetenz (vgl. 5.2.5)
21) Verweis auf andere Autoritäten (vgl. 5.2.6)
22) Verweis auf die höchste Autorität: Gott (vgl. 5.2.7)
23) Beweisformel (vgl. 5.2.8)
24) Intratextueller Verweis (vgl. 5.2.9)
25) Erfahrung/eigenes Erleben (vgl. 5.2.10)
26) Unterstelltes Argument (vgl. 5.3.2.6)
27) Dem Gegner bewusstes Fehlverhalten unterstellen (vgl. 5.3.2.7)
28) Konkreter Vergleich (vgl. 5.4.1)
29) Gegenwartsbezogener Vergleich (vgl. 5.4.2)
30) Historischer Vergleich (vgl. 5.4.3)
31) Allgemeiner Vergleich (vgl. 5.4.5)
32) Negative Attribute (vgl. 5.6.12)

Diese Aufstellung soll nicht implizieren, dass die angegebenen Argumentationsformen und nur diese in allen möglichen Texten primär diese Argumentationsfunktion (rational Argumentieren) erfüllt. Selbstverständlich können diese Argumentationsformen, aber eben auch viele andere – auch solche, die in der Streitschrift vorkommen – in anderen Texten die primäre Funktion haben, das jeweilige Publikum unter Zuhilfenahme von formallogischen oder alltagslogischen Schlüssen zur Akzeptanz der jeweiligen Konklusion zu bringen. Mit der Aufzählung hier (und auch bei den nachfolgenden anderen Argumentationsfunktionen) soll lediglich ausgesagt werden, dass im vorliegenden Text – in der Streitschrift Luthers von 1545 – diese Argumentationsformen entweder dominant (1.–16.) oder in sekundärer Weise (17.–32.) der rationalen Argumentation dienen, d. h. ihre primäre Funktion (1.–16.) ist nicht die des Diskreditierens, Aufwertens, Polarisierens, Intensivierens.

Dies soll an zwei Beispielen erläutert werden, die die Argumentationsform des Modus ponens bzw. des fiktiven Vergleichs nutzen. Im ersten Beispiel zeigt sich zum einen die Anwendung des Modus ponens im Sinne einer rationalen Argumentation, die dazu genutzt wird, die Legitimität des Papsttums anzuzweifeln, und zum anderen auch die Verschränkung mit der Argumentationsfunktion der Abwertung des Gegners (vgl. zu diesem Beispiel auch 5.1.1).

> ERstlich, a sufficiente divisione Und unten anzufahen, ists nicht von der weltlichen Oberkeit gestifftet, Und wenn sie es gleich gethan hette, so were es doch vom Teufel. Ursach ist diese: Denn weltliche Oberkeit hat solchs nicht macht, in dem Reich Gottes zu thun.
>
> (WA 54: 234)

Die Konklusion (‚das Papsttum ist nicht von der weltlichen Obrigkeit eingesetzt worden') wird aus dem Datum (‚die weltliche Obrigkeit hat keine Befugnis/Macht, das Papsttum einzusetzen') abgeleitet. Die zugrundeliegende Schlussregel ist implizit (‚Wenn x nicht die Macht hat, y zu tun, kann y nicht auf x zurückgeführt werden.'). Im Kontext der Stelle wird deutlich, dass es hier tatsächlich primär darum geht, in einer rationalen Argumentation mit der Verbindung von Datum und Konklusion (Wenn p, dann q; ¬ p, ergo ¬ q) zu belegen, dass sich das Papsttum nicht aus der weltlichen Obrigkeit herleiten kann. Gleichzeitig ist diese Argumentationsfunktion durch den Hinweis auf die Herkunft des Papsttums *vom Teufel* verschränkt mit der Argumentationsfunktion der Abwertung des Gegners. Dies geschieht durch ein eingeflochtenes fiktives Argument (*wenn sie es gleich gethan hette*). In diesem fiktiven Argument ist Folgendes enthalten: Auch und gerade wenn die Konklusion (‚die weltliche Obrigkeit hat das Papsttum eingesetzt') gälte, würde weiterhin das Datum (‚die weltliche Obrigkeit hat keine Macht/Befugnis dazu') gelten. Die Schlussregel lautete dann: q gilt sozusagen regelwidrig und ist damit anders begründet: Das Papsttum wäre dann vom Teufel gestiftet. Durch das Kausaladverb *doch* unterstreicht Luther zusätzlich im fiktiven Argument, dass die Etablierung des Papsttums in jedem Falle (also auch in der Realität und nicht nur im fiktiven Szenario) durch den Teufel erfolgt sei. Sowohl der Verweis auf den Teufel als auch das Kausaladverb markieren somit die Abwertungsfunktion in einem ansonsten rational argumentierenden Kontext.

Im zweiten Beispiel wird ein fiktiver Vergleich zur rationalen Argumentation verwendet. Fiktive Vergleiche (wie auch andere fiktive Argumente) stellen dem Leser ein nichtreales Szenario vor das geistige Auge, in dem allerdings die Regeln formallogischen und alltagslogischen Schließens gleichermaßen gelten. Es wird eine Alternativwelt entworfen, in der Konklusionen aus fiktiven Daten gezogen werden, die dann wiederum für die Argumentationen in der Realwelt relevant sind.

> Wenn Keiser Karol spreche zu seiner Heubtman einem, als in Brabant oder Flandern: Jch befelh dir meine Leute, sihe wol zu, das sie geschuetzt werden, und jederman recht geschehe, und dencke, das es meine Land und Leute sind, Nicht deine Leute, mit denen du thun woltest, was dich geluestet, wie sie offt pflegen, Da gienge der Heubtman hin, und [Seite 278] rhuemet sich, Keiser Karol hette jm indistincte, alle seine Leute befolhen und wolte dadurch Heubtman sein, so weit als Keiser Karol Herr were, in Hispanien, Jtalien, Germanien etc. und doch wol wueste, das Keiser Karol viel andere Heubtleute hette, Were das nicht ein lieblicher, gewuendschter Heubtman?
>
> (WA 54: 277f.)

Verglichen wird ein (fiktives) Vorgehen des Kaisers Karl mit dem Vorgehen des Papstes. Aus der Nichthaltbarkeit des fiktiven Vergleichspunkts und der sich daraus ergebenden fehlerhaften Konklusion (‚der Hauptmann fasst den kaiserlichen Auftrag so auf, dass ihm alle Leute des Kaisers unterstellt wären‘) wird auf die Fehlerhaftigkeit des Vorgehens des Papstes geschlossen. Genauso wenig wie die Interpretation des Hauptmannes haltbar ist, der den Kaiser hier falsch interpretieren würde, ist auch die päpstliche Interpretation, der einen Führungsanspruch über allen Christen aus Joh. 21,15 ableitet, haltbar. Auch hier ist m. E. die Funktion der rationalen Argumentation dominant. Zwar wird durch die abschließende rhetorische Frage auch implizit der Gegner abgewertet: Ein solcher Hauptmann wäre schlichtweg indiskutabel und daher ist auch der Papst mit seinem Führungsanspruch als Person indiskutabel. Aber diese Abwertungsfunktion tritt neben der rationalen Argumentation zumindest an dieser Stelle deutlich in den Hintergrund.

6.2 Diskreditieren der gegnerischen Position/Gruppe

Wie bei der „wohl derbsten Schrift“[3] Luthers nicht anders zu erwarten, ist die Argumentationsfunktion der Diskreditierung der gegnerischen Position und insbesondere des Gegners selbst in der gesamten Streitschrift dominant. Sie stellt ohne Zweifel die Hauptfunktion dar, die auch dann, wenn andere Argumentationsfunktionen an den einzelnen Textstellen im Vordergrund stehen, immer mitschwingt bzw. kontextuell relevant ist. Allein bei 28 Argumentationsformen kann die Diskreditierung als Hauptfunktion angesehen werden. Richtet man zusätzlich den Blick auf die Argumentationsfunktion der Intensivierung der Abwertung des Gegners, dann treten weitere sechs Argumentationsformen hinzu (vgl. 6.7, Tab. 2); zudem ist bei einer Reihe von Argumentationsformen die Diskreditierung und argumentative Intensivierung entweder funktional gleichwertig (zwölf Formen) oder sie ergänzen einander als Haupt- und Sekundärfunktionen (acht Formen). Berücksichtigt man ferner die Tatsache, a) dass die beiden Argumentationsfunktionen ‚Diskreditieren‘ und ‚Intensivieren der Abwertung‘ nicht trennscharf sein können und b) dass auch andere Argumentationsfunktionen das ‚Diskreditieren‘ als sekundäre Funktion

3 Zschoch (2010: 289).

neben sich haben können (fünf Formen), dann wird die überragende Bedeutung dieser Funktion deutlich. Zudem setzt jede Intensivierung insofern eine Abwertung voraus, als eine solche entweder an der gleichen Textstelle erfolgt oder sich diese Intensivierung auf eine an anderer Stelle getätigte Abwertung bezieht. Insofern ist die Menge der Argumentationsformen, die sowohl Diskreditieren als auch Abwerten betrifft, nicht identisch; sie weist jedoch große Überschneidungen auf.

Da sich die Streitschrift in erster Linie an die eigene Klientel Luthers richtet, die in Bezug auf die jeweiligen inhaltlichen Punkte (vgl. 4) ohnehin schon der Auffassung Luthers gewesen sein dürfte, dient das Diskreditieren, das ja an einzelnen Stellen geradezu einer Vernichtung des Gegners das Wort spricht, dazu, diese eigene Klientel in den jeweiligen Überzeugungen und v. a. auch in der Verteufelung des Gegners zu bestärken. Die Abgrenzung vom Gegner, die Herabsetzung des Gegners wird durch diese Argumentationsfunktion erfüllt. Das universelle Publikum kann dagegen durch diese Argumentationsfunktion weniger erreicht werden, da die sprachliche Aggression, die mit den jeweiligen Argumentationsformen verbunden ist, wohl kaum dazu geeignet ist, diese Gruppe (verstanden als vermeintlich oder tatsächlich noch Unvoreingenommene) zu überzeugen; dies gilt auch dann, wenn man berücksichtigt, dass diese Art der sprachlichen Aggression durchaus zeittypisch war. Das gegnerische Lager als weiteres Publikum dürfte die Streitschrift – wenn sie sie denn überhaupt zur Kenntnis genommen hat – als Beleidigung und als Beleg der ketzerischen Haltung des Lutherlagers verstanden haben.

Im Einzelnen weisen folgende Argumentationsformen in dieser Streitschrift als Hauptfunktion das Diskreditieren des Gegners bzw. der gegnerischen Position auf (vgl. 6.7, Tab. 2):

1) Erfahrung/eigenes Erleben (vgl. 5.2.10)
2) Skatologisches Schimpfwort (vgl. 5.3.2.1)
3) Sexuelles Schimpfwort (vgl. 5.3.2.2)
4) Sexistisches Schimpfwort (vgl. 5.3.2.3)
5) Religiöses Schimpfwort (vgl. 5.3.2.4)
6) Allgemeines Schimpfwort (vgl. 5.3.2.5)
7) Unterstelltes Argument (vgl. 5.3.2.6)
8) Dem Gegner bewusstes Fehlverhalten unterstellen (vgl. 5.3.2.7)
9) Konkreter Vergleich (vgl. 5.4.1)
10) Gegenwartsbezogener Vergleich (vgl. 5.4.2)
11) Historischer Vergleich (vgl. 5.4.3)
12) Rhetorische Frage (vgl. 5.6.3)
13) Wortspiel (vgl. 5.6.4)
14) Wortbildung (vgl. 5.6.5)
15) Wortersatz (vgl. 5.6.6)
16) Doppelte Negation/Litotes (vgl. 5.6.7)
17) Alliteration (vgl. 5.6.8)
18) Diminutiv (vgl. 5.6.9)
19) Pleonasmus (vgl. 5.6.10)

20) Epizeuxis (unmittelbare Wortwiederholung, vgl. 5.6.11)
21) Negative Attribute (vgl. 5.6.12)
22) Sprichwort/Phraseologismus (vgl. 5.6.13)
23) Hyperbolik/Übertreibung (vgl. 5.6.14)
24) Ironie (vgl. 5.6.15)
25) Expressiver Ausruf (vgl. 5.6.16)
26) Einfache Attribut-/Prädikationsreihung (vgl. 5.8.1)
27) Attribut-/Prädikationsreihung mit Klimax (vgl. 5.8.2)
28) Argumentwiederholung (Ad-nauseam-Argument, vgl. 5.8.4)

Eher sekundär ist die Funktion des Diskreditierens bei folgenden Argumentationsformen in der vorliegenden Streitschrift:
29) Gleichbehandlungsargument/Gerechtigkeitsargument (vgl. 5.1.9)
30) Pragmatisches Argument/Argumentum ad consequentiam (vgl. 5.1.10)
31) Drohargument (Ad-baculum-Argument, vgl. 5.3.1)
32) Fiktiver Vergleich (vgl. 5.4.4)
33) Argument aus der Realgeschichte (vgl. 5.5.1)
34) Beispiel/Illustration (vgl. 5.5.2)
35) Praeteritio/Paralipse (vgl. 5.7.2)
36) Argumentreihung (vgl. 5.8.3)

Wenige Beispiele mögen auch für diese Argumentationsfunktion zur Erläuterung genügen. Im ersten Beispiel kombiniert Luther verschiedene Schimpfwörter, negative Attribute und eine Wortwiederholung zur Diskreditierung des Gegners.

> Es sind, wie gesagt, des Keisers Phocas, jres stiffters und Keisermoerders, nachkomen, verzweivelte, durchtrieben Ertzspitzbuben, Moerder, Verrheter, Luegener, und die rechte grundsuppe aller boesesten Menschen auff Erden, wie sie selber zu Rom sagen, Schmuecken sich darnach mit dem Namen Christi, S. Petri, und der Kirchen, so sie doch vol sind aller ergesten Teufel in der Helle, vol, vol, und so vol, das sie nichts denn eitel Teufel ausspeien, schmeissen und schneutzen koennen.
>
> (WA 54: 218)

Den allgemeinen Schimpfwörtern *Ertzspitzbuben, Moerder, Verrheter, Luegener* etc. folgt die Epizeuxis (*vol, vol, und so vol*), die wiederum die Skatologie einleitet: Die Gegner sind so angefüllt mit Bösem, dass sie *nichts denn eitel Teufel ausspeien, schmeissen* [i. e. in diesem Kontext ‚scheißen', M. H.] *und schneutzen koennen*. Diese geballte Abwertung ist gleichermaßen durch die Anhäufung der negativen Kennzeichnungen funktional eine Intensivierung der Abwertung.

Im zweiten Beispiel werden sexuelle und allgemeine Schimpfwörter kombiniert, was dieselbe diskreditierende und intensivierende Argumentationsfunktion hat.

> das der Bapst der heiligen Roemischen Kirchen namen braucht auffs schendlichst und lesterlichst und meinet damit seine Bubenschule, Huren- und Hermaphroditen Kirche [...].
>
> (WA 54: 233)

Im dritten Beispiel werden sexistische Schimpfwörter mit Diminutiven und einer rhetorischen Frage[4] gekoppelt.

> Liebes Jungferlin Bepstlin, wie verstehestu es denn?
>
> (WA 54: 282)

Das vierte Beispiel verdeutlicht die Diskreditierung durch die im gesamten Text immer wiederkehrenden Wortbildungen mit *Esel*, als Metapher und Beschimpfung.

> Nein, spricht der Bapstesel, [...] Nein, spricht Fartzesel Bapst, [...] Nein, sagt Bapst Fartzesel, [...] Nein spricht Eselbapst, [...] Nein, spricht Eselfartz-Bapst, [...] Nein, sagt EselBapstfartz, [...] O nein, spricht hie der aller hellischt Vater [...].
>
> (WA 54: 266)

Das fünfte Beispiel führt die Funktion der Diskreditierung (in Verbindung mit der Intensivierung der Abwertung) besonders deutlich vor Augen. In einer Reihe von insgesamt 20 Phrasen wird der Gegner auf alle nur denkbare Arten beschimpft.

> das, Gott lob, kein gut Christlich gewissen anders gleuben kan, denn das der Bapst nicht sey noch sein kan das heubt der Christlichen Kirchen noch Stathalter Gottes oder Christi, sondern sey das heubt der verfluchten kirchen aller ergesten Buben auff erden [1], Ein stathalter des Teufels [2], ein feind Gottes [3], ein widersacher Christi [4] und verstoerer der Kirchen Christi [5], Ein lerer aller luegen [6], [Seite 284] Gottslesterung [7]und abgoettereien [8], Ein Ertzkirchendieb [9] und Kirchenreuber der schluessel [10], aller gueter, beide der kirchen [11] und der weltlichen Herrn [12], ein moerder der Koenige [13], und hetzer zu allerley blutvergiessen [14], Ein hurnwirt uber alle hurnwirte [15] [2. Thess. 2, 3] und aller unzucht [16], auch die nicht zu nennen ist, ein Widerchrist [17], ein Mensch der suenden [18] und kind des verderbens [19], ein rechter Beerwolff [20].
>
> (WA 54: 283f.)

---

4 Die rhetorische Frage beantwortet Luther an dieser Stelle, indem er dem Papst (in Form eines fiktiven Dialogs) die inakzeptable Antwort gleich als von ihm vorgebrachtes Argument unterstellt: *Also: ich meinet, das ich unter S. Peters namen wolt alle Koenige, und alle Welt schrecken, das sie sich unter mich zu weiden, und mir zu dienen ergeben, und ich dadurch ein Herr der Welt wuerde, und also das alte Roemische Reich zu Rom wider auffrichte, mechtiger und groesser, weder es gewest ist zur zeit Augusti oder Tyberij, Und ich der rechte [Off. 19,16] Roemische Keiser hiesse, Herr aller Herrn, Koenig aller Koenige, Apoc. xix, wie mir meine Propheten sagten.* (WA 54: 282).

6.3 Aufwerten der eigenen Gruppe/Position

Ist bei der Diskreditierung des Gegners die Aufwertung der eigenen Position und Gruppe implizit, so wird mit den in diesem Abschnitt angesprochenen Argumentationsformen diese Art der Aufwertung explizit durchgeführt. Es geht darum, die eigene Klientel von der Richtigkeit nicht nur der eigenen argumentativen Positionen zu überzeugen bzw. sie in dieser Überzeugung zu bestärken. Sondern es geht auch darum, die persönliche Integrität der eigenen Gruppe, ihre Höherwertigkeit in Relation zum argumentativen Gegner herauszustreichen. Deswegen ist es auch nicht verwunderlich, dass die meisten Argumentationsformen, die der Aufwertung der eigenen Position und Gruppe dienen, sich der Autoritätsargumente in den verschiedensten Formen bedienen. Da sich die Streitschrift inhaltlich in einem religiösen Kontext bewegt, sind der Verweis auf die Autorität der Bibel (die Schriftadäquatheit der eigenen Argumentation), die nicht weiter kommentierten Bibelstellenverweise und der Verweis auf die höchste Autorität schlechthin, auf Gott, sowohl in puncto argumentativer Gewichtung als auch in der Frequenz, mit der diese Argumentationsformen genutzt werden, für diese Argumentationsfunktion dominant. Zehn von 13 Argumentationsformen, die der Aufwertung dienen, nutzen Autoritätsargumente in unterschiedlichen Ausformungen. Als sekundäre Funktion dienen die Autoritätsargumente auch der rationalen Argumentation, da z. B. die Verweise auf die Schriftadäquatheit der eigenen Position selbstredend im religiösen Kontext der Zeit als rational überzeugend angesehen werden können. Autoritätsargumente haben zudem in gleicher Weise die Funktion zu polarisieren, da diejenigen, die sich zu Recht auf die entsprechenden Autoritäten beziehen können, sich durch diesen Bezug von der gegnerischen Seite abgrenzen und der Gegner damit als Gegengruppe ausgegrenzt wird („Wir vs. Die"). Die restlichen drei Argumentationsformen, bei denen die Funktion der Aufwertung primär ist, nutzen entweder das Sprachprestige des Lateinischen (und damit wiederum indirekt ein Autoritätsargument, da das Prestige dieser Bildungssprache selbst bereits als Autorität zur Stützung der eigenen Position verstanden werden kann) oder sie verweisen selbst wiederum auf andere Argumente: Captatio benevolentiae und Praeteritio. Bei der Captatio benevolentiae wird die moralische Integrität des Argumentierenden herausgestellt, der ja gerade durch seine (vermeintliche oder tatsächlich so gemeinte) Demut und durch seine Bitte um Nachsicht beim Leser augenfällig demonstriert, dass er mit der richtigen inneren Einstellung in die argumentative Auseinandersetzung geht. Bei der Praeteritio deutet der Argumentierende an, dass er in seinem Arsenal an Argumenten noch weitere anführen könnte, dies aber nicht tun möchte, weil entweder die bereits genannten Argumente ausreichend sind oder weil der Gegner nicht noch weiter geschwächt werden muss, da er ohnehin bereits mit den vorgebrachten Argumenten widerlegt ist. So wird argumentative Zurückhaltung vorgetäuscht und damit die eigene Integrität unter Beweis gestellt. Argumentativ geschickt ist dabei allerdings, dass in der Praeteritio das vermeintlich nicht zur Sprache gebrachte Argument gegen den Gegner gerade doch angesprochen wird (‚ich könnte noch sagen, dass x', ‚ganz zu schweigen von x'). Insofern hat die Praeteritio als sekundäre Argumentationsfunktion auch die Diskreditierung des Gegners im Blick. Primäre Argumen-

tationsfunktion ist das Aufwerten der eigenen Gruppe/Position bei folgenden Argumentationsformen:
1) Generelle Schriftadäquatheit (vgl. 5.2.1)
2) Bibelstellenverweis (vgl. 5.2.2)
3) Bibelgeschichte/Bibelstelle im Text als Parallele/Vergleich auf Bibelbasis (vgl. 5.2.3)
4) Bibelstelleninterpretation (vgl. 5.2.4)
5) Verweis auf eigene Kompetenz/Autorität (vgl. 5.2.5)
6) Verweis auf andere Autoritäten (vgl. 5.2.6)
7) Verweis auf die höchste Autorität Gott (vgl. 5.2.7)
8) Beweisformel (Beweisbehauptung 1, vgl. 5.2.8)
9) Intratextueller Verweis (Beweisbehauptung 2, vgl. 5.2.9)
10) Erfahrung/eigenes Erleben (vgl. 5.2.10)
11) Sprachwechsel zum Lateinischen (vgl. 5.6.17)
12) Captatio benevolentiae/Devotionsformel (vgl. 5.7.1)
13) Praeteritio/Paralipse (vgl. 5.7.2)

Als sekundäre Argumentationsfunktion ist das Aufwerten der eigenen Position/Gruppe bei folgenden Argumentationsformen im Text relevant.
14) Gleichbehandlungsargument/Gerechtigkeitsargument (vgl. 5.1.9)
15) Pragmatisches Argument/Argumentum ad consequentiam (vgl. 5.1.10)
16) Drohargument (Ad-baculum-Argument, vgl. 5.3.1)

So geht es z. B. bei manchen Gerechtigkeitsargumenten darum, die eigene Position als eine darzustellen, der das gleiche Recht widerfahren muss wie der gegnerischen. Oder beim pragmatischen Argument wird aus den positiven oder negativen Folgen, die die Konklusion darstellt, auf die Gültigkeit/Nützlichkeit bzw. Ungültigkeit/Schädlichkeit des Datums geschlossen. Gerade wenn die eigene Position positive Folgen zeitigt, ist damit auch die eigene Position selbst sanktioniert und als positiv bewiesen. Bei den Drohargumenten ist die Aufwertung der eigenen Position und Gruppe insofern sekundär, als hier indirekt darauf verwiesen wird, dass derjenige, dem gedroht werden muss (Papst, Papstpartei), dazu Anlass gegeben hat und diese Drohung somit verdient hat. Dies allein hebt den Drohenden und seine Position schon positiv vom Bedrohten (als vermeintlich oder tatsächlich argumentativ und v. a. auch moralisch Unterlegenen) ab.

Die folgenden Beispiele sollen die Argumentationsfunktion des ‚Aufwertens der eigenen Position und Gruppe' verdeutlichen.

Im ersten Beispiel wird auf die generelle Schriftadäquatheit der eigenen Position abgehoben. Im Unterschied zu expliziten Bibelstellenverweisen oder zur Interpretation einzelner Bibelstellen wird hier in zusammenfassender Weise argumentiert. Die Autorität der Bibel würde auch der Gegner nicht anzweifeln. Wenn somit die eigene Position und damit die eigene Gruppe dadurch gerechtfertigt ist, dass man ihr keine Fehlinterpretation der Bibel nachweisen kann, ist das ein starkes Argument zur Aufwertung.

ZUm dritten, da unser Confessio anno xxx zu Augspurg fuer dem Keiser und gantzem Reich verhoeret ward, fragten jenes teils Fuersten jre Theologen, ob man solchs mit der Schrifft verlegen kuendte. Antworten sie: Nein, mit der Schrifft koendte mans nicht verlegen, Sondern mit den Vetern und Concilien. Darauff etliche grossen lechelend sprachen: Unser Theologen verteidigen uns fein, Sagen, das jenes teil habe die Schrifft fuer sich, Wir aber fuer uns die Schrifft nicht haben.

(WA 54: 288)

In diesem Zitat wird die generelle Schriftadäquatheit noch durch eine Frage-Antwort-Runde erläutert und damit veranschaulicht. Auch die Nachfragen der *Fuersten* bei ihren *Theologen*, ob das, was in der Confessio Augustana niedergelegt ist, denn mit der Bibel widerlegt (*verlegen*) werden könne, führen zu dem Ergebnis: *Nein, mit der Schrifft koendte mans nicht verlegen*. Ergänzt wird, dass eine Widerlegung nur durch andere Texte möglich sei (Kirchenväter, Konzilsbeschlüsse). Damit gestünden sie aber auch ein, dass sie nicht schriftadäquat die luthersche Position widerlegen können.

Im zweiten Beispiel wird die Argumentationsform der Bibelstelleninterpretation zur Aufwertung der eigenen Position und Gruppe genutzt. Die Interpretation von Bibelstellen ist selbstverständlich nicht unstrittig. So wird die Deutung Luthers, der Petrus lediglich als den *Felser* verstanden wissen möchte und nicht als den Fels, auf den die Kirche gegründet wird, die Papstpartei nicht überzeugt haben (vgl. 5.2.4 zur Stelle Mt. 16,18[5]). Andere Interpretationen von Bibelstellen dürften hier für die Aufwertung der eigenen Position besser geeignet sein, so wenn Mt. 16,18 im Sinne der auf den Glauben (und nicht auf die Werkgerechtigkeit) gegründeten Kirche gedeutet wird:

Jch will meine Kirchen auff diesen fels bawen. Hie mus Bawen ein geistlich, lebendig gebew sein. Fels mus ein lebendiger, geistlicher Fels sein. Kirche mus ein geistliche, lebendige versamlung sein, [...]. Und Summa, dieser Text Matthei xvj redet vom Glauben, Das, wer da geleubet, der ist gebawet auff diesen fels, wie man spricht: Wer Gott trawet, hat wol gebawet. Das mercke wol (sage ich), das Christus Matthei xvj vom Glauben, und nicht von unsern wercken redet.

(WA 54: 244)

Diese Aufwertung durch eine eigene – und für die eigene Adressatengruppe auch schlüssige – Interpretation von Bibelstellen kann noch dadurch verstärkt werden, dass die vermeintliche gegnerische Interpretation (unterstellte oder tatsächliche Argumentation) vorgeführt wird, durch die sich der Gegner selbst diskreditiert.

Hie mustu den Meister und Hirten aller Schafe hoeren und den Text recht verstehen. Denn es ligt an einem guten Ausleger, spricht man, wie du droben [Seite 274] gehoert hast, das Fels heisse der bapst, drauff bawen heisse jm gehorsam sein, Binden heisse Keiser, Koenige, und alle welt fangen. du must in des heiligsten Vaters Decreten nicht Lateinisch, Griechisch, Ebreisch, Sondern die newe Roemische

5 *Nu wil der HErr sagen: Du bist Petrus, das ist, ein Felser. Denn du hast den rechten Man erkennet und genennet, welcher der rechte Fels ist, wie jn die Schrifft nennet, Christus. Auff diesen Fels, das ist, auff mich, Christum, wil ich meine Gantze Christenheit bawen [...].* (WA 54: 248).

sprache lernen und verstehen, wie auch droben Jungfraw Paula Tertius dem Keiser und dem Reich die Wort „Frey, Christlich, Deudsch" auff sein Roemisch auslegt. Also ist nu Roemisch hie die meinung: Gehet hin (das ist, du Peter gehe allein hin) in alle Welt (das ist, gen Rom) und prediget (das ist, setze einen Bapst, der Gott und Herr sey) aller Creatur (das ist, der macht habe uber Bisschoff, Keiser und Koenige, uber Himelreich und Erdreich, c. Omnes), Wer da gleubt (das ist, wer dem Bapst gehorsam ist) und getaufft wird (dem Bapst die fuesse kuesset), der wird selig (bleibt unverdampt), Wer nicht gleubt (nicht gehorsam ist), wird verdampt (ist ein Ketzer).

(WA 54: 273f.)

Im dritten Beispiel wird die eigene Kompetenz als Mittel zur Aufwertung genutzt (vgl. 5.2.5). Luther verweist an verschiedenen Stellen darauf, dass er als Doktor der Theologie über die notwendigen Kenntnisse in der Bibel verfügt, die es ihm erlauben, fundierte Urteile abzugeben.

„JA, sprichstu, Er fragt nichts nach deinem schreien und schreiben, er bleibt wol fuer dir, er ist zu mechtig!" Des bin ich wol zu frieden, Mir ist gnug, das ich sicher fuer mich bin, und wisse jn zu urteilen nach dem Wort Gottes, das wider jn ist, und ich mit gutem gewissen jnen fuer einen Fartzesel und Gottes feind halten mag. Mich kan er nicht fuer einen Esel halten, denn er weis, das ich von Gottes sonder gnaden gelerter bin in der Schrifft, weder er und alle seine Esel sind, Nicht allein ich, Sondern seer viel feiner leute mehr fast in allen landen. Er hat den Teufel fuer sich, So haben wir Gottes Wort fuer uns.

(WA 54: 273)

In diesem fiktiven Gespräch mit dem Leser, der Luther darauf hinweist, dass seine Position aus Machtgründen vom Papst nicht gehört wird, bleibt es nicht bei den üblichen Beschimpfungen (*Fartzesel und Gottes feind*), sondern die eigene Kompetenz wird hervorgehoben: *er* [der Papst selbst, M. H.] *weis, das ich von Gottes sonder gnaden gelerter bin in der Schrifft*. Solche Verweise auf die eigene Kompetenz und damit auf die eigene Autorität finden sich an verschiedenen Stellen des Textes. Luther hebt hervor, dass er *beruffener lerer und Prediger*[6] ist, oder er führt seinen Doktortitel ins Feld (*ich Doctor Martinus, ein gelerter und guter Doctor*[7]).

Im vierten Beispiel wird die höchste Autorität schlechthin für die eigene Position genutzt: Gott (vgl. 5.2.7).

6 WA 54: 284.
7 WA 54: 286.

> Ah hie schweige still, Jurist, Theologen, Keiser, Koenige, Ja auch die Engel im Himel und alle Creatur, Es redet hie und richtet, der nicht frawen milch, sondern Jungfrawen milch gesogen hat, und am Creutz so arm gewest, [Mt. 8, 20] das er nicht hatte raum, sein Heubt zu legen, und doch daselbs das Paradis [Lk. 23, 43] und Himelreich schenckt dem Schecher, und in der Krippen von allen Engeln [Mt. 2, 11] im Himel angebetet ward, Ja, der selb HErr ists, der hie urteilt und spricht: Der Bapst sol ein Heide sein, weil er nicht hoeren wil, sondern rhuemet dazu als eine grosse Heiligkeit solchen seinen verstockten ungehorsam.
>
> (WA 54: 290)

Aus der Schriftabgewandtheit des Papstes leitet Luther hier das Urteil Gottes ab. Vorbereitet wird dieser Autoritätsverweis durch eine Reihung von Verweisen auf andere denkbare Autoritäten (Theologen, Kaiser, Könige, Engel), die evtl. ebenso urteilen könnten, die aber aufgrund des Urteils der höchsten Autorität hier schweigen müssen.

6.4 Polarisieren: Wir vs. Die

Der Blick auf die durch die Streitschrift angesprochenen Adressatengruppen macht bereits deutlich, dass hier unterschiedliche Auditorien eine Rolle spielen. Die Streitschrift ist in erster Linie an die eigene Klientel gerichtet, die es inhaltlich kaum mehr zu überzeugen gilt, sondern die in den bereits eingenommenen Positionen bestärkt werden soll. Sekundäres Publikum ist der argumentative Gegner. Übergeordnetes, gewissermaßen lateral adressiertes Publikum ist die (Welt)Öffentlichkeit. Diese Adressatengruppen sind für polemische, emotional aufgeladene Argumentationen, in denen die Kombattanten kaum mehr davon ausgehen dürften, den Gegner inhaltlich zu überzeugen, typisch.[8] Insofern ist die Argumentationsfunktion des Polarisierens erwartbar. Dabei geht es darum, die Grenzlinien zwischen den Parteien nicht nur inhaltlich zu verdeutlichen (z. B. anhand von einander gegenübergestellten argumentativen Positionen), sondern die moralische Integrität der eigenen und die moralische Verwerflichkeit der gegnerischen Gruppe besonders zu akzentuieren. Unterschiede in den argumentativen Positionen werden durch das Polarisieren hervorgehoben und z. T. übertrieben, sodass durch diese Art der Kontrastierung sowohl die Differenzen zwischen beiden Parteien überdeutlich werden, als auch unmissverständlich klar gemacht werden soll, dass es zwischen den beiden Gruppen keine bzw.

8 Vgl. zu dieser die eigene Gruppe stabilisierenden Funktion von Streitschriften Bremer (2005: 221), der dies – mit Verweis auf die Soziologie von Simmel – treffend zusammenfasst: „Religionspolemische Schriften sind damit Texte, die sich zunächst an die Angehörigen der eigenen Konfession richten, ihren Verfassern geht es um die „kollektivierende Wirkung des Streites“ [Zitat aus Simmel: Soziologie, S. 359, M. H.] und weniger um die Überzeugung des Gegners. Und je aggressiver eine Streitschrift verfaßt ist, desto stärker droht der Ausschluß von unentschiedenen Lesern. Während sich Feindschaft innerhalb der Religionspartei, nach Simmel der Gruppe, vereinheitlichend auswirkt, zwingt sie die Zweifler und Zauderer aus der Gruppe. Für sie bleibt kein Platz im religionspolemischen Anatagonismus.“

allenfalls marginale Verbindungslinien geben kann. Die inhaltliche Kontrastierung/Abgrenzung geht im Fall der vorliegenden Streitschrift auch jeweils mit einer moralischen Kontrastierung einher. Der Gegner hat nicht nur Unrecht, er ist auch – aufgrund unabweisbarer Charaktermängel – als Person bzw. als Gruppe vollkommen inakzeptabel, letztlich dem Teufel verbunden.

Hauptfunktion ist das Polarisieren bei folgenden Argumentationsformen:

1) Generelle Schriftadäquatheit (vgl. 5.2.1)
2) Bibelstellenverweis (vgl. 5.2.2)
3) Bibelgeschichte/Bibelstelle im Text als Parallele/Vergleich auf Bibelbasis (vgl. 5.2.3)
4) Bibelstelleninterpretation (vgl. 5.2.4)
5) Verweis auf eigene Kompetenz (vgl. 5.2.5)
6) Verweis auf andere Autoritäten (vgl. 5.2.6)
7) Verweis auf die höchste Autorität Gott (vgl. 5.2.7)
8) Drohargument (Ad-baculum-Argument, vgl. 5.3.1)
9) Direkte Leseransprache (vgl. 5.3.3)
10) Allgemeiner Vergleich (vgl. 5.4.5)
11) Argument aus der Realgeschichte (Faktenargument, vgl. 5.5.1)

Die Autoritätsargumente, die dem Polarisieren dienen (1.–7.), haben gleichermaßen die Hauptfunktion der Aufwertung der eigenen Position. Beides geht untrennbar miteinander einher, da die Argumente, die sich auf die generelle Schriftadäquatheit, auf Bibelstellen, Bibelgeschichten, Bibelinterpretationen oder gar auf die höchste Autorität Gott beziehen, jeweils sehr starke Argumente im religiösen Kontext sind und damit sehr viel zur Aufwertung der eigenen Position/Gruppe, aber eben auch zur Polarisierung beitragen können. Wer sich diesen Argumenten nicht anschließen kann, gehört eben nicht zum ‚Wir', gehört eben nicht zu der auch moralisch integren Gruppe, sondern zu den inhaltlich und moralisch inakzeptablen ‚Die'.

Drohargumente sind zweifellos polyfunktional. Sie dienen sowohl dem Polarisieren, sind aber zugleich durch die emotionale Aufladung und Drastik der Drohungen selbst (vgl. die Beispiele in 5.3.1) geeignet, entweder die Abwertung des Gegners noch einmal zu intensivieren oder aber die Aufwertung der eigenen Position/Gruppe zu verstärken. Zentral für die Drohargumente ist, dass die Gründe, die die Drohung notwendig machen, die Bedrohten selbst schon ins Unrecht setzen, sie als auf der falschen Seite positioniert kennzeichnen, sie als Gruppe, die durch eigenes Verschulden, Fehlverhalten und Charaktermängel vom ‚Wir' ausgegrenzt erscheinen lassen. Personen der eigenen Klientel muss man nicht drohen, ihnen muss man nicht Tod und Verderben anwünschen, da sie aufgrund der prinzipiellen Zugehörigkeit zur richtigen Seite den richtigen Argumenten zugänglich sind (und sich so letztlich überzeugen lassen).

Die direkte Leseransprache aktiviert das primäre Publikum (eigene Klientel) und zieht den Leser so direkt in die Argumentation hinein. Der (verständige und moralisch integre) Angesprochene wird so als Mitglied der eigenen Gruppe (‚Wir') allein schon durch die

Ansprache (oft verknüpft mit rhetorischen Fragen, die das richtige Urteil des Autors und damit letztlich auch des Lesers implizieren) eingebunden.

Die allgemeinen Vergleiche und die Argumente aus der Realgeschichte (meist der Kirchengeschichte) zielen auf die Abgrenzung zwischen der richtigen Position/Gruppe und der falschen, päpstlichen Gruppe, die durch den Verweis auf realhistorische Ereignisse (z. B. Fehlentwicklungen in der Kirchengeschichte) oder durch Vergleiche, die das Fehlverhalten des Gegners anschaulich belegen können. Auch diese Argumentationsformen haben gleichermaßen parallel zum Polarisieren auch andere Argumentationsfunktionen (rational Argumentieren, Intensivieren der Abwertung).

Als Nebenfunktion kann das Polarisieren bei nahezu allen anderen Argumentationsformen angesetzt werden, da die im Text verwendeten konfrontativen, diskreditierenden, rational argumentierenden Formen jeweils direkt oder indirekt der Abgrenzung vom Gegner dienen (und nicht – wie dies in einer Argumentation auch denkbar wäre – eine Konsensfindung). Möchte man einzelne Argumentationsformen hervorheben, bei denen das Polarisieren neben einer anderen Hauptfunktion doch noch deutlicher hervortritt, können folgende Formen eruiert werden:

12) Erfahrung/eigenes Erleben (vgl. 5.2.10)
13) Skatologisches Schimpfwort (vgl. 5.3.2.1)
14) Sexuelles Schimpfwort (vgl. 5.3.2.2)
15) Sexistisches Schimpfwort (vgl. 5.3.2.3)
16) Religiöses Schimpfwort (vgl. 5.3.2.4)
17) Allgemeines Schimpfwort (vgl. 5.3.2.5)
18) Unterstelltes Argument (vgl. 5.3.2.6)
19) Dem Gegner bewusstes Fehlverhalten unterstellen (vgl. 5.3.2.7)
20) Gegenwartsbezogener Vergleich (vgl. 5.4.2)
21) Historischer Vergleich (vgl. 5.4.3)
22) Fiktiver Vergleich (vgl. 5.4.4)
23) Ironie (vgl. 5.6.15)
24) Expressiver Ausruf (vgl. 5.6.16)
25) Italienisch-lateinisches Sprachgemisch (vgl. 5.6.17.3)

Ein Schwerpunkt liegt hier auf den Ad-hominem-Argumenten. Diese dienen primär dem Diskreditieren und sekundär dem Polarisieren, da sich die eigene Gruppe argumentationslogisch von den Diskreditierten abheben muss. Auch die weiteren Argumentationsformen, die dem Polarisieren in sekundärer Weise dienen, haben die Abwertung des Gegners als primäre Argumentationsfunktion. Insofern kann die sekundäre Funktion des Polarisierens auch als Effekt der Primärfunktion der Diskreditierung des Gegners verstanden werden.

Wie die Argumentationsfunktion des Polarisierens konkret in der Streitschrift umgesetzt wird, sollen die folgenden Beispiele zeigen.

Das erste Beispiel steht im Kontext der Frage, wer über den Papst urteilen dürfe.[9] Die Position Luthers ist klar, der Gegner bereits mehrfach abgewertet. Eine weitere Trennung zwischen der positiven Wir-Gruppe und der negativen Die-Gruppe wird nun durch den wiederholten Einbezug von Bibelstellen geleistet, die die eigene Position bestätigen und damit die gegnerische Position widerlegen. Es wurde bereits darauf hingewiesen, welchen Stellenwert Bibelzitate in der Frühen Neuzeit hatten (vgl. 5.2.2[10]). Sie führen die höchste Wahrheitsinstanz schlechthin ins Feld: Gott und Gottes Wort. Im nachfolgenden Zitat werden verschiedene Bibelstellen in dieser Funktion angeführt und am Ende des Zitats wird – gewissermaßen diesen Argumentationsstrang abschließend – die eigene Gruppe als von Gott legitimiert und mit dem Auftrag versehen dargestellt, den Gegner zu richten und zu verdammen.

> Darumb ist ein jglich kind in der Tauffe nicht allein ein richter uber den Bapst, sondern auch uber seinen Gott, den Teufel, gesetzt, Dazu jm geboten, das es solle und muesse den Bapst, Teufel und alle sein wesen richten, verdammen, meiden, [Ps. 91, 13] fliehen und mit fuessen tretten, Wie Psal. ix sagt: "Auff dem Lewen und Ottern wirstu gehen und tretten auff den jungen Lewen und Trachen", [1. Kor. 6, 2f.] Und j. Corinth. vj: "Wisset jr nicht, das die Heiligen die Welt richten werden? So nu die Welt soll von euch gerichtet werden, seid jr denn nicht gnug, geringer sachen zu richten? Wisset jr nicht, das wir uber die Engel richten werden?" etc. [Eph. 2, 6] Ephe. ij: "Gott hat uns sampt Christo aufferweckt, und sampt jm ins Himlische wesen gesetzt." Jch hoffe, in dem Himelischen wesen koenne man richten Teufel, Bapst, Welt, Suende, Tod und Helle.
>
> (WA 54: 285)

Im ersten Bibelstellenverweis (Psalm 91,13[11]) wird die Gegenseite mit Löwen, Ottern und Drachen verglichen, auf die es zu treten gilt. Es wird dann eine weitere Bibelstelle angeschlossen (1. Kor. 6,2f.), die die Gläubigen, also die eigene Gruppe mit Heiligen in Verbindung bringt, die selbstverständlich die Berechtigung und auch die Pflicht haben über Dinge, die sich in der Welt zutragen, zu richten. Abgeschlossen wird die Reihe dieser Bibelstellenverweise durch ein weiteres Zitat, dieses Mal aus dem Epheserbrief (Eph. 2,6), in dem wiederum die rechtgläubige Gruppe und damit im Kontext der Streitschrift die eigene Gruppe adressiert wird (*Gott hat uns [...] aufferweckt [...].*). Diese eigene Gruppe ist – im Unterschied zum Gegner – ins *Himlische wesen* gesetzt und damit im Besitz des richtigen Glaubens und Denkens und somit natürlich auch im Besitz der notwendigen Urteilskraft über den Gegner. Mit einem ironischen *ich hoffe* (statt ‚deswegen kann ich ganz sicher

---

9 WA 54: 285–295: *Das ander stück → OBs war sey, das den Bapstesel niemand urteilen noch richten koenne [...].*

10 Lobenstein-Reichmann (2013: 223): „Die kommunikative Beweiskraft eines Bibelzitats in frnhd. Zeit ist nicht zu unterschätzen. Es gilt nicht nur als historisch wahr, sondern auch von Gott besonders legitimiert."

11 Im Text wird fälschlicherweise auf Psalm 9 verweisen, was ein Setzerfehler sein könnte.

sagen‘) schließt Luther diesen Passus mit dem Hinweis darauf ab, dass die nunmehr gleichgesetzten *Teufel, Bapst, Welt, Suende, Tod und Helle* sehr wohl gerichtet werden können.

Im zweiten Beispiel wird eine sehr bekannte Bibelstelle indirekt zitiert (also ohne konkrete Angabe der Bibelstelle im Text). Da diese Stelle den Zeitgenossen wohlbekannt gewesen sein dürfte, ist dieser explizite Hinweis auch nicht mehr nötig gewesen.

> Also hat der Bapst auch sein Bapstum in des Teufels namen mit allerley luegen und Gottslesterung angefangen und bis auff die Hellische grundsuppe aller laster und schande bracht, [Lk. 6, 44; Sir. 27, 7] die wir jtzt zu Rom sehen oeffentlich am tage, das auch an den fruechten wol zur kennen ist, was fuer ein baum sey, und wer den selben gepflantzt hat.
>
> (WA 54: 235)

Das geradezu sprichwörtliche ‚an den Früchten werdet ihr sie erkennen‘ trägt in der Formulierung schon die Polarisierung in sich. ‚Ihr‘ adressiert die Wir-Gruppe, ‚sie‘ adressiert die Die-Gruppe. Da der Verweis unmittelbar nach einer Gleichsetzung von Papst/Papsttum mit dem Teufel erfolgt, ist zudem klar, dass die Früchte in diesem Fall nur negativ sein können und dass damit die Gruppe der ‚sie‘ ebenfalls klar unterschieden ist von der ‚ihr‘-Gruppe. Die Abwertung des Gegners durch den Vergleich (Früchte = Lügen/Gotteslästerung) wird so verbunden mit einer gleichzeitigen Polarisierung.

Im dritten Beispiel wird ein Drohargument zur Polarisierung genutzt. Wem man selbst – als Mitglied der Wir-Gruppe – drohen muss, der hat schon allein durch die Tatsache, dass gedroht werden muss, dazu Anlass gegeben (vgl. die Beispiele in 5.3.1).

> Es moecht jemand wol gern fluchen, das sie der Blitz und Donner erschluege, Hellisch fewr verbrente, Pestilentz, Frantzosen, S. Velten, S. Antoni, Aussatz, Carbunckel und alle Plage hetten, Aber das sind eitel fuchsschwentze, und Gott ist lengest zuvor komen und hat sie mit viel groesser plage gestrafft, [...].
>
> (WA 54: 227)

Fluch und Drohung werden in diesem Argument noch mit dem Hinweis auf Gott unterstützt, der *sie*, also die Die-Gruppe, bereits längst mit noch Üblerem heimgesucht hat. So wird dem Leser deutlich, dass es nur eine richtige Seite geben kann, nämlich die, die sich nicht diesen Flüchen und Drohungen aussetzen muss.

Die meisten Drohargumente im Text richten sich direkt gegen den Papst und seine Parteigänger, wie im vorigen Beispiel. An einzelnen Stellen wird die Polarisierung aber auch so umgesetzt, dass sie an das universelle Publikum gerichtet ist, gewissermaßen im Vorgriff auf etwaige Abweichler von der eigenen Meinung. Es kann nur ein Entweder-Oder geben; entweder steht man auf der richtigen Seite oder aber man ist dem Verderben anheimgegeben:

> [nach 20-facher Diskreditierung der Papstpartei] Wer das nicht wil gleuben, der fare jmer hin mit seinem gott, dem Bapst, Jch als ein beruffener lerer und Prediger in der Kirchen Christi, und die warheit zu sagen schueldig bin, hab hie mit das meine gethan. Wer stincken wil, der stincke, Wer verlorn sein wil, der sey verlorn, Sein blut sey auff seinem kopff!
>
> (WA 54: 284)

Hier wird die Polarisierung nicht mit dem Verweis auf Gott, wie im vorigen Beispiel, unterstützt, sondern mit einem Autoritätsargument, das auf die eigene Kompetenz (*beruffener lerer und Prediger*) rekurriert. Wer dies nicht akzeptiert und damit nicht die Position der Wir-Gruppe einnimmt, tut dies aus freien Stücken (*Wer stincken wil, der stincke*) und zieht dann zu Recht Drohung und Gewalt auf sich (*der sey verlorn, Sein blut sey auff seinem kopff!*).

Im vierten Beispiel wird die direkte Leseransprache zur Polarisierung zwischen der Wir-Gruppe, die durch die direkte Leseransprache aufgerufen wird, und der Die-Gruppe anschaulich vorgeführt (vgl. weitere Beispiele in 5.3.3). Die direkte Leseransprache dient hier zunächst dazu, mit dem Leser in einen fiktiven Dialog einzutreten.

> „JA, sprichstu, Er fragt nichts nach deinem schreien und schreiben, er bleibt wol fuer dir, er ist zu mechtig!" Des bin ich wol zu frieden, Mir ist gnug, das ich sicher fuer mich bin, und wisse jn zu urteilen nach dem Wort Gottes, das wider jn ist, und ich mit gutem gewissen jnen fuer einen Fartzesel und Gottes feind halten mag.
>
> (WA 54: 273)

Der angesprochene Leser wird als vermeintlicher Zweifler und Opponent eingeführt, der Luther vorhält, dass sein *schreien und schreiben* wenig ausrichten kann gegen die Macht des Papstes. Bis dahin kann der Leser noch als unparteiisch angesehen werden, als jemand, der weder zur einen noch zur anderen Gruppe gehört. Durch den nachfolgenden Verweis auf die Bibeladäquatheit (*wisse jn zu urteilen nach dem Wort Gottes, das wider jn ist*) wird dann dem angesprochenen Leser klar gemacht, auf welche Seite er sich zu schlagen hat. In dem Gegensatz zwischen *ich* (Luther) und *jn* (Papst) kann es für den Leser keine dritte Option mehr geben. In dieser Polarisierung muss er sich auf die Seite Luthers schlagen. Nach diesem Muster verfahren auch die anderen Belege der direkten Leseransprache, der angesprochene Leser wird in die eigene Wir-Gruppe einbezogen und mit Verweis auf die Fehlerhaftigkeit, auf die Verderbtheit, auf die Charaktermängel der Gegenseite für die eigene Gruppe vereinnahmt.

Das fünfte Beispiel zeigt, wie auch ironische Argumente zur Polarisierung beitragen können. Damit ironische Argumente funktionieren können, müssen im Kontext ausreichende Ironiesignale vorhanden sein. Dies ist im folgenden Beispiel die vermeintliche Verortung von Gott und den Heiligen im Lager der Ketzer. Durch diese Zuschreibung ist das Argument als ironisch hinreichend markiert. Zugleich bewirkt diese vermeintliche Verortung der zweifellos als positiv zu betrachtenden Akteure (Gott, Heilige) eine Polarisierung insofern, als die ironische Folie zwei verschiedene Sichtweisen veranschaulicht: Wer allen Ernstes das im ironischen Argument Behauptete vertreten möchte – wie dies dem Papst zugeschrieben wird –, ist automatisch auf der falschen Seite. Damit bewirkt das ironische Argument selbst sowie seine Dekodierung durch den Leser eine klare Positionierung und Polarisierung.

> Nu ists ja viel besser, das Gott der Vater, Son und heiliger Geist sampt seiner heiligen Kirchen im Concilio als die schendlichsten Ketzer verdampt werden, denn das der Hellische Vater Bapst und seine Hermaphroditen sollen Unchristen heissen.
>
> (WA 54: 213)

Die Die-Gruppe setzt sich durch ihre Argumentation, die mit dem ironischen Argument ad absurdum geführt wird, ins Unrecht. Jeder, der dieses ironische Argument dekodieren kann, muss auch zu der Schlussfolgerung kommen, dass *Gott der Vater, Son und heiliger Geist* keine *Ketzer* sein können, sondern nur die Die-Gruppe (*der Hellische Vater Bapst und seine Hermaphroditen*).

Das sechste und letzte Beispiel führt die Verbindung von Diskreditieren und Polarisieren vor. Der Gegner diskreditiert sich durch sein italienisch-lateinisches Sprachgemisch selbst und dieses Sprachgemisch weist ihn als Hauptvertreter der Die-Gruppe aus, der man tunlichst nicht angehören möchte (vgl. 5.6.17.3). Die Wir-Gruppe unterscheidet sich auch in der Sprachverwendung deutlich von der Die-Gruppe.

> [Luther] Ja, ja, Jungfer Bepstlin, bistu da zurissen, so flicke dich der Teufel und seine mutter. Fuerchtestu dich aber nicht fuer Gott, das er dich umb solcher schendlicher verfelschung und lesterung willen seiner wort moechte mit blitz und donner von Himel durch die erden in abgrund der Hellen sencken?
> [Papst] „Ha, ha, ha bon profacit, miser porko, Meinet jr Todeske Embrigek, das wir solche Narren sein, als jr seid, und solche geucherey und narrenteiding von Gott und ewren todten Christo gleuben wollen?"
>
> (WA 54: 282)

In diesem fiktiven Dialog lässt Luther den Papst in einem lateinisch-italienischen Sprachgemisch sprechen, das ihn selbst diskreditiert. Wenn nun der Papst selbst im Zitat eine Opposition zwischen *wir* und *jr* eröffnet, also zwischen der Papstpartei und dem Gegner, ist durch das unbeholfen-ungebildete Sprechen des Papstes selbst schon klar, wie diese Opposition zu verstehen ist. Das hier vorgeführte *wir* der Papstpartei ist als die abgewertete Die-Gruppe zu verstehen, das *jr* als die positive Wir-Gruppe der Lutherpartei. Die Polarisierung wird so durch den radebrechenden Gegner selbst vollzogen.

6.5 Intensivieren 1 – Abwerten des Gegners

Die beiden nun zu besprechenden Argumentationsfunktionen des Intensivierens 1 (Abwerten des Gegners) und des Intensivierens 2 (Aufwerten der eigenen Position/Gruppe) müssen in Relation zu den Argumentationsfunktionen, auf die sie sich beziehen, gesehen werden. Sie stellen lediglich Steigerungen der Ausgangsfunktionen dar. Insofern könnte man sie auch als Unterfunktionen des Diskreditierens und des Aufwertens sehen. Ziel des

Intensivierens 1 ist die Steigerung der Abwertung des Gegners, die bereits im Vorfeld erfolgt ist. Diese Steigerung hat immer auch den Charakter einer wiederholten Abwertung und ist insofern mit dem Argumentum ad nauseam verwandt. Das Intensiveren 1 ist bei verschiedenen Argumentationsformen dominant und es kommt auch zugleich mit anderen Argumentationsfunktionen vor. Hauptsächlich tritt es als Hauptfunktion mit dem Diskreditieren auf (vgl. 6.7, Tab. 2, rhetorische Frage, Wortspiel, Wortbildung, Wortersatz, Litotes, Alliteration, Diminutiv, Pleonasmus, Epizeuxis, Phraseologismus, Hyperbolik, Attributreihung). Daneben kommt es als Hauptfunktion neben der Funktion des Polarisierens (Drohargument, allgemeiner Vergleich) vor.

Hauptfunktion ist das intensivierende Abwerten bei folgenden Argumentationsformen:

1) Drohargument (Ad-baculum-Argument, vgl. 5.3.1)
2) Allgemeiner Vergleich (vgl. 5.4.5)
3) Metapher (vgl. 5.6.2)
4) Rhetorische Frage (vgl. 5.6.3)
5) Wortspiel (vgl. 5.6.4)
6) Wortbildung (vgl. 5.6.5)
7) Wortersatz (vgl. 5.6.6)
8) Doppelte Negation/Litotes (vgl. 5.6.7)
9) Alliteration (vgl. 5.6.8)
10) Diminutiv (vgl. 5.6.9)
11) Pleonasmus (vgl. 5.6.10)
12) Epizeuxis (vgl. 5.6.11)
13) Sprichwort/Phraseologismus (vgl. 5.6.13)
14) Hyperbolik/Übertreibung (vgl. 5.6.14)
15) Italienisch-lateinisches Sprachgemisch (vgl. 5.6.17.3)
16) Einfache Attribut-/Prädikationsreihung (vgl. 5.8.1)
17) Attribut-/Prädikationsreihung mit Klimax (vgl. 5.8.2)
18) Argumentreihung (vgl. 5.8.3)
19) Argumentwiederholung (Ad-nauseam-Argument, vgl. 5.8.4)

Auffällig ist dabei, dass hier die sprachbezogenen Argumentationsformen im Vordergrund stehen (3.–15.). Dies ist durch die Tatsache begründet, dass die Intensivierung von Abwertungen gerade durch solche Argumentationsformen geleistet werden kann, die sich auf sprachliche und damit hier rhetorische Stilmittel zurückführen lassen. Als Nebenfunktion tritt die intensivierende Abwertung bei folgenden Argumentationsformen auf:

20) Skatologisches Schimpfwort (vgl. 5.3.2.1)
21) Sexuelles Schimpfwort (vgl. 5.3.2.2)
22) Sexistisches Schimpfwort (vgl. 5.3.2.3)
23) Religiöses Schimpfwort (vgl. 5.3.2.4)
24) Allgemeines Schimpfwort (vgl. 5.3.2.5)
25) Beispiel/Illustration (vgl. 5.5.2)

Auch diese Zuordnung ist nicht verwunderlich, da gerade die Schimpf- und Fluchkanonaden in der Streitschrift in ihrer Intensität und jeweiligen Wiederholung dazu geeignet sind, Abwertungen zu steigern. Wenige Beispiele sollen genügen, um diese Funktion zu verdeutlichen.

Im ersten Beispiel wird ein Drohargument vorgeführt, in dem die jeweiligen Drohungen durch ihre Reihung dazu führen, das zugrundeliegende Polarisieren zu steigern. Die immer weiter in Gewaltphantasien ausufernde Drohung wirkt intensivierend.

> [...] Gott gebe hie faulen Henden kein glueck, und erstlich neme man dem Bapst Rom, Romandiol, Urbin, Bononia, und alles was er hat, [...]. [...] Darnach solte man jm selbs, dem Bapst, Cardinal, und was seiner Abgoetterey und Bepstlicher heiligkeit gesindlin ist, nemen, und jnen (als Gottes lesterern) die zungen hinden zum hals heraus reissen, und an den galgen an nageln an der riege her, wie sie jr Siegel an den Bullen in der riege her hangen, Wie wol solchs alles geringe ist gegen jre Gotteslesterung und abgoetterey. Darnach liesse man sie ein Concilium, oder wie viel sie wolten, halten am Galgen, oder in der Helle unter allen Teufeln.
>
> (WA 54: 243)

Bereits die erste Drohung bzw. die erste Gewaltphantasie (Enteignung des Papstes) ist ein Drohargument. Dieses wird dann jedoch sukzessive gesteigert. Nach der Enteignung des Papstes (1) solle man ihm und seiner ganzen Klientel *die zungen hinden zum hals heraus reissen* (2), diese *an den galgen nageln* (3). Schließlich könnten sie dann ein *Concilium, oder wie viel sie wollten* am Galgen, an den sie gehängt sind, abhalten, oder *in der Helle unter allen Teufeln* (4). In der parallel zur Streitschrift entstandenen Holzschnittreihe von 1545 wird diese Gewaltphantasie zudem noch ins Bild gesetzt (vgl. 5.3.1, Abb. 4: Digna Merces Papae Satanissimi et Cardinalium suorum (WA 54, Blatt 8). Mit diesem Beispiel wird somit sehr deutlich, wie die Argumentationsfunktionen des Polarisierens (Hauptfunktion) bzw. der Abwertung des Gegners (sekundäre Funktion) hier durch die Aneinanderreihung von Drohungen in jeweils sich immer weiter steigernden Gewaltphantasien eben zugleich die Argumentationsfunktion des Intensivierens 1 (Abwertung des Gegners) übernehmen.

Im zweiten Beispiel wird die Alliteration zur Intensivierung des Diskreditierens genutzt. Die Alliteration als sprachlich-stilistisches Mittel, die über die Nachdrücklichkeit und Anschaulichkeit der mit den Alliterationen zum Ausdruck gebrachten Abwertungen (im Beispielzitat) das Gewicht der jeweiligen Argumentation erhöht bzw. diese für den Leser nachvollziehbarer und anschaulicher macht.

> Bleibt mir etwas uber von krefften, will ich wider an seine Bullen und Brieve mich machen und versuchen, ob ich dem grossen, groben Esel seine lange, ungekemmete ohren kemmen muege.
>
> (WA 54: 228)

Man kann sich die intensivierende Wirkung der Alliteration versuchsweise vor Augen führen, wenn man sich das obige Zitat ohne die Alliterationen vorstellt:

> ‚Wenn mir noch Kräfte übrigbleiben, dann will ich mich mit seinen Schriften/Verlautbarungen auseinandersetzen und versuchen, ob ich dem Esel seine langen Ohren kämmen möge.'

Zweifellos kommt auch hier die Argumentationsfunktion des Diskreditierens zum Ausdruck, jedoch in weitaus geringerer, blasserer und nüchterner Form als mit den jeweiligen Alliterationen: *Bullen und Brieve, mich machen, grossen, groben Esel, ungekemmete ohren kemmen.* Dieses Beispiel zeigt aber auch, dass eine klare Abgrenzung zwischen den Argumentationsfunktionen (hier: Diskreditieren und Intensivieren 1) nicht immer einfach möglich ist. Die Alliterationen dienen hier sowohl dem Diskreditieren als auch zugleich in intensivierender Weise der weiteren Abwertung des Gegners. Wie beim ersten Beispiel, in dem die Drohungen gesteigert und vervielfältigt werden, ist die Reihung und Addition verschiedener Alliterationen der Hauptpunkt, wenn es um die Intensivierung der Abwertung geht. Dies zeigt auch das dritte Beispiel, in dem es um Argumentreihungen (vgl. 5.8.3) geht.

> ZUm andern, so ist das Bapstum auch nicht von geistlicher Oberkeit komen, das ist, von der Christenheit und Bischoven in der gantzen welt, oder von den Concilien, sie koennens auch nicht thun, und habens nicht macht [1]. Ja wenn man die Historien recht ansihet, So findet man schier keinen Bischoff noch Kirchen in der gantzen welt, die den Bapst mit willen angenomen [2], Sondern haben fast alle Bischove und Kirchen sich da wider gesetzt und gewehret [3]. Wie auch bis auff den heutigen tag die Bischove und Kirchen gegen gantz Orient den Bapst nicht angesehen haben, und noch nicht ansehen [4]. Darumb er zu mal ungeschwungen lestert und leuget, das er von Gott sey [Seite 236] gesetzt uber alle Kirchen in der gantzen Welt, welchs doch Gott nicht geredt noch gethan hat, auch nicht thun wil [5], macht also aus Gott einen Luegener, und aus allen Kirchen Ketzerthum durch seinen boesen geist, der in jm tobet, wider Gott und seinen heiligen Geist und Kirchen. haben wir droben gehoert, das fur Keiser Phocas und Bonifacius iij. das Bapstum nichts gewest, und die Kirchen in aller welt nichts drumb gewust. S. Gregorius, als ein fromer Christlicher Bischoff der Roemischen Kirchen, hat solchs verdampt und nicht leiden wollen. WAs darffs viel wort? der Bapst selbs wils nicht haben, das er von den Concilien oder geistlicher Oberkeit der Christenheit sey gesetzt [6], und zuernet drumb.
>
> (WA 54: 235f.)

Dieses Beispiel zeigt, dass nicht alle Intensivierungen primär der Abwertung des Gegners dienen müssen, sondern dass sich die Abwertung des Gegners in einzelnen Fällen auch aus der intensivierenden Reihung von Argumenten ergeben kann, bei denen dann die Abwertung des Gegners entweder ein impliziter Bestandteil der Argumente ist oder bei denen diese Abwertung dann eine Folge der vorgebrachten Argumente ist. Es geht hier (vgl. auch die ausführlichen Erläuterungen zu diesem Beleg in 5.8.3) um den argumentativen Nachweis, dass das Papsttum ursprünglich nicht von der geistlichen Obrigkeit eingerichtet worden sein kann. In einer Reihe (1 bis 5) werden dafür die jeweiligen Argumente vorgestellt: (1) die geistliche Obrigkeit hatte dazu keine Befugnis, (2) sie hat dies auch nicht getan, (3) sie hat diese Ansprüche auch von sich gewiesen, (4) ebenso für die Ostkirche, (5) dies wäre zudem gegen den göttlichen Willen, (6) der Papst selbst möchte seine Legitimität nicht von einer solchen Installation durch die geistliche Obrigkeit ableiten. Die Konklusion aus dieser Argumentreihung ist wiederum eine Abwertung des Gegners, der sich als Lügner und Lästerer erweist (explizit gemacht nach Argument 5).

6.6 Intensivieren 2 – Aufwerten der eigenen Gruppe/Position

Wie beim Intensivieren 1 (Abwerten des Gegners) ist auch beim Intensivieren 2 (Aufwerten der eigenen Gruppe/Position) die Abgrenzung zu den Bezugsfunktionen (Diskreditieren und Aufwerten) nicht immer ganz einfach, sodass die Eigenständigkeit dieser Argumentationsfunktion auch in Frage gestellt werden könnte. Allerdings ist bei beiden Argumentationsfunktionen auffällig, dass gerade in diesem Text das jeweilige Diskreditieren bzw. Aufwerten häufig nicht allein steht, d. h. dass es nicht bei einzelnen Diskreditierungs- bzw. Aufwertungsakten bleibt, sondern dass beide Funktionen an verschiedenen Stellen im Text Verstärkungen erfahren. Deswegen erscheint es plausibel, diese beiden Argumentationsfunktionen als eigenständige Funktionen neben die Bezugsfunktionen des Diskreditierens und Aufwertens zu stellen. Das Ziel des Intensivierens 2 ist es, in verstärkender Weise die eigene Position, die sich auf die Schriftadäquatheit, auf die theologische Autorität Luthers, aber auch auf andere Autoritäten bezieht, sowie die sich aus den Polarisierungen ergebende Aufwertung der eigenen Position und der eigenen Gruppe zu verstärken. Im Unterschied zum Intensivieren 1 tritt das Intensivieren 2 nur bei wenigen Argumentationsformen auf. Dies ist insofern nachvollziehbar, als der Grundtenor der ganzen Streitschrift nicht auf die Rechtfertigung der eigenen Position ausgerichtet ist, sondern auf die Abwertung der gegnerischen Argumentation einerseits und – dies ganz besonders – auf die Abwertung des Gegners selbst. Deswegen sind beim Intensivieren 1 deutlich mehr Argumentationsformen zu verzeichnen als beim Intensivieren 2. Als Hauptformen können im Text v. a. die Drohargumente und die Argumentwiederholung genannt werden. Beide Formen haben daneben andere Hauptfunktionen, die Drohargumente das Polarisieren und die Ad-Nauseam-Argumente die Aufwertung der eigenen Position.

Hauptfunktion:

1) Drohargument (Ad-baculum-Argument, vgl. 5.3.1)
2) Argumentwiederholung (Ad-nauseam-Argument, vgl. 5.8.4)

Zwei Beispiele mögen diese verstärkende Funktion demonstrieren. Im ersten Beispiel wird die Drohung (das Papsttum solle gestraft werden) zunächst ausgesprochen und als innigster Wunsch des Sprechers markiert. Diese emotionale Einführung ist selbst schon eine Aufwertung der eigenen Position dadurch, dass derjenige, der hier auf der richtigen Seite der Glaubensfragen steht, seinen Zorn artikuliert (*wie wallet mein blut und fleisch*) und auch den Leser direkt anspricht (*Sihe, Sihe*, inkl. der biblischen Anspielung, die in dem *sihe* selbst schon als Formel liegt). Gesteigert wird dann diese Positionierung (‚ich, Luther, der auf der richtigen Seite steht, muss in gerechten Zorn geraten und drohen') dadurch, dass der Wunsch nach Bestrafung des Gegners weiter ausgeführt, genauer ins Nicht-mehr-Beschreibbare gesteigert wird: *das kein zeitliche straffe hie zu genug sey*. Auch diese gesteigerte Drohung wird flankiert durch den Verweis auf die eigene Position. Der Sprecher gibt zu erkennen, dass er – als Vertreter der richtigen Seite – sich an wohlverdienten Strafen ausdenken könnte, was er auch wollte, er könnte doch dem Vergehen des Gegners damit nie die angemessene Bestrafung entgegensetzen: *So doch mein geist wol weis*).

> Sihe, Sihe, wie wallet mein blut und fleisch, wie gern wolt es das Bapstum gestrafft sehen, So doch mein geist wol weis, das keine zeitliche straffe hie zu gnug sey, [...].
>
> (WA 54: 292)

Im zweiten Beispiel wird der Kaiser, als Vertreter des Gesetzes und Beschützer der Christenheit, ins Spiel gebracht. Luther und damit die gesamte eigene Klientel werden fiktiv an die Stelle des Kaisers gesetzt und so in die Lage versetzt, die nachfolgenden Drohungen zumindest für diese Textpassage zu legitimieren.

> WOlan, wenn ich Keiser were, wuest ich wol, was ich thun wolt: Die lesterlichen Buben alle sampt, Bapst, Cardinal, und alles Bepstlich Gesind, zu samen koppeln und guerten, [...].
>
> (WA 53: 283, mit nachfolgender Reihung von Drohungen)

Gesteigert wird die Aufwertung der eigenen Gruppe hier durch die nachfolgende, ausgiebige Reihung von Drohungen und Verwünschungen (vgl. zur Interpretation dieser Gewaltphantasien 5.3.1). Mit jeder weiteren Verwünschung und Gewaltphantasie, die in dieser Reihung auftaucht, wird auch die Rechtfertigung der eigenen Gruppe und Position weiter untermauert. Denn: Die Tatsache, dass dem Gegner in dieser intensiven Weise gedroht werden kann und muss, belegt die Berechtigung der eigenen Auffassungen. Wenn man dies verkürzt formuliert, könnte man das so zusammenfassen: Wem man drohen muss, der ist im Unrecht und man selbst dadurch im Recht. Aber: Wem man mit so vielen verschiedenen und gereihten Drohungen begegnen muss, der zeigt dadurch noch deutlicher die Berechtigung des eigenen Anliegens, der eigenen Argumentation und die Integrität der eigenen Gruppe.

Als sekundäre Funktion kann das Intensivieren 2 bei der direkten Leseransprache angesetzt werden (s. auch schon das obige Beispiel mit *sihe*).

3) Direkte Leseransprache (vgl. 5.3.3)

Auch hier geht es dann darum, dass nicht allein die einmalige Leseransprache und das einmalige Involvieren des Lesers relevant ist, sondern die wiederholte und damit gesteigerte Einbeziehung des angesprochenen Lesers, der dadurch noch enger an die eigene Argumentation gebunden werden soll.

Das nachfolgende Beispiel (zur Interpretation vgl. auch 5.3.3) zeigt diese verstärkende Lesereinbindung:

> Hoeres**tu** es, **Leser**, **du must** hie nicht lachen, oder **moechtest** auch, wie ich, den schaffshusten kriegen, und wo **dir** die hosen nicht hart anligen, soltes**tu** auch wol eine unlust anrichten, die man mit Trotzischen und Wacholdern mueste veriagen, Und der heiligst Vater **dir** solche stinckende Suende nimermehr vergeben moecht, auch nicht in todtes noeten. Darumb huete **dich** fuer lachen, in solchen ernsten sachen, Und **dencke**, das der Bapst nicht schertzet noch feilet in der Schrifft deutung, wie **du** hie **sihest**.
>
> (WA 54: 241)

Im Zitat sind von mir die Stellen der direkten Lesereinbindung der besseren Anschaulichkeit wegen fett markiert. Auf wenigen Zeilen wird gleich an elf Stellen der Leser immer wieder einbezogen. Zugleich – auf einer zweiten Ebene – wird in ironischer Brechung dem angesprochenen Leser vor Augen gehalten, dass Lachen hier nicht angebracht sei bzw. als Folge bzw. Reaktion auf die absurde Argumentation des Papstes Durchfall herbeiführen könne und dass diese *Suende nimmermehr vergeben* werden könne vom Papst. Lachen (als eigentlich angemessene Reaktion auf die päpstliche Argumentation), Durchfall, Nicht-Vergebung dieser „Sünde" durch den Papst entwickeln hier eine fiktive kleine Geschichte, in die der Leser als Akteur einbezogen ist. Durch die Absurdität der geschilderten Situation und durch die ironische Brechung wird der Leser hier in verstärkter Weise auf die richtige Seite gezogen, auf die Luthers.

6.7 Übersicht über die Argumentationsformen und -funktionen

Die nachfolgende Tabelle 2 stellt die Argumentationsformen (erste Spalte) und die Argumentationsfunktionen (erste Zeile) in einer Kreuzklassifikation dar. Wenn eine Argumentationsfunktion als Hauptfunktion für eine Argumentationsform gilt, ist ein X gesetzt. Wenn eine Argumentationsfunktion nur als Nebenfunktion bei einer Argumentationsform angesetzt werden kann, ist ein (x) gesetzt. In Anbetracht der Tatsache, dass es bei den Argumentationsfunktionen immer wieder zu Abgrenzungsschwierigkeiten und zu Überlappungen kommt, kann es zu Mehrfachzuordnungen kommen. Zudem ist zu konzedieren, dass in Einzelfällen die Zuordnung diskussionswürdig ist.

Tab. 2: Argumentationsformen und Argumentationsfunktionen im Text von 1545.

Funktion → Form ↓	Rational Argumentieren	Diskreditieren	Aufwerten	Polarisieren	Intensivieren 1 = Abwerten des Gegners	Intensivieren 2 = Aufwerten der eigenen Position/Gruppe
Formale und Alltagslogik						
Modus ponens	X					
Modus tollens	X					
Tertium non datur	X					
A fortiori	X					
Ad absurdum	X					
Fiktives Argument	X					
Vernunftargument	X					
Ex concesso	X					

Funktion → Form ↓	Rational Argumentieren	Diskreditieren	Aufwerten	Polarisieren	Intensivieren 1 = Abwerten des Gegners	Intensivieren 2 = Aufwerten der eigenen Position/Gruppe
Gleichbehandlungsargument/Gerechtigkeitsargument	X	(x)	(x)			
Pragmatisches Argument	X	(x)	(x)			
Autoritäten						
Schriftadäquatheit	(x)		X	X		
Bibelstellenverweis	(x)		X	X		
Bibelgeschichte	(x)		X	X		
Bibelstellen-interpretation	X		X	X		
pers. Autorität (Luther)	(x)		X	X		
andere Aut.: Kaiser, Fürsten etc.	(x)		X	X		
höchste Aut.: Gott	(x)		X	X		
Beweisbehauptung	(x)		X			
intratext. Verweis	(x)		X			
Erfahrung/eigenes Erleben	(x)	X	X	(x)		
Adressatenbezug						
Ad baculum		(x)	(x)	X	X	X
Skatolog. Schimpfw.		X		(x)	(x)	
Sexuell. Schimpfw.		X		(x)	(x)	
Sexist. Schimpfw.		X		(x)	(x)	
Religiös. Schimpfw.		X		(x)	(x)	
Allgem. Schimpfw.		X		(x)	(x)	
Unterstelltes Arg.	(x)	X		(x)		
Fehlverhalten unterstellen	(x)	X		(x)		
Direkte Leseransprache				X		(x)
Vergleiche						
Konkreter Vergleich	(x)	X				
Gegenwartsbezog.	(x)	X		(x)		

Funktion → Form ↓	**Rational Argumentieren**	**Diskreditieren**	**Aufwerten**	**Polarisieren**	**Intensivieren 1 = Abwerten des Gegners**	**Intensivieren 2 = Aufwerten der eigenen Position/Gruppe**
Vergleich						
Historischer Vergleich	(x)	X		(x)		
Fiktiver Vergleich	X	(x)		(x)		
Allgemeiner Vergleich	(x)			X	X	
(unstrittige) Sachverhalte						
Arg. aus der Realgeschichte (Faktenargument)	X	(x)		X		
Beispiel/Illustration	X	(x)			(x)	
Sprache						
Begriffsinterpretation	X					
Metapher					X	
Rhetorische Frage		X			X	
Wortspiel		X			X	
Wortbildung		X			X	
Wortersatz		X			X	
Litotes		X			X	
Alliteration		X			X	
Diminutiv		X			X	
Pleonasmus		X			X	
Epizeuxis		X			X	
Negative Attribute	(x)	X				
Sprichwort/ Phraseologismus		X			X	
Hyperbolik		X			X	
Ironie		X		(x)		
Express. Ausruf		X		(x)		
Sprachwechsel 1 Latein			X			
Sprachwechsel 2 Niederdeutsch						X
Sprachwechsel 3				(x)	X	

Funktion → Form ↓	Rational Argumentieren	Diskreditieren	Aufwerten	Polarisieren	Intensivieren 1 = Abwerten des Gegners	Intensivieren 2 = Aufwerten der eigenen Position/Gruppe
Sprachgemisch						
Verweis auf andere Argumente						
Captatio benevolentiae			X			
Praeteritio		(x)	X			
Antizipation	X					
Reihungen						
Attributreihung		X			X	
Attrib.klimax		X			X	
Argumentreihung		(x)			X	
Ad-nauseam-Arg.		X			X	X

7 Fazit

Die Streitschrift *Wider das Papsttum zu Rom vom Teufel gestiftet* von 1545 ist ein Paradebeispiel für die sprachliche Aggression in der Frühen Neuzeit. Martin Luther war ein Meister der polemischen und aggressiven Argumentation. Die Streitschrift selbst – dies wurde in der bisherigen Forschung auch bereits konstatiert – ist seine „derbste[] Schrift“[1], d. h. in ihr kommt das aggressive und polemische sprachliche Potential Luthers vermutlich am deutlichsten zum Tragen.

Inhalte/Streitfragen: Würde man nur auf die inhaltlichen Positionen blicken, die in der Streitschrift behandelt werden, dann ließe sich der Text auf wenige Seiten reduzieren. In einem Vorspann und drei nachfolgenden Hauptteilen der Schrift werden drei Fragen behandelt: 1) Hat der Papst das Recht, die Rahmenbedingungen für ein Konzil gänzlich festzulegen?, 2) Ist der Papst das Oberhaupt der Christenheit? (und damit verbunden die Frage nach der Legitimation des Papsttums überhaupt), 3) Darf über den Papst niemand richten?, 4) Schreibt sich das Römische Reich, i. e. das Heilige Römische Reich deutscher Nation, vom Papst her? Auf alle diese Fragen antwortet Luther mit einem klaren Nein und begründet dies auch. Allerdings machen diese Begründungen nur einen sehr kleinen Teil der Schrift aus (vgl. 4.).

Adressaten/Auditorien/Publikum: Deswegen stellt sich die Frage, aus welchem Grund hier so ausgiebig polemisiert, beschimpft, diskreditiert etc. wird. Eine erste Antwort ergibt sich daraus, dass diese Schrift verschiedene Adressatengruppen als Ziel hatte. Sie war zunächst an die eigene Klientel gerichtet, die es nicht mehr von den jeweiligen Positionen zu überzeugen galt, sondern die es in den bereits vorhandenen Überzeugungen und Abwertungen des Gegners zu bestärken galt. Dies ist ein Grund für den geradezu rasenden Furor Luthers, den er gegen das Papsttum und seine Anhänger richtet. Als zweites Publikum ist die gegnerische Seite angesprochen, die mit dem Text – so sie ihn überhaupt zur Kenntnis genommen hat – beleidigt, beschimpft, abgewertet werden soll. Auch hier ist davon auszugehen, dass es Luther in diesem Text nicht primär darum gegangen ist, den Gegner inhaltlich zu überzeugen. Über diesen Punkt war die Diskussion in Glaubensfragen längst hinaus. Als dritte Adressatengruppe konnte die (Welt)Öffentlichkeit ausgemacht werden, also die Gruppe, die sozusagen von außen auf den Streit zwischen Altgläubigen und Protestanten blickte (vgl. zu den Adressatengruppen 2., 6.1 und Abb. 12).

Argumentationsformen: In Bezug auf die Argumentation im Text zeigte sich, dass Luther zwar auch formallogisch gültige Schlussverfahren in seiner Argumentation genutzt hat, dass dies aber im Vergleich zu den anderen, hier als alltagslogische Schlüsse gefassten Argumentationsformen nur wenig Raum eingenommen hat. Methodisch (vgl. 3.) hat sich daher der Zugang sowohl über formallogisch gültige als auch über alltagslogische Schlussverfahren und über weitere Legitimationskriterien (Autoritäten, Adressatenbezug,

1 Zschoch (2010: 289).

https://doi.org/10.1515/9783110753578-007

Vergleiche, Sprache, Verweis auf andere Argumente oder auf unstrittige Sachverhalte, Reihungen), die mit der „neuen Rhetorik" wieder in den Blick gekommen sind, als tragfähig erwiesen.

So konnten im Text insgesamt 62 verschiedene Argumentationsformen eruiert werden, die in acht Gruppen gegliedert werden können:

1) Formale Logik und Alltagslogik
2) Autoritäten
3) Adressatenbezug
4) Vergleiche/Analogien
5) Unstrittige Sachverhalte
6) Sprache
7) Verweis auf andere Argumente
8) Reihungen/Agglomerationen

So ergibt sich insgesamt ein sehr breites Spektrum an Argumentationsformen, das verschiedenen Argumentationsfunktionen dient.

Argumentationsfunktionen: Bei der Bestimmung der Argumentationsfunktionen steht – einer Streitschrift polemisch-aggressiver Art entsprechend – natürlich die Diskreditierung des Gegners an erster Stelle. Daneben finden sich aber auch die Funktionen des Rationalen Argumentierens (im weiteren Sinne, d. h. unter Einschluss auch der Alltagslogik, die den Gütekriterien der formalen Logik nicht immer entsprechen muss), der Aufwertung der eigenen Position/Gruppe, des Polarisierens und der jeweils intensivierenden Argumentation in Bezug auf die Abwertung des Gegners bzw. – in geringerem Ausmaß – der Aufwertung der eigenen Position/Gruppe (vgl. 6.).

1) Rational Argumentieren
2) Diskreditieren
3) Aufwerten
4) Polarisieren
5) Intensivieren 1: Abwertung des Gegners
6) Intensivieren 2: Aufwerten der eigenen Position/Gruppe

Argumentationstheoretische Modellierung: Mit dieser Verbindung von Argumentationsformen einerseits und Argumentationsfunktionen andererseits ist ein erster Zugang und ein probatorisches Modell für die Analyse weiterer Streitschriften geschaffen. Die Kreuzklassifikation von Argumentationsformen und Argumentationsfunktionen ist bei aller Angreif- und Diskutierbarkeit ein erster Zugang und eine tragfähige Basis für die Analyse (vgl. 6.7). Sicherlich ist diese erste Modellierung nicht ausreichend, um das gesamte Spektrum frühneuzeitlicher sprachlicher Aggression und Polemik zu erfassen.[2] Da

2 Hier wäre z. B. die argumentative Text-Bild-Verschränkung noch genauer einzubeziehen. Vgl. dazu z. B. Grisar-Heege (1921–1923), Reumann (1966: 3–25), Richardsen-Friedrich (2003: 20).

es sich jedoch bei der Streitschrift von 1545 bewährt hat, könnte es ein Ausgangspunkt für weitere Untersuchungen sein, inklusive der damit sicherlich verbundenen Modifizierung, Erweiterungen und Veränderungen. Insofern stellen die Ergebnisse der vorliegenden Untersuchung als Pilotprojekt einen Ausgangspunkt dar, von dem aus ggf. weitergehende Fragen bearbeitet werden können. So stellt sich z. B. die Frage, wie sich die sprachliche Aggression und Polemik bei Luther im Laufe seiner Publikationstätigkeit seit ca. 1520 bis zu seinem Lebensende – an dem die vorliegende Streitschrift von 1545 zu verorten ist – darstellt. Sind hier Veränderungen in den Argumentationsformen, in der Frequenz der Nutzung einzelner Argumentationsformen zu verzeichnen?[3] Korreliert die zunehmend unnachsichtige und starre Haltung in Glaubensfragen auch mit einer Veränderung der Argumentationsweisen in solchen Streitschriften?

3 In der Forschungsliteratur wird meist davon ausgegangen, dass sich auch die Polemik bei Luther mit zunehmendem Alter gesteigert habe, so z. B. bei Brecht (1981: 108). Ähnlich argumentiert Edwards (1983), kritisch und z. T. gegenläufig ist die Position von Oberman (1988).

Literatur

Quellen

Agricola, Johannes (1534): Sybenhundert und fünfftzig teütscher Sprichwörter. Hagenau.

D. Martin Luthers Werke. Kritische Gesamtausgabe (Weimarer Ausgabe, WA). 11. Band. Weimar 1900.

D. Martin Luthers Werke. Kritische Gesamtausgabe (Weimarer Ausgabe, WA). 54. Band. Mit 10 Tafeln (11 Papstspottbilder). Weimar 1928.

Erasmus von Rotterdam (1500): Adagia = [Veterum maxime atque insignium paroemiarum id est adagiorum collectanea] Desyderii Herasmi Roterdami veterum maxime atque insignium paroemiarum id est adagiorum collectanea : opus qum novum tum ad omne vel scripture vel sermonis genus venustandum insigniendumque mirum in modum conducibile. Paris.

Franck, Sebastian (1541): Sprichwörter, Schöne, Weise, Herrliche Clugreden, vnnd Hoffsprüch. Zusamen tragen in ettlich Tausent, Jnn lustig höflich Teutsch bekürtzt, Beschriben vnnd außgeleget Sprichwörter, Schöne, Weise, Herrliche Clugreden unnd Hoffsprüch. Frankfurt am Main.

Luther, Martin (1545): Wider das Bapstum zu Rom vom Teuffel gestifft. Wittemberg (Münchener DigitalisierungsZentrum, https://www.digitale-sammlungen.de/de/view/bsb10204320?, Stand: 30. Juli 2021).

Luther, Martin & Ernst Thiele (1535/1900): Luthers Sprichwörtersammlung. Nachdruck der Originalausgabe. Weimar 1900. Holzminden 1996.

Sekundärliteratur

Alexy, Robert (1983): Theorie der juristischen Argumentation. Die Theorie des rationalen Diskurses als Theorie der juristischen Begründung. Frankfurt am Main.

Apeltauer, Ernst (1977): Elemente und Verlaufsformen von Streitgesprächen. Eine Analyse von Texten und Tonbandprotokollen unter sprachhandlungstheoretischen Gesichtspunkten. Diss. Münster.

Bayer, Klaus (2007): Argument und Argumentation. Logische Grundlagen der Argumentationsanalyse. 2., überarb. Aufl. Göttingen.

Besch, Werner (1999): Die Rolle Luthers in der deutschen Sprachgeschichte. Vorgetragen am 7. November 1998. Heidelberg.

Besch, Werner (2000): Die Rolle Luthers für die deutsche Sprachgeschichte. In: Werner Besch, Anne Betten, Oskar Reichmann & Stefan Sonderegger (Hrsg.): Sprachgeschichte. Ein Handbuch zur Geschichte der deutschen Sprache und ihrer Erforschung. 2., vollst. neu bearb. u. erw. Aufl. 2. Teilband. Berlin/New York, 1713–1745.

Besch, Werner (2014): Luther und die deutsche Sprache. 500 Jahre deutsche Sprachgeschichte im Lichte der neueren Forschung. Berlin.

Beutel, Albrecht (2006): In dem Anfang war das Wort. Studien zu Luthers Sprachverständnis. Unveränd. Studienausgabe. Tübingen.

Beutel, Albrecht (Hrsg.) (2010): Luther Handbuch. 2. Aufl. Tübingen.

Bonacchi, Silvia (2017): Sprachliche Aggression beschreiben, verstehen und erklären. Theorie und Methodologie einer sprachbezogenen Aggressionsforschung. In: Silvia Bonacchi & Mariusz Mela (Hrsg.): Verbale Aggression. Multidisziplinäre Zugänge zur verletzenden Macht der Sprache. Berlin/Boston, 3–31.

Bonacchi, Silvia & Mariusz Mela (Hrsg.) (2017): Verbale Aggression. Multidisziplinäre Zugänge zur verletzenden Macht der Sprache. Berlin/ Boston.

https://doi.org/10.1515/9783110753578-008

Braungart, Georg (1992): Zur Rhetorik der Polemik in der Frühen Neuzeit. In: Franz Bosbach (Hrsg.): Feindbilder. Die Darstellung des Gegners in der politischen Publizistik des Mittelalters und der Neuzeit. Köln/Weimar/Wien, 1–21.

Brecht, Martin (1981): Der „Schimpfer" Martin Luther. In: Luther 52, 97–113.

Brecht, Martin (1990): Martin Luther. Erster Band. Sein Weg zur Reformation 1483–1521. 3., durchges. Aufl. Stuttgart.

Brecht, Martin (1996): Der Streiter Martin Luther. In: Wartburg-Jahrbuch Sonderband 1996, 120–148.

Bremer, Kai (2005): Religionsstreitigkeiten. Volkssprachliche Kontroversen zwischen altgläubigen und evangelischen Theologen im 16. Jahrhundert. Tübingen.

Burel, Simone (2015): Identitätspositionierungen der DAX-30-Unternehmen. Die sprachliche Konstruktion von Selbstbildern. Berlin/Boston.

Burgen, Stephen (1998): Bloody hell, verdammt noch mal! Eine europäische Schimpfkunde. München.

Busch, Wilhelm (1874/1960): Kritik des Herzens. In: Wilhelm Busch (Hrsg.): Historisch-kritische Gesamtausgabe in vier Bänden. Bd. 2. Wiesbaden/Berlin, 494–526.

Busse, Dietrich (2012): Frame-Semantik. Ein Kompendium. Berlin/Boston.

Cornette, James C. (1942/1997): Proverbs and proverbial expressions in the German works of Martin Luther. (Hg. von Wolfgang Mieder und Dorothee Racette; erstmals publiziert als Dissertation 1942 Chapel Hill). Bern u. a.

Diekmannshenke, Hans-Joachim (1994): Die Schlagwörter der Radikalen der Reformationszeit (1520–1536). Spuren utopischen Bewußtseins. Frankfurt am Main u. a.

Dülmen, Richard van (1999): Der ehrlose Mensch. Unehrlichkeit und soziale Ausgrenzung in der Frühen Neuzeit. Köln u. a.

DWB = Deutsches Wörterbuch von Jacob und Wilhelm Grimm. 16 Bde. in 32 Teilbänden. Leipzig 1854–1961. Quellenverzeichnis Leipzig 1971. Leipzig. Online-Ausgabe: http://woerterbuchnetz.de/cgi-bin/WBNetz/wbgui_py?sigle=DWB (Stand: 17. September 2019).

Edwards, Mark U. (1983): Luther's last Battles. Politics and Polemics 1531–1546. Ithaca/London.

Eemeren, Frans H. van, Bart Garssen & Bert Meuffels (2009): Fallacies and Judgments of Reasonableness. Empirical Research Concerning the Pragma-Dialectical Discussion Rules. Dordrecht u. a.

Eemeren, Frans H. van, Bart Garssen, Erik C. W. Krabbe, A. Francisca Snoeck Henkemans, Bart Verheij & Jean H. M. Wagemans (2014): Handbook of Argumentation Theory. Dordrecht u. a.

Ermen, Ilse (1996): Fluch – Abwehr – Beschimpfung. Pragmatik der formelhaften verbalen Aggression im Serbokroatischen. Bern u. a.

Faust, Manfred (1969): Metaphorische Schimpfwörter. In: Indogermanische Forschungen 74 (1), 54–125.

Felder, Ekkehard (2006): Semantische Kämpfe in Wissensdomänen. Eine Einführung in Benennungs-, Bedeutungs- und Sachverhaltsfixierungs-Konkurrenzen. In: Ekkehard Felder (Hrsg.): Semantische Kämpfe. Macht und Sprache in den Wissenschaften. Berlin/New York, 13–46.

Felder, Ekkehard (2013): Faktizitätsherstellung mittels handlungsleitender Konzepte und agonaler Zentren. Der diskursive Wettkampf um Geltungsansprüche. In: Ekkehard Felder (Hrsg.): Faktizitätsherstellung in Diskursen. Die Macht des Deklarativen. Berlin/Boston, 13–28.

Felder, Ekkehard (2018): Wahrheit und Wissen zwischen Wirklichkeit und Konstruktion. Freiheiten und Zwänge beim sprachlichen Handeln. In: Ekkehard Felder & Andreas Gardt (Hrsg.): Wirklichkeit oder Konstruktion? Sprachtheoretische und interdisziplinäre Aspekte einer brisanten Alternative. Berlin/Boston, 371–398.

Fernandez-Armesto, Felipe (1997): Truth. A History and a guide for the perplexed. London (übers. als: Wahrheit. Die Geschichte, die Feinde, die Chancen. Freiburg i. Br. 1998).

Fuhrmann, Horst (2002): Konstantinische Schenkung. Lexikon des Mittelalters. Bd. 5. München, 1385–1387.

FWB = Frühneuhochdeutsches Wörterbuch. FWB-Online. https://fwb-online.de/ (Stand: 4. März 2020).

Gauger, Hans Martin (1986): Negative Sexualität in der Sprache. In: Wolfram Mauser, Ursula Renner & Walter Schönau (Hrsg.): Phantasie und Deutung. Psychologisches Verstehen von Literatur und Film. Frederick Wyatt zum 75. Geburtstag. Würzburg, 315–327.
Gauger, Hans-Martin (2012): Das Feuchte und das Schmutzige. Kleine Linguistik der vulgären Sprache. München.
Gloning, Thomas (1999): The Pragmatic Form of Religious Controversies around 1600. A case Study in the Osiander vs. Scherer & Rosenbusch Controversy. In: Andreas H. Jucker, Gerd Fritz & Franz Lebsanft (Hrsg.): Historical Dialogue Analysis. Amsterdam, 81–110.
Graumann, Carl Friedrich & Margret Wintermantel (2007): Diskriminierende Sprechakte. Ein funktionaler Ansatz. In: Steffen Kitty Herrmann, Sybille Krämer & Hannes Kuch (Hrsg.): Verletzende Worte. Die Grammatik sprachlicher Missachtung. Bielefeld, 147–177.
Grisar, Hartmann & Franz Heege (1921–1923): Luthers Kampfbilder. 4 Bde. Teil 1: Passional Christi und Antichristi. Eröffnung des Bilderkampfes (1521); Teil 2: Der Bilderkampf in der deutschen Bibel; Teil 3: Der Bilderkampf in den Schriften von 1523–1545; Teil 4: Schluß. Die Abbildung des Papsttums u. a. Kampfbilder in Flugblättern 1538–1545. Freiburg i. Br.
Groarke, Leo (2017): Informal Logic. In: Stanford Encyclopedia of Philosophy. https://plato.stanford.edu/entries/logic-informal/ (Stand: 7. Mai 2019).
Gula, Robert J. (2002): Nonsense. A Handbook of Logical Fallacies. Mount Jackson/VA.
Habermann, Mechthild (Hrsg.) (2018): Sprache, Reformation, Konfessionalisierung. Berlin/Boston.
Hamblin, Charles Leonard (1970): Fallacies (Studies in critical thinking). London.
Hannken-Illjes, Kati (2018): Argumentation. Einführung in die Theorie und Analyse der Argumentation. Tübingen.
Hartmann, Steffen Kitty, Sybille Krämer & Hannes Kuch (Hrsg.) (2007): Verletzende Worte. Die Grammatik sprachliche Missachtung. Bielefeld.
Havryliv, Oksana (2009): Verbale Aggression. Formen und Funktionen am Beispiel des Wienerischen. Frankfurt am Main u.a.
Hornscheidt, Lann, Hanna Acke, Gisa Marehn & Ines Jana (Hrsg.) (2011): Schimpfwörter – Beschimpfungen – Pejorisierungen. Wie in Sprache Macht und Identitäten verhandelt werden. Frankfurt am Main.
Hundt, Markus (1995): Modellbildung in der Wirtschaftssprache. Zur Geschichte der Institutionen- und Theoriefachsprachen der Wirtschaft. Tübingen.
Hundt, Markus (2006): Das Ringen um den Geldbegriff. Begriffswandel und Metaphernkonstanz in historischen und zeitgenössischen Geldtheorien. In: Ekkehard Felder (Hrsg.): Semantische Kämpfe. Benennungs-, Bedeutungs- und Referenzfixierungs-Konkurrenzen in ausgewählten Wissensdomänen. Berlin/New York, 313–351.
Hundt, Markus (2017): Martin Luther als Sprachnormvorbild – Ideal und Wirklichkeit. In: Norbert Richard Wolf (Hrsg.): Martin Luther und die deutsche Sprache – damals und heute. Heidelberg, 39–64.
Kahneman, Daniel (2011): Thinking fast and slow. London.
Kaufmann, Thomas (2016): Geschichte der Reformation in Deutschland. Berlin.
Kiener, Franz (1983): Das Wort als Waffe. Zur Psychologie der verbalen Aggression. Göttingen.
Kienpointner, Manfred (1983): Argumentationsanalyse. Innsbruck.
Kienpointner, Manfred (1992): Alltagslogik. Struktur und Funktion von Argumentationsmustern. Stuttgart-Bad Cannstatt.
Kienpointner, Manfred (1996): Vernünftig argumentieren. Regeln und Techniken der Diskussion. Reinbek bei Hamburg.
Kienpointner, Manfred (2011): Fiktive Argumente. In: Carl Friedrich Gethmann (Hrsg.): Lebenswelt und Wissenschaft. XX. Deutscher Kongreß für Philosophie 15.–19. September 2008 an der Universität Duisburg-Essen. Kolloquienbeiträge. Hamburg, 505–538.
Kienpointner, Manfred (2017): Topoi. In: Kersten Sven Roth et al. (Hrsg.): Handbuch Sprache in der Politik. Berlin/Boston, 187–211.

Kopperschmidt, Josef (1989): Methodik der Argumentationsanalyse. Stuttgart-Bad Cannstatt.
Kopperschmidt, Josef (2014): Argumentationstheorie zur Einführung. 3., unveränd. Aufl. Hamburg.
Kuck, Kristin (2018): Krisenszenarien. Metaphern in wirtschafts- und sozialpolitischen Diskursen. Berlin/Boston.
Lakoff, George (1987): Women, Fire, and Dangerous Things. What Categories Reveal about the Mind. Chicago.
Lakoff, George & Mark Johnson (1980): Metaphors We Live By. Chicago.
Leppin, Volker (2017): Martin Luther. 3. durchges. u. aktual. Aufl. Darmstadt.
Liedtke, Frank, Martin Wengeler & Karin Böke (Hrsg.) (1991): Begriffe besetzen. Strategien des Sprachgebrauchs in der Politik. Opladen.
Lindorfer, Bettina (2009): Bestraftes Sprechen. Zur historischen Pragmatik des Mittelalters. München.
Lobenstein-Reichmann, Anja (1998): Freiheit bei Martin Luther. Lexikographische Textanalyse als Methode historischer Semantik. Berlin/New York.
Lobenstein-Reichmann, Anja (2013): Sprachliche Ausgrenzung im späten Mittelalter und der frühen Neuzeit. Berlin/Boston.
Lohse, Bernhard (1997): Martin Luther. Eine Einführung in sein Leben und sein Werk. 3., vollst. überarb. Aufl. München.
Macha, Jürgen (2014): Der konfessionelle Faktor in der deutschen Sprachgeschichte der Frühen Neuzeit. Würzburg.
Marehn, Gisa (2011): Friss einen Hund, du hässliche Hure. Zur sprachlichen Konstruktion von Vorstellungen über Normalität und Abweichung. In: Antje Lann Hornscheidt, Ines Jana & Hanna Acke (Hrsg.): Schimpfwörter – Beschimpfungen – Pejorisierungen. Wie in Sprache Macht und Identitäten verhandelt werden. Frankfurt am Main, 95–125.
Meuthen, Erich (2002): Basel Konzil v. Lexikon des Mittelalters. Bd. 1, 1517–1521. München.
Moser, Dietz-Rüdiger (1980): „Die wellt wil meister klueglin bleiben […].“ Martin Luther und das deutsche Sprichwort. In: Muttersprache 90, 151–166.
Müller, Mario (2017): Verletzende Worte. Beleidigung und Verleumdung in Rechtstexten aus dem Mittelalter und aus dem 16. Jahrhundert. Hildesheim u. a.
Naess, Arne (1975): Kommunikation und Argumentation. Eine Einführung in die angewandte Semantik. Kronberg/Ts.
Newen, Albert & Markus Schrenk (2008): Einführung in die Sprachphilosophie. Darmstadt.
Niehr, Thomas (2017): Argumentation in Texten. In: Kersten Sven Roth et al. (Hrsg.): Handbuch Sprache in der Politik. Berlin/Boston, 165–186.
Nifontova, Daria (2014): Verbale Aggression in den Fastnachtsspielen von Hans Sachs. In: Alexander Schwarz, Catalina Schiltknecht, & Barbara Wahlen (Hrsg.): Körper – Kultur – Kommunikation. Corps – Culture – Communication. Bern u. a., 447–457.
Nübling, Damaris & Marianne Vogel (2004): Fluchen und Schimpfen kontrastiv. Zur sexuellen, krankheitsbasierten, skatologischen und religiösen Fluch- und Schimpfwortprototypik im Niederländischen, Deutschen und Schwedischen. In: Germanistische Mitteilungen 59, 19–33.
Oberman, Heiko (1988): Teufelsdreck. Eschatology and Scatology in the „Old“ Luther. In: Sixteenth Century Journal 19 (3), 435–450.
Öhlschläger, Günther (1979): Linguistische Überlegungen zu einer Theorie der Argumentation. Berlin/Boston.
Paintner, Ursula (2010): Aus der Universität auf den Markt. Die disputatio als formprägende Gattung konfessioneller Polemik im 16. Jahrhundert am Beispiel antijesuitischer Publizistik. In: Marion Gindhart & Ursula Kundert (Hrsg.): Disputatio 1200–1800. Form, Funktion und Wirkung eines Leitmediums universitärer Wissenskultur. Berlin/New York, 129–154.
Perelman, Chaim & Lucie Olbrechts-Tyteca (1958): La Nouvelle Rhéthorique. Traité de l’Argumentation. Paris.

Perelman, Chaim & Lucie Olbrechts-Tyteca (1971): The New Rhetoric. A Treatise on Argumentation. Notre Dame/Indiana.

Perelman, Chaim & Lucie Olbrechts-Tyteca (2004): Die neue Rhetorik. Eine Abhandlung über das Argumentieren. 2 Bände. Stuttgart.

Prechtl, Maximilian (1818): Abgedrungene Antwort auf das zweyte Sendschreiben Dr. Martin Luthers an den neuesten Herausgeber seiner Streitschrift: das Papstthum zu Rom vom Teufel gestiftet. Sulzbach.

Quine, Willard van Orman (2005): Grundzüge der Logik. 12. Aufl. Frankfurt am Main.

Reumann, Kurt (1966): Das antithetische Kampfbild. Beiträge zur Bestimmung seines Wesens und seiner Wirkung. Berlin.

Richardsen-Friedrich, Ingvild (2003): Antichrist-Polemik in der Zeit der Reformation und der Glaubenskämpfe bis Anfang des 17. Jahrhunderts. Argumentation, Form und Funktion. Frankfurt am Main. u. a.

Röhrich, Lutz (2006): Lexikon der sprichwörtlichen Redensarten. 7. Aufl. Freiburg/Basel/Wien.

Roper, Lyndal (2016): Martin Luther. Renegade und Prophet. London.

Sablotny, Antje (2019): Metalegende. Die protestantische Lügende als invektive Metagattung. In: Beiträge zur mediävistischen Erzählforschung 2, 148–200.

Sauer, Anne (2001): „Fy Fan! – verfluchte Scheiße!" Fluchen und Schimpfen im Schwedischen und Deutschen. In: Annegret Heitmann (Hrsg.): Arbeiten zur Skandinavistik. Frankfurt am Main u. a., 247–253.

Scheffler, Gabriele (2000): Schimpfwörter im Themenvorrat einer Gesellschaft. Diss. Marburg.

Schilling, Heinz (2016): Martin Luther. Rebell in einer Zeit des Umbruchs. München.

Schmidt, Annelie (2018): „Sicherheit" im öffentlichen Sprachgebrauch. Eine diskurslinguistische Analyse. Berlin/Boston.

Schmidt, Tilman (2002): B. [onifatius] VIII. In: Lexikon des Mittelalters. Bd. 2. Sp. 414–416.

Schumann, Hanna Brigitte (1990): Sprecherabsicht: Beschimpfung. In: Zeitschrift für Phonetik, Sprachwissenschaft und Kommunikationsforschung 43, 259–281.

Schwerhoff, Gerd (2009): Blasphemische Flüche und die Kunst der Selbstdarstellung. In: Peter Friedrich & Manfred Schneider (Hrsg.): Fatale Sprachen. Eid und Fluch in Literatur- und Rechtsgeschichte. München, 93–119.

Schwitalla, Johannes (1986): Martin Luthers argumentative Polemik: mündlich und schriftlich. In: Franz Josef Worstbrock & Helmut Koopmann (Hrsg.): Kontroversen, alte und neue. Bd. 2: Formen und Formgeschichte des Streitens. Der Literaturstreit. Tübingen, 41–54.

Schwitalla, Johannes (2010): Brutalität und Schamverletzung in öffentlichen Polemiken des 16. Jahrhunderts. In: Sybille Krämer (Hrsg.): Gewalt in der Sprache. Rhetoriken verletzenden Sprechens. Paderborn, 97–123.

Sornig, Karl (1975): Beschimpfungen. In: Grazer Linguistische Studien 1, 150–170.

Spitzmüller, Jürgen & Ingo Warnke (2011): Diskurslinguistik. Eine Einführung in Theorien und Methoden der transtextuellen Sprachanalyse. Berlin/Boston.

Stenzel, Jürgen (1986): Rhetorischer Manichäismus. Vorschläge zu einer Theorie der Polemik. In: Franz Josef Worstbrock & Helmut Koopmann (Hrsg.): Kontroversen, alte und neue. Bd. 2: Formen und Formgeschichte des Streitens. Der Literaturstreit. Tübingen, 3–11.

Stolt, Birgit (1974): Wortkampf. Frühneuhochdeutsche Beispiele zur rhetorischen Praxis. Frankfurt am Main.

Stolt, Birgit (1989/1996): Lieblichkeit und Zier, Ungestüm und Donner. Martin Luther im Spiegel seiner Sprache. In: Herbert Wolf (Hrsg.): Luthers Deutsch. Sprachliche Leistung und Wirkung. Frankfurt am Main u. a., 317–339.

Stolt, Birgit (2000): Martin Luthers Rhetorik des Herzens. Tübingen.

Tetens, Holm (2004): Philosophisches Argumentieren. Eine Einführung. München.

Tindale, Christopher W. (2007): Fallacies and Argument Appraisal. Cambridge.

Toulmin, Stephen Edelston (1958): The uses of argument. Cambridge.

Toulmin, Stephen Edelston (1975): Der Gebrauch von Argumenten. Kronberg/Ts.

Toulmin, Stephen Edelston (1996): Der Gebrauch von Argumenten. Weinheim.
Toulmin, Stephen Edelston (2003): The uses of argument. Updated edition. Cambridge/New York.
Walton, Douglas N. (1995): A Pragmatic Theory of Fallacy. Tusaloosa.
Walton, Douglas N. (1997a): Appeal to Expert Opinion. Arguments from Authority. University Park, Pa.
Walton, Douglas N. (1997b): Appeal to Pity. Argumentum ad Misericordiam. Albany.
Walton, Douglas N. (1999): Appeal to Popular Opinion. University Park, Pa.
Walton, Douglas N. (2008): Informal Logic. A Pragmatic Approach. 2. Aufl. Cambridge.
Walton, Douglas N. (2009): Ad hominem arguments (studies in rhetoric and communication). Tuscaloosa/Alabama.
Wander, Karl Friedrich (1987): Deutsches Sprichwörter-Lexikon. Ein Hausschatz für das deutsche Volk. 5 Bde. Augsburg.
Wehling, Elisabeth (2016): Politisches Framing. Wie eine Nation sich ihr Denken einredet – und daraus Politik macht. Köln.
Wolf, Herbert (1980): Martin Luther. Eine Einführung in germanistische Luther-Studien. Stuttgart.
Wolf, Herbert (Hrsg.) (1996): Luthers Deutsch. Sprachliche Leistung und Wirkung. Frankfurt am Main u. a.
Wolf, Martin (2019): Verbale Aggression in den niederdeutschen Bauernkomödien des 17. Jahrhunderts (unveröff. Masterarbeit, Kiel).
Wolf, Norbert-Richard (Hrsg.) (2017): Martin Luther und die deutsche Sprache damals und heute. Heidelberg.
Ziem, Alexander (2008): Frames und sprachliches Wissen. Kognitive Aspekte der semantischen Kompetenz. Berlin/Boston.
Zschoch, Hellmut (2010): Streitschriften. In: Albrecht Beutel (Hrsg.): Luther-Handbuch. 2. Aufl. Tübingen, 277–294.

Internetquellen

http://www.deutsche-liebeslyrik.de/liebespaare_literatur/ odysseus_und_penelope.htm#g2 (Ovid-Übersetzung, Stand: 19. Februar 2020).
http://fwb-online.de/go/puseron.s.0m_1573725753 (Stand: 4. März 2020).
https://www.gottwein.de/Lat/verg/ecl01.php (Vergil-Übersetzung, Stand: 19. Februar 2020).
https://www.youtube.com/watch?v=erAM9y_rHvQ (Schöfferhofer-Werbung, Stand: 20. November 2019).
https://www.youtube.com/watch?v=pWMUGH5y-l4 (Nescafé-Werbung, Stand: 20. November 2019).
https://de.wikipedia.org/wiki/Pseudokrupp (Artikel Pseudokrupp, Stand: 30. August 2019).

Anhang

Zitierte Bibelstellen in „Wider das Papsttum zu Rom vom Teufel gestiftet“ (1545)

Seite	Stelle	Bezug (direkt mit Bibelstelle/indirekt aus dem Textkontext erschließ-/erkennbar)
207	Mk. 10,17	indirekt (mit lat. Zitat: „Domine quid uis me facere?“)
213	Lk. 3,22	direkt (mit lat. Zitat: „Hunc audite“)
214	Apg. 17,6	direkt
	Röm. 11,29	direkt
215	2. Petr. 2,14	direkt
	2. Thess. 2,8	direkt
220	2. Petr. 2,12	direkt
	Röm. 1,28	direkt (Luther → Röm. 2)
	2. Petr. 2,12	direkt
222	1. Sam. 2,29ff.	direkt (Luther → 1. Kön. 2)
223	4. Mose 16,32	indirekt
224	1. Mose 13,6	indirekt
	2. Kor. 4,4	indirekt /mit lat. Zitat: „Deus huius seculi“)
225	Mt. 7,15	direkt
	1. Kor. 2,15	direkt
	1. Sam. 2,12; 17,22	direkt (Luther → 1. Kön. 2)
226	Lk. 2,37	direkt (Luther → Lk. 3)
	1. Sam. 2,29	indirekt
227	Röm. 1,32	direkt
	2. Thess. 2	direkt
	1. Kön. 14,16	indirekt
228	Röm. 1,26f.	direkt
230	Mt. 16,18f.	direkt
231	Joh. 21,15f.	direkt
	Mt. 16.18f.	direkt
	Mt. 16,18f.	direkt
	Mt. 16.18f.	direkt
232	Spr. 30,20	direkt
	Mt. 24,23	direkt
	Mt. 7,15	direkt
234	Joh. 8, 4	direkt

https://doi.org/10.1515/9783110753578-009

Seite	Stelle	Bezug (direkt mit Bibelstelle/indirekt aus dem Textkontext erschließ-/erkennbar)
	Mt. 16,18f.	
235	1. Petr. 4,18	indirekt (mit lat. Zitat: „Vix lustus salvabitur)
	Lk. 6,44	indirekt
	Sir. 27,7	indirekt
236	Mt. 5,34	direkt
	Mt. 5,34	direkt
238	Mt. 16,18	indirekt
	1. Petr. 4,11	direkt
	Tit. 1,13f.	direkt
	Mt. 15,19	direkt
	Lk. 3,22	indirekt
	Joh. 10,27.5	direkt
	Joh. 10,8	direkt
239	Jes. 2,8	direkt
	Jer. 29,31	direkt
	Mt. 24,15	direkt
	Mt. 16,18	direkt
240	1. Mose 1,1f.	direkt
	Jes. 1,3	direkt
	Mt. 16,18	direkt
241	Mt. 16,18	direkt
	Joh. 21,15f.	direkt
	Mt. 16,18	direkt
	Mt. 16,18	direkt
	Mt. 16,18	direkt
	Mt. 16,18	direkt
242	Mt. 16,18	direkt
	Mt. 16,18	direkt
	Mt. 16,18	direkt (mehrfach auf der Seite)
243	Mt. 24,15	direkt (WA fälschl. Mt. 40,15)
	Eph. 4	direkt
244	Mt. 16,18	direkt
	Mt. 16,18	direkt
	Joh. 6,63	direkt
	Mt. 16,18	direkt
	Joh. 6,63	indirekt
	Joh. 11,25f.	direkt
	Joh. 8,51	direkt
	Mt. 16,18	direkt
	Mt. 16,18	direkt
245	1. Petr. 2,3ff.	direkt
	Jes. 28,16	direkt
	1. Petr. 2,6ff.	indirekt

Seite	Stelle	Bezug (direkt mit Bibelstelle/indirekt aus dem Textkontext erschließ-/erkennbar)
	Eph. 2,19ff.	direkt
246	Mt. 16,13f.	direkt
	Mt. 16,13f.	direkt
247	Mt. 16,17ff.	indirekt (mit Zitat: „Und Jhesus sprachzu jm [...].“)
	Joh. 21,17	direkt
	Mt. 16,17	direkt
	1. Petr. 1,19	indirekt
	1. Mose 3,15	direkt
	1. Mose 4,1	direkt
248	Joh. 1,42	direkt
	Apg. 11,26	direkt
	Mk. 16,16	direkt
249	Joh. 11,26	direkt
	Mt. 16.18	direkt
	1. Petr. 2,5	direkt
	Eph. 2,19f.	direkt
250	1. Kor. 4,4	direkt (Luther → 1. Kor. 3)
	Röm. 7,25	direkt
	Mt. 18,18	direkt
251	Mt. 16,19	direkt
	Mt. 18,17	indirekt (mit Zitat: „Solchen soltu halten, als einen Heiden und Zoelner [...] Warlich ich sage euch [...].“)
		indirekt (mit Zitat: „Wo zween unter euch
	Mt. 18,19f.	eines werden [...].“)
		direkt
	Joh. 14,23	direkt
	Mt. 16,18	direkt
	Mt. 18,18	direkt
	Mt. 16,18	direkt
	Mt. 18,18	indirekt
	Gal. 1,8	
252	Mt. 16.18	direkt
	Joh. 20,21ff.	direkt
	Mt. 16,19	direkt
	Mt. 16,19	direkt
	Mt. 16,19	direkt
253	Mt. 18,18	direkt
	Joh. 20,21	direkt
	Apg. 1,26	direkt
	Joh. 20,23	direkt
254	Mt. 16,18	direkt
	Joh. 20,21	direkt

Seite	Stelle	Bezug (direkt mit Bibelstelle/indirekt aus dem Textkontext erschließ-/erkennbar)
	Apg. 1,26	direkt
	1. Petr. 1,1	indirekt („wie seine Epistel zeuget")
		direkt
	Mt. 16,18	
255	Lk. ??	indirekt
	Apg. ??	indirekt
256	Gal. 1,18	direkt
	Gal. 2,11	direkt
	Apg. 18,2	direkt
	Röm. 1,10ff.	direkt
	Tit. 1,5	direkt
	Apg. 9,3.6	direkt
257	Röm. 2,11	indirekt (mit lat. Zitat: „Non es apud Deum personarum respectus.")
		direkt
	Apg. 13,1	
258	Joh. 3,8	indirekt (mit lat. Zitat: „Spirat, ubi vult.")
		direkt
	Mt. 16,18	indirekt
	Lk. 1,48	direkt (Luther → Mt. 18)
	Mt. 20,26–28	
259	Joh. 14,17,23	direkt (Luther → Joh. 15)
	2. Thess. 2,3	direkt
	Mt. 16,18	direkt
260	Mt. 16,18	direkt
261	Mt. 16,18	direkt
	1. Petr. 2,25	direkt (Luther → 1. Petr. 3)
	Mt. 28,20	indirekt
	2. Kor. 10,4	direkt (Luther → 1. Kor. 10)
	2. Thess. 2,3f.	direkt (Luther → 2. Thess. 2,2)
262	Ps. 33,4	indirekt
265	Mt. 4,8ff.	direkt
268	Kol. 2,20f.	direkt
	2. Thess. 2,11	indirekt
269	2. Thess. 2,4	direkt
	Mt. 24,15	indirekt
	Joh. 8,44	direkt
270	Klagelieder Jer. 5,4	direkt
	Mt. 16,19	direkt
	Mt. 18,18	direkt
272	Joh. 20,23	direkt
	Mt. 16,19	direkt
	Mt. 12,37	indirekt (mit Zitat: „Aus deinem eigen

Seite	Stelle	Bezug (direkt mit Bibelstelle/indirekt aus dem Textkontext erschließ-/erkennbar)
		munde wirstu verdampt“)
	1. Kor. 3,19	direkt
273	Jes. 8,10	direkt
	Joh. 21,15f.	direkt
	Mk. 16,1	direkt
274	Mt. 16,18f.	direkt
	Röm. 1,17	direkt
	Joh. 1,14	direkt
	Mt. 16,18	direkt
275	Apg. 2,5	direkt
	Röm. 16,18	direkt
276	Apg. 2,14	direkt
	Apg. 2,28,14	direkt
	Röm. 1,8	direkt
	Gal. 2,6	direkt
	Apg. 11,20	direkt
	Gal. 3,28	direkt
	1. Kor. 3,4	direkt
279	Mt. 16,18	direkt
	Joh. 20,17	indirekt (mit lat. Zitat: „Noli me tangere“)
	Hebr. 4,12	indirekt
280	Mt. 16,18	direkt
	1. Thess. 5,14	indirekt (mit Zitat: „Schelte und straffe die unruegigen, wie Paulus sagt, die ungezogenen, troeste die kleinmuetigen, trage die schwachen, habe mit jederman gedult.“)
	Eph. 5,20	indirekt (mit Zitat: „lobe und dancke Gott on unterlas.“)
	1. Thess. 5,17	indirekt (mit Zitat: „bete vleissig fuer alle welt [...].“)
	1. Petr. 5,2	direkt
	Mt. 10,8	direkt
	Mt. 10,10	direkt (mit Zitat: „Esset und trinckt, was bey jnen fuer handen sit,“)
		direkt
	1. Kor. 9,14	indirekt (mit Zitat: „Petre, hastu mich lieb
	Joh. 21,17f.	[...].“)
281	Mt. 9,38	indirekt (mit Zitat: „Gros ist die erndte“)
	1. Tim. 3,1	indirekt (mit Zitat: „Wer ein Bisschoffsampt begerd, der begerd ein koestlich werck.“)

Seite	Stelle	Bezug (direkt mit Bibelstelle/indirekt aus dem Textkontext erschließ-/erkennbar)
282	Off. 19,16	direkt
284	2. Thess. 2,3	indirekt
	1. Kor. 12,8ff.	direkt
	Röm. 12,3	direkt
	Mt. 7,22f.	direkt
	1. Petr. 5,1f.	direkt
285	2. Thess. 2,3	indirekt
	Ps. 91,13	direkt (Luther → Ps. Ix)
	1. Kor. 6,2	direkt
	Eph. 2,6	direkt
286	Eph. 5,5	indirekt
287	Röm. 8,23	direkt
	4. Mose 22,28ff.	indirekt (Balaam/Bileam Esel)
	1. Mose 19,7ff.	indirek t(Sodomiten, mit Zitat: „wie (sprachen sie) bistu hier Richter?“)
	2. Thess. 2,8	direkt
	1. Kor. 14,38	indirekt (mit lat. Zitat: „Mulier in Ecclesia taceat.“)
288	Mt. 16,19	direkt
289	Jud. 1,4	direkt
	Joh. 16,8	direkt
	2. Thess. 2,4	indirekt (mit Zitat: „Der sich setzt wider und uber alles, das Gott heisst, oder Gottesdienst.“)
	Mt. 18,15	direkt
290	Mt. 8,20	indirekt
	Lk. 23,43	indirekt
	Mt. 2,11	indirekt
291	2. Thess. 2,3	indirekt
	Mt. 16,19	direkt
293	Apg. 10,25	direkt
	Gal. 2,14	direkt
	Apg. 11,3	direkt
294	2. Joh. 11	direkt
	Mt. 18,17	direkt
	Gal. 1,8	direkt
	1. Kor. 2,15	direkt
	1. Kor. 2,16	indirekt (mit Zitat: „Wir haben Christus Sinn.“)
	Lk. 19,22	indirekt (mit Zitat: „Aus deinem eigen munde wirstu verdampft.“)

Seite	Stelle	Bezug (direkt mit Bibelstelle/indirekt aus dem Textkontext erschließ-/erkennbar)
	Mt. 18,17	direkt
295	Mt. 16,18	direkt
	Joh. 21,15	direkt
298	Joh. 4,37	direkt